"十三五"江苏省高等学校重点教材（编号：2018-1-157）

普通高等院校文化产业管理系列教材

文化产业管理概论
（第2版）

李向民　王　晨 ◎ 著

清华大学出版社
北京

内 容 简 介

本书在对文化产业的基本概念、类型界定的基础上，阐明文化产业管理的体系和层次，进而从文化产业的宏观调控、意识形态管理、政策管理、投融资管理，到中观的区域文化产业规划与布局、区域文化产业集聚发展，再到微观的文化企业管理和文化项目管理，进行了全面的阐述。本书是作者长期从事文化产业管理实践、研究和教学的丰富经验和成果的总结，不但内容充实、系统全面，而且体例规范、结构严谨、叙述清晰、简明扼要。

本书可以让初学者快速把握文化产业管理的基本规律和方法，也可以启发文化产业管理者思考。本书既适用于普通高等院校文化产业管理专业的教学，也适用于政府文化管理部门、文化企事业单位从业人员的继续教育和培训。

本书封面贴有清华大学出版社防伪标签，无标签者不得销售。
版权所有，侵权必究。举报：010-62782989，beiqinquan@tup.tsinghua.edu.cn。

图书在版编目（CIP）数据

文化产业管理概论 / 李向民，王晨著. —2版. —北京：清华大学出版社，2022.1（2024.2重印）
普通高等院校文化产业管理系列教材
ISBN 978-7-302-60002-2

Ⅰ．①文⋯　Ⅱ．①李⋯　②王⋯　Ⅲ．①文化产业—管理—高等学校—教材　Ⅳ．①G114

中国版本图书馆CIP数据核字（2021）第006478号

责任编辑：杜春杰
封面设计：刘　超
版式设计：文森时代
责任校对：马军令
责任印制：沈　露

出版发行：清华大学出版社
网　　址：https://www.tup.com.cn，https://www.wqxuetang.com
地　　址：北京清华大学学研大厦A座　　邮　　编：100084
社 总 机：010-84370000　　邮　　购：010-62786544
投稿与读者服务：010-62776969，c-service@tup.tsinghua.edu.cn
质量反馈：010-62772015，zhiliang@tup.tsinghua.edu.cn
印 装 者：三河市少明印务有限公司
经　　销：全国新华书店
开　　本：185mm×260mm　　印　　张：17.25　　字　　数：394千字
版　　次：2015年11月第1版　2022年1月第2版　　印　　次：2024年2月第4次印刷
定　　价：59.80元

产品编号：083834-01

普通高等院校文化产业管理系列教材
丛书编委会

丛书主编：李向民

丛书副主编（按姓名拼音排序）：

陈少峰	范　周	傅才武	顾　江	姜　生	李凤亮
李　炎	祁述裕	单世联	魏鹏举	向　勇	尹　鸿

丛书编委（按姓名拼音排序）：

车文明	山西师范大学
陈　斌	厦门大学
陈　波	武汉大学
陈少峰	北京大学
戴伟辉	复旦大学
丁　方	中国人民大学
董泽平	台湾师范大学
范　周	中国传媒大学
傅才武	武汉大学
顾　江	南京大学
皇甫晓涛	北京交通大学
贾磊磊	中国艺术研究院
贾旭东	中国社会科学院
姜　生	四川大学
李凤亮	南方科技大学
李康化	上海交通大学
李向民	南京艺术学院
李　炎	云南大学
祁述裕	中共中央党校（国家行政学院）
单世联	上海交通大学
王　晨	南京艺术学院
魏鹏举	中央财经大学
吴承忠	对外经济贸易大学
向　勇	北京大学
尹　鸿	清华大学
张胜冰	中国海洋大学
张振鹏	深圳大学

总　序

　　党的十九大报告首次提出："中国特色社会主义进入新时代，我国社会主要矛盾已经转化为人民日益增长的美好生活需要和不平衡不充分的发展之间的矛盾。"社会需要的变化反映了财富概念的变迁，人民对"美"和"好"的向往变得前所未有的重要。

　　美好生活建立在生活美学的观念之上，这是社会生产力高度发达后呈现出来的一种全新的生存状态。文化将回归本质，将普照社会生活的每个角落。产业的文化化将是大势所趋。这是全新的精神经济时代，文化在经济生活中将拥有前所未有的重要地位。

　　在此前的几十年中，中国社会的进步更多体现在文化的产业化方面。从广州白天鹅宾馆的音乐茶座开始，"文化产业"这颗种子从20世纪70年代末破土而出，历经各种障碍，最终长成伟岸的大树和茂密的森林。我们都是亲历者和见证者。

　　也正因为此，很多人以为，文化产业是最近几十年的事，并且将文化产业的学术源头追溯到法兰克福学派。的确，法兰克福学派最早从学理上分析了 cultural industries（文化工业、文化产业）这一概念。但这些研究是从哲学层面、从文化批判的角度进行的，并没有研究文化产业自身的产业特性。这与我们今天所要从事的研究并没有太大的关系。

　　其实，从更广阔的历史维度看，中国的文化产业化，或者是产业化的文化，拥有非常悠久的历史。从新石器时代的大规模玉器雕琢、交易，青铜器生产的全流程管理，到周代对艺术品市场的管理，再到汉唐的碑铭市场，宋代的瓦肆勾栏，元代的杂剧和青花瓷，明代的小说出版，清代的绘画市场和京剧戏园，直到民国的电影，等等，无一不是文化产业的生动例证。这一切，也为我们今天理解和分析文化产业提供了重要的历史依据和文化自信。

　　在很长一段时期内，我们对文化产业、文化经济的研究都是严重滞后的。1987年，钱学森在谈到精神经济理论时说过："这个大问题，我国经济学家也出不了多少力，他们也没有研究过。还望有志于此的同志继续努力！"这是老一辈学者对我们的殷殷嘱托。

　　进入21世纪以来，中国的文化产业研究者们从文学、艺术、经济、历史、伦理、社会学，以及哲学的角度，对文化产业问题进行了分析和解读，为推动国家的文化产业发展，推动相关学科建设发挥了重大作用。

　　但总体看，文化产业的理论研究落后于如火如荼的产业实践，相关研究也大多局限在政策研究和规划的层面。加上研究者不同的专业背景，文化产业研究难以形成最大公约数。也正因为此，文化产业作为学科的面目并不清晰。目前将文化产业管理作为二级学科归入工商管理的一级学科之下，只能说是权宜之计、无奈之举。

　　学科认知上的错位，反映了理论的贫瘠。缺乏理论的学科是肤浅的，更不用说在其上构建学术殿堂。正是学科定位上的不确定性和诸多专家五花八门的专业话语，给人一种文化产业管理是一个没有门槛的学科的错觉。但是，文化产业管理并不是一个不需要工具的学科。我们需要整合大家的理论贡献，并且凝聚共识，打造文化产业理论的中国学派。

从21世纪初国内开始有高校开设文化产业相关本科专业以来，发展到现在全国已经有上百所高校开设了文化产业管理专业，涵盖专科、本科、研究生等全部教育层次。此前，北京大学、上海交通大学等高校也先后组织出版了相应的文化产业系列教材，为推动专业建设和学科建设发挥了积极作用。同时，由于各高校开设的文化产业管理专业的学科归属千差万别，一定程度上存在着老师会什么就教什么，而不是根据专业需要，设置基础课、专业基础课和专业课。这既不利于文化产业管理专业的标准化和规范化，也不利于培养符合社会需要的合格的文化产业人才。当然，这也并不是一所学校、一位教师所能解决的。

应当看到，经过30余年的探索，尤其是近20年政策和实践的推动，以及20余年持续不断的人才培养，文化产业学科已经聚集了大量的从业者。教学科研队伍也因为专业多样性而显示出新文科和交叉学科的特点。我们对中国文化产业研究中所涉及的问题、提出的观点也是有价值的，对中国产业发展做出了重要的理论贡献。对此我们充满信心。

2017年，中国艺术学理论学会中国文化产业管理专业委员会成立，这是我国文化产业学科第一个全国性的学术组织，发起单位包括北京大学、清华大学、中国人民大学、复旦大学、上海交通大学、南京大学、武汉大学、厦门大学、四川大学、云南大学、中国传媒大学、中央财经大学、中国海洋大学、深圳大学、南京艺术学院等高校和中共中央党校（国家行政学院），聚集了国内研究文化产业最活跃、最有影响力的专家学者，代表了从事文化产业教学和科研的主流力量。中国文化产业管理专业委员会成立后，大家一方面致力于推动文化产业的学科建设和智库建设，一方面致力于推动文化产业管理的专业建设，希望能够联合起来，形成一些较为规范和成熟的本科专业教材。

在这样的动议下，中国文化产业管理专业委员会成立了由会长、副会长及常务理事组成的教材编纂委员会，负责教材的遴选和把关。教材建设拟分步实施，成熟一本出版一本。计划通过几年的努力，完成30本左右的规范教材，推荐给全国的文化产业管理专业的教师和同学们。

在教材的编写中，我们坚持马克思主义的立场、观点和方法，博采众家之长，反映课程思政的最新成果。随着全面建成小康社会第一个百年目标的实现，我国开启了全面建设社会主义现代化强国的新征程，高质量发展成为社会的最强音。文化经济和文化产业发展任重道远。我们将以习近平新时代中国特色社会主义思想为指南，以生动宏伟的文化产业实践为归依，努力编撰出反映文化产业学科特点和水平的系列教材。

党的二十大报告指出："全面建设社会主义现代化国家，必须坚持中国特色社会主义文化发展道路，增强文化自信，围绕举旗帜、聚民心、育新人、兴文化、展形象建设社会主义文化强国"。文化产业任重道远，还望同行们共同努力！

李向民

2021年6月于南京

2023年7月修订

第 2 版前言

2015 年 11 月，我和王晨教授共同撰写的高等院校本科教材《文化产业管理概论》由清华大学出版社出版。几年来，先后印刷了 11 次，逾 21 000 册，被清华大学等 100 多所高校采用，受到全国文化产业学科师生的好评。2018 年，本教材被列入"'十三五'江苏省高等学校重点教材"；2021 年，本教材又被列入首批"江苏省本科优秀培育教材"。

与此同时，随着文化产业实践和理论的迅速发展，我们也发现需要对教材做进一步的修订。2015 年以来，文化产业领域发生的最大变化莫过于两方面。一方面，中国特色社会主义进入新时代，我国社会主要矛盾已经转化为人民日益增长的美好生活需要和不平衡不充分的发展之间的矛盾。人民对美好生活的需要，从本质上讲更偏向于精神的需要，中国社会已经全面进入精神经济时代，产业文化化将成为经济发展的重大主题。另一方面，科技与文化的深度融合促进了文化业态的加速变迁，一些传统的优势文化产业门类，如报纸、电视和广电有线网络开始式微，以移动终端为平台的各类 App，正在改变人们的交往方式、娱乐方式和生活方式。这一切都对文化产业管理提出了新的课题和要求，这一版正是在这样的形势下进行的修订。修订的宗旨是：以党的二十大精神为指导，进一步增强文化自信，坚持以马克思主义思想为指导，深入贯彻习近平新时代中国特色社会主义思想，既保持理论框架的延续性，又保持对最新情况和案例的研究，吸收最新研究成果，从而更好地帮助师生掌握文化产业管理的基本理论，增强他们对文化产业事件的理解，为学习更专业的课程打下良好的基础。

本次修订中，我们广泛听取了使用本教材师生的意见和建议。在此基础上，先由王晨教授进行修改，再由我修订，最终逐章进行讨论定稿。根据文化产业的最新动态，我们对一些理论概念做了进一步的深化和调整，增加和更新了部分案例。本教材的一个新亮点是增加了教学大纲、PPT、习题答案、微课视频等教学资源。这些资源很大一部分是由袁玥副教授提供的，她在大学讲授这门课已近十年，具有丰富的课堂实践经验。尤其是中国艺术学理论学会文化产业管理专业委员会成立后，上百所高校加入，相关著名学者共同研讨学科建设和专业建设，在课程建设中取得许多共识，这些共识已经被尽可能地吸纳进来。

尽管如此，这部教材仍然有不尽如人意的地方。由于理论和实践之间永恒的纠葛，目前的理论无论如何华丽，都不能满足迅速成长的文化产业实践需要。希望广大同行老师和同学们多提宝贵意见，以便下次再版时完善提高。

感谢编委会的信任，感谢清华大学出版社多年来为本书的出版发行所做的细致工作，感谢国内外文化产业管理领域的同行们的真知灼见，使得本教材有更好的水准和成色。

李向民
2021 年 7 月 1 日
2023 年 7 月修订

目　　录

第一章　导论 1
　学习目标 1
　导言 1
　第一节　文化与文化产业 1
　　　一、文化产业的概念 2
　　　二、文化产业概念本身的问题 6
　　　　案例/专栏1-1　禁止劣迹艺人复出 6
　第二节　精神产品与文化产业 8
　　　一、财富的认识问题 8
　　　　案例/专栏1-2　拍卖会上艺术品的价值 8
　　　二、社会产品构成与本质属性 9
　　　　案例/专栏1-3　奢侈品的价值 12
　第三节　文化产业的结构和分类 13
　　　一、文化产业的内涵与外延 14
　　　二、文化产业的基本分类 15
　　　　案例/专栏1-4　米老鼠的故事 16
　本章小结 22
　综合练习 23

第二章　文化产业管理的体系与层次 24
　学习目标 24
　导言 24
　第一节　文化产业的产业组织要素 24
　　　一、文化产业管理的参与主体 25
　　　　案例/专栏2-1　影视产业管理的参与主体 25
　　　二、目标体系 26
　　　三、运行组织系统 27
　　　　案例/专栏2-2　国外文化产业的行政管理组织系统 27
　　　四、法律政策系统 29
　　　　案例/专栏2-3　韩国和日本的文化基本法 30

五、市场竞争结构 ... 30
　　六、信息系统 ... 31
　　七、金融组织系统 ... 32
　　八、科技系统 ... 32
第二节　文化产业管理的基本层次 ... 33
　　一、文化产业的宏观管理 ... 33
　　二、文化产业的中观管理 ... 33
　　案例/专栏 2-4　区域历史文化资源 ... 35
　　三、文化产业的微观管理 ... 36
　　案例/专栏 2-5　沉浸式戏剧的创意性和独特性 ... 37
第三节　文化产业管理的基本体系 ... 38
　　一、文化产业管理体系的构成 ... 38
　　二、文化产业管理与文化事业管理的关系 ... 40
　　三、我国文化产业管理的新使命 ... 41
本章小结 ... 41
综合练习 ... 42

第三章　文化产业的宏观调控 ... 43
学习目标 ... 43
导言 ... 43
第一节　文化产业宏观调控的主要任务和目标 ... 43
　　一、文化产业宏观调控的理论基础 ... 44
　　二、文化产业宏观调控的主要任务和目标 ... 46
第二节　文化产业的统计、监测和评价 ... 49
　　一、文化产业统计机构与数据来源 ... 49
　　二、文化产业统计分类体系 ... 50
　　三、文化产业宏观统计的基本方法和原理 ... 52
第三节　文化产业的总量增长和结构优化 ... 56
　　一、文化产业的总量调控 ... 57
　　二、文化产业的结构优化 ... 59
　　案例/专栏 3-1　我国文化产业资产规模超过 31 万亿元 ... 60
　　案例/专栏 3-2　"韩流" ... 61
第四节　文化产业宏观调控的手段 ... 62
　　一、文化产业管理的宏观经济调控手段 ... 62
　　二、宏观调控的行政干预 ... 63

  三、法律调控手段 ... 65
   案例/专栏 3-3 谷歌版权纠纷 ... 67
 本章小结 ... 67
 综合练习 ... 68

第四章 文化产业的意识形态管理 ... 69

 学习目标 ... 69
 导言 ... 69
 第一节 文化产业的双重属性 ... 69
  一、意识形态管理对文化产业的制约 ... 70
  二、意识形态管理对文化产业的渗透 ... 73
 第二节 西方国家文化产业意识形态管理的模式 ... 74
  一、西方国家文化产业意识形态的制度化管理 ... 74
   案例/专栏 4-1 电影的审查和分级 ... 75
  二、西方国家文化监管的三个历史阶段 ... 76
  三、文化监管的主要内容和手段 ... 77
   案例/专栏 4-2 英国 BBC 电台和政府之间的关系 ... 77
   案例/专栏 4-3 华人女记者遭德国之声停职事件 ... 79
 第三节 我国文化产业的意识形态管理 ... 80
  一、指导思想 ... 80
  二、文化产业意识形态管理体制 ... 81
   案例/专栏 4-4 国有文艺院团的改革 ... 82
   案例/专栏 4-5 网络信息内容生态治理 ... 84
  三、我国文化产业意识形态监管的主要手段 ... 85
 本章小结 ... 87
 综合练习 ... 88

第五章 文化产业的政策管理 ... 89

 学习目标 ... 89
 导言 ... 89
 第一节 产业政策的概念与功能 ... 89
  一、产业政策的概念 ... 90
   案例/专栏 5-1 美国政府产业结构政策与产业结构变迁 ... 90
  二、产业政策的功能 ... 92
 第二节 文化产业政策的构成与特点 ... 94
  一、文化产业政策的构成 ... 95

  案例/专栏 5-2　日本的文化产业政策 96
  二、文化产业政策的特点 97
  案例/专栏 5-3　美国的文化政策 98
 第三节　文化产业政策的基本工具与措施 99
  一、市场准入制度和负面清单 99
  二、政府财政投入 100
  三、税收杠杆 101
  四、金融工具 102
  五、政策分析与评估 103
 第四节　中国文化产业政策 103
  一、我国发展文化产业的基本原则 104
  二、发展重点文化产业 104
  案例/专栏 5-4　韩国文化产业政策对电子游戏和影视娱乐业的扶持 105
  三、深化文化供给侧结构改革 106
  四、实施重大项目带动战略 107
  五、培养骨干文化企业 107
  六、加快文化产业园区和基地的布局与规划建设 108
  七、扩大文化消费 109
  八、建设现代文化市场体系 110
  九、发展新兴文化产业与业态 110
  十、鼓励文化"走出去" 110
  案例/专栏 5-5　中国文化走出去的步伐 111
 本章小结 112
 综合练习 113

第六章　文化产业投融资管理 114
 学习目标 114
 导言 114
 第一节　文化产业投融资的作用和渠道 114
  一、金融对文化产业发展的作用 115
  二、文化产业的投融资渠道 116
  案例/专栏 6-1　私募债券——中小文化企业的福音 118
 第二节　文化产业投融资管理体制 121
  一、文化产业投资主体的分类 122
  二、投资决策层次和结构 124

  三、文化产业投资对象的分类管理 125
  四、文化产业投资管理的调控体系 126
 第三节 文化产业投资基金管理 128
  一、文化产业投资基金的类型 128
  二、文化产业投资基金运作流程 129
  三、文化产业投资基金的宏观管理措施 130
 第四节 文化产业投融资担保管理体制 132
  一、文化产业投融资担保的概念 132
  二、文化产业投融资担保的模式 133
   案例/专栏 6-2 剧保通 135
 第五节 文化产权交易制度 136
  一、文化产权的基本概念 136
  二、文化产权投资与交易的制度 137
   案例/专栏 6-3 电影期货 138
 本章小结 139
 综合练习 140

第七章 区域文化产业规划与布局 141
 学习目标 141
 导言 141
 第一节 文化产业在区域经济发展中的重要地位 141
  一、文化产业发展与区域经济发展的关系 141
  二、文化产业在区域与城市经济发展中的作用 143
   案例/专栏 7-1 国家文化公园：文化产业区域布局的新举措 144
 第二节 区域文化产业的区位分析和发展原则 145
  一、区域文化产业发展的区位因素分析 145
  二、区域文化产业发展的主要原则 150
 第三节 区域文化产业规划与布局 152
  一、区域文化产业发展战略目标制定 152
  二、区域产业空间布局 154
  三、空间资源优化配置 156
   案例/专栏 7-2 浙江省文化改革发展"十四五"规划 157
 第四节 区域文化产业政策 158
  一、区域文化产业的财政扶持政策 158
  二、区域文化产业的土地政策 159

三、区域文化产业的人才政策 159
   四、区域文化产业的科技政策 160
   五、区域文化资源的保护政策 161
  本章小结 161
  综合练习 162

第八章　区域文化产业集群发展 **163**
  学习目标 163
  导言 163
  第一节　文化产业集群 163
    一、文化产业集群的概念 164
    二、文化产业集群的形成途径 164
    三、文化产业集群的生命周期 165
    四、文化产业集群的特征 167
    案例/专栏 8-1　萨斯索罗的瓷砖产业集群 168
  第二节　文化产业集群的形成和运行机制 169
    一、文化产业集群形成的方式 169
    案例/专栏 8-2　首尔数字媒体城 170
    二、文化产业集群的发展条件 171
    三、文化产业集群的结构主体 172
    四、文化产业集群的运作机制 173
    案例/专栏 8-3　澳大利亚的昆士兰文化产业集群 174
  第三节　城市文化产业集群的发展 176
    一、城市文化产业发展的起源 176
    二、文化产业集群与城市区位因素的关系 177
    三、城市文化产业集群发展的形态 178
    案例/专栏 8-4　上海田子坊街区 178
  第四节　文化产业园区的建设与管理 180
    一、文化产业园区的区位选择 180
    二、文化产业园区的产业选择与定位 181
    三、文化产业园区的功能规划 182
    案例/专栏 8-5　巴黎左岸：在设计竞赛中产生 183
    四、文化产业园区的形成模式 185
    案例/专栏 8-6　诺丁汉文化园区 185
    案例/专栏 8-7　敦提文化园区 186

案例/专栏 8-8　张江高科技文化产业园发展模式 187
　本章小结 189
　综合练习 189

第九章　文化企业管理 191
　学习目标 191
　导言 191
　第一节　文化企业管理的基本内容 191
　　一、文化企业的计划管理 192
　　二、文化企业的治理与组织管理 194
　　三、文化企业的领导 197
　　　案例/专栏 9-1　电影《大白鲨》投资决策 199
　　　案例/专栏 9-2　迪士尼的暴君 199
　　四、文化企业的调控 200
　第二节　文化企业的战略管理 201
　　一、文化企业的环境分析 201
　　二、文化企业战略管理的基本内容 206
　　三、战略层次 209
　　四、战略联盟 210
　第三节　文化企业的人力资源管理 211
　　一、人力资源是文化企业核心资源 212
　　二、文化企业"知识型人才"的特点 212
　　三、文化企业人力资源管理的基本内容 214
　第四节　文化企业的投资管理 215
　　一、投资决策机构的组织形式 215
　　二、项目投资评价 215
　　三、文化企业投资的分类 216
　　四、企业投资的资金融通 218
　　　案例/专栏 9-3　上海迪士尼的投融资模式 219
　第五节　文化企业营销管理 220
　　一、文化营销的产品策略 220
　　二、文化企业产品营销渠道 221
　　三、文化产品的定价策略 222
　　四、文化企业体验营销 223
　　　案例/专栏 9-4　字节跳动与《囧妈》的合作 224

第六节　文化企业的财务管理 225
 一、文化企业财务管理的特点 225
 二、文化企业资产管理 226
 三、文化企业损益管理 227
 四、文化企业税收规划 229
 五、文化企业财务评价 231
本章小结 231
综合练习 232

第十章　文化项目管理 234
学习目标 234
导言 234
第一节　项目管理的一般理论 234
 一、项目管理的定义 234
 二、项目管理的发展 235
 三、文化项目的特点 235
第二节　文化项目的计划管理 237
 一、项目选择和目标确立 237
 二、项目工作目标分解 239
  案例/专栏 10-1　大型演出项目的工作分解 239
 三、项目计划编制 240
第三节　项目团队 241
 一、项目经理 241
  案例/专栏 10-2　制片人的职责 241
 二、项目团队组建方式 243
第四节　项目资金筹措与成本控制 244
 一、项目资金筹措 244
 二、项目成本控制 246
第五节　项目进度控制 249
 一、进度管理的概念 249
 二、项目进度计划与控制方法 249
本章小结 251
综合练习 252

参考文献 253

第1版后记 257

第一章 导论

 学习目标

通过对本章的学习，学生应了解或掌握如下内容：
1. 了解文化与文化产业的基本概念；
2. 掌握纯精神产品、准精神产品和泛精神产品的概念；
3. 理解精神产品的价值创造全过程和文化产业的内涵与外延；
4. 了解我国文化产业统计分类体系。

 导言

文化产业管理是一门新兴学科，其研究的对象是文化产业运行和管理的一般规律。不同于其他产业，文化产业生产、经营与管理的对象是精神产品，文化产品兼具文化和经济的双重属性，文化企业兼顾社会效益和经济效益，社会效益优先。对于文化的不同理解和认识，决定了人们如何理解、运作和管理文化产业。文化产业管理既要遵循产业经济运行的一般规律，又要符合文化本身的特殊规律。文化产业不但包括对精神内容的市场化和工业化，同时也对其他产业，如制造业、服务业等产生巨大的影响。尤其重要的是，文化产业是内容的生产与复制，具有明显的意识形态属性。文化与产业的关系既是矛盾的，又是统一的。对文化、文化产业、精神产品等基本概念，以及对文化与产业关系的正确认识，是文化产业研究与文化产业实践的前提和基础。

第一节 文化与文化产业

随着物质生产力的迅速发展，社会经济生活正发生着一些新的重要变化。随着中国特色社会主义进入新时代，我国社会主要矛盾已经转化为人民日益增长的美好生活需要和不平衡不充分的发展之间的矛盾。在人均收入明显提高的同时，人们的文化消费和享受性消费需求日益增加。文化产业正逐步成为国民经济的支柱产业。

一、文化产业的概念

文化产业伴随着人类文明而产生，早在中国的新石器时代，就已经发现大规模制作陶器和玉器的遗址，这些超出部落需要而进行的生产，显然带有商品性。与此同时，人们制作的这些物品，通过不同的纹饰和造型，表达并传递着自己的情感、信仰与审美。它们具有明显的文化性，并且因为民族、地域等形成各自的特点。

作为一个学术概念，"文化产业"（cultural industries）起源于20世纪德国法兰克福学派，大家习惯于将其翻译为"文化工业"[①]。1944年，阿多诺和霍克海默提出，"文化工业"成功地对大众实施了欺骗和操控，最终使大众成为"被动接受者"，并被整体整合到"文化工业"的意识形态之中。从文化学研究角度，他们对"文化工业"进行了批判。

今天我们虽然在使用"文化产业"这一概念，但从语境上看，与法兰克福学派的"文化工业"并没有太多的联系。相比之下，"文化产业"更多地偏向于一种中性的、经济学的表述。1992年，在国务院办公厅综合司编著的《重大战略决策——加快发展第三产业》一书中，我国官方首次使用"文化产业"概念。1998年，在新一轮国务院机构改革中，文化部组建"文化产业司"。2000年，十五届五中全会通过《中共中央关于制定国民经济和社会发展第十个五年计划的建议》，第一次在中央正式文件中提出"文化产业"这一概念。作为一个概念，"文化产业"在欧洲常被人们称为"创意产业"（creative industries），日韩等称之为"内容产业"（contents industry）。

（一）什么是文化

文化，可以从不同的角度、以不同的方式进行理解和定义。从功能性的角度看，大致有以下三种理解。

（1）被称为小文化或狭义的文化，是传统的绘画、书法、音乐表演、文学创作等，如文化馆、群艺馆中的写写画画、吹拉弹唱等。此类文化目前由文化部统一监管，所涉及之处都是非常具体且传统的。人们容易将"小文化"等同于文化，把文化建设的任务局限在公共文化服务设施（如场馆）的建设、文学艺术作品的创作和群众文娱活动的组织举办等方面。

（2）大文化的概念，就是在小文化的概念上加入了广播影视、新闻出版、网络游戏、动漫、展览、设计等新的文化，比传统的小文化概念宽泛了一些。

[①] 早在"文化产业"进入学术话语之前，西方就已经广泛使用"电影工业（电影产业）"这样的概念，从目前可见的资料，上海出版的英文报纸《大陆报》（The China Press，美国人办）中，早在1914年就已经有"Film Industry"（电影产业）的相关报道。英文报纸《上海泰晤士报》（The Shanghai Times，英国人办），1926年也用了"影院产业"（Cinema Industry）。这些概念词义比较中性，并没有法兰克福学派中的批判色彩。

（3）文明，如龙山文化、大汶口文化、良渚文化，这些文化的概念表现了物质文明和精神文明的总和，这种更大的文化概念其实就是文明。

对这三个层面的文化概念的理解非常重要，对文化产业认识的误区往往就源于对这三个层面的文化认知的不清晰。例如，某省文化代表团去浙江横店影视城考察文化产业，被安排去了一家红木家具城参观。一般来讲，家具属于日用品，不属于文化产业的范畴，但是主人刻意安排参观红木家具城，显然是认为红木家具已经脱离了家具的一般用途，带有艺术品的属性。这个例子让我们看到，文化产品与普通物质产品之间的鸿沟是如何填平的。

抽象地看，红木家具是由物质载体（花梨、鸡翅、紫檀等木料）和精神内容（款式、纹样、雕刻造型、品牌等）共同构成的。其实，所有的财富都是由这两部分组成的，精神内容占主体的是精神产品、文化产品，物质载体占主体的是物质产品、生活用品等。需要认识清楚的一个重要问题是，所有的人类财富都由物质载体和精神内容构成，可以表述如下：

财富=物质载体+精神内容=文明=文化

精神内容包括情感、创意、技术、造型艺术等。时至今日，我们可以发现存放在博物馆里的许多东西最早并不是精神产品，而是日用品。这些物品几乎都有功利的用途，如今则成了文明的标志，并作为文化的标本被存放在博物馆里，它们承载了大量的精神内容。2004年，在日本召开中、日、韩三国文化产业论坛时，日本的通产省、文部省对"文化产业"的概念的认识就很不一样。文部省将文化产业称为内容产业，与我国文化产业的定义基本相似。而通产省则认为餐饮业也属于文化产业，他们认为假如在某餐馆就餐，并非只吃饱肚子与摄取营养，同时也在体会一个地方的传统饮食文化，体会一种文明。

因此，文化是有不同层次和范围的，对于文化范畴的理解其实是学习文化产业的基石，在对不同层次和不同范围的文化概念界定的同时，也对文化产业的范围、内容做出了规定，会得到完全不同的结果。

（二）什么是产业

产业就是工业（industry），工业是指加工业，包括传统手工业和机器化大生产。今天讲的工业主要是机器化大生产，是大规模的复制，是现代文明的一种标志。为什么大家会提出工业文明和农业文明的问题？假如大的文化概念等同于文明，产业（industry）与工业（industry）在英文中是一样的，那么从逻辑学来说，文化产业与工业文明又是什么关系呢？

文化和文明是一同进步的，当一种新的生产方式出现时，同时也产生了一种新的文明，或者产生了一种新的文化，而文化产业是与整个工业文明联系在一起的。但是反过来说，文化产业是不是到了工业社会才出现的呢？

从人类经济史的视角来看，在很长的历史时期内都是手工业，直到工业革命以后，随着蒸汽机的发明和应用，才出现了机器大工业。如果追溯文化产业的发展历史，从新石器时代就已经出现了文化产品的商品化生产。对于文化产业的本质，首先生产是专业的、成规模的，并不是只生产一件产品，而是规模化地制作或者重复生产文化产品和服务。例如，生产玉器或是青铜器，假如每件产品只制作一件，却要花费相当大的成本制作生产玉器或青铜器的设备，这种生产并不能称为文化产业。只有大规模地生产，才能盈利，这种生产就是一种复制。

1955—1958年，考古学家在南京北阴阳营发掘了新石器时代的遗址。遗址中既有居住地的遗迹，也有一些墓葬。墓葬中有一些非常有意思的现象，最引人注目的是一具侧身曲体的骨架。他怀中抱着一个陶缶（一种大肚小口的瓦罐），缶中又装有一些玉器与海贝。这让专家联想起汉字中的"宝"字，宝的繁体字写作"寶"，恰好印证了墓中的缶、玉和海贝。原始人类社会进步的一个重要特征就是私有财产的出现，最早的私有财产的标志就是用来随葬的重要物件，在北阴阳营发现的这些玉器可以说是当时墓葬主人最珍贵的东西——玉器和海贝。但是，研究北阴阳营随葬玉器后，专家们发现，这些玉器并不是来源于南京本地，而是来自山东鲁南地区。这是为什么呢？专家们很困惑。

直到1974年，谜底终于揭晓了。考古学家在山东日照的两城镇遗址中，发现三个建造结构类似于土坑的房间。一个盛放着未加工过的玉材，另一个摆放着一些加工过的玉材半成品，最后一个竟然堆放着已经加工好的玉器。这样的考古现场，如教科书一般，向人们呈现了远古的工业流水线。所有这一切，又都证明大规模生产的玉器已经超出了自身的需求，达到商业化生产的水平。我们可以大胆地假设，这些玉器除了本部落使用之外，很可能是为了与其他部落交换而生产的。联想起南京北阴阳营出土的玉器，学者们恍然大悟，这里才是它们的故乡。更让人不解的是，两城镇遗址的部落，是如何将自己精雕细琢的玉器千里迢迢地卖到江南的？这一过程是模糊的、空缺的，但是可以确定的是，两城镇遗址是比较完整的带有产业化生产性质的手工玉器作坊。

工业化生产的另一个特点就是商品化的生产，生产出来的东西不仅限于自给自足，还用来进行市场交换和出售。用马克思主义经济学理论来说，就是让渡商品的使用价值，从而实现价值。既然产业化生产是市场化的，是用来交换的，那么商品并不用来满足生产者的需求，而是以消费者的满意为目的，是以消费者对商品的接受为第一要务的。商品能否售出是产业成功与否的最终考量，而不是以商品本身制作的成功为标准。换句话说，在商品生产情况下，单单制作一个陶罐并不意味着成功，能把这个陶罐真正卖出去才是成功。

由于商品化的特点，产业本身不仅需要管理，更需要经营。管理就是把各种生产要素结合到一起，对过程进行控制，最终制作出合目的的产品。经营是指从寻找和聚集要素开始，将产品生产出来，然后将产品出售，并最终使收益大于最初的投入的过程。例如，某人以1万元作为编草鞋的本金，租了房子，买来原料，请来工匠，编了草鞋后，通过出售获得2万元的收益，去掉本金1万元，相当于赚取了1万元，这件事便成功了。假使这1万元本金做出的草鞋无法出售，1万元因此被浪费，这件事就失败了。而从草鞋制作工匠的角度来看，无论草鞋卖出与否，单就编草鞋这件事情来说，工匠的任务已经完成。把这个例子引申到文化产业中，影视剧的导演或演员如同之前的草鞋工匠，制片人或出品人则如同做草鞋生意的人。制片人筹集资金，并寻找导演、演员及相关人员进行影视剧制作，再将制作完成的影视作品出售给院线公司或者电视台，最后能否盈利甚至收回投资，都是一个大大的问号。由于这种原因，在文化产业项目中，不同角色的心态是不同的。用前几年的电影片名来做比喻，一部电影或是电视剧开机的时候，导演、演员及相关人员都聚集在一起非常热闹，如同一场《王的盛宴》。影片制作完成后，这些人都可以拿到相应的报酬并离开剧组，东西留给了制片人。假如拍出的影片收益不佳或根本无人购买，对于影片的投资方来说，这个项目就会面临严重亏损，成为投资方的灾难，如同《一九四二》。要是投资方运转失灵，资金链断裂，外有高筑的债台，影片叫好不叫座，最终企业只有破产倒闭一条出路，就如同《2012》，遭遇灭顶之灾。但是影片项目的经营好坏与电影本身的拍摄完整度甚至艺术成就并没有太大关系。这就是文化产业运作与其他一般艺术创作不一样的地方。

（三）文化产业管理与艺术管理的关系

综上所述，我们可以认识到，文化产业是以文化为核心内容而进行的创作、生产、传播、展示文化产品和提供文化服务的经营性活动，以及为实现上述经营性活动所需的文化辅助生产和中介服务、文化装备生产和文化消费终端生产等活动的集合。

从理论上讲，艺术管理属于生产力的范畴，讲的是艺术资源组合和流程控制。而文化产业管理更多的是在探讨和建立一种生产关系或经济关系，通过这种经济关系建立起文化商品的商业盈利模式。例如，举办一次全国性的书画展览，该展览由政府出资100万元加以赞助，并在中国美术馆的一个区域进行为期5天的展览，这100万元用于邀请嘉宾、布展、安保、宣传等方面，在这一过程中的所有管理活动基本属于艺术管理层面，没有营利目的，只有将展览办好的任务。但是，如果这100万元的活动资金不是由政府提供，而是办展者通过贷款获得，展览也要维持5天，也要花费100万元用于邀请嘉宾、布展、安保、宣传等方面，当展览结束后，怎样获得高于100万元的收益，则成为这次展览是否可行的重要标准。所以从文化产业的角度出发，要完成一个项目不能只考虑怎样把项目做成、做好，还要想方设法在完成该项目后，获得投资回报和相应的收益。

以微电影为例，假如文化产业管理专业的学生在实习时，只是单纯谈论微电影的故事、导演、演员，热衷于核算、压缩拍摄成本，并将关注的重点放在微电影的展览、评奖上，而不去考虑这部微电影的市场定位、融资渠道和销售策略，那么文化产业管理者为什么要做微电影实习项目呢？文化产业管理者不应将注意力过多地放在微电影拍摄或者制片本身，那是影视、传媒专业的工作，甚至是艺术管理人员的职责。文化产业管理者应该了解目前微电影的主要市场在哪里、哪些地方会收购微电影、价格为多少，并由此策划出何种类型的微电影能够满足市场需要，同时还要根据市场价格行情来测算成本，做出一系列的项目策划，借助于这一策划，再去物色合适的编剧、导演和演员，并吸引投资方对该微电影进行投资。所以作为文化产业来讲，不应以省钱为荣，而应倡导适度投资。

文化产业与工业化生产的关系，换句话说是把工业化的生产理念和生产方式引入文化产业。例如作品、产品和商品的关系问题，同样是一部电影或者网络游戏，对于艺术家来说是艺术作品，对于管理者来说是产品，对于投资方来说是商品，但是从表象上看是一样的东西，它所有的差别都反映在背后的生产关系上。

二、文化产业概念本身的问题

上面说过，文化产业的概念最早在20世纪40年代由德国的法兰克福学派①提出。该学派是把这个概念作为批判对象提出的，他们认为工业文明扭曲了人性，甚至连文化这样极富个性的东西都可以通过机械化生产来复制和传播，导致文化成为对人的异化。他们认为文化成为产业是一个灾难，是对文明的反动，因而对文化产业采取了批判的态度。所以，西方至今不太用"文化产业"这个概念，有时认为是贬义的。"文化"和"产业"两个概念合到一起，隐含着一些与生俱来的问题。

（一）文化属于意识形态，而产业属于经济基础

很显然，文化属于意识形态，是上层建筑，而产业是经济基础。因此，文化产业到底属于意识形态还是经济基础便成为一个问题，并且这个问题已经影响到文化产业的实践。"文化产业"是一个偏正结构的词组，产业是中心词，由此产业应该归经济部门管理，但实际上文化产业是归宣传部门管理的。为什么？因为文化产业不是普通的产业，要兼顾社会效益和经济效益，并且以社会效益优先。换句话说，文化不能做市场的奴隶。这样的双重属性，常常对文化产业管理者有更高的要求，管理者既要有企业家的一般素质，更要有文化管理者的政治站位、责任担当。

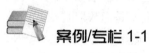

案例/专栏 1-1

禁止劣迹艺人复出

随着文娱产业迅速发展，天价片酬、"阴阳合同"、偷逃税等问题有以新方式新手段死灰复燃的迹象，流量至上、畸形审美、"饭圈"乱象、"耽改"之风等新情况新问题迭出，一些从业人员违法失德言行时有发生，对社会特别是青少年产生不良影响。2021年9月，中共中央宣传部印发《关于开展文娱领域综合治理工作的通知》。《通知》要求进一步强化行业管理；加大对违法失德艺人的惩处，禁止劣迹艺人转移阵地复出；规范明星广告代言；提高准入门槛，规范艺人经纪；严格执行演出经纪人资格认证制度；研究制定演员经纪机构、网络表演经纪机构等管理办法；发挥行业协会作用，强化职业道德委员会职能，对违法失德人员和纵容违法失德行为的经纪公司、明星工作室进行行业抵制和联合惩戒。

资料来源：作者根据中共中央宣传部《关于开展文娱领域综合治理工作的通知》及2021、2022年的相关报道整理而成。

---

① 文化工业（cultural industry）：法兰克福学派用语，是指凭借现代科学技术大规模复制、传播文化产品的娱乐工业体系，包括商业性的广播、电影、电视、报纸、杂志、流行音乐等各种大众文化和大众媒介。1947年，该词由霍克海默和阿多诺在《文化工业：作为大众欺骗的启蒙》一文（收入《启蒙的辩证法》一书）中提出。

【思考】

1. 请查阅中共中央宣传部《关于开展文娱领域综合治理工作的通知》，思考为什么要禁止劣迹艺人复出。
2. 近年来，包括荧屏、网络和文化市场领域，我国文化管理部门对文化产业还采取了哪些净化政策？

（二）文化是非功利性的，而产业是功利性的

意识形态是非功利性的，而产业是功利性的，文化产业把二者放在一起很富有挑战性。人们去云南西双版纳，参加泼水节是一个必备的旅游项目。泼水节本身是傣族的民族习俗并作为其传统节日进行传承，从每年的4月中旬开始，一般持续3~7天，是当地人庆祝傣族新年的日子。但是，从发展旅游业来说，泼水节是傣族最具特色、最具吸引力的文化符号，历史悠久、互动性强，安排所谓的"泼水节"项目也是无可厚非的。但旅游活动中的泼水从本质上看，与其说是送祝福、送吉祥，还不如说是打水仗。这里的泼水节留下了娱乐形式，却丢掉了部分文化内涵。

功利性的目标使得非功利性的文化内涵开始变味，但反过来讲，如果没有所谓功利性的支持，文化的传承也会十分困难。由于社会生态的巨大变迁，千百年来传承至今的许多文化符号正在丧失其市场，成为非物质文化遗产。例如昆曲，过去看戏的人多，学戏的人也多，戏曲市场繁荣就不会担心后继无人，而现在昆曲成为文化遗产，成为非常小众的需求，如果没有国家扶持，是很难传承的。再如，2008年汶川地震后，当地羌族的房子很多都倒了，重建时又按照原来的样式搭建，如果不是为了保护民族特色，根本不需要盖那些房子，可以由其他更便宜、适用的房子代替，但当地为什么没有这么做呢？一方面是为了保护地方文化，另一方面是旅游的需要。如果那里建的房子都与成都市区一样，就不能吸引游客前去观看，也就不能带来收益。所以，有时候功利性的目标又有利于保护文化。

（三）文化是主体性的，而产业是客体性的

同样的创作，如写作或画画，纯粹的艺术创作和当作文化产业的生产环节时，要求是不一样的，在创作过程中也要考虑成本、时间进度等一系列问题。艺术家和作品都不再是主体性的，通俗地说，成了乙方，需要根据投资人的要求进行创作。例如，影视制作公司往往宁愿去找职业编剧合作，也不去找有名望的作家，因为他们担心作家非常自我，不写过瘾不停手，没有灵感时，又不肯轻易下笔，这样会耽误整体进度。同样是写故事，作为编剧就要明白，写作只是整个影视制作流程的一环，你写的东西是要让别人满意而不是只顾自己快乐，要想卖掉你的剧本，就必须以甲方的需求为依据。再如，后期制作中，如果导演一味地追求艺术和自己对成片的满意，不考虑成本和时间，想撤换其中一个配角演员，但这时配角演员已经出境了，人员变动会带来很大的损失，也会耗去大量的时间。在这种情况下，为了确保影视商业价值的实现，就不得不放弃或者降低对艺术性的追求。

第二节 精神产品与文化产业

如上所述，文化产业意识形态与产业经济、功利性与非功利性、主体性与客体性的矛盾，关键在于对财富的认识。

一、财富的认识问题

按照传统经济学的理解，财富就是能够满足人们物质需求的产品。边际效用学派将精神（心理）因素引进经济学，对人的消费偏好和消费决策过程做了分析。事实上，精神作为一种重要现象，对人类社会生活的所有领域都有巨大影响，不能因为社会财富的载体或形式是物质的，就因此而忽视或否认精神因素的重要作用。

案例/专栏 1-2

拍卖会上艺术品的价值

2014年4月8日，香港苏富比"重要中国瓷器及工艺品春拍"中，玫茵堂珍藏明成化斗彩鸡缸杯，以2.8124亿港元的成交价刷新同类瓷器世界拍卖纪录，买家为上海收藏家刘益谦。鸡缸杯是明成化斗彩杯之一，即饰子母鸡图之盛酒小杯，环绘公鸡偕母鸡领幼雏觅食。我们可以研究一下天价鸡缸杯价值的构成要素。第一，鸡缸杯本身工艺很好，制作材料不外乎高岭土、釉色、颜料，制作材料价值并不高，关键在于制作工艺。鸡缸杯色彩缤纷鲜明，抚之柔润如玉，绘画更率真可人。为了制作如此薄的胎，烧制恰到好处，绘画上色又要考究，这是生产过程中所带来的一种价值。这部分是劳动价值理论可以解释的价值。第二，它的历史因素。斗彩工艺创烧于明代成化年间，用青花勾廓、五彩填色，有青花与彩瓷竞艳之意，距今已500多年。瓷杯易受损，能够保留得如此完好，十分不容易，香港苏富比称，除该拍品外，存世的鸡缸杯仅有三件为私人收藏。第三，作为成化官窑，即使在当时买卖，其价格也远远高于普通民窑。即使它没有经历这段时间，它本身的工艺水平与艺术水平也决定了其价格高于一般瓷器的价位。同时官窑的背景也增加了它的文化含量，鸡缸杯的流传有序，也为其增色不少。香港苏富比此次拍卖的明成化斗彩鸡缸杯为伦敦藏家利奥波德•德莱弗斯夫人旧藏，后被玫茵堂收入囊中。玫茵堂在业界以收藏等级高而著称，尤其收藏的中国瓷器，都是各年代的精品。成化鸡缸杯曾分别于1980年及1999年拍卖，均刷新中国瓷器世界拍卖纪录。由此可见，这个瓷瓶的价值由物质构成，即原材料价值所占的比例非常少，很大程度是出于文化或精神的附着物所形成的价值。所以如果是一个普通的小茶杯，不要说2.8亿元港币，就是50元港币或许也无人问津。据悉，上海藏家刘某买下这只鸡缸杯后，限量仿制了一部分，每只售价也不过230元。可见，鸡缸杯的市价，主要不是因为其物质价值，而在于精神文化内容。

资料来源：作者整理撰写。明成化斗彩鸡缸杯拍出 2.8 亿刷新中国瓷器拍卖纪录[N]．广州日报，2014-04-09．

【思考】
1. 为什么成化鸡缸杯限量复制品即使做的十分逼真精美，也只能售价 230 元？
2. 决定艺术品价值的是什么因素？

鸡缸杯提供了一个极端的例证，这样一个原本用来品茗的茶具，是如何变身为价值连城的艺术珍品的。像鸡缸杯这样的情况，我们还可以找到很多。清朝内务府造办处做给皇族的饰品和朝服等，放在今天每一件都是文物，但在当时确实只是实用品。明清景德镇御窑当时是给皇家生产生活用瓷的地方，但今天在研究文化产业史的时候，这些由御窑生产的瓷器显然是我们要研究的重要内容，也是当时文化产业化运作的典型代表。可能有人会认为，这些物品都是皇家定制的珍品，所以才日益显得贵重。那么我们再看普通物品，明代家具流传到今天，哪怕只是一张椅子或一张罗汉床都非常珍贵，而在当时只是常用的家具。再看看博物馆里原始人的刮削器，只是粗陋的石器，为什么却能够登堂入室，成为重要文物？

这就引导我们思考另一个问题：什么是财富，财富是如何构成的？

二、社会产品构成与本质属性

财富，是指一切有价值的东西。《史记·太史公自序》："布衣匹夫之人，不害于政，不妨百姓，取与以时而息财富。"《华严经·离世间品》："所谓不著味，不著欲，不著财富，不著眷属。"在西方，最早给财富下定义的色诺芬认为，对占有者有用的好东西，如马、羊、土地等就是财富。之后，亚里士多德更为明确地指出："真正的财富就是由……使用价值构成的。"他还说，财富是"属于家庭和国家的经过加工的丰富的物质"。马克思在《资本论》中说，社会财富是一定生产关系下的劳动产品，"包括一切以物的形式存在的物质财富和精神财富，既包括肉，也包括书籍"①。

（一）社会产品的构成要素

精神经济学理论认为，财富是被赋予人类精神的物质自然，是人类本质力量对象化的产物，是精神活动的物化。作为人类劳动的一般成果，不管财富是人们通常所称的物质产品还是精神产品，都是由两个基本要素构成的：一是精神内容，二是物质载体。精神内容是产品中凝结的思想、情感和技巧，物质载体是指产品能够被人们的感官所直接感知的以及精神内容所赖以附着在其上的外在物质载体和信号系统。以一件极为普通的产品如桌子为例，它的精神内容包括用途（是供放东西用的）、造型设计和装饰、制作工艺、品牌及其流传史等；它的物质形式则包括用来制作桌子的材料，具体体现出来的是实在的高度、

---

① 马克斯，恩格斯．马克思恩格斯全集（26 卷上）[M]．北京：人民出版社，1974：166．

宽度和长度等。

精神内容是产品的本质，物质形式是产品的外在表现。在生产过程中，人们将自己的智慧和情感投射于物质对象上，使内在精神活动被物化和固定化，从而使过程和结果体现出一定的合目的性。一方面，人类精神活动从原有主体中独立出来，成为可以交流甚至交易的对象；另一方面，天然的物质被赋予了人类精神，而成为有用的、有趣的物体。就像一个闲暇的牧童，用岸边的泥巴捏成一只小狗，原先什么也不是的泥土，顿时被赋予了鲜活的生命。要不是牧童的构思和把玩，泥狗永远是河边的一抔土，但若没有这一抔土，牧童心中的小狗永远只是一个无法触及的想象。可见，精神内容和物质载体是不可分离的。没有精神内容的"物质形式"是自然存在物，没有物质载体的"精神内容"是滞留在人脑中的抽象意识。

从精神内容和物质形式的定义中，我们很容易理解，纯脑力劳动（人的记忆、想象和推理等精神活动）创造产品的精神内容，纯体力劳动（人的肌肉、筋骨活动）创造产品的物质形式。但纯脑力劳动和纯体力劳动都只是一个理论上的合理抽象，它们并不能在现实生活中独立存在，它们互为前提、互相结合，任何一种具体劳动都是纯体力劳动和纯脑力劳动的有机组合。由于在生产中，脑力耗费和体力耗费这两个本质不同的过程并存于一个统一的行动之中，反映在成果上，这两个过程各自的成果也就相应地统一于一个产品整体之中。换句话说，从纯脑力劳动和纯体力劳动的辩证统一角度来看，精神内容和物质形式也是辩证统一的。

（二）纯精神产品、准精神产品和泛精神产品

前面我们提到过，马克思认为，人类财富包括物质财富和精神财富。肉和书籍，貌似风马牛不相及，卖肉的和写书的更不可同日而语。但是，若撇开物质表象，不难看出，它们之间其实有着相同的本质。

作为一种"精神产品"，书籍也是由物质载体和精神内容构成的，只是精神内容具有更重要的意义，毕竟买了书不是用来做枕头的，而是用来读的。那么，一块牛肉也会有精神内容？当然。牛肉中所包含的脂肪、蛋白质和其他构成要素自不必说，其精神内容包括：从牛肉的色泽和气味，可以判断出卫生和新鲜状况，由此引起愉悦感和食欲；牛肉来源地所载明的养殖、屠宰和运输条件让人们对牛肉产生信心，从而理性地产生购买动机及对品牌或卖肉者的信任等。

书籍，我们一般将其称为精神产品。由于其包含了精神内容和物质载体，因而并不是真正意义上的精神劳动的产物。所以我们将其称为"准精神产品"，也就是说，可以充当精神产品。毕竟这是可以见闻、交流和交换的物品。准精神产品包含了人类脑力劳动所创造出来的纯粹的精神内容，这些精神内容具有原创性和纯粹性，我们称之为"纯精神产品"。但是这些存在于大脑中的纯精神产品必须表达和呈现出来，才能从内在、不可见、抽象的意识转化为具体的、可见的、可以被传播的"准精神产品"。例如，一个设计创意，如果不表达出来，只是设计师头脑中的意识，别人无法知道，只属于"纯精神产品"范畴。

当这一创意在图纸上或电脑中展现为设计图稿时,纯精神内容就与特定的物质载体相结合并表现出来,转化为我们通常意义上的"准精神产品"。

然而,转化过程并没有结束。准精神产品中的精神内容会被传播、转化,最终生产加工并复制出大规模的产品,这些产品并不一定就是我们通常意义上的文化产品,也有可能是我们日常生活中的物质产品,但是其中包含了准精神产品中被转化注入物质产品的精神内容。正如上述设计图稿是准精神产品,其中包含纯精神产品,即设计的内容,这一内容对应了现实社会中的版权。如果这是一件时尚家具设计图稿,那么对于版权的授权许可可以将准精神产品中的精神内容(纯精神产品)转让给家具厂家,生产加工数千件家具,这些家具是我们通常意义上制造业生产的日用物品,但是其中包含了设计师的精神内容,这一精神内容与原创的精神内容(纯精神产品)即反映在图纸和电脑上的图稿(准精神产品)并没有不同,但是因为结合的物质载体和目的性的不同,而呈现出不同的产品形态。所以,从精神经济学角度更加广泛的范畴去定义精神产品,不难发现,人类社会的一切产品都是无形的精神内容和有形物质实体的统一。我们把人类产品中所包含的精神内容称为"泛精神产品",但"泛精神产品"这个概念在更多情况下往往特指物质产品中的精神内容。

那么,牛肉中也包括精神内容,或者说"泛精神产品"吗?南京七家湾有一家清真馄饨店,是个老字号,主要做牛肉锅贴和牛肉馄饨,很受欢迎,甚至上了央视《舌尖上的中国》节目。店门口总挂着一些牛肉,主要是为做馄饨和锅贴准备的,但也外卖。很多附近居民都会来这里买牛肉。若从牛肉本身看,这里与菜市场的牛肉没什么两样,就是说物质载体没有什么区别。居民之所以来这里买,原因有几个:一是人们认为,清真店主信仰伊斯兰教,有信仰的人会对自己的行为有所约束,不会卖病死牛肉;二是店里馄饨和锅贴一直很好吃,也是从门口取的肉,已经得到众多食客的验证;三是专业做清真食品的店,比一般店铺更会挑选牛肉;四是老字号,不会做一锤子买卖,不至于为了卖肉自毁招牌。基于上述原因,店门前挂的牛肉一直卖得很快。我们可以设想一下,同样的肉,若是挂到其他地方,如一个垃圾场附近,人们一定怀疑这肉的来历,再便宜也不敢去买。

为了进一步说明文化产业管理的研究对象——精神产品,与准精神产品、泛精神产品的内在联系,我们画了下面这张图(见图1-1)。

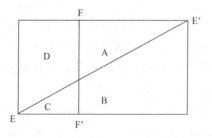

图1-1 财富的结构:精神经济模型(李氏模型)①

---

① 这是李向民于1986年首次提出,并且为学术界所广泛引用的精神经济学财富模型,也是文化产业管理学的重要理论基础。

整个方框代表人类的全部社会产品。根据不同的方法对这个作为总体对象的产品进行划分，EE'线以上部分代表产品的精神内容（A、D），以下部分代表产品的物质形式、物质载体（B、C）；FF'线左边代表人们通常所说的精神产品，如电影、图书、字画等，即准精神产品（C、D），FF'线右边代表人们通常所称的物质产品，如住房、汽车、家具等（A、B）。

纯精神产品（D）就是IP（intellectual property），从法律上讲也可以统称为"知识产权"。对纯精神产品进行大规模的物质化复制，形成准精神产品的过程，即D和C的结合，就是文化的产业化过程。例如，作家将书稿交付出版社，进行出版印刷和发行，就形成了出版业；如果将其故事改编成剧本，组织表演和拍摄，就形成了影视产业。

将纯精神产品向传统物质制造业扩展，即D和A的结合，就是产业文化化的过程。也就是将准精神产品的IP与一般物质产品进行结合，这在现实中往往表现为特许经营权的转让。例如，迪士尼公司将其系列电影中的米老鼠、唐老鸭形象转让给制造厂商，用于生产有卡通形象的文具、服装、电脑等。

狭义地看，文化产业就是将纯精神产品转变为准精神产品的产业。换句话说，文化产业就是将文化创意（IP）通过多种手段与技艺，与物质载体相结合，使之可以传播和转让，并获取利润的产业。

广义地看，文化产业管理除了研究文化的产业化，还要研究产业的文化化。产业的文化化，是将纯精神产品转变为泛精神产品的过程，即品牌、设计、技术等投入物质生产，形成具有更高文化价值的物质产品的过程。随着社会经济的精神化，人类需求的精神含量越来越高，社会财富的构成中，精神内容将占据更加重要的地位，知识产权的赋能（也就是"IP+"）将成为传统产业升级的主要途径。

文化产业管理不仅要研究狭义的文化产业化过程，也应当研究产业的文化化过程。

案例/专栏 1-3

奢侈品的价值

欧洲很多著名的皮革制品、香水和首饰等奢侈品品牌多为手工制作品，如果除去品牌与文化的价值，这些奢侈品大多不具备机器化生产的条件，许多都是手工制作的。甚至正是由于是手工制作，不是大规模生产的，才更加昂贵。从其生产方式看，这些奢侈品大多属于我们说的小皮革、小化工、小五金，如LV是小皮革、Chanel是小化工、Tiffany是小五金等。在很多人看来，小皮革、小化工、小五金是落后的、需要被淘汰的，为什么却能成为万众瞩目的大品牌？归根到底是因为注入了文化，使品牌本身成为文化的重要符号和象征，而其他所有东西只不过是承载品牌和文化的载体而已。这些奢侈品品牌是产业文化化，或者"IP+"的典型。

资料来源：作者整理撰写。

【思考】
1. 为什么手工制作品要比大规模生产品更加昂贵？
2. 请举出我国手工制作的传统工艺品可以成为奢侈品的案例。

（三）从精神产品角度正确认识文化产业

如上所述，从纯精神产品到准精神产品、泛精神产品的转化过程，是一个动态的价值创造过程，体现了文化产业化和产业文化化的过程，也体现了文化产业与传统工业的内在联系。在这一动态过程中，文化产业实现了直接的价值创造和间接的价值创造。例如，作为"纯精神产品"的设计创意转化为"准精神产品"的设计图稿，并以版权受让的形式进行市场交换，是文化的产业化过程，创造的是直接的经济价值。而受让的版权被传统的家具制造业生产制造出成千上万的新品家具并销售，创造了更巨大的家具制造业的经济价值，是文化产业间接的价值创造过程。因此，虽然家具制造业创造的家具的经济价值可能要远远大于文化产业直接创造的设计版权的经济价值，但是，如果没有文化产业完成的纯精神产品转化为准精神产品的创造过程，家具制造业就成了无米之炊，是无法生产和实现其经济价值的。因此，我们应当从整个产业文化和精神产品价值创造的全过程，去理解文化产业在社会财富创造中的重要意义。

因此，文化产业所涉及的范围或它渗透的领域其实是十分宽泛的，绝不仅仅是画一幅画、拍几部电影等小文化的概念，文化产业与我们的现实经济生活紧密联系在一起。必须全方位审视文化产业的概念和内涵，这样我们才能了解文化产业的本质。文化的概念是与物质文明紧密结合在一起的，从某种意义上说，它并不游离于工农业生产之外。所有财富和文明领域里最上面一层的东西都是文化。如果对财富、社会产品和文化产业的相关概念没有系统的认识，仅仅片面教条地抽离文化的东西，孤立地、狭隘地看待文化产业问题，就会在实践中陷入矛盾和错误。

例如，一些地方为了追求 GDP 增长，把一切都与 GDP 挂钩，发展文化产业也用 GDP 作为指挥棒，随意对待文化产业的外延，以创造出较高的 GDP 数字。一些地方热衷于放大文化旅游的范围，把所有旅游行业的相关产业经济都计算在内，甚至包括从旅行社口径统计的交通、住宿、餐饮等。由于旅行社很大一部分是赚的机票、餐饮或酒店的钱，因此这些产值并不属于文化产业。按照这样的理解，如果说收门票算文化产业，那公园免费开放后，就不算文化产业吗？换句话说，谁不收门票的话，它的文化产业比重不就下降了吗？

第三节 文化产业的结构和分类

如上所述，将文化产业作为科学研究对象，应当抓住精神经济动态全过程，即精神产品价值创造的全过程。因此，文化产业研究就不仅是研究文化产品的生产制造过程，而且要研究精神产品价值的运动。在这之前有文化及相关资源的配置，后面还有文化产品的营销等。对于一个经营者来说，最重要、最核心的竞争环节是资源整合和营销，生产过程不应该过多干涉。对于一部影视作品来说，制片人的任务是发现好的项目（包括策划和剧本）、组建团队（导演和演员等）、组合投资，直到影片开机。后面的事情，制片人就应当适当放手，让导演和制片主任发挥作用。但是，当影片完成后期制作以后，任务又回到了制片人手里，他要负责影片的宣传、发行，乃至最终的结账。换句话说，对于文化产业经营管理者来说，他的重点是头尾两端，有人称为哑铃的两端，也有人说是微笑曲线的两端，紧紧抓住研发创新，关键资源筹集的产业源头和市场销售与价值转化的产业终端。

一、文化产业的内涵与外延

要对文化产业内涵与外延加以确定，就需要分析精神产品价值创造的全过程。精神产品价值创造是个动态过程，包括精神内容的产业化过程和产业的泛精神化过程。

（一）精神内容的产业化

如上所述，文化产业就是文化工业，文化产业化就是工业化、市场化。从精神经济学角度来看，这就是创造纯精神产品，并转化为准精神产品的过程，文化产业通过准精神品的市场化、工业化生产，从而对准精神产品的生产方式产生深远的影响，最终提高准精神产品在国民财富中的比重。在现代文化产业中，这一过程是通过商业化和工业化方式推进的，表现为以下几方面的特点。

（1）产业分工社会化。以电影业为例，只要是拍摄电影所需要的业务和服务，在好莱坞都有专业公司提供，有专门提供道具的，有出租机械设备的，有专门做电影片头、字幕的，还有负责音响声效的，尤其是那些专门为电影业提供贷款的银行、完片担保公司更是其他地方所没有的，为电影业内人士服务的经纪人、律师和会计师更是多如牛毛。好莱坞还有许多专业调研机构，研究某个演员在什么类型的电影中扮演什么样的角色最受欢迎，调查剧情在各年龄段观众中受欢迎的程度。这些机构把调查结果定期提供给制片人和电影公司作参考。由于分工细致、竞争激烈，其服务相当好。

（2）生产流程标准化。在好莱坞，制片商首先根据工业化生产的一般规律，将电影生产流水线上的每一道工序、每一个岗位都做了精细的分工。其次，他们把制片人确定为整套流程的主管，负责挑选和管理各个部门的领班。制片人只对投资人负责，把开辟市场、赢得票房、收回投资、获取利润作为第一要务。最后，再根据"商品=产品+品牌"的公式，建立明星制度，成为名副其实的"梦幻工厂"。

（3）投资规模巨大化。在单个文艺作品的投入上，1999年美国平均每部电影成本为5150万美元，相当于中国全年电影拍摄费用。2000年美国的大公司共拍摄84部故事片，平均每部影片的投入高达8210万美元。2012年每部好莱坞电影的平均制作成本为7000万美元，好莱坞七大制片公司平均每部电影制作和广告成本超过1亿美元。

（4）产业结构集中化。早在20世纪80年代，所有美国的主要传播媒介就已经被50家大公司所控制，其中甘尼特报业公司、华盛顿邮报公司等20家公司控制了日报销售的一半以上，杂志的销量也被仅有的几家大公司所控制。美国广播公司、哥伦比亚广播公司和全国广播公司联网后，覆盖了美国90%以上的观众。20世纪90年代以后，发达国家文化企业之间通过资本市场进行购并、扩张或重组的趋势愈演愈烈，强强联合，形成独步市场的超级航母。目前传播于世界各地的新闻节目，90%以上由西方七国垄断，其中又有70%由跨国大公司垄断。在电影业，美国好莱坞影片占了全球总放映时间的50%以上。

（5）经营领域多元化。在经济全球化的背景下，世界许多超大型文化产业集团将不同行业的分散经营变成一体化、全球化经营，其产品在国际上都不同程度地取得了垄断地位。当今世界传媒界的"巨无霸"——时代华纳、迪士尼、贝塔斯曼、维阿康姆、新闻集团、索尼等，都是跨国跨媒体的产业集团，涉及广播、电影、电视、图书报刊、音像制品、有线—卫星网络、音乐、娱乐、体育、网上服务等商贸一体化的多媒体经营，触角遍及世界各地。

（二）产业的泛精神化

产业的泛精神化是文化产业在整个社会经济发展中发挥的间接作用，并创造的间接经济价值。产业的泛精神化从另一个方面看，是社会经济发展中，产业文化迅猛发展并日益占据重要地位的过程，是准精神产品向泛精神产品实现价值转化和价值创造的动态过程。20世纪90年代以来，伴随工业经济时代收入的大幅增长，教育、健康、休闲、娱乐等精神消费成为家庭支出的主要构成之一。在信息资本和人均收入达到一定程度后，新的经济转型过程也将随之发生。伴随着总量的增长，经济结构也会发生深刻的变化，普通工业品中的精神含量也越来越高，商标、品牌、设计费用等在产品价格构成中的份额也迅速增大，产品的精神内容的价值比重迅速增大。在新增社会财富中精神性的"软产品"所占比重越来越大，传统制造业产品的精神内涵也越来越高。

二、文化产业的基本分类

（一）精神经济时代的产业结构划分

按照传统经济学的理解，财富就是能够满足人们物质需求的产品，物质产品的生产、交换、分配、消费过程就是经济。但是，我们不能因为社会财富的载体或形式是物质的，就因此而忽视或否认精神因素的重要作用。前面说到，财富是人类本质力量对象化的产物，是精神活动的物化。财富的生产、积累过程是有逻辑顺序和时间顺序的，可分为若干阶段。

1935年，新西兰经济学家费歇尔在其著作《安全与进步的冲突》中，根据人类社会经济的演变和结构，提出三次产业的划分方法。英国经济学家、统计学家克拉克在费歇尔理论的基础上，采用三次产业分类法对三次产业结构的变化与经济发展的关系进行了大量的实证分析，总结出三次产业结构的变化规律及其对经济发展的作用。根据这样的理论，人类经济活动的发展经历了三个阶段。第一阶段即初级阶段，人类的主要活动是农业和畜牧业；第二阶段开始于英国工业革命，以机器大工业的迅速发展为标志，纺织、钢铁及机器等制造业迅速崛起和发展；第三阶段开始于20世纪初，大量的资本和劳动力流入非物质生产部门。因此，第一次产业是从自然界直接获取资源的，第二次产业即对这些资源进行加工，第三次产业则是流通、服务等其他产业。人类社会这样不断递进的产业，又同时并存于国民经济的结构中，成为分析社会经济的重要依据。近几十年来，随着第三产业的迅速发展，逐步取代第二产业，成为国民经济的主导产业。与此同时，人们认为第三产业过于笼统和庞杂，需要进一步细分。1993年，著名科学家钱学森在给李向民的信中，提出除了前述三大产业外，还应当增加"第四产业，包括咨询业、信息业、科技经纪人业；第五产业，为文化市场业，各种文化经纪业"①。

上述产业结构划分，虽然反映了经济社会演变的方向和规律，但从国民经济的逻辑结构看，带有明显的物质经济的特征，即以追求物质财富作为经济活动的主要诉求。在物质经济时代，自然资源最重要，人们就依据对自然资源的直接使用、加工再加工来划分三大产业。

我们来看一个例子。

案例/专栏 1-4

米老鼠的故事

1928年11月18日，世界上首部有声卡通电影《蒸汽船威利》（Steamboat Willie）在纽约殖民大剧院上映，米老鼠迅速成为家喻户晓的明星。从此，迪士尼公司进入持续发展时期，90多年来，迪士尼先后创作了许多脍炙人口的形象和故事，电影、图书等直接收入不断增加。以此为基础，迪士尼公司迅速将这些动画形象进行延伸使用，通过自营和特许经营的方式，将动画形象用于其他工业品，获得巨额收入。20世纪20年代从一把米老鼠图案水壶开始，衍生品成为迪士尼的主要盈利来源。迪士尼会将消费者进行年龄层分类，如婴幼儿、儿童、青少年甚至成年人，并会划分男性和女性消费群体，米老鼠、唐老鸭、维尼熊等属于核心人物，这些人物会根据消费群的年龄被划分成婴幼儿版和正常版，如米老鼠有穿着婴儿服戴着小围嘴的幼儿形象玩具和床品等，这些就是针对婴幼儿市场的；而稍大一些的孩子则会看到正常版的米奇文具等。对于男孩市场，其《赛车总动员1》和《赛车总动员2》电影除了分别获得4.6亿美元和5.5亿美元的票房之外，还制作了数部相关短片，并在全球售出了近2亿辆车模，仅在中国市场，赛车总动员品牌就有超过70家授权商和3000多种产品，涵盖儿童到成年人的各个年龄层和商品品类。根据2012年相关资料显示，已有6300万册赛车总动员相关图书销往全球。2012年加州迪士尼乐园开放的"汽

---

① 李向民. 忘年神交 如切如磋——钱学森指导我研究文化产业[J]. 南京艺术学院学报（美术与设计版），2009（1）：1-4.

车天地"就是还原了电影场景的最新游乐项目。迪士尼还推出了飞机、火车等总动员系列，以巩固男孩消费品市场。实际上，始于电影的迪士尼，还有主题公园、迪士尼邮轮等庞然大物类的衍生品。

资料来源：迪士尼：用一个触点带动全产业链[N]．第一财经日报，2012-08-14．

【思考】

1．分析在迪士尼的产业链条中哪些是文化产业产品？哪些是一般的制造业产品？分析迪士尼的产品涵盖了哪些产业？

2．为什么迪士尼能够创造出这么大的产业经济价值？

3．试在课后查找相关资料，并论述精神经济时代的产业构成特征。

迪士尼从一只小小的米老鼠，发展成为巨大产业，2022年总资产达2021.24亿美元，全年营业收入827.22亿美元，在世界500强排行榜中列第183位。迪士尼的生产逻辑明显不同于其他企业，反映了人类进入精神经济时代以后，以满足精神需求作为第一因素的特点。精神经济时代最重要的资源不再是物质资料，而是智力、创意等精神要素。财富的启动不一样，逻辑顺序就不一样，文化科技产业由被动变为主动。在精神经济时代，以精神财富生产为中心，核心要素是智力和创意，根据人们对智力、创意的取用、转化、批量生产等过程，产业结构可以划分如下。

（1）第一次产业。创意产业，也就是纯精神产品的生产业，如创作、设计、策划等。

（2）第二次产业。纯精神产品的加载与传播业，也就是纯精神产品向准精神产品的转变过程，如出版、电视、传媒、广告等。

（3）第三次产业。纯精神产品向泛精神产品转化的过程，即制造业和高档服务业，如服装业、汽车制造业、星级酒店等。

（4）第四次产业。为制造业提供物质资源、服务的产业，精神内涵极少的产业，如农业、矿业、运输业等。

这种划分颠覆了人们对产业链、产业结构的现有理解，与我们的统计分类也截然不同。但当人类的脚步跨入精神经济时代时，我们的观念和意识不应当落后于时代的变革，更不应该满足于用过时的结论来概括全新的经济现象。

（二）文化产业的分类

基于不同的研究需要，文化产业分类的标准也多种多样。不同的研究目的和研究角度，产生了不同的分类标准，因而产业的划分也是不相同的。

1．按文化产品生产经营过程分类

根据文化产业的界定，结合我国统计体制的现实，考虑实际统计工作的可操作性，以现行的部门或行业管理分工为基础，可以用文化产业的生产、流通和服务三个环节来构造我国文化产业的行业结构。

（1）文化产品生产行业。文化产品生产行业包括报社、杂志社、出版社、印刷厂、电影制片厂、洗印厂、音像制作及复录公司、软件开发及制作公司、电视节目制作公司、工艺美术品厂、手工艺品作坊等。

（2）文化产品流通行业。文化产品流通行业包括书店、报摊、音像制品及软件制品商店、邮局、报刊发行公司、电影发行公司、音响发行公司、画廊、文物商店、拍卖公司、文化用品商店等。

（3）文化服务行业。文化服务行业包括艺术表演团体、体育俱乐部、影剧院、歌舞厅、体育场、游艺厅、美术馆、网吧、展览馆、博物馆、植物园、广播电台、电视台、商业网站、旅行社、广告公司等。

2. 按产品（服务）价值的产生和消耗过程分类

文化产业按产品（服务）价值的产生和消耗过程分，可以分为文化生产环节和文化消费环节两大部分。其中，文化消费环节包含文化商品产业和文化服务产业两个子系统。文化生产环节又可分为文化要素产业和文化劳动产业两个子系统。所以，文化产业按照产品（服务）价值的产生和消耗过程分，可以细分为文化商品产业、文化服务产业、文化要素产业和文化劳动产业。其中，文化商品产业包括图书业、报纸业、期刊业、音像业、软件业、美术业、文物业、集邮业、花卉业、宠物业、娱乐用品业等；文化服务产业包括演出业、娱乐业、展览业、旅游业、影像业、电影业、广播电视业、网络产业、教育产业、咨询业、广告业、设计业等；文化要素产业包括提供自然资源、人文资源、文化资源、知识产权、文化人才、文化资本等；文化劳动产业包括创意劳动产业、基础训练劳动产业、相关的体力劳动产业等。具体分类如图1-2所示。

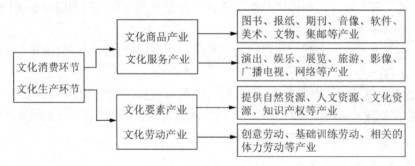

图1-2　文化产业的分类

（三）我国文化产业分类统计体系的制定与完善[①]

文化产业统计是文化产业管理的基础，而统计必须建立在科学的经济结构与产业结构理论和国民经济产业分类基础上。我国国家统计局从2004年开始研究制定文化产业的统计分类标准和体系，并在2012年进行了修订。

[①] 根据国家统计局《文化及相关产业分类2004》和《文化及相关产业分类2012》及其修订说明改编。

1. 2004 年文化产业统计分类标准

国家统计局 2004 年对文化及相关产业分类做出了相关规定。《文化及相关产业分类》从国家有关方针政策和课题组的研究总值出发，结合我国的实际情况，将文化及相关产业概念界定为为社会公众提供文化、娱乐产品和服务的活动，以及与这些活动有相关联的活动的集合。

根据上述界定，文化及相关产业的范围包括文化产业的主体：提供文化产品（如图书、音像制品）、文化传播服务（广播电视、文艺表演、博物馆等）和文化休闲娱乐（如游览景区服务、室内娱乐活动、休闲健身娱乐活动等）的活动；还包括文化产业的补充：与文化产品、文化传播服务、文化休闲娱乐有直接相关联的用品、设备的生产和销售活动以及相关文化产品（如工艺品等）的生产和销售活动。文化产业分类还可组合出文化产业核心层、文化产业外围层和相关文化产业层。

文化产业核心层：① 新闻服务；② 出版发行和版权服务；③ 广播、电视、电影服务；④ 文化艺术服务。

文化产业外围层：① 网络文化服务；② 文化休闲娱乐服务；③ 其他文化服务。

相关文化产业层：① 文化用品、设备及相关文化产品的生产；② 文化用品、设备及相关文化产品的销售。

2. 文化产业统计分类标准的修订与完善

党的十七届五中全会提出推动文化产业成为国民经济支柱性产业的战略目标，党的十七届六中全会进一步强调推动文化产业跨越式发展，使之成为新的增长点、经济结构战略性调整的重要支点、转变经济发展方式的重要着力点，对文化产业统计工作提出了新的要求。

同时，国际关于文化统计的相关标准也在不断完善中，联合国教科文组织发布《文化统计框架—2009》（下文简称为《框架》）。《框架》中将文化统计的维度分为经济和社会两个方面。从经济维度看，文化统计的对象是文化产业中通过工业或手工流程产生的所有活动、服务和产品。《框架》主要讨论了如何运用现有的统计工具来收集文化统计数据，从而了解文化对国家经济的贡献，也就是国际分类系统在测量文化的经济维度中的运用。具体来说，就是根据现有的国际标准产业分类（ISIC4）、产品总分类（CPC2）、商品名称及编码协调制度 2007（HS2007）以及国际职业分类标准，对现有的行政数据、经济调查数据进行再汇总，从而测量文化在 GDP、就业和消费方面对经济的贡献。《框架》指出，从社会维度看，文化统计主要包括两个方面：文化实践（如看电视、参观文化场所、参加业余文化活动等）和非物质文化遗产。它们是文化的非商品化维度，这些活动通常存在于社区中，不属于经济的范畴。

为适应我国文化产业发展的新情况、新变化，2012 年国家统计局对 2004 年制定的《文化及相关产业分类》进行了修订。延续原有的分类原则和方法，调整了类别结构，增加了与文化生产活动相关的创意、新业态、软件设计服务等内容和部分行业小类，减少了少量不符合文化及相关产业定义的活动类别。

（1）关于文化及相关产业的定义。2004年制定的分类把文化及相关产业定义为"为社会公众提供文化、娱乐产品和服务的活动，以及与这些活动有关联的活动的集合"。2012年的修订版把文化及相关产业的定义进一步完善为"为社会公众提供文化产品和文化相关产品的生产活动的集合"，并在范围的表述上对文化产品的生产活动（从内涵）和文化相关产品的生产活动（从外延）做出解释。根据这一定义，文化及相关产业包括四个方面的内容，即文化产品的生产活动、文化产品生产的辅助生产活动、文化用品的生产活动和文化专用设备的生产活动，其中文化产品的生产活动构成文化及相关产业的主体，其他三个方面是文化及相关产业的补充。

在2004年制定分类时，为反映文化建设和文化体制改革的情况，提出《文化及相关产业分类》的内容可进一步组合成文化产业核心层、文化产业外围层和相关文化产业层。随着我国文化体制改革取得新突破，文化业态不断融合，文化新业态不断涌现，许多文化生产活动很难区分是核心层还是外围层，2012年修订版不再保留三个层次的划分。

（2）关于文化事业和文化产业的划分。在国民经济行业分类中，一个行业（或产业）是指从事相同性质的经济活动的所有单位的集合。在统计分类中，行业与产业在英语中都称为"industry"。对国际上的有关分类我国一般翻译为"产业"，而我国相对应的分类叫"行业"。目前，在我国使用"产业"一词往往更强调其经营性或经营规模。

2012年修订版继续使用"文化及相关产业"的名称，分类涉及范围既包括了公益性单位，也包括了经营性单位，其范围与联合国教科文组织的《文化统计框架—2009》规定的范围基本一致。

在制定2004年的分类时，由于文化体制改革刚刚起步，从单位的行业属性很难区分其公益性和经营性。在很多行业内部，公益性和经营性单位共存，公益性和经营性的统计分类标志尚不确定。目前，文化体制改革取得重大进展，多数行业的公益性或经营性属性可以确定，特别是经过两次全国经济普查，使用是否执行企业会计制度来区分经营性文化产业单位和公益性文化事业单位的原则已经确定。因此，在本分类公布后，统计上所称的"文化及相关产业"指本分类所覆盖的全部单位，"文化产业"仅指经营性文化单位的集合，"文化事业"仅指公益性文化单位的集合。

（3）增减内容。在2012年的修订版中，有关方面提出了很多增加分类内容的意见。最终，统计局将新生的文化业态和与文化及相关产业定义较为符合的生产活动纳入分类，对于争议较大或目前尚把握不准的生产活动暂未纳入（如手机和家用电脑的制造），对于虽有部分活动与文化有关但已形成自身完整体系的生产活动不予纳入，以免削弱本分类的文化特征。按此原则，在2012年修订版中，凡属于农业、采矿、建筑施工、行政管理、体育、自然科学研究、国民教育、餐饮、金融、修理等生产活动和宗教活动均未纳入分类。

与2004年版相比，2012年版《文化及相关产业分类》目录中增加了以下内容。

文化创意：包括建筑设计服务（指工程勘察设计中的房屋建筑工程设计、室内装饰设计和风景园林工程专项设计）和专业设计服务（指工业设计、时装设计、包装装潢设计、多媒体设计、动漫及衍生产品设计、饰物装饰设计、美术图案设计、展台设计、模型设计和其他专业设计）等。

文化新业态：包括数字内容服务中的数字动漫制作和游戏设计制作，以及其他电信服务中的增值电信服务（文化部分）。

软件设计服务：包括多媒体软件和动漫游戏软件开发。

具有文化内涵的特色产品的生产：主要是焰火、鞭炮产品的制造，珠宝首饰及有关物品的制造、销售，陈设艺术陶瓷制品的制造等。

其他：包括文化艺术培训、本册印制、装订及印刷相关服务、幻灯及投影设备的制造和舞台照明设备的批发等。

减少的内容包括旅行社、休闲健身娱乐活动、教学用模型及教具制造、其他文教办公用品制造、其他文化办公用机械制造和彩票活动等。

随着互联网时代的到来，以"互联网+"为依托的文化新业态不断涌现并发展迅猛，日益成为文化产业新的增长点。2017年6月30日，新的《国民经济行业分类》（GB/T 4754—2017）正式颁布，作为派生产业统计分类标准，对《文化及相关产业分类（2012）》进行修订，颁布了《文化及相关产业分类（2018）》，原有的定义、分类原则保持不变，新增加了符合文化及相关产业定义的活动小类，重点是调整了分类方法和类别结构。①

《文化及相关产业分类（2018）》为适应当前我国文化新业态不断涌现的新形势，满足文化体制改革和文化发展规划的需要，将原来的10个大类、50个中类调整为9个大类、43个中类，分类新增加了分类编码，将文化及相关产业划分为三层，并设置了相应的类别名称，具体如下。

（1）将"新闻服务""报纸信息服务""广播电视信息服务""互联网信息服务"4个中类合并为"新闻信息服务"大类。其中，"互联网信息服务"仅包括互联网搜索服务、互联网其他信息服务。

（2）将"出版服务"（不含报纸出版）、"广播影视节目制作""创作表演服务""数字内容服务""内容保存服务""工艺美术品制造""艺术陶瓷制造"7个中类合并为"内容创作生产"大类。其中，"内容保存服务"中类包括图书馆、档案馆、文物及非物质文化遗产保护、博物馆、烈士陵园、纪念馆等。

（3）保留原"文化创意和设计服务"大类，包含内容有所调整。把原"文化软件服务"中类的内容移至"内容创作生产"大类中，作为"数字内容服务"中类的一部分。该大类修订后包括"广告服务"和"设计服务"两个中类，名称修改为"创意设计服务"。

（4）将"出版物发行""广播电视节目传输""广播影视发行放映""艺术表演""艺术品拍卖及代理""工艺美术品销售"6个中类归入"文化传播渠道"大类；同时增加"互联网文化娱乐平台"中类，以反映新型传播渠道。

（5）新增"文化投资运营"大类，下设"投资与资产管理"和"运营管理"两个中类。

---

① 根据国家统计局《文化及相关产业分类（2018）》修订说明改编。

（6）保留"文化休闲娱乐服务"大类，名称修改为"文化娱乐休闲服务"，包含内容有所调整。把摄影扩印服务移到"印刷复制服务"中类中，同时增加"休闲观光游览服务"中类。该大类修订后包括"娱乐服务""景区游览服务""休闲观光游览服务"3个中类。

（7）将"文化产品生产的辅助生产"大类名称改为"文化辅助生产和中介服务"，把"文化纸张制造""手工纸制造""油墨及类似产品制造""工艺美术颜料制造""文化用信息化学品制造"合并为"文化辅助用品制造"中类，将"笔的制造"和"墨水、墨汁制造"合并为"笔墨制造"中类并移至"文化消费终端生产"大类下。该大类修订后还包括"印刷复制服务""版权服务""会议展览服务""文化经纪代理服务""文化设备（用品）出租服务""文化科研培训服务"，共计7个中类。

（8）将原"文化用品的生产"和"文化专用设备的生产"两个大类修订为"文化装备生产"和"文化消费终端生产"两大类。修订后，"文化装备生产"大类包含"印刷设备制造""广播电视电影设备制造及销售""摄录设备制造及销售""演艺设备制造及销售""游乐游艺设备制造""乐器制造及销售"6个中类；"文化消费终端生产"包含"文具制造及销售""笔墨制造""玩具制造""节庆用品制造""信息服务终端制造及销售"5个中类。

为确保本分类的文化特征，本次修订对新增分类内容继续坚持如下处理原则：凡属于农业、采矿、建筑施工、行政管理、体育、自然科学研究、国民教育、餐饮、金融、修理等生产活动和宗教活动均不纳入分类；对于虽有部分活动与文化有关但已形成自身完整体系的生产活动不予纳入。

本章小结

- 文化有小文化、大文化、文明等不同层次，小文化或狭义的文化，是传统的绘画、书法、音乐表演、文学创作等，比如文化馆、群艺馆中的写写画画、吹拉弹唱等。大文化加入了现代的广播影视、新闻出版、展览、设计等。文明则是更广泛的范畴，是物质文明和精神文明的总和。

- 产业就是工业（industry），现代工业就是机器化大生产，大规模复制，是现代文明的一种标志。

- 文化产业是文化产品的规模化、商品化的生产。规模化是指对文化产品按照标准化进行大规模的批量生产和复制，商品化是文化产业规模复制生产出的产品，最终目的是通过市场的交换获得效益。

- 从精神经济理论分析，一切社会劳动产品都由两个基本要素构成：一是精神内容，二是物质形式。精神内容是产品中凝结的思想、情感和技巧。物质形式是指产品中能够被人们的感官所直接感知的，精神内容所赖以附着的外在物质载体和信号系统。

- 纯精神产品是脑力劳动创造的精神内容，纯精神产品必须与特定的物质载体相结合才能呈现与表达，成为准精神产品。准精神产品中的精神内容也就是纯精神产品，可以被转化到物质材料中去，形成特定的产品形式，并可以进行大批量的生产。这些被生产复制出来的产品可能是文化产品，也可能是一般的物质产品，这种包含在所有产品中的精神内容，我们称为"泛精神产品"。
- 同一精神内容在价值创造的运动中可以呈现出纯精神产品、准精神产品和泛精神产品的不同产品形式。精神内容的产业化是指纯精神产品被创造并被转化成准精神产品，并通过市场进行交换和销售的过程。精神内容从准精神产品向泛精神产品转化，被注入社会经济的其他产业系统产品生产中，并通过这些产业被大量复制、生产和销售，是产业的泛精神化过程，也即产业文化的发展过程。
- 对文化产业的分类统计是文化产业管理的基础。我国分类统计系统在 2004 年开始制定，2012 年和 2017 年修订完善，形成了与联合国教科文组织《文化统计框架—2009》相一致的《文化产业及相关产业分类统计标准》，文化及相关产业包括四个方面的内容，即文化产品的生产活动、文化产品生产的辅助生产活动、文化用品的生产活动和文化专用设备的生产活动。

综合练习

一、本章基本概念

小文化、大文化、文明、财富、产业、文化产业、纯精神产品、准精神产品、泛精神产品、精神内容产业化、产业的泛精神化。

二、本章基本思考题

1. 如何理解文化的不同层次和范围？从小文化、大文化和文明的不同理解层面来界定文化产业，会对文化产业产生怎样的影响？
2. 什么是产业？产业的特点有哪些？
3. 试举例说明什么是纯精神产品、准精神产品和泛精神产品，并说明三者之间的关系。
4. 试举例说明什么是文化的产业化过程和产业的文化化过程，二者有何关系，对社会经济发展有什么影响。
5. 通过查询国家统计局网站资料，简述我国文化及相关产业的统计分类标准和体系。
6. 通过文献查找，阅读联合国教科文组织《文化统计框架—2009》，并简要叙述其基本思想和统计框架的内容。

第二章
文化产业管理的体系与层次

 学习目标

通过对本章的学习,学生应了解或掌握如下内容:
1. 了解文化产业的产业组织基本要素;
2. 掌握文化产业管理的基本层次;
3. 了解文化产业宏观管理的基本内容;
4. 了解文化产业中观管理的基本内容;
5. 了解文化产业微观管理的基本内容;
6. 了解文化产业管理的体系和层次。

 导言

文化产业管理体系包括两个方面的内容:一是从文化产业管理的过程来分析产业管理的基本活动,文化产业管理涵盖了计划、组织、执行和控制等环节;二是从文化产业管理的结构来分析,文化产业管理体系具有一定的市场供求结构,行政组织、法律制度的体系结构,包括从宏观管理、中观管理到微观管理的不同层次,这些不同层次的管理目标、对象、内容都有差异,不同层次之间又是相互联系和相互影响的。

第一节 文化产业的产业组织要素

经济学中的组织概念是由英国著名经济学家马歇尔首先提出的。在1890年出版的《经济学原理》一书中,马歇尔把组织列为一种能够强化知识作用的新的生产要素,其内容包括企业内部组织、同一产业中各种企业间的组织、不同产业间的组织形态以及政府组织等。

文化产业作为一个相对独立的产业门类,符合产业组织的一般规律。在基本的产业组

织结构方面，文化产业遵循管理的基本规律，即管理主体确立管理目标体系，建立管理的组织系统和法律与政策系统，通过一定的市场结构系统发挥作用，调节管理对象，并通过运行对信息系统进行评价、检测和控制。因此，参与文化产业经济活动的行为主体及其相互关系，以及维持产业运转的各种机制、制度等，构成了文化产业的产业组织系统，这些组织要素包括参与产业管理的行为主体、产业管理的目标系统、产业管理的组织系统、产业的法律政策系统、市场竞争结构、文化金融组织体系和文化科技系统等。

一、文化产业管理的参与主体

文化产业的管理主体包括政府、企业、公益组织、中介组织等，在不同范围和层次的产业运作结构中，这些实体都可以成为文化产业的管理主体，并且发挥着各自的作用。它们有时候是管理者，有时候则是被管理者。例如，在微观层次的文化企业管理中，企业的业主和管理团队是管理者，而在宏观层面的产业政策指导和市场监督方面，政府部门是管理者，企业、个体参与者及其经营活动则是被管理的对象。

产业管理的参与主体，在法律政策框架下，在文化产业生产、供应和消费的产业活动中形成了相互影响、相互依赖的关系。这些关系包括市场行为主体的经济交换关系、政府对市场其他主体的规制与引导关系，以及组织内部的行政关系和职能管理关系。

与一般产业不同的是，在文化产业中大量的创意工作者以个体或者个人工作室的名义参与产业活动，前者在法律上是自然人，后者则是私营业主。这些依靠个人品牌和人力资本参与文化市场的经济活动主体，往往会在文化产业的产品生产、产品销售中起到决定性的作用。文化产业活动中活跃着大量的小微企业和个体自然人，使文化产业管理更具有复杂性和特殊性，主要体现在投资、生产组织、营销、利润分配、税收等方面。

例如，在设计、影视、艺术品经营等产业中，对于以个人设计工作室、编剧、影星等某个人的智力劳动为主要投入要素的产业活动，生产活动具有项目性和一次性的特点，大多依靠合同关系和临时性的项目团队来完成文化产品的生产和交付活动。影视剧通常在影视项目立项后，才成立剧组并注册账户，影视剧项目完成后，剧组便就此解散。因此，这类文化产品经营管理的特点是具体生产运作部门不像传统的制造业一样具有稳定的、已注册的生产单位，而在生产组织管理、工商登记、税收管理和利润分配等方面，也具有一定的特殊性。

案例/专栏 2-1

影视产业管理的参与主体

影视产业中最重要的主体是影视管理部门、影视投资人、影视制片公司、影视后期制作公司、艺人工作室或经纪公司、发行公司、影视院线、电视剧播出平台（电视台、视频网站、移动终端 App 等）、其他专业中介机构等。在影视产业中，广电管理部门制定了影视剧的审查制度（在西方是分级制度），并通过各种政策和法规规范电影、电视剧市场。各类影视公司在市场中遵照法律法规规定，进行影视剧的投融资、生产和销售等产业活动。在影视文化产业中，大家最熟悉的可能是导演、编剧和明星演员，他们只是产业管理中的个体自然人，是产业管理中的一个环节而已，而对项目进行投资，将各种资源整合起来，将导演、编剧和演员聚集起来的，则是影视制作公司、演员经纪公司。影视剧的生产是通过剧组这样一个临时的组织方式开展的。主创和技术工作者大多通过临时的、一次性的工作合同方式加入剧组，具有明显的个人性质。因此，在财务、税收、工商等方面，剧组都具有不同于一般企业法人组织的管理办法。

资料来源：作者整理撰写。

【思考】
你能否举例说明文化产业的主要参与主体有哪些？

二、目标体系

每个参与文化产业经济活动的行为主体，都带有自身的目的性。这些行为主体依据其市场定位和产业活动范围，形成自己的目标、战略、行动计划和资源配置计划等。这些长期战略目标以及为达成这些目标而形成的短期任务等，构成了文化产业管理的目标体系。

例如，对于政府行政组织来说，其产业管理的主要功能是进行市场的规制和引导，以达到文化产业的经济发展、行政管理和意识形态管理的目标，其中，产业经济发展目标包括文化产业总体的发展速度、发展规模和产业结构等。

再如，对于某一文化企业来说，需要根据其所处的细分市场，确定目标客户，建立企业长期的经营战略和短期的行动目标，这些目标又会层层分解到各个部门，形成企业的目标管理体系，以引导文化企业的经营活动。

文化产业不同的市场主体，依据其在产业组织系统中的性质、定位和功能，具有不同的目标体系，这些目标又是相互影响和相辅相成的。综上所述，政府的调控目标直接影响市场中各个参与主体的经济目标能否实现。而市场参与主体的经济目标直接引导着这些主体的经济行为，这些行为结果的综合效应，必将影响市场和产业总体的运行，影响政府长期规划的制订和调控目标能否实现。

进入 21 世纪，我国持续推进文化体制改革，大力发展文化产业，提出了要将文化产业作为新的经济增长点和支柱产业的战略目标，并制定了文化产业统计分类体系，以及经营性质的文化事业单位转成企业的目标和时间表，各地政府部门也都相继制定了文化产业发展目标，制订了文化产业发展规划。由于这些产业发展目标的推动和执行，原有的具有事业单位身份属性的广电节目制作和传输单位、电影制片厂、电影院、新华书店、印刷厂、剧院团，现在都转型为国有企业，一批文化企业成功上市，社会资本也积极进入文化产业，致使文化产业的投资规模大幅度增加，各类文化企业快速发展，文化企业活力不断增强，各地区相继涌现了大量文化企业集团，国外文化企业也相继进入我国的文化及相关领域，大量社会资本投入影视剧开发、院线建设、演出市场、艺术品拍卖、网络文化等领域。

三、运行组织系统

任何产业的运行都以一定的产业组织为基础。文化产业管理组织系统包括行政管理组织系统和生产供应组织系统。一方面，文化产品是内容产品，其所包含的精神内容具有文化意识形态属性，文化产业的行政管理组织系统具有意识形态管理的功能；另一方面，文化产品生产、供应与一般物质产品不同，是精神内容的生产、传播和销售过程，因此文化产业的生产供应组织系统与其他产业也不相同。这两方面的因素共同作用，形成了文化产业管理组织的特殊性。

（一）文化产业的行政组织系统

虽然各国的政治文化背景不同，会形成不同的文化管理体制，但是由于意识形态管理的需要，各国政府都会设立相应的行政管理组织进行监管。文化行政管理组织体系不但实行市场的总体管理监督功能，同时也实行文化的各项政策引导和监管功能。

世界上大部分国家都设有与文化产业相关的专门管理部门，这些部门包括对文化产业的创意成果管理的知识产权管理部门。在中国，有知识产权管理部门，如国家知识产权局和地方的知识产权行政管理机构；与文化产业的具体内容管理和业务指导相关的管理部门，如对广播电视、新闻出版、互联网信息传播等相关内容的管理；对于文化产业生产与组织管理还有相关的经济行政管理组织，如工商、税务、文化市场的行政执法组织等。2018年，中共中央印发了《深化党和国家机构改革方案》，决定由中央宣传部统一管理新闻出版和电影工作，中央宣传部对外加挂国家新闻出版署（国家版权局）、国家电影局牌子，组建新的国家广播电视总局。同时将文化部与国家旅游局合并，组建文化和旅游部。这一重大改革，既是为了加强对意识形态工作的统一领导，也是为了更好地满足人民群众对精神文化生活的新需要。

案例/专栏 2-2

国外文化产业的行政管理组织系统

文化行政管理组织系统在文化产业宏观管理、区域文化产业管理和文化各行业管理、文化市场管理中发挥着重要的作用。

众所周知，在文化资源管理的公共组织设置方面，美国没有专门的文化部，但是这并不代表美国没有文化行政管理。美国联邦政府在文化方面的最高决策机构实际上是"总统艺术与人文委员会"，它成立于1982年，是白宫文化政策方面的一个顾问委员会，负责研究艺术和人文方面的政策问题，提出并支持艺术和人文方面的重要计划，对艺术和人文方面的优秀作品予以确认。它的组成成员包括联邦政府机构的 12 位负责人，如国务卿、教育部长、财政部长等。另外 33 名成员是由总统任命的民间代表，他们是美国最杰出和最有成就的艺术家、演员、建筑设计师、舞蹈家、作家、学者、慈善家和企业人士。

资料来源：作者整理撰写。

【思考】

文化行政管理组织系统在文化产业管理体系中发挥着怎样的作用？

【练习】

试举出一些国外文化行政管理组织系统的例子。

（二）生产供应的产业组织系统

生产供应组织是一个产业围绕市场需求从原材料供应、生产，到产品传播、销售等环节形成的产业链条。在现代市场体系中，文化产业的生产供应是市场引导的自发行为，不是计划发生的。市场的供求规律使市场价格机制成为"看不见的手"，它是引导整个生产组织的动力。文化生产单位被市场价格所引导而进行生产决策，组织资源进行生产和供应。

文化产业是生产和供应精神产品的产业，由于精神产品的生产、价值转化具有独特性，文化产业的生产供应组织系统与一般的物质产品的生产供应组织系统不同，表现在从原材料到产品销售链条上的不同，包括精神内容创作与生产、精神产品的制造与供应两个过程。

首先是精神内容创作与生产过程，即创作人员或者文化创意公司对原创精神内容进行创作与生产的过程。参与精神内容创作与生产过程的不只是文化企业和创意工作者，还包括政府文化教育部门、科研部门、文化事业部门，以及为创意研发提供技术、设备和信息支持的单位和个人。精神内容的创造可能是个体的劳动，也可能是群体和组织的行为，如一个画家通常是以个体劳动的方式进行绘画创作，画家也可能隶属于某个画院，或者在高校任教，或者是画廊签约的职业画家。而一个剧目、一个影视剧的创作过程，则需要通过编剧、导演、演员等人的协同创作。

其次是精神产品的制造与供应，即从精神内容创作到批量化复制生产的过程，精神内容的价值被复制到物质载体中，实现文化产品的规模化生产、传播、销售。例如，电影被拍摄制作完成是精神内容的创作阶段，而后以胶片或者数字技术进行复制，通过发行系统在各地的院线上映，是制片单位、发行单位、终端零售院线对影视剧产品的规模化复制、销售的产业组织运作过程。再如，画家的原创作品，虽然是不可复制的，其生产组织过程则是通过画廊、美术馆、拍卖行或者私人藏家等市场主体运作，让这一作品从画家手中流传到藏家手中，完成产业组织的运作过程。

（三）网络化的产业组织系统

文化产业的产业组织体系呈现出网络化特征。

（1）如上所述，文化产品的生产存在参与主体多样化和复杂化的特点，不同的主体之间经常以松散的、临时的契约形式组合在一起，呈现网络化组织的特点。

（2）文化产业产品的核心部分是精神内容，精神内容具有以较低成本被复制和移植到其他物质载体中的特点，使文化产业的各行业之间具有十分强的关联性，产业组织上具有网络化的趋势。例如，上述影视作品的精神内容，能衍生出很多其他的文化产品形式，可以将同样的精神内容改编成动画、游戏等，生产出"准精神产品"，同时影片中的形象还可以被复制到一般的物质载体中去，如迪士尼的玩具和文具等，也就是"泛精神产品"。这两种关联性使文化产业在其产业组织内部，以及与其他产业之间都存在非常强大的关联性，可以在产业供应链上形成多种价值的交换关系，形成网络化的产业组织形态。

四、法律政策系统

任何一个产业的运行，都建立在一定的"游戏规则"之上，这些"游戏规则"就是保障产品市场安全规范和产业组织正常运行的法律与政策条例。法律与政策规范了市场与产业组织中主体的行为，是产业组织正常运行的保障。

对于文化产业来说，由于文化产品的特殊性，主要表现在精神内容的原创性、易复制性和强意识形态属性，文化产业不但要制定相关的产业经济政策，还要制定文化方面的法律法规。文化法律法规包含三个部分。第一，文化基本法，这相当于文化方面的宪法，规定了公民基本的文化权利。例如，韩国和日本等国家制定了相当于文化宪法的文化基本法，与文化基本法配套的是国家关于文化方面的纲领性文件和指导性政策。第二，文化专门法，包括新闻法、电影法、出版法等，这些法律法规主要针对文化的相关领域和行业领域的行为进行规范。第三，相关的文化部门法，分别在民法、行政法、著作权法等法律法规中进行了规定。例如，我国行政法有关规定是国家文化行政管理部门进行文化管理的法律依据，《民法典》《著作权法》《公司法》《保险法》等法律规定中包含了对文化市场的文化商品交换和生产过程中行为主体的权利义务关系。

为了发展文化产业，在上述三个方面的法律法规基础上，政府部门还会制定相应的文化产业政策，这些政策包括文化产业的准入政策、文化资源保护政策、文化用地政策、文化科技政策和文化人才政策等。针对文化产业中的不同行业，政府相关部门还会制定相关具体的产业政策，如影视产业的相关管理政策、演出行业鼓励对外演出和给予剧团的政策扶持等政策。这些产业政策与上述法律法规共同构成了文化产业管理的法律与政策系统。经过多年的立法，中国已经形成了与文化产业相关的法律法规体系。其中，制定机关为全国人大及其常委会的有《全国人民代表大会常务委员会关于维护互联网安全的决定》（2009年修正本）、《中华人民共和国著作权法》（2010年修正本）、《中华人民共和国非物质文化遗产法》《全国人大常委会关于加强网络信息保护的决定》《中华人民共和国广告法》（2015年修正本）、《中华人民共和国公共文化服务保障法》《中华人民共和国电影产业促进法》《中华人民共和国档案法》（2016年修正本）、《中华人民共和国文物保护法》

（2017 年修正本）、《中华人民共和国公共图书馆法》，更多的是由国务院制定的相关的行政法规，如《互联网站从事登载新闻业务管理暂行规定》《电影管理条例》《公共文化体育设施条例》《中华人民共和国水下文物保护管理条例》（2011 年修正本）、《风景名胜区条例》（2016 年修正本）、《中华人民共和国知识产权海关保护条例》（2018 年修正本）等。我国专门的《文化产业促进法》也已经列入全国人大的立法计划，正在积极推进。

案例/专栏 2-3

韩国和日本的文化基本法

韩国政府 2013 年 12 月 10 日正式通过了一部《文化基本法》，并于 2014 年 3 月开始施行。该法案首次对保护国民文化权进行了明确规定。韩国现行的与文化艺术相关的法律，普遍以创作者或供给者为中心，新法案通过对国民享有自由参与文化艺术创作、参与文化艺术活动权利进行保障，为形成"以需求者为中心的文化政策"提供法律依据和基础。此外，法案还制定了文化的评价制度，规定政府和地方自治团体在制定主要政策或计划时，要从文化角度，针对相关政策或计划对国民生活质量产生的影响进行评价。

日本政府近年来专门出台了《文化艺术振兴基本法》，该法案明确规定了振兴构成文化核心的艺术、媒体艺术、传统技能、生活文化、大众娱乐、出版物、唱片、文化遗产等文化艺术的基本概念，以及国家及地方政府的责任，同时规定了有关振兴文化艺术的基本政策和方法。与《文化艺术振兴基本法》配套，政府还出台了《关于文化艺术振兴的基本方针》《知识产权战略大纲》等政策纲领。

资料来源：作者整理撰写。

【思考】
1. 文化法律与政策系统在文化产业管理体系中的作用和地位如何？
2. 文化法律与政策系统包含哪几个部门？每个部门发挥什么作用？

五、市场竞争结构

市场竞争结构是产业组织的最重要子系统。文化市场竞争结构是文化市场中参与竞争的主体之间，以及买卖双方之间相互作用、相互竞争形成的市场体系。在经济学理论中，通常根据市场的四个方面的因素加以分类：① 买卖双方的数量情况；② 进入和退出一个市场的难易程度；③ 个别企业控制价格的能力；④ 产品的差别程度。

根据上述四个方面的因素，可以将市场的结构分为以下基本类型。

（1）完全竞争市场。在这类市场中存在很多买者和卖者，资源可以自由流动而不必付出成本，因此进入和退出这个市场没有壁垒。在这样的市场中，产品是基本同质的，没有差别。单个企业基本没有对价格的控制力，价格是由市场的供求双方决定的，这类市场在现实中很少存在。

（2）完全垄断市场。在这类市场中只有一家企业，因此这家企业具有较强的市场价格控制能力。完全的垄断市场也不多见。例如，在改革开放前，计划体制下的电信部门和邮政部门只由国家许可的一家国有企业经营，垄断了市场。

（3）混合型市场。在现实生活中通常是介于完全竞争市场和完全垄断市场这两种极端情况之间，也就是既有一定的竞争又具有一定垄断的混合型市场。其中一类属于寡头市场，即市场中存在少数几个寡头企业，它们之间相互竞争，并对市场具有一定的价格控制能力；另一类是垄断竞争市场，在这类市场中，有较多的企业数量，经营有一定差别的产品，单个企业有一定的市场价格控制力，但远不如寡头企业强。

由于文化产业中企业生产和提供的是精神产品，文化产品的精神内容总是具有一定的差异性和独特性，因此，特定类型的文化市场通常具有寡头市场和垄断竞争市场的特点。例如，在互联网服务行业中，搜索引擎主要以谷歌和百度的市场占有率较高，它们的搜索原理基本相同，因此类似寡头市场；而在影视剧、动画、游戏等制作产业，虽然有一些相对较大的公司，但是提供的产品在题材类型上各有差异，而且还面临很多中小型独立制片公司、新进入公司和海外产品的竞争，是相对市场化程度较高的行业。相比之下，尽管全国有几十家卫星电视频道，但都是国有企业，资源垄断，市场竞争性就相对较弱。

除文化企业外，在文化产业的市场上，还活跃着很多个体自然人、中介组织、非营利机构等，构成了市场的重要组成部分。特别是文化经纪中介组织、文化非营利机构等，在文化市场中发挥着不可或缺的作用。

六、信息系统

文化产业管理的信息系统，是文化产业管理中信息的沟通、传播和反馈系统。

首先，从宏观市场方面来看，市场价格信息是市场得以正常运行的基础，文化产品和服务的价格信息传导机制，使文化产业上下游各个环节之间得以相互衔接，形成产业供应链中产品价值的流动，文化产品才得以完成策划、研发、制作、传播、配送和销售的各个环节。由于文化产品是精神内容，因此信息的扭曲和偏差都会造成市场的失灵。

其次，政府对产业的规划和调控，依赖于信息系统。政府统计部门是对产业信息监控和管理的主要部门，此外，文化产业各个行业专门的管理部门也是信息的主要来源，这些信息是政府对文化产业发展状况进行评估和对发展趋势进行正确判断的基础。

再次，市场中企事业单位的经营与发展，依赖于市场和组织的内外信息系统。市场价格信息、消费者需求信息、政府的各项政策信息、供应商和销售商的供求信息等，是企业经营的基础。文化企业作为产业中的细胞，也会相应地建立起企业自身的信息系统，根据文化企业的发展目标和产品属性，建立起文化产品的经营业务单位和部门，并形成层级式直线组织方式，从而实现企业组织自身的信息收集和信息沟通。

最后，文化消费者只有掌握准确的信息，才能正确地做出消费决策。作为市场中的消费者，也会通过各种媒介和信息渠道，获得所需要的文化产品信息，从而做出正确的消费决策。例如，对于电视剧、电影、戏剧、演出等文化产品的消费，观众是否决定购票观看，取决于消费者对这些产品内容的了解程度和喜爱程度，企业也就相应地需要通过各种媒介向消费者传达相应的精神内容信息，如影视剧宣传、演出宣传和票房营销等，这都是为了建构产品信息的传播渠道，以保障信息能够被正确地、有效地传达给目标观众。

七、金融组织系统

由于文化产业投资风险大，周期长，文化产业的运营需要金融的支持，但是大多数文化企业是轻资产经营，且主要资产为版权等无形资产，可供进行资金融通的抵押资产不多。因此，建立为其进行金融支持的文化产业运营组织体系，对文化产业的可持续发展至关重要。

文化金融组织系统是文化产业的资金融通市场，是指在经济运行过程中，文化产业的资金供求双方运用各种金融工具为文化产业投资与生产进行资金融通的市场组织体系，包括市场中各类可以为文化产业投资提供资金的投资机构和金融中介机构。

文化金融组织系统应当包括银行、证券、基金、担保、保险等。它是由许多不同的市场组织组成的一个庞大体系，分为货币市场和资本市场两大类。货币市场是融通短期资金的市场组织，包括银行的资金借贷、同业拆借市场、商业票据市场、银行承兑汇票市场、短期政府债券市场等短期资金融通。资本市场包括中长期信贷市场和证券市场。中长期信贷市场是金融机构与工商企业之间的贷款市场，证券市场是通过文化企业的证券发行与交易进行融资的市场，包括债券市场、股票市场、基金市场、保险市场、融资租赁市场等。

八、科技系统

达·芬奇说过，"科学为艺术插上翅膀"。决定文化业态的从来不是文化内容，而是科学技术。现代文化产业是文化、科技相融合的产物，如网络游戏、互联网内容服务等新兴文化产业的发展离不开计算机和互联网通信的技术支持，信息与数字技术已经成为支撑现代文化产业发展的重要资源和动力。文化科技系统就是包括与文化产业相关的文化科技创新体系、文化科技人才培养体系、文化科技技术推广应用体系、文化科技的产业孵化平台等文化科技组织系统。科技进步对文化产业发展具有重大的推动作用，也带来科技组织系统变化。例如，印刷术和纸张发明的产生，催生了书籍的印刷、出版和销售，极大地改变了文化生产和传播的方式；电磁学研究进步和电子通信技术的发展，催生了广播电视的产业发展，不但扩大了文化传播的范围，加深了文化融合的深度，也改变了社会生活方式；互联网技术的发展和5G、大数据、云计算、区块链、人工智能和物联网技术的应用，必然引发新一轮产业技术革命，带来科技组织系统和文化业态的巨大变革，也会带来学校文化科技人才培养、产业技术推广应用体系、技术孵化、文化产品和市场的巨大变革，并且推动社会文化、经济的深刻变化。

第二节　文化产业管理的基本层次

文化产业管理既包括政府部门对市场、产业的宏观管理，也包括文化企业的微观管理行为。因此，文化产业管理涵盖了从宏观到微观的不同层次。不同层次文化产业管理具有特定的管理主体、管理对象、管理范围，从而形成了不同文化产业管理的基本原理、方法。通常，可以将文化产业管理分为宏观、中观、微观三个不同层次。

一、文化产业的宏观管理

文化产业的宏观管理是指对文化产业总量经济的管理与调控。所谓总量，就是产业经济运行的总体情况，而不是指产业中某个行业、某个企业或某个局部区域的经济问题。例如，宏观管理的主要目标是文化产业的经济增加值、文化产业对经济总体增长的贡献度、文化产业的就业率、固定资产总投资额度等总量指标。

文化产业宏观管理的主要管理主体是政府管理部门等行政组织。宏观管理的主要手段是通过政府制定相关产业政策以实现对产业的调控目标。文化产业宏观管理包括以下基本内容。

（1）对文化产业发展进行宏观的经济统计与监测。统计部门和文化部门应定期在每个经济年度对文化产业的相关经济指标进行统计调查，并汇总形成文化产业的统计调查报告和公告。在统计信息的基础上，对文化产业发展的总体情况进行历史对比和现状分析，对文化产业发展进行评估和预测。

（2）对文化产业总体的规划与布局。在统计分析基础上，对文化产业未来的远景战略目标、发展规模、增长速度、行业结构、产业布局、重大项目等进行合理预估和科学规划。

（3）制定与完善文化产业的相关经济政策和配套措施。根据产业规划要求，制定和完善文化产业相关的配套措施和政策体系，包括行业准入、文化投融资、文化产业税收、文化对外贸易、文化科技、文化人才等各方面的政策。政府各级部门同时通过产业行政组织体系贯彻落实相关政策，对政策实施的效果进行实时评价和修正。

二、文化产业的中观管理

文化产业的中观管理是介于微观和宏观的中间层次，分为两个方面的管理：一是对局部区域的文化产业发展的区域经济管理；二是对文化产业中某个具体的行业进行管理。

（一）区域文化产业管理

区域文化产业管理是对某一行政区域或者局部地理空间范围的文化产业发展在产业结构、产业规模、产业布局、发展速度、就业水平等方面的区域经济管理问题。区域文化产业管理的主要内容如下。

1. 区域文化产业的总体规划和布局

局部的区域范围是个十分含糊的概念，所以可以有不同的空间层次。通常区域是具有相关地理联系，以土地和经济联系为特征的地理空间划分。例如，南北差异形成的地理区域，黄河中下游地区、长三角区域经济等。

对于文化产业来说，通常还可以根据文化地理关系来进行进一步划分，如吴文化、徽派文化、齐鲁文化等。由于文化产业总是在一定的空间中形成、布局和发展，与文化产业相关的各类文化资源也会呈现一定的地理分布特征，如文化遗产和文化旅游资源通常按照一定的区域地理文化特征分布；文化人才、文化科技和文化信息资源通常都会向大城市集聚，形成地理集聚分布现象。在区域文化产业管理中的主体依然是政府部门，所以区域的划分会带有较强的行政区域划分色彩，以一省一市的区域空间进行产业规划与布局。因此，区域文化产业管理通常是按照行政的层级，形成自上而下的区域产业管理层级关系，在这一系统中，各个层级之间的目标体系、政策体系形成了相互联系、相互支持的系统。

在区域的规划与布局中经常还会涉及两个地理层次的问题。一是以城市为集聚空间的城市文化产业发展问题。由于上述文化相关资源向城市集聚的趋势，形成了以城市为中心的文化产业。在城市文化产业发展中，文化产业不但成为城市经济结构中重要的组成部分，而且由于文化产品中精神内容的意识形态特性，城市文化产业发展进而影响到城市文化设施、文化消费、文化形象、公民文化素养、文化艺术事业等各个方面，对城市的经济、文化与社会的总体发展起到重要的作用。二是文化产业园区的规划建设问题。文化产业园区是在区域文化产业集聚中发展的一种模式和产业形态，是在区域文化产业中观管理层次中一个更具体的局部空间产业规划、布局和建设管理问题。文化产业园区已经成为区域和城市文化产业管理中重要的子系统，很多具体的产业政策、措施都是围绕园区的建设加以细化，并以产业园区为平台，形成局部的产业集聚态势，以带动整体的城市和区域文化产业发展。

此外，在区域地理空间中的文化产业管理，离不开产业经济发展的本质特性——区域集群化发展。文化产业集群是指集中于一定地理区域内，文化产业各个行业的众多具有分工合作关系和不同规模等级的文化企业，以及与其发展有关的各种机构、组织等行为主体紧密联系在一起的空间积聚体，代表着介于市场和等级制之间的一种新的空间经济组织形式。区域文化产业集群发展的战略、政策与措施，也是区域文化产业管理的重要内容。

2. 制定和完善区域文化产业的政策

如上所述，区域文化产业管理涉及城市、园区等十分具体的区域空间产业管理，包括区域文化公共设施建设、区域文化资源开发、区域化文化人才培养、区域文化科技发展等。所以，作为中观层次的区域文化产业管理的政策与措施体系，与宏观层次不同，体现出更具体和可操作性的特点。例如，在区域文化产业的规划与布局中，要明确人才引进的各项住房、科研补贴，引进企业的税收优惠幅度与具体的政策和措施。

3. 区域文化资源的保护与开发

区域文化资源是区域文化产业发展的基本条件。区域文化资源包括各项历史文化资源、文化科技资源、文化人力资源、文化版权资源、文化基础设施资源等。对于区域文化资源的管理包括区域文化公共设施资源的规划和布局，区域历史文化资源的保护、利用与开发，区域文化人力资源的培育和扶持，区域知识产权资源的保护与开发，区域文化科技创新资源的培育与引进等。

区域文化资源管理的相关措施与政策，决定了区域文化资源的布局和资源配置状况，并最终影响到区域文化产业的竞争力水平。区域文化资源的管理是区域文化产业管理的重要内容，在提到区域文化资源时，通常会犯的错误是将其等同于区域的历史文化资源或者文化遗产资源，这混同了资源的概念。区域文化资源不仅仅是指对区域现存的历史文化资源的保护与利用问题，还涉及所有文化产业发展所投入的相关文化资源。对这些历史文化资源的保护与利用，以及对相关文化创新资源的配置、引进与培育是关键。

案例/专栏 2-4

区域历史文化资源

在区域历史文化资源保护与开发中，有一个不同于其他产业的特点，就是文化资源具有较高的流动性，虽然区域的历史文化资源可以为某一区域的文化产业发展提供支撑，但是如果没有与其他相关的文化人力资源、文化科技资源、文化基础设施资源相结合，历史文化资源就无法在区域内实现价值创造和价值转化。也就是说，对于文化产业来说，历史文化资源并不是核心要素，而文化人才、科技人才等具有创新的活劳动资源，才是文化产业的核心要素。例如，我国很多地区具有十分丰富的历史文化资源，但是这些资源除了被开发为一定的文化旅游之外，由于技术和人才欠缺，无法转化为更丰富的文化产品和服务。相反，美国好莱坞凭借强大的产业机器和科技、人才方面的创新资源优势，可以将其他国家的历史文化资源直接拿去利用，开发出影视剧产品并畅销世界。电影《花木兰》《功夫熊猫》都是典型的例子。

我国的民族文化资源十分丰富，作为区域文化产业管理的主体，政府在对区域文化资源制定相关保护与利用的政策和措施时，应当不仅仅立足于民族文化资源区域性的、当地性的保护，而是要从国际视野和整个文化产业的产业链延伸的角度来观察问题。例如，《云南映象》是反映云南民族风情和文化的原生态舞蹈，但并不是仅局限在云南的区域空间，而是以一种活态的精神内容方式进行巡演和传播。因此，不同的资源观会带来不同的文化产业效应。

资料来源：作者整理撰写。

【思考】

区域文化资源包括哪些类型？它们之间是什么样的关系？你能否举例说明？

4. 区域文化产业的重大项目管理

在区域文化产业发展中，需要通过具体的重大项目投资以及重要平台建设，来实现资源集聚和龙头带动。这些重大项目通常是区域文化产业发展规划长期目标得以实现的关键。而且，这些重大项目和重大公共平台基础设施的规划与建设，具有高投资、高风险的特征，具有长期的战略意义，需要通过政府来推动，并通过相关政策给予扶持。例如，为了加快推进区域文化产业的结构调整和优化，需要推动新兴文化产业发展，尤其是与互联网相关的新兴文化业态，需要政府从战略层面推动互联网相关重大公共技术平台建设、文化科技孵化平台建设、文化产权交易平台建设等方面的重大项目建设。

（二）文化产业的行业管理

文化产业包含很多行业，包括从传统的表演业、书画业、出版业、会展业，到近现代的影视产业、游戏产业、网络文化服务业等。文化产业的不同行业生产、供应的文化产品和服务的性质不同，会形成不同行业之间较大的差异性。因此，除了在宏观上需要制定一些所有文化行业共同的政策和规定之外，还需要针对每个行业的不同特点、不同发展水平和发展阶段，制定相应的政策与措施。例如，音乐表演类产业和书画艺术品市场的差异较大，前者涉及剧团、剧场的经营管理和文艺院团的体制改革问题，后者则涉及画廊、拍卖行、美术馆、展览馆、艺术品交易市场的规范管理问题。二者在产品形态、产业形态方面都存在较大差异，需要针对性地制定不同的管理政策。

为了对文化产业进行管理，各国政府有的设置了相应的行业管理部门，有的则主要通过行业协会和有关法律来规范行业行为。美国联邦政府中的 15 个内阁级部门，没有一个部门负责文化产业发展的监管，"无为"和"零管制"是美国政府特别是联邦政府的执政原则。"无为"并不代表美国政府对文化产业发展完全无所作为，放任不管。相反，政府在为文化产业发展提供一个自由竞争环境的同时，提供了各种软硬件支持。在美国联邦政府的支持下，一些重要的行业协会或非政府组织在争取行业利益、提供相关服务、规范行业行为、促进从业人员自律等方面发挥作用。在中国，则是由中宣部、文化和旅游部、国家广电总局等对文化产业进行相应的行业管理。

三、文化产业的微观管理

文化产业的微观管理，是指文化产业微观主体的经营与管理问题，这些主体主要包括文化企业、文化非营利机构和中介组织等。

（一）文化企业管理

文化企业是以营利为目的，生产经营文化产品、提供文化服务的经济组织。尽管如此，文化企业仍必须将社会效益放在首位，社会效益与经济效益并重。文化企业是文化市场的细胞，是文化产业最重要的经营主体。文化企业管理虽然具有一般企业管理的规律，包含企业经营管理的计划、组织、领导和控制过程，但由于文化产业是智力与创意密集型产业，文化企业自身在企业战略、产业上下游合作关系、产品生产研发、组织结构、人力资源与团队建设、文化营销、财务管理等方面都具有一定的特殊性。

（二）文化非营利机构

文化非营利机构，是指不以营利为目的的文化组织，具有社会公益性质，如美术馆、博物馆、图书馆、文化行业协会组织等。这些文化非营利机构虽然不以营利为目的，但是它们通过市场提供文化产品和服务，并满足社会公众的文化需求，这些产品和服务同样也可以为这些非营利文化机构带来经营收入。这些组织在文化产业中可以提供公共文化产品和服务，是对文化市场和文化企业的重要完善和补充，促进文化产业的健康运行。例如，大部分美术馆虽然属于非营利性质，但是一方面可以为画廊和艺术家提供展览场所，为艺术产品提供营销和推广渠道；另一方面这些美术馆发挥自身在艺术教育方面的优势，从而长期培育艺术消费群体和艺术消费习惯，经营文创周边产品，对艺术品市场和艺术品经营具有重要作用，是产业经营中不可或缺的一环。2017年，北京故宫博物院的文创产品共有万余种，为故宫带来15亿元收入。

文化产业的行业协会是联结政府、企业和市场的社会中介组织，对本行业产品和服务质量、竞争手段、经营作风进行严格监督，维护行业信誉，鼓励公平竞争，谴责违法、违规行为，制定并执行行规行约和各类标准，协调本行业企业之间的经营行为。

（三）文化产业的项目管理

文化产业中大量产品和服务的生产和提供是以项目的形式开展的，这是文化产业的一大特点。例如，影视剧、音乐表演、戏剧、会展活动项目、游戏开发等，每个产品都是一个特殊的项目，具有不可复制性。因此，文化产业的项目管理具有十分重要的地位。

同时，由于文化产品和服务不同于一般的工程、制造和科技产品研发项目，其产品和服务的形式是以特定的精神内容的创造、生产、传播和销售为特点，参与项目的人有艺术家、管理者、投资者等各种不同的角色，因此造成了文化项目更大的信息不对称性和风险性，对管理沟通协同、风险控制、进度控制、成本控制等都提出了更高的要求。除了需要采取一般的项目管理方法与工具之外，还要有相应的配套商业机制。

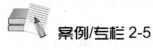

案例/专栏2-5

沉浸式戏剧的创意性和独特性

沉浸式戏剧（immersive theatre）是近些年来在国内外都较为流行的一种戏剧形式。它打破了传统戏剧在固定的舞台上演出的形式，让观众不再只是在剧场观众席的椅子上观看，而是主动在整个流动的表演空间中探索剧情，随着观看视角的变化所解锁的剧情也会随之而变，从而完成一种沉浸式的体验。

沉浸式戏剧包括剧本策划、舞台美术设计、体验模式设计、空间组织串联、演出营销等一系列活动，而且具有创意性强、独特性高、可衍生性广、可变性大的特点，涉及编剧、导演、演员、舞美技术、演艺经纪、音乐制作、剧场管理、票房营销、投资保险、跨界合作等多个环节。例如，2013年开始运营的香港迪士尼乐园《迷离大宅》主题情境体验空间，分为5个情境区历险，共计13个情境空间，让一定数量的观众在一个有限的空间中玩一场"空间"与"时间"的游戏，内容可以不停歇地循环播放，因此在观众行走路径的长度、空间的尺度大小、剧情变换方面需要精心设计。再如，上海版《不眠之夜》以《麦克白》为主线进行叙事，同时融入了希区柯克《蝴蝶梦》和《迷魂记》中的诸多元素以及具有中国特色的《白蛇传》等故事内容，从多个层面展开叙事。在演出空间设计上，上演于上海市北京西路的一个六层空间老楼——麦金侬酒店内，20多名演员根据剧情需要游走于其中，观众也跟随演员自由走动。演出全程3个小时，没有台词，没有中断，循环往复，展现命运和欲望的挣扎，进行生存与死亡的较量。三年间，《不眠之夜》陆续推出浸入式酒店、节庆主题浸入式派对，同时和快消、生活方式、电影等各种品牌合作，打造跨界体验，这也成为《不眠之夜》能够迅速回本的重要营收渠道。据统计，《不眠之夜》在票房收入之外的合计收入占据整体项目收入的26%，其中酒吧及衍生品收入为1500万元，自营业态及租金收入为3650万元，品牌赞助及合作收入为2000万元。

资料来源：1. 谢佳珂. 交错与变幻：沉浸式戏剧的特征分析——以《不眠之夜》为例[J]. 当代戏剧, 2020（5）：18-21.

2. 王铭, 沈康, 许诺. 沉浸式展演空间体验模式与空间组织设计探究[J]. 华中建筑, 2018, 36（11）：152-156.

【思考】

试以戏剧项目管理为例，说明文化项目管理有什么特殊性。

第三节　文化产业管理的基本体系

如前所述，文化产业管理包括从宏观到微观的不同层次，同时在文化产业管理的每个层次中，都有相应的目标系统、组织系统、信息系统、法律与政策系统等。这些层级与系统组成了文化产业管理的基本体系结构。

此外，文化产业管理不是孤立的体系，文化产业管理与文化事业管理之间存在内在的联系和相互影响关系，针对我国当前文化产业管理的现实情况，还具有转型期的特殊性。

一、文化产业管理体系的构成

如表2-1所示，文化产业管理包括从宏观、中观到微观的管理层次。不同的管理层次，具有不同的管理主体、目标系统、组织体系、信息系统、市场定位、法律与政策系统。

表 2-1　文化产业管理体系要素构成

	管理主体	目标系统	组织系统	市场定位	法律与政策系统	文化金融系统	文化科技系统	信息系统
宏观	政府部门	宏观产业规模、产业结构、增长、就业、人才等发展目标	行政组织系统、产业结构系统	宏观调控、政策引导、市场监督、意识形态管理、产业战略规划布局	国家文化相关法律制度、法律法规、产业政策	文化产业投融资体制管理	国家文化科技创新系统战略与规划	国家统计部门的信息系统、各级行政管理组织的信息系统
中观	政府部门	区域产业和文化各行业发展目标	政府行政、组织系统、区域产业、结构、产业集群、产业集聚等	宏观调控、政策引导、市场监督、意识形态管理、产业战略规划布局	地方政府行政法规、行业法规、区域产业规划与政策	区域和行业文化投融资的具体机制、政策和措施	区域文化科技创新系统、区域文化科技创新政策、区域文化科技创新人才	区域行政管理信息沟通系统、区域经济信息统计系统等
微观	文化企业、文化非营利机构	组织自身的经营与发展目标	微观组织系统、产业链和供应链组织系统、文化细分市场的竞争结构	自主经营、自担责任、公平竞争	组织章程、发展战略、组织各项经营方针与政策、计划等	文化产业的财务融资、证券化、风险投资等	文化科技项目研发、产品创新、商业模式创新等	市场参与主体的组织内的信息系统、市场信息传播媒介系统等

从宏观到微观,不同层次之间的管理具有内在的联系和统一性。

第一,宏观的产业管理在管理目标系统、法律与政策系统上,对中观具有指导意义,对微观的企业主体也具有引导和规范的功能。

第二,在组织体系上,宏观和中观层次的管理主体主要是各级政府行政组织体系,这些组织是根据国家行政法的规定设立的,在文化产业管理体系中承担总体规划、引导、规范监督和调控的功能。对于微观层次来说,文化企业、非营利文化机构具有微观的、内部的组织系统,这些组织系统之间相互联系形成了产业的组织网络。例如,文化企业除了具有内部的微观组织运行体系外,还与其产业内的文化资源供应商、文化产品销售商、文化内容传播机构等形成产业中的生产供应关系,形成产业供应链。

第三,在信息系统上,宏观的信息统计、分析与预测是建立在中观和微观的主体运行所产生的信息基础上的。宏观经济总量是微观主体经济的加总和综合作用的结果。

第四,在市场定位上,文化产业管理的不同主体虽然同处于文化产业市场环境中,但是它们在市场中的定位各不相同,发挥的职能也不相同,因而形成了在宏观、中观和微观方面不同的目标、职能。例如,对于政府行政部门来说,主要是宏观和中观层次的统计、规划、政策引导和市场监督等,不会对微观企业主体的经营活动直接干预,也不应当直接参与市场的文化产品和服务的经营管理。

第五,在法律与政策系统方面,宏观层次是国家关于文化产业的法律制度、各项法律法规与政策规定等，这是政府部门指导产业宏观管理和进行市场引导和规范的主要工具。对具体的文化企业、文化非营利机构等微观主体来说，要在这些法律与政策所规范的体系框架下进行经营管理活动，并在组织层面根据组织发展目标，构建组织微观层次的目标系统、组织战略、发展方针政策和计划等政策系统。

二、文化产业管理与文化事业管理的关系

文化产业管理是以意识形态为核心，市场为中心，文化产业相关主体对文化产业的产业经济运行进行管理协调。文化事业管理是围绕公共文化服务，对提供公益性文化产品和服务的全过程进行的管理。文化事业的本质在于非营利性，与考虑营利性活动的文化产业相对应。从这个意义上来说，非国有性质的公益性文化服务组织（如私人博物馆），以及其他社会文化服务组织（如社会上各类文化团体）也属于文化事业的范畴。

文化产业管理与文化事业管理在文化建设中所承担的功能和使命不同，但二者相互影响。

其一，文化事业的发展为文化产业提供文化人才、文化遗产、文化基础设施等资源以及技术条件的支持。例如，文化事业管理所形成的各项文化公共基础设施为文化产业的发展提供了公共的服务平台；文化产业人才教育为文化产业输送大量文化人才；国家文化科技研发创新的大量研发事业性投入形成重大技术成果和技术平台，为文化产业发展提供技术支持；各级文化部门对文化遗产和非物质文化遗产的保护，为文化旅游、文化手工艺开发、文化演艺节庆、文化影视与游戏等提供了丰富的资源支撑和内容原材料基础。

其二，文化产业管理能够促使文化产业对文化事业的反哺。通过文化产业管理，一方面可以加快文化内容资源的利用和开发，扩大文化内容的传播范围，加深文化传播的影响，繁荣文化市场，对文化事业的发展起到促进作用；另一方面通过文化产业管理促进新兴文化产业发展，促进文化科技、文化金融的融合，促进文化事业在文化新兴领域的发展，促进文化事业单位运用新的管理方式和产品服务形式。例如，随着互联网技术的发展，首先是在文化产业领域涌现大量文化新兴业态，新兴产业发展使得网络内容产品和服务层出不穷，如微信、微博、手机游戏、互联网电视等，这些方法、技术可以被运用到文化事业的建设与管理中，从而降低文化事业建设的成本，提高文化事业管理的效率。例如，通过全国文化信息共享工程，利用游戏、动漫等新方式，进行文化宣传和文化遗产数字化保护。

综上所述，文化产业管理与文化事业管理虽然目标、功能和定位不同，二者不可替代，但是二者相互影响和相互联系。因此在进行文化产业管理时，我们不应孤立地看待文化产业管理的问题，在研究和分析文化产业管理的层次和内部系统结构时，同时也要关注其与文化事业管理相关目标、组织系统和运行机制的影响关系。特别是在宏观和中观的产业管理中，文化产业的发展规划、组织系统、信息系统等的建立和运行，要综合考虑产业发展、文化发展和意识形态管理等多方面的因素。

三、我国文化产业管理的新使命

在党的二十大报告中，习近平指出："全面建设社会主义现代化国家，必须坚持中国特色社会主义文化发展道路，增强文化自信，围绕举旗帜、聚民心、育新人、兴文化、展形象建设社会主义文化强国，发展面向现代化、面向世界、面向未来的，民族的科学的大众的社会主义文化，激发全民族文化创新创造活力，增强实现中华民族伟大复兴的精神力量。"

面对这样的新征程、新使命，文化产业管理任重道远。一是国家文化治理体系和治理能力现代化水平有待提高。要坚持以人民为中心的创作导向，推出更多增强人民精神力量的优秀作品；坚持把社会效益放在首位、社会效益和经济效益相统一，深化文化体制改革，完善文化经济政策；健全现代公共文化服务体系、现代文化产业体系和市场体系，实施重大文化产业项目带动战略。二是把握文化业态变迁的机遇，提升我国文化产业的整体实力。文化、科技的融合促使文化新兴业态不断涌现，新兴文化产业发展迅速。依托5G、大数据、云计算、人工智能、区块链等技术发展，实施国家文化数字化战略，支持新型文化科技企业的创新创业，努力培育新兴文化业态。传统的国有文化企业主营业务面临转型挑战，能否顺利化解传统的报纸、广电、出版的窘境，迈向新的数字文化产业，巩固意识形态主流阵地，是一个重要考验。三是必须加强顶层设计和研究布局，构建具有鲜明中国特色的战略传播体系。坚守中华文化立场，提炼展示中华文明的精神标识和文化精髓，加快构建中国话语和中国叙事体系，讲好中国故事、传播好中国声音，展现可信、可爱、可敬的中国形象。加强国际传播能力建设，全面提升国家传播效能，形成同我国综合国力和国际地位相匹配的国际话语权。

【思考】

我国文化产业管理的新使命是什么？

本章小结

- 参与文化产业经济活动的行为主体及其相互关系，以及维持产业运转的各种机制、制度等，构成文化产业的产业组织系统。构成文化产业的主要产业组织要素包括参与产业中的行为主体、产业管理的目标系统、产业管理的组织系统、产业的法律政策系统、市场竞争结构、文化金融组织体系和文化科技系统等。
- 文化产业宏观管理是指对文化产业总量经济的管理与调控。文化产业宏观管理的主要管理主体是政府管理部门等行政组织。宏观管理的主要手段是通过政府制定相关产业政策实现对产业的调控目标。
- 文化产业中观管理包括区域文化产业管理和文化产业的行业管理。区域文化产业管理包括区域文化产业的规划与布局、区域文化产业集群、区域文化重大项目管理等。文化产业的行业管理是对某个特定文化行业或者某区域的主导文化行业的规划、布局和政策管理。
- 文化产业的微观管理主要是文化企业、非营利文化机构和具体文化项目的管理。
- 文化产业管理体系和层次涵盖了上述产业组织要素在不同文化管理层次上所对应的各种文化产业管理问题。文化产业管理包括从宏观到微观的不同层次,同时在文化产业管理每个层次中,都有相应的目标系统、组织系统、信息系统、法律与政策系统等。这些层级与系统组成了文化产业管理的基本体系结构。

综合练习

一、本章基本概念

管理主体、宏观管理、中观管理、微观管理。

二、本章基本思考题

1. 文化产业的产业组织构成有哪些要素?
2. 简述文化产业运行的参与主体有哪些。
3. 简述文化产业的市场管理组织系统的构成和特点。
4. 简述文化产业宏观管理的基本内容。
5. 简述文化产业中观管理的基本内容。
6. 简述文化产业微观管理的基本内容。
7. 简述文化产业管理的体系构成。

第三章

文化产业的宏观调控

 学习目标

通过对本章的学习,学生应了解或掌握如下内容:
1. 掌握文化产业对宏观经济增长的贡献与作用途径;
2. 了解文化产业宏观调控的主要任务和目标;
3. 掌握文化经济统计的基本方法、原理、数据来源和主要指标;
4. 了解文化产业总量调控和平衡的含义;
5. 理解文化产业宏观调控的主要手段及其作用。

 导言

文化产业宏观调控的基本原理是基于文化产业对社会经济与文化发展中的重要地位与重大影响,由政府有关部门执行管理职能,采取相应的政策工具和行政手段,对文化产业发展目标、发展规模、产业结构、统计评价等进行总量管理和调控。

第一节 文化产业宏观调控的主要任务和目标

进入 21 世纪以来,随着经济的发展,人们的精神文化需求迅速增长,文化产业面临前所未有的发展机遇和市场前景,并且逐步成为国民经济的支柱产业。与此同时,文化产业的发展也在推动传统制造业升级转型,产业文化化也将成为主流。在文化产业化和产业文化化这两大潮流的激荡和推动下,人类经济正在逐步远离过去那种单纯追求物质财富增长的物质经济时代,转向以满足精神需求为重点的精神经济。因此,文化产业宏观管理应当顺应精神经济时代变化,从更高层面理解文化产业的重要地位,着眼于社会转型与文化发展的趋势,制定符合本国国情的宏观管理目标和政策。

一、文化产业宏观调控的理论基础

文化产业的迅速发展,对宏观调控提出了更加迫切的要求。在文化产业加快发展,推动社会进入精神经济时代的背景下,首先要了解文化产业对社会经济增长、社会分工、产业变迁的总体和长期影响,理解文化产业对整体经济的作用机制和途径,才能科学地确定宏观管理的目标。

(一)文化产业对经济增长的贡献及作用途径

文化产业成为新的经济增长点和支柱产业,是社会经济发展到一定阶段的必然趋势。一是随着经济发展和物质生活水平的提高,人们的精神需求不断增长;二是技术进步提供了更多的技术条件和手段,使得精神内容和物质载体结合的方式日益多样化,技术条件也使精神内容的传播速度加快,传播的范围扩大,纯精神产品可以被更多样化地以产业化、规模化的方式加以生产和供应。市场供求两方面的因素促使文化产业的版图不断扩大,文化产业在社会经济中的地位不断提高,并对社会分工与就业产生重大影响。文化产业是精神内容的研发、生产复制、传播扩散过程,我们可以通过对这三个过程的分析,了解每一阶段文化产业经济价值的创造、转化并最终作用于整体经济系统的方式和途径。

1. 产业基础资源的价值形成:精神内容的创造

文化产业的第一阶段是精神内容的创造过程。这是文化产业的产品研发阶段。原创的纯精神内容与特定物质材料结合形成的准精神产品是文化产业的创作成果,如影视剧剧本、设计方案和专利、戏剧剧本和首次排演的作品等都是典型的文化产业创作生产阶段形成的成果。

创作过程往往需要大量的人力、资金、物质资源和文化资源的投入,其开发的成本可能非常高。例如,电影《阿凡达》从构思到最终制作完成,历时13年,耗资5亿美元。即使一幅画作,也要耗费画家大量的时间与精力,画家为达到一定的艺术水平,也要投入长期的训练以提升自己的技巧,这一投入可折算为画作中所包含的画家的人力资本。

这一阶段创作生产活动所集聚的资源形成了文化产业的创新能力,它是文化产业竞争力的决定因素。在这些创作活动中积累起来的人力资本和研发管理能力是构成文化产业创新能力的两个关键要素,这两者都是不可见的非物质生产力。在宏观层面,这些能力的积累形成了国家的文化无形资本,是国家文化创新力的重要表征。因此,由于国家层面的文化创新能力不是在短期内一蹴而就,它是无形的,是某一时期一国文化创意人才的总体创作水平和对文化创作生产的管理水平,也是某一时期所具有的文化创意资源积累水平,是长期积累形成的。例如,美国好莱坞的电影工业经过100多年的发展,集聚了大量优秀的电影人才、电影机构,具有强大的影视创作和生产能力。文化产业的宏观管理应当着眼于长期的产业创新能力的培育和扶持。

在纯精神产品的创作阶段,虽然投入很大,但是由于还没有最终实现经济价值的转化,即产出的价值还没有实现大规模生产，所以也就无法用经济的产出多少来衡量。例如，设计创意、还没有发行或播出的影视剧、尚未上演的演出、还没公开发行的游戏等。在此阶段很难用我们习惯的 GDP、增加值、销售收入和利税指标来衡量，因此往往会被很多只关心短期产出经济效益规模的政府部门所忽视。因为优秀的精神产品是由优秀的文化艺术人才创作出来的，而优秀的文化艺术人才是一种稀缺的人力资本，所以需要长期的培育和良好的孵化条件。而且，优秀的作品如同科技研发一样，需要经过长期、艰苦的创作打磨过程，具有较大的失败风险。

2. 产业经济价值的实现：精神产品的产业化和商品化

文化产业第一阶段创作生产的结果被投入批量生产，原创内容得以广泛传播，并不断地复制。在这一过程中，精神内容的复制成本比较低，并且不会损失。传统企业的生产遵循"随着生产规模的扩大，投入的物质资源增加，而物质材料的边际成本呈现递增"的规律。精神内容与物质载体结合形成有形的创意产品时，其复制的成本却很低，即文化产品在第一阶段的研发费用虽然很高，但是一旦投入大规模的生产，其可变成本极低。例如，像过去保存数据的光盘的生产，每张光盘的制造成本只有几分钱，现在不用光盘，直接数字拷贝，复制和传输的成本几乎为零。因而，如果市场需求足够大，厂商在收回软件的研发成本后几乎每销售一张光盘就是净赚。所以文化产业的生产通常在初次生产时需要较大的投入和较长的时间，并且面临较大的市场风险。但是一旦创意产品的市场占有率超过门槛值，或者说企业把握了市场的机会窗口，那么就可能获得超额利润。

这一阶段是创作产能的产业经济价值实现阶段，是精神产品的产业化和商品化阶段。但是研发要实现经济价值的转化需要两个方面的条件。第一，必须建立在创作成果的转化能够满足大量的市场需求基础上。这就需要在创作阶段把握市场需求，能够创造出适合市场需求的精神内容，以及精神内容和特定物质材料结合的形式，以形成创作产出，即一定形态的准精神产品。因此，创作能力依然是决定第二阶段的关键因素之一。第二，使生产复制出的文化产品能够快速地在竞争市场上销售，并使被复制的精神内容在被消费者欣赏的过程中建立口碑，不断扩大销售，获得持续增长的经济收入。可见，第二阶段中的决定因素不是生产和复制的技术，而是传播和营销精神内容的能力。

综上所述，即使在第二阶段，从宏观文化产业管理的长期战略考虑，依然需要关注和着力培育的，并不是物质方面的生产能力，而是第一阶段的创作能力，以及能够促进营销、传播等相关要素的宏观环境、制度和物质支撑条件。

3. 产业经济价值的网络效应：精神产品的价值衍生

文化产业所创造的精神内容，如果能够在第二阶段实现产业经济价值，完成大规模销售并建立起品牌，就具备了进入文化产业价值生产的第三阶段的可能性。在文化产业的第三阶段，是通过 IP 特许经营授权体系，实现文化产业经济价值的网络效应。产业经济价值的网络效应，即精神内容从文化产业向其他相关产业的移植、复制，形成更大规模的衍生产品，创造更大的经济价值。

在第三阶段,从文化产业宏观管理的角度看,就是要建立起能够促进这一价值转化的渠道,以及能够保护经济价值实现和经济价值正当分配的各项法律与政策措施。例如,很多精神内容向其他相关行业的价值转移,是依靠版权许可实现的,如果没有宏观层面政府对版权保护的法律与措施,那么就会滋生盗版和侵权的事情,那些投入了大量时间、资源的文化创新活动就无法获得应有的回报,文化创意的价值转化过程就无法实现。

(二)文化产业发展对社会分工和产业变迁的影响

文化产业发展对社会分工和就业产生深远影响。随着文化产业规模的不断扩大,带来产业中企业和事业单位的数量增加,以及产业就业的不断扩大。文化产业发展需要大量与文化相关的复合型人才,包括文化创意人才、文化经营管理人才、文化产品生产和服务人才、文化科技人才、文化金融人才、文化法律人才等。这些产业就业需求涵盖了高端的创意和智力劳动型人才,也包括中低端的生产服务型人才。根据文化产业的分类,文化产业包括艺术品经营、音乐表演、影视、会展、广告、游戏、手工艺、设计、网络服务等十多个行业。加上文化产业本身的衍生性,可以带动形成大量的文化服务业、文化产品制造业等就业需求。因此,文化产业带动就业的潜力十分巨大。

文化产业的发展适应了社会发展的大趋势,对社会经济增长方式和经济转型具有重要的推动作用。国际经济发展的总体趋势是经济增长方式逐步从依赖物质资源转变为以知识和创意为基础的增长方式。知识、创意在社会经济发展中所起的作用越来越大。以农业为基础的第一次产业在经济中所占的比例逐步降低,二次、三次产业比例上升,20世纪70年代以后,服务业在经济结构中的比例上升。20世纪90年代以来,知识和创意成为经济增长最重要的投入要素。从上述分析可知,文化产业的不同生产阶段,都以知识、创意等精神要素为最重要的投入要素。文化产业是服务业最具现代性的产业,满足了人们不断增长的精神需求。文化与科技的融合,促使新兴的文化产业快速发展,如数字图书馆、数字游戏、互联网电视、视频网站等网络文化服务业。这些新兴文化业态的发展,促进了文化与科技的发展,不但促成文化产业的自身结构优化,而且对推动总体经济结构整体的转型具有十分重要的贡献。

鉴于上述原因,文化产业的宏观调控管理,不但要从产业经济长期发展的战略高度进行规划,而且应当从文化产业对社会分工和产业变迁过程中所起的重要作用去考虑产业的发展布局,在产业就业、产业科技发展、新兴业态发展等方面制定相关宏观政策给予扶持和推动。

二、文化产业宏观调控的主要任务和目标

从上述社会经济发展的地位和作用的分析中可知,文化产业宏观调控在对国家文化创新力培育、社会就业结构转变与劳动分工深化,以及对经济整体增长贡献等方面的作用机制和重要意义,在此基础上,我们进一步明确文化产业宏观调控的主要任务。必须指出的

是，对文化产业的宏观管理首要任务仍然是意识形态的安全和主流价值观的传播弘扬，对此后面会有专门章节进行论述。本章主要从宏观经济管理的角度展开讨论。

（一）文化产业宏观调控的主要任务

1. 文化产业的宏观经济统计分析与预测

对文化产业的统计分析是进行文化产业宏观管理和调控的基础。宏观文化产业管理必须科学地、准确地对文化产业进行统计分析。因此，宏观文化产业管理必须建立起文化产业经济核算体系，并组织开展文化产业的经济统计工作，收集、汇总、整理和提供有关调查的统计数据，同时定期公布统计信息，及时进行统计分析、统计预测和统计监督，向有关部门提供咨询建议。

2. 文化产业的总量平衡和结构优化

文化产业的宏观调控管理必须在上述统计分析基础上，对文化产业发展的总体规模、增长速度和产业结构进行规划和制定相应目标，以保障文化产业能够保持与国家社会经济发展相适应的产业规模、增长速度和产业结构。

文化产业的总量和结构的发展目标，直接影响政府为保障这些目标实现而实行的政策，以及市场的资源配置。不同经济发展阶段和不同地区，应根据自身条件确定适当的发展规模、结构和增长速度，以保持经济总体发展均衡和资源合理配置。例如，虽然我国文化产业呈现较快发展势头，国家提出大力发展文化产业政策，但是要根据不同区域的经济与文化发展条件来合理布局。由于我国区域经济发展不平衡，在一些经济发达地区具有较好的新兴文化产业发展条件，而小城市和经济不发达地区，应根据地区条件，选择适合本地区特色的文化产业策略。如果全国各地蜂拥而上搞大而全，发展所有的文化行业，就容易造成土地、资金、人才等资源配置不合理，形成文化产业的泡沫。再如，我国很多省市2018年以前的文化产业增加值的年增长速度都保持在两位数以上，随着我国经济发展总体增速放缓，经济增长从规模外延式增长转为内涵质量增长模式，文化产业的发展也进入稳定发展和高质量发展的新常态阶段，文化产业面临着供给侧的结构性调整，需要调整、转型和关停一批产能落后、重复建设和低水平运行的文化企业，重点支持发展新兴的文化产业，提升文化产业的产品创新力和文创水平，以不断增强我国文化企业和文化产品的品牌竞争力，同时加大文化与科技融合、文化与旅游融合的发展，以增强文化产业对社会经济发展的贡献力。

3. 扩大文化产业的就业规模

文化产业宏观管理还需要通过产业的合理规划，促进产业发展，扩大文化产业的就业规模，并促进产业人力资本的集聚。

文化产业发展不但要为经济增长做出贡献，而且要通过文化产业增长实现地区文化生产和服务企业规模和数量的增长，形成对文化产业劳动力的巨大需求，切实提高当地劳动者的收入水平，并能够促进就业结构的改善，不断提高文化产业对劳动力的吸纳能力，加大文化产业对促进劳动力转移的贡献。

不仅如此，文化产业应发挥其对文化科技、文化金融融合的推动作用，不断培育和集聚产业的高端文化创意人才、文化科技人才和文化经营人才。因此，文化产业的宏观管理还需要在人才培养和人力资本集聚方面做出贡献。

4. 提升文化产业的经济拉动力

如上所述，文化产业的价值创造和生产过程包含三个阶段。第二阶段的产业经济价值实现与第三阶段的产业价值的网络效应，都会通过经济价值的实现与扩大，为整体的经济增长做出贡献。

因此，文化产业的宏观调控管理须分析和把握文化产业对经济的作用方式和途径，正确制定相关产业政策和调控措施，以促进第二阶段和第三阶段价值实现和扩散相关要素与条件的形成。

（二）文化产业宏观调控的目标

根据上述文化产业宏观管理的任务，文化产业的宏观调控管理应当确立以下几个方面的目标。

（1）通过宏观经济政策和产业政策，保障文化产业的总量规模保持稳定的增长。至于增长的速度，应当根据经济总体发展水平和资源状况，综合考量历年的增长速度而科学制定。

（2）在总量稳步增长的同时，不断提升产业的集约发展水平，即提高产业生产要素的投入产出效率。通常，提高产业投入产出效率意味着单位生产要素（劳动、资本等）投入的产出水平提高，通常会有三方面的因素。① 生产技术水平提升带来文化生产集约化程度的提高或者产品与服务质量的提升。例如，数字化技术带来的美术馆和博物馆的馆藏资源可被数字化，提升了美术馆和博物馆的展览水平和传播力；数字出版对传统出版业改进和提升、3DMax 技术对电影院的提档升级等都是技术进步推动的产业发展升级和内涵质量提升。② 文化产品的创意水平提升和文化品牌打造等，也是文化产业集约化程度提高的表现。③ 要素结合方式和生产方式改变，例如，文化金融使得文化创意要素与资本要素结合，提高了产业生产力，像好莱坞发达的电影投资和艺人中介机构，使得好的剧本、导演、演员和金融资本有效地结合，为好莱坞电影工业提供了重要保障。

（3）改善产业结构。通过产业结构的优化，促进文化供需的均衡发展，使得文化产品和服务的供给能够更好地满足人民的文化消费需求。例如，当前随着科技进步和社会发展，新兴的互联网文化消费、文化旅游、文化成为大众需求热点，大力发展新兴文化产业和文化业态，促进文化、科技和旅游的结合，从而能够不断提升文化产业在整体经济增长和结构升级中的作用，使文化产业成为国民经济的支柱性产业。

（4）通过文化产业的稳步增长和结构优化，不断提高产业对劳动力的吸纳力，扩大文化产业的就业规模，提高文化产业对社会就业的贡献率。同时，不断提升产业人力资本积累规模，优化人才的结构，为产业长期持续发展和竞争力的提升提供支撑。

（5）不断增强文化产业的网络效应，提升文化产业对其他相关产业发展的带动力。通过宏观调控的各项政策措施，促进文化产业资源向其他产业的延伸和移植，以扩大上述文化产业价值生产第三阶段的价值衍生和产业网络化效应。

上述五个方面的发展目标之间相互影响，构成了文化产业宏观调控管理的目标体系。总量增长是产业发展的基本保障，而产业内部结构的调整，为长期持续发展奠定了基础；就业水平取决于产业增长的速度，产业的就业结构和人力资本质量与产业结构相关，随着新兴文化业态和产业迅速发展，必然形成人力资本向这些新兴领域的流动和积累。在一定的增长规模、结构和人力资源状况基础上，宏观产业政策才能构建起价值转移的渠道和机制，形成产业价值衍生和网络效应，带动其他产业发展。

第二节 文化产业的统计、监测和评价

文化产业统计，是根据文化产业的分类体系，对文化产业运行情况进行统计、监测、评价，是文化产业宏观管理的基础性工作。统计工作由专门的统计部门和相关文化管理部门根据国家文化统计的标准具体执行。

一、文化产业统计机构与数据来源

通常，文化产业的统计工作主要是由国家和各级政府的经济统计部门负责。在我国，由于文化产业管理还涉及文化相关部门的统计工作，文化相关部门也会根据其文化管理的需要进行信息统计工作。因此，文化产业统计的组织机构包括经济统计部门和文化管理部门，各个部门根据不同需求而收集的信息形成了多个数据来源。例如，国家、省和市的统计局根据经济统计的规则和要求，按照一定的口径进行文化及相关产业的经济信息统计工作，形成了文化产业经济运行的基础信息数据；宣传、文化和旅游、新闻出版、广电、商务等相关文化部门对行业的数据信息统计可以提供如版权、文化人才、出版、遗产保护、对外文化贸易等方面的较为细致的信息，形成了对统计部门的数据补充。

不同的统计数据来源可以相互补充，但是由于各部门的统计目的、统计口径不一致，在使用这些数据时，应该先分清楚数据的来源和口径，只有在统一的标准口径的前提下，才可以用来进行分析和评估。

经济统计部门的数据统计工作主要根据国家《统计法》的统一规定和国家经济统计分类标准、统计范围、统计方法、统计指标定期进行调查统计。统计部门的数据具有连续性、统一性、持久性、客观性。由于国家统计工作所制定的统计标准、范围和指标具有一定时期的稳定性，而且大范围、全面的统计工作在指标上通常是宏观的、综合性和普遍通用的指标。因此，对于产业的短期波动以及因为经济总体发展特征变化带来的指标和范围的变化等都可能出现滞后现象。由于是面上的统计数据，对于具体到某个产业的特定数据统计，

也缺少局部细节。例如，对于现代服务业、新能源、新材料以及文化产业这样的新兴产业和新兴领域，很多统计分类标准和指标还没有建立，现有的标准也是近年来刚刚制定的，经常会滞后于产业经济发展的现实情况，还需要在实践中不断完善。

各级文化部门出于工作需要进行的统计工作，是针对每一时期的工作所进行的数据汇总，这些数据是具体的、细节的、生动的，但是同时也会带来指标的多样性、复杂性和多变性，以及统计工作的不定期和临时性，因而也就容易造成数据的不连续性，时间上的不可比性，以及不同区域、不同部门的统计数据在统计范围、统计指标、统计单位等口径上的不一致性。

二、文化产业统计分类体系

文化产业的统计分类体系是进行产业经济统计工作的基本依据，对于统计部门来说具有法规和标准的强制意义，即统计工作必须按规定的统计分类由各级统计部门开展调查统计，并上报数据。由于文化产业是新兴产业，各国的统计制度和统计分类都有所不同。

（一）文化产业分类体系的基本依据

产业的分类是建立在一定的国民经济理论基础上的。产业分类的基本原理由这一产业在国民经济价值创造中的所处的环节和所起的作用来确定，其基本假设是国民经济的价值生产活动是由一定水平的社会分工而完成的。社会分工使得一些生产活动逐步分离而独立出来，形成同一类的生产和服务的基层活动，构成了特定的产业形态。

有关国民经济发展的基本理论的一个普遍使用标准是将国民经济分为第一产业、第二产业和第三产业三个基本的类型。第一产业主要是农业和采掘业，其对应的劳动对象主要是自然资源；第二产业主要包括工业和建筑业，是对农产品和采掘品的加工和再加工的生产活动；第三产业就是除了第一和第二产业以外的其他行业，通常是指提供满足人们比物质需要更进一步的服务活动。

由于第三产业的成分比较复杂，因此随着社会分工水平的不断提高，又进一步对第三产业进行了细分，可分为生产和生活服务的部门：金融业、保险业、地质普查业、房地产管理业、公用事业、居民服务业、旅游业、信息咨询服务业和各类技术服务业；流通部门：交通运输业、邮电通信业、商业饮食业、物资供销和仓储业；为提高科学文化水平和居民素质服务的部门：教育、文化、广播、电视、科学研究、卫生、体育和社会福利事业等；为社会公共需要服务的部门。

文化产业属于第三产业，其分布范围十分广泛。在制定文化产业的统计分类体系之前，文化相关行业通常是分散在第三产业的各个部门中，如属于生产和生活服务的文化旅游、信息咨询、电影完片担保、文化产业风险投资基金等；属于流通部门中邮电通信服务的互联网内容服务；属于科学文化水平和居民素质服务部门的各类教育、文化、广播、电视的文化服务，以及为社会公共需要提供服务的美术馆、图书馆等。而且，由于体制的历史原因，一些部门以前被划为公共事业部门，在改革开放以后随着文化体制改革和文化市场的形成，逐步转变为产业性质。

因此，作为一个新兴发展起来的产业，文化产业中诸多行业是随着社会分工的不断细化，逐步从其他经济活动中分离出来，形成了特定类型的产业活动。文化产业的分类是建立在一个动态的发展过程中的。以往的服务业，主要强调和关注的是为物质生产活动提供金融、咨询、信息、运输等相关服务的生产性服务活动，随着分工的不断深化，属于信息、精神内容的加工、生产可以逐步独立形成自己的产业活动形态，而物质生产在这些行业中处于辅助地位，如影视产业、音乐表演产业、艺术品拍卖业、会展业、互联网内容服务业、广告业、软件产业、游戏业、文化旅游业、手艺业、设计业等。

这些行业的生产活动与其他服务业明显不同，并且随着社会经济的发展其规模日益扩大，逐步同其他服务业分离，形成自身的生产链条，并对经济总体的影响日益增强。因此，有必要将这类以精神内容的生产、加工和传播为共同特征的产业经济活动独立地作为一个产业来进行统计与分析。

（二）国外文化产业统计分类体系概况

西方发达国家早在 20 世纪 70 年代就出现了服务业比重在总体产业结构中不断上升和劳动就业向服务业转移的趋势。进入 20 世纪 90 年代，出现了以知识创意为基础的经济发展模式。对于以精神内容为生产和加工对象的独立的产业经济，各国都提出了不同的提法和分类方法，总体上都一致认为这一类活动和其他的生产性服务业不同，应当作为一个单独的产业来对待。

英国最早提出并实施了从制造型经济向创意型经济转变的战略。1997 年，英国将文化创意产业作为国家重要产业给予重点政策支持，成立了英国"创意产业特别工作小组"，提出把文化创意产业作为英国振兴经济的聚焦点。1998 年出台的《英国创意工业路径文件》更明确地提出了"创意工业"（creative industries）的概念。英国政府文化媒体和体育部（DCMS）认为，创意产业包括以下部分：广告、建筑设计、艺术品和古董、手工艺、设计、时尚（产品）、电影、交互式休闲软件、音乐、表演艺术、出版业、软件设计、电视电台、视觉艺术。澳大利亚、新西兰和新加坡等国沿袭了英国对创意产业的定义和分类。新加坡把对"创意簇群"的研究分为三类[①]：文化产业研究、创意产业研究、版权产业研究。新西兰对"创意产业"的定义沿用了英国的定义[②]，涵盖了产生版权、专利、设计或商标的产业。

美国在文化产业分类问题上，紧紧抓住精神内容价值生产与实现的关键环节，即版权价值的形成和经济价值实现，提出了版权产业的概念，并建立了以版权为核心的文化产业分类系统。美国采用了北美的经济分类体系，根据版权在经济生产中的地位与作用，将版权产业分为核心版权产业和外围产业。核心版权产业是指创造出版权的精神内容生产，并且受到版权保护的精神产品，并对这一精神产品进行复制、生产和传播的产业。外围版权

[①] 参见：Economic Contributions of Singapore's Creative Industries, 2003.
[②] 参见：Creative industries in New Zealand: Economics Contribution, 2002.

产业是指生产过程中部分拥有版权，如形象和品牌许可的制造业产品；或者在发行过程的版权行业，如书店、网络发行等；以及在销售过程中使用或者部分使用版权的行业。可见，美国的文化产业分类系统依然是建立在文化产业的三个生产阶段，是围绕版权来对三个阶段的价值生产和转化活动进行的分类。

同英国一样，欧洲国家的文化传统通常不愿意将文化与产业放在一起组成一个概念，其传统文化部门通常并不将文化作为一个产业对待。面对文化作为产品和服务迅速发展成为一个新兴产业的事实，各国采用了"创意产业"或者"文化创意产业"这样的概念来界定文化产业的范围和分类。其中，德国把文化产业定义为"文化与创意经济"，主要涵盖音乐经济、图书市场、文化艺术市场、电影经济、广播电视业、设计业、建筑业、新闻出版、表演艺术市场、广告市场、软件与电子游戏产业11个核心领域或分市场；法国在2013年发布的《文化创意产业经济观察》研究报告中重点研究了绘画与造型艺术、音乐、表演、电影、电视、广播、电游、图书、报刊9个领域。

日本、韩国则普遍使用"文化产业"这一概念。日本对文化产业的分类比较宽泛，日本政府认为，凡是与文化相关联的产业都属于文化产业。除传统的演出、展览、新闻出版外，还包括休闲娱乐、广播影视、体育、旅游等，称之为内容产业，更强调内容的精神属性。这些行业大致被归为内容制造、休闲娱乐和时尚三个大类。

此外，在第一章，我们还重点介绍了联合国教科文组织2009年颁布的文化统计框架的基本精神和内容。总之，对于文化产业的统计分类虽然各国的标准和体系不尽相同，但是其基本的精神趋向统一：一是对精神内容的创造、生产、传播、复制的相关产业经济活动进行科学的分类，并把握其关键和核心环节，以促进本国文化产业的发展；二是文化产业统计中不应一味地以经济产出数字来衡量，应包括更为广泛的文化统计内容以衡量文化产业对整体经济的间接贡献，以及对文化发展的重要作用，以平衡好文化与产业的关系。

（三）我国文化产业分类体系

2018年的统计分类体系对文化产业的定义，沿用了2012年的内容，指为社会公众提供文化产品和文化相关产品的生产活动的集合。包括两部分：一是以文化为核心内容，为直接满足人们的精神需要而进行的创作、制造、传播、展示等文化产品（包括货物和服务）的生产活动，具体包括新闻信息服务、内容创作生产、创意设计服务、文化传播渠道、文化投资运营和文化娱乐休闲服务等活动；二是为实现文化产品的生产活动所需的文化辅助生产和中介服务、文化装备生产和文化消费终端生产（包括制造和销售）等活动。第一章第三节中介绍了我国文化产业分类统计体系和标准的发展过程，以及2018年新颁布的文化及相关统计分类体系的具体内容，在此不再赘述。

三、文化产业宏观统计的基本方法和原理

文化产业的宏观统计基本方法和原理主要依据一般的宏观经济统计方法。同时，由于文化的复杂性，在宏观管理中，一些文化和经济部门也会承担相应的文化统计职责，如各

文化管理职能部门对本部门相关文化产业活动和文化事业发展情况的统计,还有一些经济部门对文化专项的统计,如商务部门对文化产品和服务的进出口数据的统计等。

(一)宏观产业统计的基本方法和原理

对文化产业进行定期的统计,会根据统计调查的目的不同而采取不同的方法。通常经济统计会采取以下几种方式调查。

1. 周期性普查

周期性普查即根据事先确定的周期(我国通常是每 5 年一次)逐个调查各个统计调查对象在一定时点上或一定时期内的社会经济活动情况,从而能全面、系统地收集整理国情国力的统计数据的调查方法。实践证明,通过周期性普查取得的统计数据,具有全面、系统、准确、可靠的特点。但是普查的工作量大,需要投入大量的人力、物力和财力,不可能年年进行,只能每隔若干年进行一次。

2. 抽样调查

抽样调查即根据概率理论,将全体调查对象作为总体,从中按照一定的分层方法,随机抽取部分样本单位进行统计调查,获取样本单位数据,用所得到的调查标志的数据以代表总体,推断总体。抽样调查可以通过抽样设计,计算并采用一系列科学的方法,把代表性误差控制在允许的范围之内。另外,由于调查单位少,代表性强,所需调查人员少,工作误差比全面调查要小。特别是在总体包括的调查单位较多的情况下,抽样调查结果的准确性一般高于全面调查。因此,抽样调查的结果是非常可靠的。

3. 全面调查和重点调查

全面调查是对构成调查对象总体的所有单位一一进行的调查,能够掌握比较全面、完整的统计资料,了解总体单位的全貌。重点调查是在全体调查对象中选择部分重点单位进行调查,因而所取得的统计数据基本能够反映社会经济现象发展变化的趋势。

(二)主要指标

文化产业的统计指标既包含一般产业经济统计的指标体系,同时又具有文化产业自身的特定指标。文化产业的统计指标应当能够全面反映文化产业的发展状况,客观地描述文化产业产品的生产、流通和服务的提供全过程,反映文化产业的总体规模、水平、结构、对国民经济增长的贡献以及文化产业发展和文化体制改革的进程。

1. 通用的产业经济指标

(1)文化产业增加值。文化产业增加值是衡量一定时期内文化产业生产总值的指标,表明文化产业发展的总量规模。通常是用报告期内以货币形式表现的文化产业生产活动所直接创造的最终产品。它还是文化企业全部生产活动的最终产品价值扣除了在生产过程中消耗或转移的物质产品和劳务价值后的余额。

通常,物质产品的制造部门可以通过物质产品的市场价格加以统计。但是由于文化产业上述生产过程三个阶段的特殊性,在统计过程中,第一阶段和第二阶段是文化产业创造的直接经济价值,而第三阶段创造的经济价值往往会产生两种被错误计算的可能。一是忽视了第三阶段精神内容通过许可、转让等方式向其他非文化产业的转移而创造的经济价值,造成漏算。例如,2015年年初,电视剧《大清盐商》在央视播出后,许多观众产生了去扬州看瘦西湖、五亭桥的冲动,最终会对景区的收益产生直接影响,但这些收入却没有任何统计指标可以反映,更不可能计入文化产业的增加值中。二是将第三阶段属于其他制造业的物质产品的价值也全部加到文化产业中,造成多算。例如,一些地方在统计通过形象许可的制造业产品时,不是计算每件产品归属设计和形象许可的版税部分,而是将整个产品的价值都计入文化产业。还有一些地方在计算文化旅游收入时,将本属于旅游业所带动的餐饮、酒店住宿和零售等非文化产业价值也计入文化产业,无疑夸大了文化产业的生产总值。

（2）文化产业增长速度。文化产业增长速度是指文化产业一定时期的增长速度,通常用产业增加值的增长率来衡量,采用价格指数缩减法计算,即用本年度现价的文化产业增加值剔除价格变动因素后,与去年同期增加值对比的增长速度。

（3）规模以上文化企业经济指标。规模以上企业是指产业中年生产销售收入在一定额度规模以上的企业。不同的行业会有不同的标准。而且,由于文化产品的生产销售中有创意的创作研发、文化制品的生产制造、文化产品的批发零售等环节,在不同环节企业产出特性不同,也应当制定不同标准。目前我国各地区对文化创意产业规模以上企业的规定是500万元以上,但对于文化制造业和文化产品批发业的文化企业规定为2000万元以上。

规模以上文化企业集中了文化产业中的主要资源,并在文化产业的产值创造中所占比例大、作用显著,所以对这类企业活动情况的统计,有助于了解文化产业各行业的活力、产业总体盈利水平、企业利税贡献、生产能力。通常对规模以上的文化企业进行统计的指标有生产总值、主营业务收入、利润总额、利税总额等。

（4）固定资产投资总额。该指标是衡量一个产业资本形成和资源配置的指标。它是指常驻文化企业购置、转入和自产自用的固定资产,扣除固定资产销售和转出后的价值。通常又可分为有形固定资产形成总额和无形固定资产形成总额。有形固定资产形成总额包括一定时期内完成的建筑工程、安装工程和设备工器具购置价值。无形固定资产形成总额包括计算机软件、娱乐和文学艺术品原件、创意研发成果的版权等。

在文化产业领域,由于行业的不同,不同形态资本在产业中所起的作用也不同。例如,在大多数文化行业中,软件、艺术作品、创意研发积累的成果等无形固定资本是产业的关键资源;在文化旅游业中,像文化遗产这样的有形固定资产则是主要的文化资源;在互联网等数字内容产业中,大量数字信息设备的固定资本品和软件等都是产业发展的决定因素。

（5）文化产业就业情况指标。文化产业就业情况指标旨在反映文化产业就业人员的数量、素质和结构情况。除就业人员总数外,还反映就业人员的性别、文化程度和专业技术人员状况等。

通过对就业人员结构的分析可以得知，文化产业及其各行业中就业人员不同层次的比例结构，特别是对于产业高级人才和关键岗位人才的数量和结构的把握。文化产业是精神内容的创造、加工、生产、复制和移植等，作为智力劳动者的高层次创意人才和高技能人才是产业的关键资源，这些都属于产业的人力资本。人力资本在产业中的投入和积累是文化产业发展的重要动力。因此，对文化产业中高层次和高技能人才进行统计，并对不同时期的指标变化进行动态比较分析，可以衡量文化产业中人力资本的形成速度和规模。

（6）产业结构指标。产业结构指标主要反映文化产业内部的结构特征和结构变化。各国在文化产业的分类中都列出了具体相关行业，同时对文化产业的分类又都建立在一定的理论基础上，形成了行业的层次关系。例如，美国以版权为核心的版权核心层、外围层；我国在《文化及相关产业分类体系》中也根据精神内容生产的特点，规定了五个层次。因此，在进行宏观层次的文化产业经济统计时，需要定期对五个层次行业所创造的增加值在总体产业增加值所占的比例、五个层次的大类行业综合的增长率、就业与人才结构、固定资本的形成比率等指标进行统计。这样，我们就可以通过历史的跨期比较分析，来测量文化产业的变动和发展趋势。

对于一些重点的新兴文化产业和战略性的文化行业，还可以根据需要进行专门调查，对这些产业从上述各项指标方面进行统计分析，以把握这些行业发展的情况和趋势。

2. 文化产业的重点业务指标和数据来源

除上述指标外，文化产业不同行业都具有自己的业务特点，这些业务特点是由文化行业生产的具体文化产品和服务的特征所决定的。由于文化产业中各行业可能存在较大的差异性，以及文化产业自身所具有的精神产品的特质，因此对于文化产业的宏观经济统计，需要建立能够反映文化产业自身运行特点的监测指标。业务活动状况指标以有关部门的职责范围和现行统计制度为基础，根据分析需要确定收集范围，力求反映文化产业业务活动的全貌。根据国家2018年《文化及相关产业分类统计》，通常相关各部门的业务统计指标如下。

（1）新闻出版发行服务。这类业务指标可以从各级新闻出版管理部门获得，包括图书出版、报纸出版、期刊出版、音像制品出版、电子出版物出版等在内的发行物的种类、印数、发行量的总量和结构指标、出版物出口数量、引进和出口版权数量、报刊和图书的普及率、新闻出版业人才规模与结构等业务统计指标数据。

（2）广播电视电影服务。这类业务统计数据可以从广播电视、电影等相关管理部门的统计数据和年度工作报告中获得，包括有线电视用户数、电影票房收入、广播电视有线网络收入、广告收入、广播电视节目播出时间、制作节目时间、广播电视节目覆盖率、节目收视率、广播电视行业人才队伍、电影年产出量、影视基地、进口电影数量、电影票房等业务统计指标。

（3）文化艺术服务。这类统计数据主要包括文化艺术方面的相关指标，可以从各级文化管理部门的年度数据中获得，如艺术表演机构数、艺术表演场次、艺术表演门票收入、新创作的剧目数量、文博单位机构数、文博单位参观人数、图书馆藏书和流动人数、文物保护单位及非物质文化遗产的数量和结构等统计指标。

(4) 文化信息传输服务。这类统计数据主要从互联网的管理部门和中国互联网信息中心的报告中获取，主要包括互联网信息服务方面的具体统计数据，如网民数量和增速、互联网普及率、手机网民和电脑网民用户数结构、平均上网时间、网络域名规模和增速、网民结构特征数据、互联网各类应用使用情况等。

(5) 文化创意和设计服务。这类统计数据可从广告业行业协会、各类设计行业协会、知识产权管理机构等相关报告中获取，包括广告业经营机构和从业人员统计、广告业收入规模与增长情况、广告业收入的行业来源分布、广告的媒介分布、各类设计机构的数量、企业资质结构和行业结构分布、设计专利数和结构分布、设计业的从业人员规模、行业分布和获得资质结构的分布等业务统计指标。

(6) 文化休闲娱乐服务。文化休闲娱乐服务主要涉及旅游、娱乐服务业方面的业务统计数据，可从旅游和文化部门的统计和工作报告中获取，包括文化旅游名胜景点、游乐公园的游客数量规模和结构；歌舞厅、网吧、电子游戏厅和室内娱乐场所的数量与结构；文化旅游收入的规模以及结构；游客滞留的天数以及结构特征等统计数据。

(7) 工艺美术品生产。这类统计数据可以从全国和各级工艺美术协会、文化管理部门关于工艺美术品业的普查报告、年度统计报告和专项调查报告中获取，包括各类工艺美术品的生产销售机构的数量、各类工艺美术品销售收入规模和出口销售收入、工艺美术从业人员的规模、各级工艺美术大师数量和分布、工艺美术专业市场数量与规模、工艺美术品稀缺资源情况、工艺美术技艺传承人情况等统计数据。

(8) 文化相关产品生产。这一部分是《文化及相关产业分类2018》中包括为实现文化产品的生产活动所需的文化辅助生产和中介服务、文化装备生产和文化消费终端生产（包括制造和销售）等活动，文化辅助生产和中介服务包含纸张、颜料、文化用化学原料等耗材，以及印刷复制服务、版权服务、会议展览服务、文化经纪代理服务、文化设备（用品）出租服务、文化科研培训服务等中介服务部门；文化装备生产大类包含印刷设备制造、广播电视电影设备制造及销售、摄录设备制造及销售、演艺设备制造及销售、游乐游艺设备制造和乐器制造及销售；文化消费终端生产包含文具、笔墨、玩具、节庆用品、信息服务终端制造及销售。这些数据除了统计部门的常规统计信息外，还有大部分信息可能分散在版权管理、商务、旅游、工信等相关部门。

第三节 文化产业的总量增长和结构优化

文化产业宏观调控的一个基本目标，是在把握正确导向的前提下，保持文化产业的总量稳步增长，保持文化产业资源优化配置，并在此基础上，不断优化文化产业的内部产业结构和区域产业结构。

一、文化产业的总量调控

文化产业的宏观总量调控是通过政府的相关宏观经济政策与产业政策，对文化产业的发展规模、发展速度、发展地位等做出长远规划，主要包括以下几个方面。

（一）确立文化产业在经济发展中的总体战略地位

首先，要正确认识文化产业在社会与经济发展中的作用和地位。根据不同的经济条件与环境，文化产业可以有文化新兴业态、新的增长点、新兴产业或支柱性产业等不同层次的战略定位。

所谓新兴业态，是指文化产业中一些新的产业形态和商业模式，如原先通过实体经营的博物馆和美术馆，如今可以用网络 3D 虚拟的方式设立网络博物馆和美术馆展览。再如，一些游戏机厅和网吧等娱乐业态的出现等。

所谓新的增长点，是指某些文化新兴业态或文化行业发展较快，这些行业市场需求潜力比较大，对就业和经济增长有所贡献，辐射带动能力强，经过努力可以较快发展的新兴产业。

所谓新兴产业，是以重大技术突破和重大发展需求为基础，对经济社会全局和长远发展具有重大引领带动作用的产业。新兴产业通常是符合产业演化方向和技术发展方向的，属于知识技术密集、物质资源消耗少、成长潜力大、综合效益好的产业。

所谓支柱性产业，是指在国民经济发展中具有较大影响，占国民经济总量比例 6%以上，在国民经济发展中起着骨干性、支撑性作用的产业，并且符合未来产业结构的演进方向，有利于产业结构优化；产业的关联度强，能够带动众多的相关产业发展。

对于文化产业的战略定位，需要建立在一定的发展基础上。首先是地区的总体经济发展水平到达一定水平。因为文化产业是生产和提供精神文化产品的生产活动，对文化产品和服务的消费是在物质经济达到一定水平，满足温饱之后，人们的精神生活需求才逐步凸显出来。当然，随着世界经济一体化发展，一些地方虽然经济相对不发达，但是可以凭借优越的、独特的自然与文化景观资源，发展特色文化产业。例如，很多经济不发达地区通过发展地域特色的文化旅游项目方式吸引外地的文化消费者来消费。但是，即使是发展文化旅游产业，同样也需要具有一定经济实力建设和完善交通、住宿、餐饮等各项文化旅游的配套环节，没有相关产业的发展支撑，要超越经济发展阶段去发展文化产业成为支柱产业是不现实的。

其次，要具有一定的文化产业发展所需的技术、资本和人才资源的支撑。文化产业是智力密集型的产业，尤其是现代新兴的文化产业大多是智力、资本和技术密集型的产业。

最后，支柱性产业必须关联度高，有较强的前向、后向和旁侧关联效应，能够向各方向渗透，带动相关产业和地区经济的发展。

因此，文化产业在国民经济中和区域经济发展中的战略地位，要根据不同经济发展的具体情况加以确定。从我国当前的宏观经济和产业经济总体的发展趋势来看，文化产业作为新兴产业增长速度较快，占国民经济生产总值（GDP）接近 5%，未来可以通过政策扶持，使之成为国民经济的支柱性产业，并在我国经济结构优化和拉动经济增长方面发挥重要作用。但是，由于我国区域经济发展的不均衡，在一些发达地区文化产业发展较快，占到 GDP 比重接近甚至超过 6%，文化产业结构中现代新兴的文化行业和业态发展较快，文化产业具备发展成为支柱性产业的条件；在一些欠发达地区，主要还是依靠文化旅游、文化艺术服务、手工艺等具有特色的资源依赖型文化行业，这些文化产业可以通过特色化发展，成为地方文化产业的品牌和特色，形成新的经济增长点。典型的如云南丽江是以民族文化旅游为特色的文化产业，是地方经济的新的增长点，并且可以通过逐步完善相关配套产业的支撑，使文化旅游及相关的文化产业成为支柱性产业。

（二）规划文化产业长期的增长速度

要实现文化产业在国民经济中的战略目标，需要通过各项经济刺激和扶持政策，保障文化产业的增长率。通常，不论是新兴产业、新的经济增长点或者支柱产业，在发展初期都会具有较高的增长率。按照产业的一般增长规律，应保持产业的一定稳步快速增长速度，并使产业达到一定的规模，实现规模经济。

在产业总体发展规划中，确定一个产业的增长率需要依据资源配置情况、增长目标、相关支撑产业等多方面因素综合考虑。因为产业的增长机制依赖于产业的关键资源，以及将这些关键资源进行整合的产业机制、相关制度和产业政策共同作用的结果。对于文化产业来说不可拔苗助长，仅仅通过政府一厢情愿的财政投入拉动，虽然在短期内能够拉动产业固定资产的投入增加，但是并不一定能够有效地积累产业发展所需要的关键性的资源。因此，产业增长是建立在良好的产业资本形成和积累基础上的。

第一步，对近年来文化产业的增长速度进行调研，确定合理的增长范围。通常我们可以从历年的产业统计查阅相关数据，描述出历年增长的图表，从而从总体上了解文化产业的增长轨迹和趋势。

第二步，分析增长的机制，找到推动增长的关键因素。文化产业的增长主要受到决定产业增长的关键要素的积累和促进产业增长的制度与政策方面的因素影响。决定文化产业增长的关键要素，除了资本、劳动力资源投入外，更重要的是创意人力资本资源、技术资源等相关制度和政策保障，包括促使资本流入产业的文化金融体制和机制，促进文化科技创新的文化科技体制、机制和平台建设，以及有关的产业政策。在综合对这些因素作用途径、发展现状进行分析理解后，有助于我们深刻认识产业增长机制、现有条件可能达到的发展水平，以及产业发展需要完善和加强的方面。

第三步，分析经济总体增量速度、经济周期等其他的影响因素。文化产业发展不但受到自身因素的影响，同时还会受到总体经济增长速度和经济周期景气等整体宏观环境的影响。所以，应当根据国民经济总体发展速度、国民经济发展的周期情况，对文化产业增长指标进行调整。

第四步,确定未来的增长目标,以及可以保持的合理增长率。在上述分析基础上,可以较科学合理地确定文化产业的增长目标,以及在一定时期的增长率水平。如果国民经济生产总值具有保持一定比例增长的目标,那么文化产业的增长幅度确定后,也就决定了文化产业在规划时期内占国民经济生产总值的比例,以及相对国民经济总体增长水平的相对快慢程度,进而也可以根据相关产业经济的测算方法,测算估计出文化产业对就业的吸纳能力、对经济总体的贡献率、对国民经济的拉动力等相关指标。

二、文化产业的结构优化

文化产业的宏观调控除了要确定宏观调控的总量和增长指标外,还需要对产业结构进行引导和调控。产业结构的调控要兼顾产业内的结构和区域间的结构布局两个方面的问题。

(一)文化产业内在结构

在国家关于文化及相关产业分类统计体系中,文化产业包含了九大类,43个中类,具体到146个小类行业。这些行业中传统的文化行业,如手工艺品、艺术表演、艺术拍卖、文化旅游等,因为市场需求扩大和社会经济的发展成为新的增长点,有些是适应科技、社会经济发展而出现的新兴业态和新兴产业,如互联网信息服务、会展、软件和广告等。因此,政府需要根据文化产业总体的发展目标,去大力发展那些符合产业演进和发展方向,具有较强活力和产业关联与带动力的文化行业和新的文化业态。

第一,在掌握文化产业统计信息和普查信息的基础上,深入了解产业结构的现状,由于各地区资源禀赋条件和经济发展阶段不同,会有不同的特点,应对新兴业态和行业增长性、产业关联性、带动性做出客观的评估。

第二,要确定这些新兴业态和新兴产业增长的驱动因素、所依赖的关键资源,以及现有的各方面资源和条件情况。这些因素和条件包括人才、科技、产业制度环境、政策与机制等方面。通过对这些驱动因素、关键资源和支撑条件的分析,正确客观地认清现实的发展条件和机遇,以及存在的问题和欠缺条件。

第三,在上述分析基础上,制定产业结构优化的目标,确定新兴增长点和新兴行业的增长速度和目标规模,并根据这一目标和规模,从资源配置、机制完善和各项政策配套等方面制定方针与措施。

(二)文化产业总体布局规划

文化产业的发展呈现区域的不平衡。这一方面是受到区域发展经济水平的影响,不同的经济发展水平,造成了地区间在文化消费能力、文化市场规模、文化产业生产要素集聚水平方面的差异,也就形成了不同的文化产业发展水平,因而需要对文化产业进行区域的布局与规划;另一方面,文化产业的发展受到历史因素和社会环境因素影响,形成了不同的文化资源、自然资源、区位经济地理条件,对文化产业的发展造成了不同的影响,也造成了不同的地方文化产业发展特色和产业结构，因此需要根据不同区域条件，在总体发展目标指导下，对文化产业的布局进行宏观的规划。例如，云南少数民族地区因其特有的历史文化资源，形成了民族文化旅游产业的主导文化产业特色；再如，以一些一线大城市为中心则可以形成辐射全国乃至世界的产业集群，如曼哈顿百老汇、苏荷（SOHO）文化创意产业群以及伦敦西区以戏剧、音乐和时尚为主的创意产业集群。

案例/专栏 3-1

我国文化产业资产规模超过 31 万亿元

根据国家统计局发布的《2022 年全国文化及相关产业发展情况报告》，2022 年，我国文化及相关产业规模持续扩大，营业收入超过 16.5 万亿元。

报告显示，文化新业态行业营业收入占比超过 30%，产业结构不断优化。2022 年，文化新业态特征较为明显的 16 个行业小类实现营业收入 50106 亿元，比 2021 年增长 6.7%，增速快于全部文化产业 5.7 个百分点。文化新业态行业营业收入占全部文化产业营业收入的 30.3%，占比首次突破 30%，比 2021 年提高 1.6 个百分点。

文化产业资产总量保持增长，资产规模超过 31 万亿元。其中，文化投资运营、内容创作生产、新闻信息服务 3 个行业大类资产增长较快，分别增长 9.6%、8.6% 和 7.3%。

我国文化产业实现利润总额 12707 亿元，比 2021 年增加 341 亿元，增长 2.8%；规模以上文化企业投入研究与试验发展（R&D）经费 1529 亿元，比 2021 年增长 6.4%；我国文化产业固定资产投资比 2021 年增长 7.6%，增速快于上年 2.4 个百分点，在九大文化行业中，文化消费终端生产、文化投资运营、内容创作生产 3 个行业大类固定资产投资增速超过两位数，分别为 28.3%、18.6% 和 11.0%。

资料来源：张翼.国家统计局报告显示：2022 年文化新业态营收占比首破 30%[N]. 光明日报，2023-06-30.

【思考】
我国文化产业发展有什么新特点？

（三）文化产品和服务的进出口结构

文化产业的产品和服务的国际流通，是国际服务贸易的新兴领域，已经成为国家文化产业竞争力的重要体现。

宏观的文化产业调控需要关注一国的文化对外贸易结构变化。

（1）进出口总量上的逆差和顺差问题。一国对外文化贸易按产品和服务出口大于、小于或等于进口等情况分别如下：贸易顺差以正数表示，表示出口大于进口，也叫作出超；贸易逆差以负数表示，出口小于进口，也叫作入超、贸易赤字。根据商务部公布的数据，2017 年，我国文化产业进出口总额达到 1265 亿美元，其中文化产品和文化服务总出口额为943.6亿美元,文化产品出口额为881.9亿美元,文化产品贸易顺差为792.6亿美元。

(2)进出口文化产品和服务的地区结构。这是指在进出口的文化产品和服务中,出口产品和服务的流向国家和地区结构,进口产品和服务的来源国家和地区结构。通过地区结构分析,可以得出与我国主要进行文化贸易的国家和地区,以及贸易的规模、顺差和逆差情况。据此,可以知道我国文化产品和服务在国际文化市场的流通和分布情况,也可知道我国进口文化产品和服务的国别结构,并可制定出相应的对外文化贸易策略。例如,我国电影、电视剧的出口范围有限,这直接导致了其传播力与影响力都非常有限。我国影视剧的主要销售地局限在亚太地区,主要以东南亚地区为主,该地区的销售量占据了全部出口份额的 2/3,真正打入国际市场并取得良好票房和收视率口碑的影视剧精品不多,少量输出海外的电视剧类型主要是武侠剧、历史剧。

(3)进出口文化产品和服务的行业结构。对进口和出口的行业构成、进口和出口的行业规模等方面的统计数据进行跨时期的分析与比较,可以得出各个文化行业的对外贸易状况。

将上述几个方面综合起来,可以全面地了解一国文化产业对外贸易情况,评估一国文化产业在国际上的竞争力。文化产业对外贸易政策已经成为实现对外文化战略目标最重要的手段和途径,如在文化对外贸易方面,法国最早提出的"文化例外原则",以及我国对进口大片的配额政策,就是出于保护本国文化不受外来冲击的目的。应从战略高度制定对外文化策略,一是保护本国还处于发展初期阶段的文化行业,或者保护产业竞争力相对较弱的文化行业;二是促进本国文化以文化产品和服务的形式对外输出,扩大本国文化的影响力和传播力。

案例/专栏 3-2

"韩流"

"韩流"文化早已成为韩国诸多与文化相关联产业"圈钱"的最佳宣传片,其背后潜藏的对旅游、航空、零售、餐饮等产业的拉动效应不可估量。"韩流"还极大地提升了韩国的国家形象和韩国制造(made in Korea)的竞争力,"韩流"席卷到哪里,韩国品牌就会在哪里"发烧"。可以说,"韩流"文化作为韩国的"国家名片",为韩国其他产业带来的机会和经济效益,远远超出了韩流文化出口本身的价值,已成为韩国企业投资和对外谈判时的最大助力。

2014年2月27日,火遍亚洲的韩剧《来自星星的你》终于迎来大结局。在韩国,该剧不仅以超过20%的收视率稳居同时间段电视剧收视率第一位,而且在最新的调查中更是力压招牌娱乐节目《无限挑战》,成为韩国观众最喜爱的电视节目。在中国,这部被称为自中国拥有社交媒体以来最被热议的韩剧,剧集还未完结,在中国视频网站上的点击量便已超过10亿次,不仅普通观众深陷其中,就连一众明星也和大家一起每周苦盼更新。

"韩流"凶猛,从20世纪90年代以来,从《蓝色生死恋》《冬季恋歌》,到少女时代、鸟叔,再到《来自星星的你》和"都教授",不仅捧红了一众男神、女神,也让韩流成为韩国最靓丽的"国家名片"。

今天我们所说的"韩流",早已不仅仅局限于韩剧、流行音乐和明星的范畴,而是已经发展成为包括出版、漫画、卡通、音乐、游戏、影视、广告、人物形象等在内的韩国文化创意产业。继20世纪90年代韩剧大获成功后,韩国于1999年进一步确立了"文化立国"的国家战略,政府成立了专门的文化产业振兴机构,为韩国文化创意产业的飞速发展奠定了坚实基础。

资料来源:作者整理撰写。

【思考】

借鉴韩国经验,我国应该制定怎样的对外文化战略?

第四节 文化产业宏观调控的手段

政府部门是宏观文化产业的调控主体,政府部门的宏观文化产业管理不是通过对文化经营单位直接干预和文化市场经营的直接介入,而是主要通过各项宏观经济政策间接调控,或者通过各项法律法规等进行市场规范。但是,由于文化产业所生产的产品为精神内容及其服务,因此对国家文化建设和社会发展具有重大影响,各国都会在一定领域和范围内保留政府文化行政管理措施作为宏观调控手段。

一、文化产业管理的宏观经济调控手段

宏观经济调控手段主要是通过政府的相关经济政策对文化产业进行引导和间接干预的措施,主要包括财政政策和货币政策。

(一)财政政策

财政政策是指国家根据一定时期经济发展的总体目标和文化产业发展需要而规定的财政工作的指导原则。财政政策通过财政支出与税收政策两方面对文化产业投资需求和消费需求进行调节,进而影响文化产业的经济增长。

1. 政府支出政策

政府支出是政府对文化产业财政投入的直接增加或减少,前者是扩张性财政支出政策,后者是收缩性财政支出政策。政府的财政支出政策主要包括政府财政拨款与投资和转移支付。

政府财政拨款与投资,是指财政用于文化产业资本项目的建设性支出,它最终将形成各种类型的固定资产。这种投资是文化产业经济增长的推动力。例如,政府通过增加财政预算,加大对文化产业重大的文化科技公共平台、文化公共基础设施、文化科技人才培育

等方面的投入,从而为文化产业的发展建立良好的基础条件,以促进文化产业的快速发展等。

政府转移支付是指政府在社会福利、保险、贫困救济和补助等方面的支出,它是通过政府将收入在不同社会成员之间进行再分配而实现的。对于文化产业来说,政府可以采取转移支付促进文化产业发展和培育文化市场,一些常见的策略有:① 通过发放给公民文化消费补贴或者给予文艺演出团体演出补贴的方式,培育文化市场和提升文化消费水平;② 通过财政拨款,对文化产业给予补助,如政府通过出口补助、贷款贴息、奖励等方式,对文化产业给予补贴或者贴息扩大文化产业的投资,从而促进文化产业加快发展;③ 上级政府向下级政府文化部门的转移支付,主要是为了平衡各地区由于地理环境不同或经济发展水平不同而产生收入差距,以保证各地区的政府能够有效地按照国家文化产业发展战略提供文化服务和投入完善文化产业发展所必需的基础设施。

2. 税收政策

税收政策是政府通过调节文化产业的税收,间接地影响文化产业的投资与消费水平,最终影响文化产业的投资规模、消费需求和资源集聚水平等。政府一般通过制定文化产业税收优惠政策促进社会资本对文化产业领域的投资,提高文化企业投资水平,从而有利于资本在文化产业的形成,促进文化产业的发展。例如,政府通过对文化产业的中小企业实行税收优惠政策,鼓励文化创意中小企业的发展,以及政府部门通过对相关文化行业税率的调整减轻企业的税负,以扩大企业用于生产投资的资金,刺激企业对文化产业的投资等。

税收政策还可以发挥其在人才吸引、产业资源汇聚等方面的作用。例如,我国政府在上海实行自由贸易区政策,其中一个重要政策是取消绝大部分货物和服务贸易的关税和非关税壁垒,取消绝大多数服务部门的市场准入限制,开放投资,从而促进商品、服务和资本、技术、人员等生产要素的自由流动。再如,在吸引文化创意人才方面,丹麦为了吸引具有国际影响力的文化产业专家到丹麦工作,在税法中明确规定减少外籍专家的个人所得税。韩国对在国内文化产业工作的外国人给予5年的所得税减免。税收政策也可以对某个特定行业发展造成制约和阻滞。2018年,国家对影视艺人工作室进行税收整顿,一些影视上市公司的市值应声下跌,一直围绕在影视业周围的社会游资也一哄而散,影视行业面临严峻考验。

(二)货币政策

货币政策是国家货币当局(我国是中央银行)对货币市场货币流通量采取干预措施,进而通过货币市场利率变动和证券市场的波动来影响文化产业投资。因此,货币政策影响是间接的,主要通过对整体经济运行的宏观影响间接影响文化产业。一般来说,银根放松时,社会游资较多,需要寻找出路,往往在文化产业领域聚集大量"热钱"。一旦银根收紧,融资成本升高,文化产业的投资也会相对谨慎,规模也会相应压缩。

二、宏观调控的行政干预

由于文化产业的精神产品和服务在意识形态和文化传承与发展方面的重要影响与作

用,在文化产业宏观调控管理方面,除了采取宏观经济政策,还需要在一定范围内保持行政干预手段。

(一)文化安全战略与干预措施

文化产品和服务的国际化流通,使文化意义和价值观通过文化市场传播和扩散,并被人们所接受和认同,进而改变现存的文化关系和文化秩序。这就使得文化产业及其文化产品具有一种战略意义。因此,大力发展文化产业的宏观调控政策不仅要采取经济调控手段,还需实行文化促进战略和政策。这些宏观的文化政策与干预措施包括以下内容。

第一,为促进文化对外交流而配合文化对外贸易政策实施的"文化走出去战略",即在文化产品和服务对外贸易的经济政策基础上实施的文化外交策略和扶持优秀文化对外交流策略。例如,德国通过"歌德学院"对外进行文化交流,促进德国文化对外交流,并从事国际文化产业和文化事业合作,将德国优秀的音乐表演、剧场、设计、展览等文化产业产品和服务对外输出。

第二,为保护本国文化利益和价值而采取的文化市场准入限制和文化例外原则等。例如,在国际文化贸易方面,法国是美国自由贸易政策的坚决反对者。在乌拉圭回合谈判中,法国以"文化例外"为由,坚决反对文化市场的自由贸易,几乎为此退出整个 GATT 谈判。在 WTO 谈判中,法国进一步将"文化例外"演变为"文化多元化"原则,提出文化产业不同于一般产业,指责美国低俗化的文化产品和文化发展方面的商业倾向对别国文化构成了毁灭性的威胁,全球的"美国化"趋势令人担忧。法国不遗余力地在欧盟内部推动"无国界电视"等,对欧盟视听媒体中"欧洲内容"所占比例做了规定,以限制好莱坞和美国其他视听产品的入侵。

(二)国有文化资产管理体制

我国现阶段的文化宏观管理还面临着转型期的特殊性。我国文化产业发展起步较晚,文化体制从计划体制转型为市场体制,原先很多国有文化事业单位转型为国有文化企业,在宏观文化管理体制上,需要建立适应市场机制,按照"国家所有、分级管理、授权经营、分工监督"的原则建立起新的文化资产管理体制,即建立国有文化资产由国家政府部门代表全民授权给国有文化企业经营的体制。

除此之外,文化管理体制还涉及如何打破原有的计划体制下形成的条块分割的问题。原有计划体制下文化管理形成了从中央到省、市、县四级层级组织体系,从中央到地方的宣传、文化、广电、新闻、出版等不同管理部门的行政管理纵向职能,而不同的行政地区形成了我国各地区的横向区块管理,两种管理体系形成的条块分割致使文化资源、文化市场形成分割现状。因此,国有文化资源的管理体制改革的一个重要任务就是改变条块分割现状,从宏观上建立健全包括文化产品、文化金融和文化人才在内的文化市场体系,促进文化市场的统一和文化资源的流动,这样必然会涉及对原有文化管理行政组织体系的改革,如对广电、新闻、出版、文化等原有文化管理部门的职能重新定位和部门整合。这些改革会直接影响政府与市场、政府与文化企业之间的关系调整。2020年5月，根据《中共中央宣传部等关于印发〈全国有线电视网络整合发展实施方案〉的通知》（中宣发〔2020〕4号），全国相关广电系上市公司共同组建中国广电网络股份有限公司，加快全国统一的广电网络建设步伐，布局5G网络。这是打破地区分割的一个重大事件。

（三）文化意识形态监管

文化产品的核心要素是精神内容，精神内容总是反映了一定的世界观、价值观。因此，文化产品不可避免地具有意识形态属性。文化意识形态管理是政府的重要文化管理职能。首先，在宏观层次上，主要是通过宏观意识形态的管理体制和制度建设。在我国，对文化意识形态管理采取审批制度、经营许可制度和准入限制等。例如，对影视立项和内容的审查制度，对互联网内容经营的许可证制度，对电视台经营领域的私人限制进入规定等。其次，政府宣传和文化部门要通过相关政策和措施加强意识形态导向管理。

2014年10月15日，习近平在文艺工作座谈会上指出："一部好的作品，应该是经得起人民评价、专家评价、市场检验的作品，应该是把社会效益放在首位，同时也应该是社会效益和经济效益相统一的作品。在发展社会主义市场经济的条件下，许多文化产品要通过市场实现价值，当然不能完全不考虑经济效益。然而，同社会效益相比，经济效益是第二位的，当两个效益、两种价值发生矛盾时，经济效益要服从社会效益，市场价值要服从社会价值。文艺不能当市场的奴隶，不要沾满了铜臭气。优秀的文艺作品，最好是既能在思想上、艺术上取得成功，又能在市场上受到欢迎。要坚守文艺的审美理想、保持文艺的独立价值，合理设置反映市场接受程度的发行量、收视率、点击率、票房收入等量化指标，既不能忽视和否定这些指标，又不能把这些指标绝对化，被市场牵着鼻子走。"文艺要反映好人民心声，就要坚持为人民服务、为社会主义服务这个根本方向。必须把创作生产优秀作品作为文艺工作的中心环节，努力创作生产更多传播当代中国价值观念、体现中华文化精神、反映中国人审美追求，思想性、艺术性、观赏性有机统一的优秀作品。2015年，我国发布了文化企业将社会效益放在首位，社会效益和经济效益相统一的指导意见，进一步明确了我国文艺工作的方针和文化产业意识形态的导向。因此，在文化创作和生产中要防止恶搞历史、过度娱乐化、盲目西化的不良倾向。

三、法律调控手段

文化产业的法律调控手段是通过建立相关的法律法规，对文化产业的市场行为加以规范。宏观层面与文化产业密切相关的法律主要包括关系文化产业核心资源的知识产权法律、文化遗产相关法律与文化市场的监管法律。

（一）知识产权法律政策

在影视、音乐、美术设计、文学、互联网视音频、游戏、软件等文化相关产品和服务中，涉及大量著作权，是文化产业的核心资源，如果不予以法律上的保护，将直接危害产业的发展。例如，在影视产业，影视产品从策划到最终的发行销售，都是围绕特定的影视创意的著作权以及由此形成的影视版权而运行的，没有知识产权法律的保护，影视产业将无法运转。

此外，文化产业中大量商标、品牌和形象的许可和转让，可以将精神内容注入相关制造业，形成大量衍生品收入。如果没有法律规定加以保护，所有版权所有者的许可与转让的利益都无法得到保证。

因此，文化版权资源具有巨大的授权价值，但如果不能得到保护，文化版权非常容易被侵权，从而造成文化版权资源的价值流失。所以，需要对文化版权进行法律强制性保护。国家有关知识产权的法律与政策，包括一国或地区参加的有关知识产权的国际协约或者公约，是对文化产业的核心版权资源进行保护的宏观法律手段。

与文化产业有关的知识产权法律与政策包括《著作权法》《专利法》《商标法》，国际相关的法律主要有与贸易有关的《知识产权协定》（TRIPS 协定）、保护工业产权的《巴黎公约》、保护文学和艺术作品的《伯尔尼公约》《世界版权公约》，以及商标国际注册的《马德里协定》、专利合作条约等。

（二）文化遗产保护的法律体系

不可移动的物质遗产、可移动文物和非物质文化遗产等，都可能成为文化产业的主要资源。例如，以文化遗迹为基础资源的文化旅游，以及对传统手工艺资源的开发形成的文化纪念品和装饰品等。然而，国家对文化遗产保护的法律法规对文化遗产的保护与开发做出了强制性的规定。对于文化遗产利用与开发，必须在法律允许和约束的条件下进行。

例如，我国《文物保护法》对历史文化遗迹等文物保护单位的文化旅游开发中新建建筑的范围做出了严格的规定，规定在文物保护单位的保护范围，应当根据文物保护单位的类别、规模、内容以及周围环境的历史和现实情况合理划定，并在文物保护单位本体之外保持一定的安全距离，确保文物保护单位的真实性和完整性。

（三）文化市场监管的相关法律

改革开放以来，随着中国文化产业和文化市场的迅速发展，为了进一步规范对文化市场的管理，国家及有关部门加强立法，完善法规体系，构建了具有中国特色的文化市场监管法律体系，先后出台了《文物保护法》《著作权法》《电影产业促进法》《广播电视管理条例》《广播电视设备管理条例》《电影管理条例》《出版管理条例》《印刷业管理条例》《营业性演出管理条例》《娱乐场所管理条例》《音像制品管理条例》《音像制品进口管理办法》《互联网上网服务营业场所管理条例》《互联网文化管理暂行规定》《美术品经营管理办法》《计算机软件管理条例》《电子出版物管理暂行规定》等法律法规。2020年，国务院提交的《文化产业促进法（草案）》也即将由全国人大审议通过。至此，我国基本建立了门类齐全、涵盖广泛、防管结合、配套成龙的文化市场监管法律体系，使文化市场监管有章可循，有法可依。与此同时，国家还改进文化市场监管的方式方法，完善相关制度，实现从利益相关管理到利益超脱管理、从前置设立管理到过程跟踪管理、从多头分散管理到集中统一管理、从单一单向管理到综合立体管理、从临时突击管理到长期常态管理的根本转变。

案例/专栏 3-3

谷歌版权纠纷

早在 2004 年 10 月谷歌公司就在法兰克福书展上发布了谷歌印本图书馆计划（Google Print Library Project），同年 12 月谷歌又推出谷歌图书馆计划（Google Books Library Project），宣布与密歇根大学、哈佛大学、牛津大学、斯坦福大学等高校图书馆及纽约公立图书馆合作将其馆藏书籍扫描以形成数字仓储。2009 年 8 月 30 日，据英国《观察家报》报道，谷歌高调宣布将在原有谷歌数字馆的基础上，构建全球最大的在线图书馆，全球用户均可通过免费搜索，在线浏览相关的图书内容。至 2013 年 4 月，被谷歌扫描的图书已高达 3000 万册。谷歌声称通过谷歌图书计划要建立世界最大的数字图书馆，以便于图书的网络搜索，实现人类知识的共享。然而，这项浩大的工程也让谷歌频频遭到出版界的各种抗议和诉讼。

传统上，图书馆是为读者在馆内使用文献而提供的专门场所，其性质至少应具备公益性、非营利性和开放性。随着新技术的发展，某些图书馆为陈列或者保存版本的需要开始应用数字化复制技术保护、保管藏书，并供读者在图书馆内非联网的计算机上阅览藏书是合法、正当的。合理使用规定图书馆可以不经著作权人许可，不向其支付报酬，但是除复制外不应侵犯著作权人的著作人身权及除复制外的其他著作财产权。当然，图书馆复制他人作品，符合以下三个条件方属于合理使用：一是复制的主体应是具备公益性、非营利性和开放性的图书馆；二是复制他人作品的目的是陈列或者保存作品；三是复制的作品必须是本馆收藏的，不能允许其他馆复制本馆所收藏的作品，也不能去复制其他馆所收藏的作品。

资料来源：刘德勇. 谷歌数字图书馆版权困境探析[J]. 法制博览，2015（21）：15-17；张丽媛，孟晓娇，王凯，夏梦杰. 谷歌数字图书馆 8 年版权纠纷研究分析[J]. 科技情报开发与经济，2015，25（15）：132-134.

【思考】
1. 谷歌有权未经权利人许可扫描图书吗？
2. 谷歌图书馆是法律意义上的图书馆吗？
3. 查阅谷歌数字图书馆版权纠纷和美国法院判决的历史资料，试从宏观的法律政策层面分析，应当如何解决数字图书馆的版权纠纷问题？

本章小结

▶ 文化产业是精神内容的研发、生产复制、传播扩散过程，可以通过对这三个过程的分析，了解每一阶段文化产业经济价值创造、转化并最终作用于整体经济系统的方式和途径。文化产业生产的第一阶段是精神内容的创造过程。这是文化产业的产品研发阶段。第二阶段是产业经济价值的实现：精神产品的产业化和商品化。在这一过程中，精神内容的复制成本比较低，并且不会损失。文化产业所创造的精神内容，如果能够在第二阶段实现产业经济价值，完成大规模销售并建立起品牌，就具备了进入文化产业价值生产的第三阶段的可能性。在文化产业的第三阶段，是通过品牌授权体系，实现文化产业经济价值的网络效应。

- 文化产业包括很多行业，并且对社会经济总体发展具有重要影响。因此，宏观调控和引导不但会发生自身内部行业结构的变动和优化，而且还会推动社会就业结构、经济总体结构的转变。
- 文化产业的调控目标和主要任务是对文化产业的监测、统计与正确评估，文化产业的总量增长和结构平衡，不断增加文化产业对经济的拉动力，扩大文化产业的就业。
- 文化产业的统计方法主要有抽样调查、周期调查和全面调查。在调查中运用的指标主要有通用的产业经济统计指标和来自文化职能部门的文化行业统计指标。因此数据来源中还要注意文化管理职能部门的统计数据。
- 文化产业的总量和结构调控，应从宏观层次确立总体战略目标，保持总量的稳步增长，并不断优化结构。结构调控包括多方面内容，如区域布局、产业结构布局和文化进出口结构，制定相应的目标、战略与政策。
- 文化产业宏观调控的手段是多层次、多方面的，包括宏观财政与货币政策、政府行政干预、法律法规制度等。

综合练习

一、本章基本概念

网络效应、品牌授权、抽样调查、周期性调查、全面调查、文化产业增加值、规模以上文化企业、固定资产投资总额、文化贸易顺差、文化贸易逆差、文化例外、文化走出去。

二、本章基本思考题

1. 简述文化产业对经济总体贡献的基本机制和途径。
2. 简述文化产业宏观调控的基本目标和任务。
3. 简述文化产业统计调查的基本方法。
4. 简述文化产业统计的基本指标和数据来源。
5. 简述文化产业总量增长和结构优化的含义。
6. 简述文化产业调控的主要手段，以及各自的作用和功能。

第四章

文化产业的意识形态管理

 学习目标

通过对本章的学习,学生应了解或掌握如下内容:
1. 理解文化产业双重属性的含义,了解意识形态国家机器的基本内容;
2. 理解大众文化与文化产业发展的关系;
3. 掌握意识形态管理与文化产业发展的关系;
4. 了解西方文化产业意识形态管理的发展历史、主要特点和主要手段;
5. 了解我国文化产业意识形态管理的指导思想和管理体制。

 导言

意识形态是特定阶级根本利益的情感、表象和观念的总和,是一个社会上层建筑的观念形式。意识形态既是对一定社会的经济形态以及由经济形态所决定的政治制度的自觉反映,又对经济和政治的发展起着能动作用。任何文化产品的生产都要消耗人类的劳动,具有一般商品的基本属性,同时文化产品的生产是对精神内容的加工和创造,具有文化的本质特征,带有明显的意识形态特征。文化产业的意识形态属性要求文化产业的发展要受到政府意识形态管理的制约。

第一节 文化产业的双重属性

文化产业是以市场为中心,对精神内容产品进行生产、销售并创造经济价值和实现利润的产业经济活动的总和,具有明显的经济属性。然而,文化产品中所反映的精神内容,带有明显的文化意义、价值观念和情感诉求。随着文化产业产品和服务的被消费,人们潜移默化地对这些文化意义、价值观念和情感诉求进行认知、传播和记忆。因此,文化产业

与一般物质产品制造业不同，具有经济和文化的双重属性。

一、意识形态管理对文化产业的制约

主流意识形态是代表统治阶级意志的宗教信仰、哲学理念、道德观念、艺术思想、政治法律思想等，一定时期在社会中居于主导地位，会对文化产业产生较强的制约作用。

（一）意识形态管理的概念

"意识形态"一词由法国哲学家特拉西于19世纪初提出，用来指"观念的科学"。在特拉西看来，作为观念学的意识形态，主要任务是研究认识的起源、界限和可靠性程度。"意识形态"一词的现代语境是由马克思确立的，马克思认为意识形态产生于现实的社会存在中，是现实在人们思想上的反映，是统治阶级为了维护自己的统治把本阶级的利益说成是普遍的利益，从而"赋予自己的思想以普遍性的形式，把它们描绘成唯一合理、有普遍意义的思想"。

文化产业通过市场化和产业化的方式，向社会大众提供文化产品，或者说是文化商品。文化产品中除了物质载体外，最重要的组成要素是表现为一定文化形式的精神内容，精神内容中必然包含了一定的思想、意义和情感，具有强烈的意识形态属性。古人讲"文以载道"，意思是文章是用来承载传播道理和观念的。这里的"道"不仅仅是道理，还是一种大道，也就是和主流价值观相联系。例如，宗教、教育、法律、政治、伦理、艺术、哲学等思想体系都是意识形态的组成部分，在阶级社会中意识形态作为上层建筑，对于一个国家的重要性不言而喻。古人有云："防民之口，甚于防川。"为防止意识形态的失控，强化主流意识形态的管理，古今中外的统治者有时甚至会采取极端措施，如秦始皇的"焚书坑儒"、汉武帝的"罢黜百家"、清朝乾隆年间的"文字狱"。如何来管理、控制、引领国家意识形态是统治阶级维护其统治地位的重要问题。作为被统治者来说，争夺意识形态的话语权，也是其争取民心、夺取政权的重要途径。例如，古代的起义都会制造舆论，为自己的行动找到理论依据和行动基础。大泽乡起义时，陈胜、吴广散布"大楚兴，陈胜王"舆论；黄巢起义时，散布"苍天已死，黄天当立"舆论，为起义凝聚民心。延安时期，我党通过《解放日报》《新华日报》等报纸社论发表的文章，为推翻国民党统治发挥了重要的舆论攻势。

法国哲学家阿尔都塞·路希对马克思关于国家机器的论述进行了发展，认为意识形态的国家机器是镇压性的国家机器的一部分。这就是说，从社会管理的角度来讲，除了统治工具类的镇压性国家机器以外，很大一部分的国家机器实际上是和意识形态有关系，和文化有关系。阿尔都塞提出了应该将意识形态的国家机器与强制性国家机器区别来看。强制性国家机器包括政府、行政机构、军队、警察、法庭和监狱等，"强制性"暗示上述国家机器是"通过暴力发挥作用"的。阿尔都塞认为，除了镇压性国家机器，国家机器还有另外一部分，那就是意识形态国家机器。他指出，意识形态国家机器是指一些专门机构的形式。

宗教意识形态国家机器：宗教作为一种普遍的文化现象，以它特有的方式影响着社会的意识形态，对政治控制、道德教化以及培养公民的民族精神和社会信仰等方面起着重要作用。

家庭的意识形态国家机器：家庭结构、家庭分工关系、家庭教育等。

教育意识形态国家机器：学校教育体系。学校不仅使受教育者掌握了各种知识和技能，而且也培养出了与现实社会相适应具有统治阶级意识形态的角色。

法律意识形态国家机器：国家的立法、执法和司法的法律思想和法律体系。

政治意识形态国家机器：国家和政党的政治纲领和伦理，指导如何进行社会组织和权力分配，并建立起社会秩序，其具体体现为由国家的政治制度、政治主体、政治纲领和思想、政治权力结构等构成的系统。

工会意识形态国家机器：工会组织及其政治与经济主张。

传媒意识形态国家机器：各类信息传播和传媒体系，包括广播电台、电视台、报刊杂志、互联网以及各类新媒体等。

文化意识形态国家机器：文学、艺术、体育等文化意义生产和传播。

因此，统治者的意识形态是一个社会中的主流意识形态，统治者的主流意识形态通过这些国家机器占据市民社会的生活空间和话语。对于这些国家机器的管理成为意识形态管理的核心。文化产业意识形态的管理关系到上述传媒、文化、宗教、教育等方面的意识形态国家机器。

统治阶级凭借强大的意识形态国家机器控制文化，并形成以统治阶级价值观念和思想体系为主的社会主流意识形态。社会主流意识形态从文化生产者和文化消费者两方面，对精神内容生产和消费起到强大的规范和约束作用。

一是对文化产品和服务的生产者的约束。通过意识形态国家机器规定了生产和传播者对内容的选择，限制和禁止与主流意识形态相悖的精神内容的生产和传播。无论何种精神内容产品，一旦与统治阶级的主流意识形态对抗，必然会给文化生产者带来灾难。例如，在西方中世纪，意大利思想家乔尔丹诺·布鲁诺（1548—1600）捍卫和发展了哥白尼的太阳中心说，1592年被捕入狱，最后被宗教裁判所判为"异端"并烧死在罗马鲜花广场。再如，随着人类的进步，男女平等、民族平等已经成为世界共识，在世界绝大数国家都通过法律形式规定了在公开的言论、新闻、文学、电影等各类文化产品中禁止宣扬种族歧视、性别歧视。又如，在西方电影分级制度和电视台播出的娱乐节目中，明确规定了关于暴力、色情等内容的分级，限定特定年龄的青少年和儿童不能观看。

二是通过意识形态国家机器对文化消费者的影响。通过主流意识形态的教育和传播，使消费大众自觉或者不自觉地被驯服，接受和认同统治阶级的观念与思想体系。例如，利用传媒的宣传传播工具、文化艺术作品、学校教育和家庭伦理规范等不同形式对公民推行主流意识形态价值观念体系。

（二）大众文化与文化产业

然而，大众并不总是处于被动接受和被主流意识形态同化的地位。大众文化作为一种现代文化形态，它在自己的发展过程中形成了区别于以前各类文化形态的基本特征。西方工业革命以后，伴随着大规模的生产制造体系的发展和市场的不断扩张，城市作为社会经济与文化中心的地位日益凸显，大都市和都市群的形成促使人口向大都市集聚。原来分散地生活在乡野和小镇的人们大量汇聚于都市，市民阶层和城市中产阶级的兴起形成了大众社会。随着经济的发展，医疗、教育普及率和生活水平不断提高，以城市市民阶层为主的劳动者的文化素质得以普遍提高，市民阶层的识字率和阅读能力大幅提高，对于文化的消费需求也日益增长，一个与传统少数精英阶层的高雅和精英文化不同的，以都市大众为文化主体的大众文化形态不断壮大，并且以前所未有的速度发展。"大众"表现出许多共同特征，他们的生活态度和兴趣爱好又具有趋同性，一种以消费性、娱乐化、商品化为特征的大众文化兴起并迅速壮大，与传统的精英和主流意识形态相互影响。

按照历史唯物主义的观点，大众文化是一种社会意识现象，是现实社会一定程度的反映，必然对主流意识形态有所体现，并且受到主流意识形态的调整和规范，从而表现出一定的意识形态属性。大众文化发展中出现的对流行歌曲、电视广告、电视剧、大片、明星的崇拜等现象，都包含了大众的旨趣和需求，体现出现阶段大众阶层的精神状态和生活理想。

一方面，这些体现和反映不能与主流意识形态的要求背道而驰；另一方面，这些体现和反映以其独特的方式进行，具有其内在的规律性和自立性，对主流意识形态形成了冲击，对主流意识形态的管理模式和方法提出了挑战。迅速增长的大众文化消费需求为文化产业提供了巨大的市场空间，流行音乐、休闲报刊、MTV、营利性体育比赛、广告、卡拉OK、时尚业、通俗文学、游戏、动漫、影视能够以过去难以想象的产业化的规模、标准化的生产方式、市场化的营销手段，快速扩张并占据社会与私人的生活空间。这种以产业化和商品化模式出现的大众文化意识形态，已经不仅仅是被动地受到国家机器的影响，而是主动地通过产业化的方式不断对文化进行重构。

大众文化与主流意识形态的分界逐渐清晰。著名文化学者葛兰西通过文化领导权理论，说明了统治阶级是如何通过文化的领导权来同化人民大众的思想意识，控制社会的问题的。在任何一个社会里，统治阶级希望的意识形态与老百姓实际的想法都不可能是一致的。对于一个国家来讲，统一思想是统治社会的基础，所以会有秦始皇"焚书坑儒"的事情。春秋战国"百家争鸣"，新兴的统治者希望能有统一的声音，就是把与秦王朝主流意识形态不相关或相矛盾的意识形态消灭。这是一种非常极端的方式。在现代社会，主流意识形态与大众文化的矛盾仅仅通过简单的镇压是无法解决的，目前更多的是采用接纳与和平竞争的办法，将大众文化引导到主流意识形态当中去。

综上所述，大众社会造就了特殊的大众文化主体，形成了巨大的文化消费需求。文化产业是大众文化的生产与提供方式，文化产业所形成的巨大生产力适应了大规模、快速化、娱乐化的大众文化需要。市场机制赋予了大众文化主体消费的自主权和选择权，使得大众文化主体不再被动地接受意识形态国家机器的操控和同化，也不再是消极地受精神文化阶层推动的对象，而是具有大众文化的自觉性、自主性和社会平等性。大众文化凭借文化产业生产机制和大众文化消费市场的选择权利，打破了主流意识形态一统天下的局面，同时也突出了新的历史时期意识形态管理与发展文化产业之间的矛盾。

大众文化在其发展中，形成了区别于以前任何一种意识形态的特点，可以说大众社会的形成为大众文化形成了特殊的主体。例如，网络文化的发展，推动了传统媒体向自媒体的转变，在这个过程中每个人都成为记者、发稿人，有些人的影响力可能大于一个小型的电视台。有人曾经调侃道：你的微博如果有 100 个粉丝，那就像是一本内刊；超过 1000，那就是布告栏；超过 1 万，那就是一本正规发行的杂志；超过 10 万，那就是一份都市报；超过 100 万，那是一份全国性报纸；超过 1000 万，那就是电视台；超过 1 亿，那是 CCTV；超过 10 亿，那是春晚。由此可见，网络"大 V"有着不可低估的社会影响力。由于大众传播的多元化和复杂化，导致社会上能听到的声音越来越多，主流文化不发出声音，就可能淹没在七嘴八舌的大众文化当中。如何管理网上言论，既要进行规范和引导，也不能简单粗暴地封杀打死，这也是我们目前从事思想管理工作或文化管理工作所面对的一个问题。

二、意识形态管理对文化产业的渗透

意识形态的管理目标，是指政府通过控制文艺、教育、出版物、媒体等国家机器进行意识形态的传播、宣传，来赢得民众对统治阶级地位、政治权力结构、社会制度的心理认同和支持，达到统治合法化的功能。在文化产业领域，政府往往运用意识形态国家机器的介入，对文化产业相关的精神内容生产、传播和销售领域施加直接或间接的影响，以实现对文化产业的意识形态管理。

首先，最普遍的方式是政府通过相关政策鼓励反映主流意识形态的文化产品的生产、宣传和传播，并对非主流、对抗性的意识形态进行压制、禁止和惩罚。这一方法措施普遍运用于文学出版、影视产业等内容制作领域。例如，在国外影视产业采取的是分级的限制制度，对不同级别的影视内容规定所能观看的人群，在我国采取的是影视审批制度，对电影内容进行审查。

其次，政府通过文化产业的意识形态管理，发挥文化产业的政治动员功能和政治团结功能。这是指政府通过意识形态的宣传，构造出某种社会理想、道德诉求和目标，吸引和动员人们接受这一价值体系，并且为其坚定决心。在现代社会，文化产业和大众传播成为意识形态管理特别重要的手段，充分利用文化产业的大众化、规模化和产业化的特点，借助文艺作品和现代媒介等快速地、大范围地开展传播和宣传，使大众达成认识和行动上的统一，使之确定采取与意识形态要求一致的行为，认同主流意识形态的准则与价值观，由此形成民众的团结。

最后，文化产业的意识形态管理，不但是政府向大众推行主流意识形态价值观念的重要途径和手段，而且也是实现意识形态对外输出和传播，以不断向世界输送本国意识形态，实现不战而屈人之兵的文化战略的重要手段。最典型的就是美国大众文化的影响。布热津斯基曾经宣称："如果说罗马帝国奉献给世界的是法律，大英帝国奉献给世界的是议会民主，那么美国奉献给世界的就是科学技术和大众文化！"美国文化学者托马斯·英奇也曾不无得意地说："美国大众文化传遍了全世界，它默默地起到了我国一位无声大使的作用。

我们应该知道美国的大众文化是怎样向全世界宣传美国的。"美国的意识形态渗透是通过文化产业这个载体来实现传播的。美国导演在光怪陆离的视听奇观背后，忠诚严肃地言说着"自由、平等、博爱"的"美国精神"；美国的文化"渗透"世人有目共睹，从电影、图书、运动服装、饮食等传统的文化载体，到电脑软件、网络、卫星传送等高科技的文化载体；在欧洲、亚洲、北美洲、南美洲、大洋洲、非洲，人们在日常生活与工作中无不感受到美国文化的存在。

第二节 西方国家文化产业意识形态管理的模式

一、西方国家文化产业意识形态的制度化管理

西方国家对文化产业的意识形态管理，包括间接干预和直接干预。

首先，教育、宗教和宣传等一直是政府重要的意识形态国家机器，对文化产业产生间接的影响。西方国家虽然基本上采取政教分离，但是十分重视宗教在意识形态方面的整合与影响力。教育方面，西方公民教育、普世价值等是最重要的意识形态教育手段。通过这些方式，直接影响文化产业中最具活力的因素——生产者。通过宗教、教育等培育出符合西方意识形态的文化生产者和文化消费者，间接地给文化产业打上深刻的西方意识形态的烙印。

其次，在文化产业领域，还采取规范化、制度化的管理方式，通过法律政策的强制手段，对文化产业的意识形态进行直接干预。西方国家在文化产业的各个关键领域，都建立了完善的法律政策体系，对精神内容的生产、传播、销售加以规范，以达到意识形态管理的目的。对于违反国家意识形态管理法律与政策导向的行为，给予严厉的惩罚。最典型的是"9·11"事件中"美国之音"的案例。"9·11"后"美国之音"由于不顾政府反对播放了未加编辑的本·拉登的讲话录音而受到政府的严厉惩罚，"美国之音"的台长和其主管部门国际广播局的局长被撤职，"美国之音"在欧洲一个发射台的经费预算——200多万美元也被一笔勾销。

因此，在意识形态管理方面，西方国家并不像表面上宣扬的言论自由，也有着悠久的管制历史和完备的管制措施。例如，西方国家的新闻传播，大多有一套正式制度——法律体系，用以规范其文化传播活动。早在1776年，世界上第一部新闻法——瑞典《新闻自由法》就问世了。而1881年法国政府颁布的《新闻出版自由法》，以其完备性和深刻性成为许多国家制定新闻传播法的参照和典范。其重要特征之一是，以正式的法律体系监管文化传播活动，调节文化传播活动中的各种社会关系，保证公共领域中的公正、平等与民主，保护公民的新闻自由权利。以英国为例[①]，虽然出版行业企业的成立实行相对自由的注册制度，但是出版产业的各个环节都受到国家相关法律的控制，英国直接和间接管理出

---

① 孟迎辉，邓泉国. 西方国家对意识形态的管制措施及启示[J]. 党政干部学刊，2009（8）：46-47.

版的法律除了《大宪章》《权利请求法案》《权利法案》等宪章性文件外，还有《版权法》《淫秽出版物法》《青少年有害出版物法》《官方机密法》《诽谤法》《图书贸易法》等相当完备的法律体系，使出版业的各个环节都置于政府与法律的控制之下。

再如，西方影视产业普遍采用分级管理制度，主要是从青少年保护的角度，对暴力、色情和反社会的内容加以限制。政府的电影扶持资金、电影产业各个主要电影节的奖项评定等都带有明显的西方主流意识形态导向色彩。法国文化产业为了抵御美国文化的侵略，不但对本国电影加以大力扶持，而且还规定电视台和电台必须播放一定时间的法国影视节目。

案例/专栏 4-1

电影的审查和分级

世界上大多数国家的电影审查制度都是由政府建立并由专门的官方机构实施的。这种审查制度首先是一种行政手段，用以控制电影中的政治或道德观点的表达，同时它也是各种社会力量从自身利益出发对电影业发挥作用和影响的直接杠杆。然而在美国，电影审查制度是以一种非官方的、行业自律的形式体现的，始于20世纪二三十年代的"海斯法典"。"海斯法典"于1930年由耶稣会神父埃尔·劳德草拟、由"美国制片人与发行人协会"（MPPDA）主席威尔海斯颁布，并于1934年正式生效。《海斯法典》是美国电影分级制度出现之前各州相关部门审查美国电影的主要依据，内容包括：遵守禁酒令，不得宣扬烧酒；不可详细描述谋杀、盗窃、抢劫的方法；不得出现拷打场面；不得表现不道德的性关系；不得表现黑人与白人的两性关系；不准出现堕胎或分娩的镜头；不准出现裸体镜头；不准出现男女唇间接吻；不许对国旗不敬；不许出现粗暴对待动物的场面等。1966年，随着美国电影协会协商出台了电影分级制度，《海斯法典》存在并发挥影响力30多年后退出了历史舞台。

同样，英国1912年成立电影审查委员会，除了对牵涉道德问题的电影进行审查外，同时还对维持政治秩序的现状问题高度关注，包括坚决不允许批判君主、政府、教堂、警察、司法，以及与英国友善交好的国家，而且不准表现现实中引起争议的议题。一直到20世纪70年代，英国电影审查委员会的审查制度才做了很大的调整，并且更多地逐步和美国的分级制度趋向一致，直到1982年，英国采用了美国的分级制度，管制的重点转向暴力、色情和反社会的方面。

资料来源：徐红. 美国电影分级制度的发展变化[J]. 电影新作，2003（5）：44-47；李二仕. 英国电影从审查到分级的演变[J]. 北京电影学院学报，2013（3）：2-9.

【思考】
1. 为什么要对文化产品进行意识形态方面的监管？
2. 文化生产者是否应该具有意识形态方面的社会责任？
3. 讨论行业自律、表达自由和政府意识形态监管之间的关系。

二、西方国家文化监管的三个历史阶段[①]

西方国家的文化监管随着文化市场和文化产业的发展历经三个主要阶段,受到每个时期的政治、文化、科技和文化产业自身需求等多方面因素的影响。

(一)第一阶段:15—19 世纪

这个时期国家监管的重点是图书、报刊等纸介质出版物。15 世纪中叶,德国商人古登堡在木版印刷基础上发明了铅字活版印刷技术,并在欧洲各国迅速普及。这对西方文艺复兴以来的宗教改革、文化传播以及科技进步均起到了巨大的推动作用,形成了庞大的出版产业。图书出版印刷业的发展,引起了教会和欧洲各国君主的极大恐慌,开始对出版进行管制。欧洲各国教会陆续根据教皇的命令开始组建审查机构对图书进行严格审查,未获教会批准的图书一律不得印刷,实行出版特许证制度等。一直到 18 世纪中期,西方国家才逐步放松对书刊出版的审查,进入 20 世纪以后,全面的审查制度才逐渐被取消。但是在出版产业的意识形态管理方面,西方政府依然实行了很多限制措施。例如,在一向标榜言论自由的美国,也根据历来联邦最高法院在案例中做出的解释,规定言论自由权的运用不得妨害私人安全、名誉、信用或秘密,其运用以不致妨碍其他宪法条文所规定为限,任何出版物的刊行以不得恶意诽谤政府或企图颠覆政府的存在为限。

(二)第二阶段:20 世纪以后

这个时期,国家监管重点逐渐向广播、电影、电视新兴介质转移。20 世纪初期,随着广播、电影和电视技术等新的传播技术催生了新的文化产业,这些新兴的文化产业在大众文化形成与发展和文化的社会传播过程中扮演着日益重要的角色。因此,各国政府对文化产业的意识形态的监管重点逐渐转向广播、电影、电视等新兴媒体,各国以专门的无线电管理委员会为主管部门,对于无线电传播媒介的频率分配、电波秩序维护等进行协调管理,与此同时,各国政府都对广播和电视等新闻机构进行一定程度的控制,内设有负责对新闻媒体管理的机构,甚至对广播电视实行许可证制度,一些内政官员可以直接对电视内容进行监督。

(三)第三阶段:20 世纪 90 年代以来

网络的监管成为重点。20 世纪 90 年代以来,互联网迅速发展,互联网相关的文化产业也应运而生。网络作为一种新型媒体,对社会的影响越来越广泛,网络犯罪、网络暴力与色情、网络信息安全等问题日益突出。各国政府都高度重视互联网的运用、发展和安全保障,通过立法、技术、行业自律和行政监控等手段加强互联网的管理,促进互联网健康发展。

在网络色情和暴力内容方面,采取技术过滤、分级、行政监管和立法等多种手段进行管理。例如,1996 年 9 月,英国政府颁布了第一个网络监管行业性法规——《3R 安全规

[①] 此三个阶段的分类方法参考:魏玉山. 国外新闻出版国家监管体制[J]. 出版发行研究,2005(1):72-76.

则》。3R 分别代表分级认定、举报告发、承担责任。3R 的主要精神有鼓励新科技使用，帮助家长与教师认识新科技，确保网络内容的合法性等。主要治理方式如下：① 开通网络热线，接待公众投诉，鼓励举报涉及儿童色情、种族仇恨和其他非法内容的网址。② 设立内容分级和过滤系统，通过提供关键性语句，对网络内容进行分级；美国众院司法委员会要求，色情邮件须加标注，使用户可以不打开邮件直接将邮件删除。另外，《儿童网上保护法》已经获得美国国会批准，并在 1998 年签署成为法律。该法要求商业网站的运营者在允许互联网用户浏览对未成年人有害的内容之前，先使用电子年龄验证系统对互联网用户的年龄进行鉴别。

在控制网络政治言论方面，"9·11"后西方各国都加强了网络安全和意识形态方面的监控和管理。例如，美国国防部的黑客部队和第 67 网络战大队承担着全天候监控网上舆论、纠正错误信息、引导利己报道和对抗反美宣传的重任。据报道，美国国家安全局和美国著名的通信公司有秘密合作，监控着美国公众的网上活动，从电子邮件、聊天记录，甚至是浏览网页的记录都被一览无余。

三、文化监管的主要内容和手段

对文化的监管通常可以采取行政、法律等多种监管方式，目前各国的文化监管手段主要包括政府直接设立文化机构、限制和规定进入方式、进行内容审查、制定相关法律等。

（一）政府直接设立文化机构

通过直接设立文化内容生产单位，对文化内容的生产与经营进行直接干预和控制。发达国家对新闻出版业的监管有国家所有、私人所有、混合所有等多种所有制形式。其中图书、报刊等传统出版组织，多以私营形式为主，但是许多国家也都有政府出版机构，承担政府出版物的出版发行，如美国政府印刷局、日本政府印刷局、英国皇家印刷局等；对于广播电视等媒体，许多国家都有国有机构，有的还不止一家，如美国的"美国之音"（VOA），英国的 BBC（英国广播公司），日本的 NHK（日本广播协会），法国二台、三台、文化教育台，德国的 ARD（德广联）、ZDF（电视二台）等。也有一些国家实行的是公私合营体制，如加拿大的 CBC（加拿大广播公司）就是一个国家资助的机构，它是由议会直接拨款的。

案例/专栏 4-2

英国 BBC 电台和政府之间的关系

英国广播公司（British Broadcasting Corporation，BBC）成立于1922 年，是英国最大的新闻广播机构，也是世界最大的新闻广播机构之一。BBC 虽然是接受英国政府财政资助的公营媒体，但是为了保持媒体的公信力和独立性，BBC 的管理是由一个独立于政府以外的 12 人监管委员会负责，并且通过皇家宪章保障其独立性。

监管委员以公众利益的信托人的身份管理BBC，他们都是社会上有名望的人士，包括苏格兰、威尔士、北爱尔兰和英格兰的首长，由英国首相提名，英女王委任。监管委员会下辖执行委员会，由16个不同部门主管组成，负责BBC日常运营工作，委员会主席为行政总裁，并兼任总编辑。

虽然BBC在所谓的"距离政策"保护下，可不受政府干预而维持新闻报道的独立品性，但是其公司总经理和总编一般由政府任命，经济收入主要靠征收电视广播执照费和国家资助。在英国，看电视也必须持有电视执照，根据英国1990年制定的广播电视法，BBC是非营利性的电视台，电视节目没有任何广告，其收入来源主要是向观众收取电视执照费。同时，BBC必须每隔6年定期向财政部和议会申请特许费收取的许可，并根据通货膨胀率提高收视费，以便维持上涨的节目成本，这便为政府控制留下了余地。政府可以利用它对BBC经济命脉的掌控，根据BBC的表现，采取不予讨论、拖延提价或即时提价的做法，从而制造控制BBC的奖惩调节机制。

虽然BBC尽力避免与英国政府在一些政治事件上发生摩擦，但其独特的公共广播性质又常常使它无法避免这些摩擦。1940年，温斯顿·丘吉尔在出任英国首相后还不到一周就致信英国新闻部，要求加强对BBC的监管和控制。在1991年的"海湾战争"之后，BBC被人戏称为"巴格达广播公司"（英文缩写也是BBC）；1999年"科索沃战争"之后，BBC又被戏称为"贝尔格莱德广播公司"（英文缩写也是BBC）。BBC虽然在英国国内一再受到政府的质疑，但在国际上，其公信力却是备受器重。

2003年，BBC播出了记者吉利根的一则报道。报道引述一名英国情报官员的话说，布莱尔政府为了发动对伊战争，授意在2002年9月发表的伊拉克大规模杀伤性武器报告中，添加了萨达姆有能力在45分钟内发动生化武器袭击的情报。这一报道使得布莱尔政府陷入了尴尬的"情报门"事件，在随后的进展中，吉利根的情报来源线人凯利的身份被英国政府泄露，凯利于2003年7月18日割腕自杀身亡，引发英国最高法院法官赫顿牵头的英国议会独立调查小组介入调查。2004年1月29日，赫顿法官公布了凯利事件调查报告。报告公布前，赫顿在英国最高法院发表了长达1小时45分钟的声明。赫顿称，凯利"没有意识到他与吉利根谈论情报问题可能产生严重后果"，并且凯利是"自己结束了生命"，他的死没有第三方介入，原因可能是心理专家所说，他失去了自尊并对自身处境感到绝望，而归根究底，BBC编采疏失是祸首。由于《赫顿报告》是按法律程序进行的严密调查，并且里面的证据证词可以被看成是真实的记录，因此具有法律判决的效力。在《赫顿报告》出炉后，BBC遭遇堪称82年来的最大危机。2004年1月30日，BBC董事长戴维斯和总经理戴克、记者吉利根先后辞职。

改编案例来源：王永亮，刘衍华．《赫顿报告》英国政府重拳打击BBC[J]．今传媒，2004，12（2）：16-17．

【思考】

标榜自由和媒体独立性的西方媒体，在保持独立性的同时，能够摆脱政府意识形态管理的控制吗？

(二)规定产业的进入方式

(1)特许证制度,即建立组织要经过政府有关部门的批准,获得政府颁发的许可证之后才能成立。例如,图书报刊出版的特许证制度起源于英国、法国等国,时间在16~18世纪。19世纪以后,特许证制度在书报刊出版领域终结,但是在广播电视等媒介领域依然沿用,比如美国联邦通信委员会(FCC)、德国联邦邮电部、法国视听媒介最高评议会(CSA)、日本邮政省、英国独立电视委员会(ITC)等部门都是颁发广播电视许可证的机关。

(2)登记制,即建立新的组织,不需政府许可,但是应当到相关政府部门进行登记注册,如在英国办出版社到伦敦的出版社登记所,在日本办出版社到大藏省登记即可。

(三)规定审查方式并进行查禁

(1)事先审查,又称为预防制。例如,任何出版物出版之前要送政府规定的部门进行内容审查,以及之前介绍的早期西方各国对出版、电影的内容监管都是采取事先审查的方式。

(2)事后审查,又称追惩制。这是目前西方发达国家普遍采用的方式。西方发达国家对出版物进行审查的事例不胜枚举,如 D. H. 劳伦斯的《查泰莱夫人的情人》一书,在20世纪50~60年代,先后在日本、美国、英国等受到政府部门或检察部门的淫秽指控,被禁止发行。当然,最后经过法院判决,此书可以发行,但是在日本这一审判用了7年。

案例/专栏 4-3

华人女记者遭德国之声停职事件

德国之声中文部原副主任张丹红在北京奥运会前夕批评德国媒体对中国片面报道和默克尔对华政策的言论,并被免去中文部副主任一职。后来虽然被保留编辑职务,恢复播音,但却被"联邦共和国作家圈"和一些"持不同政见者"上书德国联邦议会,提出三个要求:一是对德国之声中文部的中国记者进行清洗,包括雇员是否有中共党员,是否与中共保持密切联系;二是为德国之声专门设立"独立观察员",对节目进行审查;三是彻底重组德国之声中文部。他们试图让中国正面的声音从德国之声消失。很显然,这些组织和人士,能达到让张丹红封口的能力,根本不是几个人或一两个组织在作祟,而是德国政界、媒体界以及整个社会舆论下的结果。从中不难看出西方媒体在三个层面的自我审查。

其一,西方媒体在报道倾向上进行价值审查,而这种所谓的价值秩序,也就是以西方价值观为主,西方中心和主导世界体系下的自我意识肯定。

其二,就像德国之声所遭遇的困境一样。媒体在播出自己的节目时,还要考虑到会不会引起"一些人"的不高兴,会不会让他们紧张,从而让自己利益受损或陷入漩涡之中成为靶子。媒体表面上是无冕之王,实际上却不得不屈服于一些组织、一些财团和政府。这是因为，媒体作为一个公共利益的工具，同时也是市场主体，它首先必须养活自己，不是什么都能报道的。此外，媒体还要受到各种社会团体，如各种环保组织、各类记者组织、各种社会势力机构的制约，以使自己不陷于舆论风暴之中。

其三，记者在选题报道时，自我进行审查。如张丹红事件中，她本人不得不考虑自己的饭碗和工作问题，进行自我价值判断。正如德国一些网民所叫嚣的："既然不能让她闭嘴，那就（想办法）闭上她的钱包。"一些自认为很客观、很理性、很公正的记者，在大环境下，不得不屈从于社会，屈从于媒体需求，屈从于整个西方的价值判断，以免"中国正面的声音"出现在自己的报道中。否则，这个圈子就没有他的用武之地，要么离开，要么满足现实需求，道理很简单。

这样，在三重审查之下，西方媒体所标榜的公正、客观、理性也只是相对的，如在迎合西方价值取向的前提下，西方媒体才会被标榜成自由和民主的代表，否则就是非主流。如此想想，张丹红被封口到免去副主任职务这样事例的出现，也就见怪不怪了。

资料来源：作者整理撰写。

【思考】
西方国家通过哪些审查制度和方式来进行意识形态的管理？

（四）制定各种文化相关法律

如上所述，法律是国家和政府监管文化的基石，也是意识形态管理制度化的保障。有关意识形态管理的法律，可以归结为以下几类：① 宪法。这是进行意识形态管理的根本大法。② 刑法、民法、保密法等，主要是对色情淫秽、侵犯他人权利、泄密等进行管理。③ 版权法、出版法等，主要是保护著作权和规定出版、印刷、发行等条件与要求。④ 广播电视、电信、网络方面的行业法律。⑤ 有关公平交易、反垄断等方面的法律。⑥ 税法，主要对税收进行管理。

第三节　我国文化产业的意识形态管理

我国是社会主义国家，主流意识形态是代表中国特色社会主义和优秀民族传统文化的道德伦理、艺术思想、哲学观点、政治法律思想等，在意识形态管理的制度、工具和措施方面既有国家意识形态机器等管理工具方面的共同性，又有不同于西方的管理目标、管理措施和管理制度。

一、指导思想

我国文化产业意识形态管理的指导思想是坚持中国特色社会主义文化发展道路，努力建设社会主义文化强国，也就是要求文化产业中文化产品和服务的生产能够符合社会主义主流意识形态，必须坚持中国特色社会主义发展道路。文化产业意识形态管理就要坚持社会主义核心价值体系，文化产业中文化产品和服务的生产，必须反映社会主义核心价值观。

社会主义核心价值体系是社会主义意识形态的本质体现，是全党全国各族人民团结奋斗的共同思想基础。坚持社会主义核心价值体系要求我们必须巩固马克思主义指导地位，坚持不懈地用马克思主义中国化的最新理论成果武装全党、教育人民，用中国特色社会主义共同理想凝聚力量，用以爱国主义为核心的民族精神和以改革创新为核心的时代精神鼓舞斗志，用社会主义荣辱观引领风尚，巩固全党全国各族人民团结奋斗的共同思想基础。

2013年年底，中共中央办公厅印发《关于培育和践行社会主义核心价值观的意见》，将24字社会主义核心价值观分成三个层面：① 富强、民主、文明、和谐，是国家层面的价值目标；② 自由、平等、公正、法治，是社会层面的价值取向；③ 爱国、敬业、诚信、友善，是公民个人层面的价值准则。

在文化产业意识形态管理中，具体来讲要求文化内容的创作、生产和提供满足以下几个方面的要求。

（1）坚持以马克思主义为指导，推进马克思主义中国化、时代化、大众化，用中国特色社会主义理论体系武装头脑、指导实践、推动工作，确保文化改革发展沿着正确道路前进。

（2）坚持社会主义先进文化前进方向，坚持为人民服务、为社会主义服务，坚持百花齐放、百家争鸣，坚持继承和创新相统一，弘扬主旋律、提倡多样化，以科学的理论武装人，以正确的舆论引导人，以高尚的精神塑造人，以优秀的作品鼓舞人，在全社会形成积极向上的精神追求和健康文明的生活方式。

（3）坚持以人为本，贴近实际、贴近生活、贴近群众，发挥人民在文化建设中的主体作用，坚持文化发展为了人民、文化发展依靠人民、文化发展成果由人民共享，促进人的全面发展，培育有理想、有道德、有文化、有纪律的社会主义公民。

（4）坚持把社会效益放在首位，坚持社会效益和经济效益的有机统一，遵循文化发展规律，适应社会主义市场经济发展要求，加强文化法制建设，一手抓繁荣、一手抓管理，推动文化事业和文化产业全面协调可持续发展。

（5）坚持改革开放，着力推进文化体制机制创新，以改革促发展、促繁荣，不断解放和发展文化生产力，提高文化开放水平，推动中华文化走向世界，积极吸收各国优秀文明成果，切实维护国家文化安全。

二、文化产业意识形态管理体制

意识形态工作是为国家立心、为民族立魂的工作。必须牢牢掌握党对意识形态工作的领导权，全面落实意识形态工作责任制，巩固壮大奋进新时代的主流思想舆论。

(一)党管意识形态

我国实行的是中国共产党领导的多党合作和政治协商制度,因此在意识形态管理方面要求坚持党性,坚持党管意识形态,从而保证党在意识形态领域的主阵地、主战线、主力军,掌握话语权。

在宣传文化工作方面,党管意识形态的具体体现就是管人、管事、管资产。

管人,就是坚持党管干部。由于社会主义的意识形态不是空洞的教条,要靠每个党员去践行和贯彻。党的干部是在具体的文化事业单位和国有文化企业单位的领导岗位上,从事文化宣传和文化生产方面的领导工作,因此干部在宣传和践行社会主义意识形态方面起着至关重要的作用。党管干部,就是要加强党对干部践行主流意识形态方面的领导。

管事,分为两个方面:① 对文化事业单位在文化宣传工作和公共文化服务方面的工作指导;② 在文化产业领域,要从宏观上推进文化体制改革、完善现代化企业制度、建立健全文化产业领域公平的分配机制和社会主义文化市场体系等。

管资产,就是要加强国有文化资产的管理,防止国有文化资产流失,保障国有文化资产经营机制的完善和保值增值。

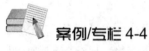

案例/专栏 4-4

国有文艺院团的改革

文艺创作与演出作为社会主义主流意识形态宣传和文化生产的重要载体,国有文艺院团体制改革之前都是国家事业单位,长期以来在计划经济体制下形成了重评奖不重演出市场,获奖之后便"刀枪入库马放南山";有的节目只有专家欣赏,观众和市场不买账。在大众文化市场迅猛发展的情况下,国有文艺院团不但无法适应文化市场发展的要求,而且也不能发挥在意识形态方面的主导作用。无论从自身发展还是从国家意识形态管理和文化建设方面,国有文艺院团改革都势在必行。

2003年6月,中央召开文化体制改革试点工作会议,全国国有文艺院团体制改革试点工作正式启动;2009年7月,在总结试点工作经验的基础上,中宣部、文化部下发《关于深化国有文艺演出院团体制改革的若干意见》,明确"路线图"和"时间表",改革逐步向纵深拓展;2011年5月,中宣部、文化部下发《关于加快国有文艺院团体制改革的通知》,要求各地在2012年上半年之前完成国有文艺院团体制改革任务,改革进入攻坚克难、全面推进新阶段。文化部根据国有院团的不同情况制定了"转制一批、整合一批、撤销一批、划转一批、保留一批"的改革路径。通过改革,全国的演艺企业资源整合力度加大,国有骨干演艺企业不断涌现。中国东方演艺集团有限公司和北京、辽宁、江苏、上海等14个省、区、市组建的省级演艺集团公司,成为演艺市场的中坚力量,其中多家实现注册资本或年收入超亿元。演艺院线同样发展迅速,中演和保利两大全国性的院线极大地整合了国内的演出资源。可以说，院团改革使中国演艺业的旧有格局完全打破，一个面向市场、面向世界、面向未来的富有竞争力的新格局正在形成。

资料来源：杨雪梅. 铸就中国舞台新辉煌（科学发展 成就辉煌）[N]. 人民日报，2012-09-14.

【思考】
1. 文艺院团改革的目的是什么？
2. 以文艺院团改革为例，说明党管意识形态与管资产、管人、管事是什么关系？
3. 请查阅 2012 年以后，我国文艺院团改革的动态，思考文艺院团改革中的艺术与市场关系，及其与意识形态管理的关系。

（二）我国的意识形态管理机构

我国意识形态的最高管理机构是中央宣传思想工作领导小组。为有效开展对外宣传工作，1980 年 4 月 8 日正式成立了中央对外宣传小组，以作为我国在国际宣传以及对港澳台侨胞宣传的协调策划机构。1987 年 12 月中共中央撤销该小组，1990 年 3 月 19 日中共中央决定恢复该小组，但正式名称改为"中央宣传思想工作领导小组"。参加小组的单位大约有中央宣传部、中央统战部，以及国务院辖下的外事办公室、侨务办公室、港澳办公室、台湾事务办公室、广电部、文化部、对外经贸部、国家旅游局、海关总署等涉外部门。领导小组是高密度集合型的政治权力结构，充分借用高层领导的原有权力，因而具有高于常设机构的权威性。这种权威对于解决复杂问题是很管用的。

中共中央宣传部是常设的中共中央主管意识形态方面工作的综合职能部门，主要职能是负责指导全国理论研究、学习与宣传工作；负责引导社会舆论，指导、协调中央各新闻单位的工作；负责从宏观上指导精神产品的生产；负责规划、部署全局性的思想政治工作任务，配合做好党员教育工作，会同有关部门研究和改进群众思想教育工作；受党中央委托，协同中央组织部管理文化、新闻出版与广电，以及中央直属新闻单位和代管单位的领导干部，对省、自治区、直辖市党委宣传部部长的任免提出意见；负责提出宣传思想文化事业发展的指导方针，指导宣传文化系统制定政策、法规，按照党中央的统一工作部署，协调宣传文化系统各部门之间的关系。2018 年起，国家将电影管理和新闻出版管理工作划转到中宣部，中宣部加挂"国家电影局"和"国家新闻出版署（国家版权局）"的牌子。

此外，国务院下属的相关文化职能部门有文化和旅游部、国家广电总局等，这些部门除了对文化艺术业务管理外，在意识形态管理方面，主要是对文化艺术生产的资质认定、立项审批、内容审查和传播管理。为了加强文化产品内容的意识形态管理，这些职能部门都设立了相应的机构和管理机制。例如，文化和旅游部设有市场管理相关部门，对文化市场内容进行监管；广电部门专门设有"重大革命和重大历史题材影视创作领导小组"。在对外合作的电影方面，设有"中国电影合作制片公司"（简称"合拍公司"），专门管理中外合拍片的立项与审批；在影片进口方面，以特许的方式授权中国电影集团、华夏电影发行公司进口影片，在全国发行。

为加强互联网意识形态的建设和管理，2011年，中华人民共和国国家互联网信息办公室成立。2018年《国务院关于机构设置的通知》中指出：国家互联网信息办公室与中央网络安全和信息化委员会办公室，一个机构两块牌子，列入中共中央直属机构序列。其职责包括负责网络新闻业务及其他相关业务的审批和日常监管，指导有关部门做好网络游戏、网络视听、网络出版等网络文化领域业务布局规划，协调有关部门做好网络文化阵地建设的规划和实施工作，负责重点新闻网站的规划建设，组织、协调网上宣传工作，依法查处违法违规网站，指导有关部门督促电信运营企业、接入服务企业、域名注册管理和服务机构等做好域名注册、互联网地址（IP地址）分配、网站登记备案、接入等互联网基础管理工作，在职责范围内指导各地互联网有关部门开展工作。

除此之外，为了加强对青少年的保护以及打击非法和色情内容，我国还专门设立了扫黄打非办公室，隶属中央宣传思想工作领导小组管理，由中央宣传部、中央政法委、文化和旅游部等26个部门组成。2018年3月，中共中央决定将原中央电视台、中国国际电视台、原中央人民广播电台、原中国国际广播电台合并组建中央广播电视总台（China Media Group），由中共中央宣传部领导。

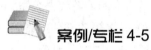

案例/专栏 4-5

网络信息内容生态治理

2019年12月，国家互联网信息办公室发布了《网络信息内容生态治理规定》（以下简称《规定》），自2020年3月1日起施行。《规定》明确，网络信息内容服务使用者应当文明健康使用网络，按照法律法规的要求和用户协议约定，切实履行相应义务，在以发帖、回复、留言、弹幕等形式参与网络活动时，文明互动，理性表达，不得发布本规定第六条规定的违法信息，防范和抵制不良信息。网络信息内容服务使用者和生产者、平台不得开展网络暴力、人肉搜索、深度伪造、流量造假、操纵账号等违法活动。

2020年针对社会反映强烈的商业网站平台和"自媒体"扰乱网络传播秩序等突出问题，国家网信办决定自2020年7月24日起在全国范围内开展集中整治。整治期间，将依法依规严厉查处一批问题严重的网站平台，封禁一批反映强烈的违规账号。一是集中整治商业网站平台、手机浏览器、"自媒体"违规采编发布互联网新闻信息、转载非合规稿源问题；二是规范移动应用商店境内新闻类App审核管理；三是建立健全社交平台社区规则，加强社交平台运营管理；四是规范商业网站平台热点榜单运营管理；五是加强网络名人参与论坛、讲坛、讲座、年会、报告会、研讨会等网络活动管理，规范相关活动网上直播；六是优化改进移动新闻客户端和公众账号正能量传播。通过对六个方面的集中整治，重点解决一些商业网站平台和"自媒体"片面追逐商业利益，为吸引"眼球"炒作热点话题、违规采编发布互联网新闻信息、散播虚假信息、搞"标题党"等网络传播乱象，促使网络传播秩序有明显好转。

国家网信办负责人表示，此次集中整治将坚持以下三个原则。

（1）点面结合。按照"全网一把尺"的标准，在聚焦重点对象的同时，对各类网站平台进行逐一排查；在集中解决重点问题的同时，将企业自查、网上巡查、实地检查、举报受理中发现的各类问题都纳入整治范围。

（2）标本兼治。网信部门将在开展集中整治的基础上，以治标促进治本，以治本巩固治标，着眼于打基础、利长远，梳理工作中存在的短板和不足，系统研究治本之策，推动形成长效机制。

（3）管用一体。在整治突出问题的同时，将进一步发挥各类网络主体积极作用，大力弘扬主旋律、广泛传播正能量，为经济社会发展营造良好的网上舆论氛围。

资料来源："国家网信办出重拳了！"[N]. 人民日报: 2020-07-24.

【思考】

为什么要整治网络传播秩序，它对意识形态管理有哪些作用？

三、我国文化产业意识形态监管的主要手段

我国文化产业意识形态监管的主要手段和西方大致相同。但在具体的管理方式、管理机构的设置上有所差别，表现在审批方面更强调事前审查，在监管措施方面存在较多使用行政监管手段的特点，目前相关法律还在不断完善中。

（一）文化市场准入机制

1. 特许证制度

首先是特许证制度。举例来说，要出版图书，必须要有出版社的统一书号，否则就是非法出版物，属于"扫黄打非"的范围。要拍电视剧，生产单位要有电视剧制作许可证，项目经过备案公示，成片还要经过内容审查，才能取得"发行许可证"，这样电视剧才能进入市场。除了原来的电影制片厂以外，其他公司要拍电影也必须到国家广电总局电影局领取专门的拍摄许可证。

2. 配额制度

配额管理，是我国在引进国外文化产品尤其是电影时采取的主要管理办法。例如，进口国外电影，不能说是敞开大门，放任进口，这一方面不利于意识形态的管控，另一方面也会冲击民族电影工业。很长一段时期内，配额制度是在国际贸易中最常用的限制措施。加入WTO以来，普通产品贸易中的配额管理逐步被取消，但电影是例外。在WTO谈判的过程中，法国就曾经力主所谓的"文化例外"原则，认为其他商品都可以搞自由贸易，但是文化产品不行。

我国加入WTO以后，对进口国外电影有明确的规定。当时明确每年有30部电影的配额，然后逐步放宽。10年期满后，经过艰苦谈判，我国同意适当放宽进口配额。2012年，

习近平以国家副主席身份访问美国,代表中国同意增加每年 15 部的电影进口配额,但要求这 15 部电影只能是 IMAX 和动画。

3. 登记制

登记其实就是备案,登记制度比特许证制度以及配额制度的要求要低,从审批转变为备案。目前我国很多工作都采取登记制度。国家需要知道你在做什么事,省去审批环节或者下放管理权限。例如,国外和港台歌星来中国大陆办演唱会,原先必须报文化部审批,才能同意其在大陆舞台演出。后来逐步放宽要求,由文化部审批下放到文化厅审批。今后随着与香港台湾相关部门的联动,港台演艺人员的演出逐步由审批改为登记制度,但依旧在港台人员比例上有所限制。

(二)内容审查

内容审查分为事先审查和事后审查。事先审查即预防出现违反国家法规和政策导向的宣传内容。其中技术性较强,文化产业的成败很大程度上取决于对事先审查的把握程度。目前少数民营公司做文化产业遇到挫折,往往就因为忽略了事先审查,没有把握好尺度。举例来说,2013 年某贺岁片制作完毕,宣布上映日期,等待电影放映许可证下发时,国家广电部审查此片后,认为这部片子中的部分内容有损干部形象,要求删改。但删改则会造成影片无法正常上映,会给导演和制片方造成巨大的损失。经制片方、导演的积极沟通、修改,内容最终得以通过,才如期上映。但这一过程对企业的股价造成了巨大波动。

电视剧业内人士都知道,国家在电视剧内容审查方面有一系列明确要求。例如,惊悚片中不允许出现鬼魂等超自然现象,不允许出现血腥暴力场面。超能力只允许在儿童剧中出现。

事后审查是对文化产品和服务中出现的违法行为进行事后制裁。文化产品必须符合中国社会主义核心价值观的要求,才能实现社会效益和经济效益的双赢。电影《鬼子来了》至今未在国内公映,却在国外拿了很多奖。不能上映的原因是其丑化了中国老百姓的愚昧无知的形象。电视剧《走向共和》当年在中央一套播出,引起轰动。此片边播边减,最后一集只播放了 15 分钟就草草收场,至今未有重播。这部戏虽然制作精良,但在一些重要历史人物如慈禧、李鸿章、袁世凯、孙中山的表现上存在不同程度的偏差,与主流意识形态相抵触,容易造成历史观的混乱。《色·戒》在大陆公映后,受到批评,最重要的原因是戏里人物将个人情感凌驾在组织任务之上,是信仰的扭曲。

(三)制定各种法律

《宪法》《知识产权法》《专利法》《版权法》等都是政府管理意识形态的重要依据。《民法典》《刑法》《保密法》中也有大量关于意识形态的内容。例如,电视剧《我是特种兵》播出时,制作方边播边删,因为其中涉及我国训练特种兵的方法等敏感内容。

此外,广播电视、电信、网络等方面的行业法律中有大量有关意识形态管理的内容,在对意识形态管理时,还会通过公平交易、反垄断、税法等方面的法律法规来实现。

(四)表彰奖励

国家对文化产业的意识形态的管理还常常通过表彰奖励,来进行积极的引导,如设立各种文艺奖项,对艺术家和作品进行表彰(如"五个一工程"奖、全国美术作品展览、国家舞台艺术精品工程、中国电影华表奖、中国电视剧飞天奖、文华奖等)。通过这些表彰奖励,扩大主流意识形态的影响,宣传社会主义核心价值观。

本章小结

- 主流意识形态是代表统治阶级意志的宗教信仰、哲学理念、道德观念、艺术思想、政治法律思想等,在一定时期内的社会中居于主导地位,对文化产业产生较强的制约作用。
- 意识形态国家机器是指一些专门机构的形式,包括宗教意识形态国家机器、家庭的意识形态国家机器、教育意识形态国家机器、法律意识形态国家机器、政治意识形态国家机器、工会意识形态国家机器、传媒意识形态国家机器、文化意识形态国家机器。
- 大众文化体现着大众的旨趣和需求,体现着现阶段大众阶层的精神状态、生活理想,以消费性、娱乐化、商品化为特征,具有趋同性,与传统的精英和主流意识形态相互影响。大众文化是一种社会意识现象,是现实社会的一定程度的反映,其必然对主流意识形态有所体现,并且受到主流意识形态的调整和规范,从而表现出一定的意识形态属性。
- 西方发达国家对于文化产业的意识形态管理是多样化的,包括利用意识形态国家机器对产业的间接干预和对文化产业直接进行强制意识形态干预的措施。西方国家的文化监管从 15 世纪至今,经历了三个主要阶段,监管的重点从最初的图书出版物到网络内容和版权,受到文化、政治、经济和技术多方面因素的影响。
- 文化产业意识形态的主要监管可以采取行政、法律等多种监管方式,目前各国的文化监管手段主要包括政府直接设立文化机构,规定产业进入方式,规定审查方式并进行查禁,制定各种文化相关法律等。
- 我国文化产业的意识形态管理的指导思想是坚持中国特色社会主义文化发展道路,努力建设社会主义文化强国,也就是要求文化产业中文化产品和服务的生产能够符合社会主义主流意识形态,必须坚持中国特色社会主义发展道路。
- 我国的文化产业意识形态管理体制,坚持党管意识形态,除了设置从中央到地方的多级的文化意识形态监管机构,广电、新闻、出版、文化相关的文化业务管理部门也承担着一定的文化意识形态监管责任。
- 我国在文化产业意识形态监管的措施方面基本上与西方相同,但是在审批方面更强调事前审查,在监管措施方面存在较多使用行政监管手段的特点,目前相关法律还在不断完善中。

综合练习

一、本章基本概念

主流意识形态、国家意识形态机器、大众文化、特许证制度、登记制度、事先审查、事后审查、党管意识形态、配额制度。

二、本章基本思考题

1. 简述国家意识形态机器的主要内容。
2. 简述意识形态双重属性的含义,并举例说明。
3. 简述大众文化的特点,并举例说明大众文化和文化产业的关系。
4. 为什么要对文化产业进行意识形态管理?其目的和作用是什么?
5. 简述西方国家意识形态监管的主要发展历程和特点。
6. 文化产业意识形态管理的主要手段有哪些?这些措施的主要作用是什么?
7. 我国文化产业意识形态监管的主要指导思想是什么?在文化意识形态监管的体制和手段措施上有什么特色?

第五章

文化产业的政策管理

 学习目标

通过对本章的学习，学生应了解或掌握如下内容：
1. 了解产业政策的基本概念和构成；
2. 理解产业政策的基本功能；
3. 了解文化产业政策的构成与特点；
4. 了解文化产业政策的基本工具与措施；
5. 了解我国文化产业政策的五项原则；
6. 了解我国文化产业政策的主要内容。

 导言

文化产业政策管理是政府公共政策管理和产业管理的重要职能之一。文化产业政策管理的主体是政府职能机构，文化产业政策管理主要内容是政策制定、执行、评估、监控和终结等过程的管理。文化产业政策管理的范畴涉及经济、政治和社会三大领域，本章重点对文化产业的产业经济政策进行分析和介绍。

第一节 产业政策的概念与功能

产业政策是一个政策体系，是政府为了达到产业管理的既定战略目标所采取的各种干预性措施的总和。产业政策的功能也是多方面、综合性的。由于文化产业的产品具有文化意识形态的属性，因此文化产业的产业政策是国家文化经济政策的重要内容，与其他行业的产业政策相比，具有一定的特殊性。

一、产业政策的概念

从理论上讲,产业政策属于经济政策,是国家进行产业宏观调控的重要机制。产业政策是政府为了实现一定的经济和社会目标,对某产业进行有目的、有导向的干预,由此形成的政策措施的总和,如农业政策、金融政策、交通运输业政策以及文化产业政策等。产业政策不仅包括鼓励政策,也包括限制性、调整性、保护性、引导性产业政策。

从内容上看,产业政策是由产业结构政策、产业组织政策、产业布局政策,以及其他对产业发展有重大影响的政策,共同构成的一套政策体系。各类产业之间的相互联系,相互交叉形成一个有机的政策体系,通常包括结构、组织、布局等方面。

(一)产业结构政策

产业结构政策是指一国政府依据本国在一定时期内的具体情况,遵循产业结构演进的一般规律和一定时期内的变化趋势,制定并实施的有关产业部门之间资源配置方式、产业间及产业部门间比例关系,通过影响与推动产业结构的调整和优化,以促进产业结构向协调化和高度化方向发展的一系列政策措施的综合。产业结构政策是为促进本国产业结构优化,进而推动经济增长的政策体系。

产业结构政策一方面给企业指明了宏观经济环境的变化方向,指明哪些产业是被鼓励和扶持的,哪些产业是被限制和禁止的,企业可以因此做出选择,防止决策的盲目性和资源的浪费;另一方面,财政部门、金融部门、外贸部门、法律部门等也可以根据这种产业政策的指导,来决定如何采取经济杠杆和法律措施,对各类不同产业和企业的投融资决策等行为实行差别化的政策。

产业结构政策包括产业计划、经济立法、税收结构、预算分配结构以及价格政策、信贷政策在内的调节系统,旨在通过产业间资源的合理配置,影响与推动产业结构的调整与优化,促进经济增长的产业政策。例如,规范第一、第二、第三产业结构及其产业内部各个行业的结构;确保结构政策目标和主导产业的选择、支柱产业的振兴,对特定产业的保护、支援和扶持等。

案例/专栏 5-1

美国政府产业结构政策与产业结构变迁

第二次世界大战以后,美国经济进入后工业化时期,产业结构总体上呈现出第一产业和第二产业占 GDP 的比重持续下降,第三产业占 GDP 的比重不断提高的趋势。20 世纪 80 年代之后,日本和欧洲对美国传统半导体、汽车等制造业形成挑战,美国政府调整了产业结构政策,将美国的主导产业放在了高技术、高资本的新兴产业和金融服务业,特别是计算机技术、网络技术、生物技术、核技术等新技术的民用化和金融业的发展方面，美国政府在产业结构调整中发挥了重要的作用。20世纪90年代以来，美国加快了军事经济向民用经济的转移，制定了国家科技发展战略和重要规划，加大了政府对高科技产业的投入，鼓励并引导产业界运用高技术改造传统产业等。而美国政府的最成功之处在于为企业创造了一个公平竞争的市场环境。在美国，企业和个人的创新受到社会的尊重和严格的知识产权的保护。1980年后的美国经济持续高速增长，主要得益于互联网信息技术产业等高技术和先进制造业的发展，以及以金融服务业、文化娱乐业为主的现代服务业的发展。

2008年国际金融危机以后，美国经济进入新一轮的结构调整。

首先，确立经济发展重点，即节能和清洁能源技术。巩固其能源安全，提高环保，更为打造未来经济持续高速发展的新动力，美国政府采取科研创新投资倾斜、税收政策优惠鼓励等措施，以提高节能产业在美国经济结构调整中的优先及核心位置。

其次，美国还大力扶持高端制造业发展及相关产品出口。美国金融等服务业发展迅速，中低档次的资本及劳动力密集型制造业大幅萎缩，导致美国教育程度低的大量人群失业率居高不下。为调整过度依赖金融等服务行业的经济结构，防止美国高端制造业国际竞争优势衰减等，美国政府不仅对技术和资本密集度高的大型企业积极扶持，更关注中小型高端制造企业的发展，因为中小企业才是新就业机会的最主要来源。

最后，支持包括文化产业在内的现代服务业发展与服务出口。从"二战"后至今，美国第三产业由不到1500亿美元增加到10万多亿美元，增长约70倍。第三产业占GDP的比重由不到60%上升到80%左右。有研究显示，美国第三产业中批发贸易业、零售贸易业和运输仓储业等传统服务业总体上呈周期性下降趋势，而文化娱乐、专业化商业服务、文教卫生、信息服务等新兴现代服务业则呈持续上升趋势。

资料来源：作者整理撰写。

【思考】
1. 美国政府的产业结构政策对产业结构起了怎样的作用？
2. 产业结构政策制定的依据是什么？

（二）产业组织政策

产业组织是指同一产业内部各企业间在进行经济活动时所形成的相互联系及其组合形式。产业组织政策是政府为了达到一定的市场绩效目标和规范市场竞争行为，而制定的干预和调整企业间关系和市场行为的公共政策。

产业组织政策主要包括两个方面：一是促进市场竞争的政策，即鼓励竞争和限制垄断，反对不正当竞争行为和中小企业的相关支持政策，其目的在于建立和维持公平竞争的市场秩序；二是产业合理化政策，其目的在于抑制过度竞争，鼓励专业化和规模经济，实现产业发展的规模化。20世纪初，经过市场的激烈竞争和淘汰，好莱坞最终形成了八大影业公司，即米高梅（MGM）、派拉蒙（Paramount）、福克斯（20th Century Fox）、华纳（Warner

Bros.)、联美（United Artists）、环球（Universal）、哥伦比亚（Columbia）和雷电华（RKO）。它们共同创立组成的美国电影协会（MPAA）为所有在美国上映的影片分级，并为美国电影的利益进行游说。当时的八大影业全是垄断企业，特别是前五家公司，不但垄断了电影制作、发行各个环节，还拥有自己的院线，直到20世纪50年代才迫于美国反垄断法而出售了自己的院线（但目前大电影公司又开始介入影院经营，如索尼已拥有美国最大院线20%的股份）。由于失去院线加上电视普及的冲击，八大公司陷入了前所未有的困境并导致雷电华在20世纪50年代破产，其地位被后来居上的迪士尼（Walt Disney）所取代。

（三）产业布局政策

产业布局政策是指政府机构根据产业的经济技术特性、国情、国力状况和各类地区的综合条件，对若干重要产业的空间分布进行科学引导和合理调整的意图及其相关政策措施。产业布局政策的目标实际上是保持地区间的某种平衡关系来实现国家整体经济的持续稳定发展，包括制定国家产业布局战略，重点支持发展某些地区，引导更多的资金和劳动力等生产要素投入，以加强该地区经济自我积累的能力，带动其他地区以及整个国家经济的增长；确立有关具体产业的集中布局区域，以推动产业的地区分工，并在一定意义上发挥由产业集中所导致的集聚规模经济效益；建立有关产业开发区，使其取得规模集聚效益，进而提高其对经济增长的贡献度；规划和扶持不发达地区经济的产业发展，实现地区经济的均衡性。

目前，我国文化产业发展中"东高西低"的不平衡现象十分突出。2019年6月26日，受国务院委托，文化和旅游部部长在十三届全国人大常委会第十一次会议上作了《国务院关于文化产业发展工作情况的报告》。报告指出，从发展区域上看，我国文化产业增加值过千亿元的省（区、市）已有13个，其中，广东、江苏、浙江、山东等省超过3000亿元；据《中国城市创意指数》显示，前10位中国创意城市中有8个城市位于华东、华南地区，中西部地区虽然具有独特的文化资源优势，但由于经济、地理、交通等条件限制，文化产业还未能形成有规模。可以想象，未来区域间文化产业发展路径的差异化将愈加明显，区域不平衡发展将是中国文化产业在相当长一段时间内的基本特征与态势。

二、产业政策的功能

如果说市场调节的机制是"看不见的手"，那么政府制定政策和执行政策的行为就是"看得见的手"，因为大家看得见政府是调控和管理市场的主体。政府制定产业政策的目的是实现一定的产业经济发展目标，而进行资源有效配置。政府的产业政策是一种主动的、积极的调控行为，可以引导资源向某一产业领域或者某一地区集中，促进某一产业或者某一地区的经济快速发展。这种主动的调控方式可以达到市场机制难以实现的目标。例如，我国在解放初期制定了集中力量发展重工业产业政策，从而在短期内完成了我国重工业的基础建设；再如，20世纪90年代以来，我国重点通过科技创新推动新兴和战略性产业发展,在高铁、航天航空、通信等产业领域夺取了产业领先地位。这些发展事关国家经济的核心和关键领域,是仅仅靠市场机制无法实现的。但是,产业政策作为政府行为其作用主要是纠正市场失灵,弥补市场缺陷,但是它不能越位,更不能取代市场。政府是市场经济中的派生主体,其对市场的干预必须是有限的、辅助的。如果像过去搞计划经济一样,一切以计划为指挥棒,按照行政命令搞经济,市场就会失灵。"有计划的浪费是最大的浪费",一旦计划出了问题,有了失误,所带来的后果会更加严重,因为它动用了太多的全社会的力量来促成这件事。因此,制定产业政策时一定要正确发挥政府作用,不可缺位,更不可越位。

产业政策是围绕产业经济活动和产业市场而实施的有目的的调控手段,它主要包含以下四个方面的功能。

(一)弥补市场缺陷,有效配置资源

在市场经济体制下,整个经济社会资源的配置主要依靠市场的调节,产业经济活动也是主要围绕市场供求运转,市场的价格机制和供求规律调节产业中各个参与单位和个人的活动。亚当·斯密的《国富论》中提到:"供求关系引发的价值规律像一个'看不见的手'引导市场进行资源配置。"例如,在社会发展很快、城市化加速的情况下,人们就有改善住房问题的需要,此时,房地产业就会迅速发展。大量投资进入房地产业并不是哪个部门号召和推动的,而是资本响应了市场的力量。投资商都觉得房地产业有利可图,其他行业的投入都转向房地产行业,这完全是市场这一"看不见的手"在推动经济的发展。然而,"看不见的手"也有缺陷,因为价值规律起作用的同时,由于市场信息的不充分和反应的滞后,以及投资本身所具有的乘数和放大作用,大量资源涌入某行业后会造成重复建设、产能过剩和资源浪费,等到产品滞销和产能过剩后,才开始反省并淘汰和退出该行业,此时行业早已出现问题。近几年来,社会资本投资影视产业的热情空前高涨,国内电视剧产量每年在 1.4 万集左右,居世界第一。但是四成多的电视剧生产出来后没有播出平台,造成产品积压。约有 30% 的电视剧只能进入收视率极低的白天、深夜等时段播出,不仅价格极低,而且无人观看,根本无法收回成本。又如,近年来各地竞相兴建文化产业园区,由于地区经济和资源的差异造成的文化产业区域的不平衡、对文化资源过度开发造成的资源和遗产毁坏问题。与此相对应的是,一些文化行业由于资源垄断,造成效率低下问题严重。因此,当市场不能解决问题时,就需要政府通过出台有关政策来调解,对某些领域进行限制和扶持,弥补市场缺陷,有效配置资源。

(二)保护幼小民族产业

在全球化日益加剧的背景下,一些幼小的民族产业容易受到外来的强势资本的入侵而无法生存。例如,鸦片战争以后,中国口岸对外通商,大量洋布进入中国市场,使传统的民间纺织业受到严重冲击。国内民族资本家开始建设发展本民族纺织业,受到当时政府很多政策的支持,政府帮助这些民族企业在一定时间内安全成长,达到一定程度后与国外企

业进行竞争。再以影视产业为例，目前南美洲的电视台 80%是英语节目，但是南美洲是不讲英语的，主要讲西班牙语和葡萄牙语，拉丁美洲讲拉丁语系，由于大众文化媒介几乎都是美国节目和英语类节目，其本土文化受到很大影响。在中国台湾地区也是如此，20 世纪 70~80 年代，台湾的电影产业非常发达。到 20 世纪 90 年代末加入 WTO 后，由于台湾没有在电影产业提出相关保护政策，导致 10 年之内台湾的电影业受到重创，连"金马奖"的参赛影片也大部分是大陆和香港电影。所以，产业政策具有的一个非常大的功能就是保护幼小产业。

（三）熨平经济震荡

马克思研究资本主义经济时讲到资本主义经济是有周期的，从复苏到发展到繁荣再到危机，永远在反复地进行震荡，这种震荡对于企业或者国家甚至对于老百姓来说，都会带来灾难性的后果。在最近的 100 年当中，至少有三次世界性经济的震荡和危机：第一次世界大战时期，整个西方经济面临很大的震荡，几乎要崩溃；1929—1932 年，又是一次经济大萧条；2007 年开始的金融危机。这三次大的经济震荡，对社会、经济的破坏非常大。这个过程中如何出台有关政策来保护经济不出现大的崩溃，就需要政府出手。例如，在奥巴马当政不久，2008 年左右由于经济危机，在房利美和房地美两家公司出现倒闭的趋势时，美国共和党和民主党联手出台了《多德法案》，包括一系列重要措施，其中就有国家接管前面提到的两家房地产金融公司。这些都是在重大历史时刻出现重大经济震荡时政府出手干预经济的案例。

（四）发挥后发优势，提高适应能力

发展较慢的地方可以向发展较快、较先进的地方学习，减少摸索的风险和时间，从这一角度讲，后发展的反而成了优势，如何发展后发优势，提高适应能力参与大的市场竞争，这是需要政府推动的。例如，国外在数字化、影视科技、视听载体等多个方面已经研制成功并已投放市场，形成了良好的市场影响力。作为后发国家，我国文化产品生产可以全面地借鉴和使用这些技术和创意，减少了自身研发的成本和可能出现的技术风险。同时，我国自身应该加强文化与科技融合，不断创新新的视听效果，不断提升中国文化产品的市场竞争力。

第二节　文化产业政策的构成与特点

文化产业政策同一般产业政策一样需要解决两个问题：首先是做什么？然后是怎么做？例如，发展文化产业，到底哪一类要优先发展，哪些是要扶持的，哪些需要限制，限制谁，怎么限制，怎么做，怎么落实，这就是文化产业政策工具问题。

一、文化产业政策的构成

文化产业政策的构成具有上述一般产业政策构成的基本组成部分，也包括结构政策、组织政策、布局政策，以及其他政策配套。

（一）文化产业结构政策

文化产业的结构政策，主要是制定有关文化产业在总体经济中所占的比例和地位，以及文化及相关产业之间的发展侧重点、结构关系等相关的政策体系，具体包括以下内容。

一是国家文化产业的发展规划。2022年8月，中共中央办公厅、国务院办公厅联合印发《"十四五"文化发展规划纲要》，明确了文化产业发展在总体经济中的地位和作用，提出了"把扩大内需与深化供给侧结构性改革结合起来，完善产业规划和政策，强化创新驱动，实施数字化战略，推进产业基础高级化、产业链现代化，促进文化产业持续健康发展"。

二是支持文化主导行业发展的各项政策，包括各项财政、税收与科技政策。例如，国务院2016年发布了《"十三五"国家战略性新兴产业发展规划》，规划发展新一代信息技术、高端制造、生物、绿色低碳、数字创意等5个产值规模10万亿元级的新支柱，并在更广领域形成大批跨界融合的新增长点，平均每年带动新增就业100万人以上。可见数字创意行业将会成为未来重要的文化产业。2021年，文化和旅游部发布了《"十四五"文化和旅游发展规划》，提出了顺应数字产业化和产业数字化发展趋势，深度应用5G、大数据、云计算、人工智能、超高清、物联网、虚拟现实、增强现实等技术，推动数字文化产业高质量发展，培育壮大线上演播、数字创意、数字艺术、数字娱乐、沉浸式体验等新型文化业态。

（二）文化产业组织政策

文化产业组织政策主要是规范文化产业的所有制结构，规范文化产业的市场竞争行为，防止文化市场垄断和不公平竞争，以及促进中小文化企业发展等。文化产业组织政策的关键在于完善和充分发挥市场调节功能，通过市场机制促进企业规模化和专业化发展，同时政府通过相应政策弥补市场的不足，维持公平竞争和促进中小企业发展。例如，在文化产业中存在大量的小微企业，这些小微企业以个人工作室、专业化的小型公司形式活跃在文化产业的研发、市场销售等重要环节，因此在产业组织政策中，就要兼顾对中小文化企业和小微企业的支持。

再如，在我国文化体制改革现阶段，一方面，由于在传统新闻、出版、广电领域长期存在进入限制，形成了行政性的垄断，这些掌握大量垄断资源的文化事业单位转制成企业后，依然与政府部门有着较强的联系，行政干预和人为的行政整合手段，致使企业效率不高，市场缺乏竞争，产业组织政策需要进一步推进国有文化企业的市场化改革，加快建立现代企业制度，并通过对民营和国有同等待遇的产业扶持政策，促进市场的公平竞争；另一方面，由于我国文化产业起步晚，在国际上竞争力弱，又亟须通过市场机制实现资源优化配置和整合，实现规模化、专业化发展，如果仅仅依靠市场的自发调节，必然要有一个长期发展的过程，所以需要通过产业扶持和引导政策，促使基础较好、竞争力强的国有企业加快发展成为行业龙头，并引导和促进社会资本向文化产业集中。此外，因为文化产业的意识形态属性，国有文化企业在主流意识价值的传播以及社会文化趣味和价值取向的引导方面承担着重要的职责，因此，产业组织政策也必须充分考虑如何巩固国有文化企业的主导地位，在国有文化企业承担起意识形态宣传、公共文化服务等相应的职责时，给予相应的扶持。

（三）文化产业布局政策

文化产业布局政策是指中央及有关部门颁布的相关文化产业在战略性的区域布局和规划。文化产业布局政策反映了国家对文化产业的地域分工与协作关系总体规划，是政府运用产业政策自觉干预和引导产业资源配置的过程。但是，文化产业布局政策措施应该是以市场为主导的引导过程，不能违背区域发展条件和市场规律。这种布局合理与否，则直接关系到能否实现文化产业的快速、持续、健康发展和国际竞争力的提高。例如，我国当前优化产业区域布局就具体为"差异化的区域文化产业发展战略"，总体政策方向为鼓励东部地区优化产业结构，支持中部地区完善产业政策，扩大文化消费，规范市场秩序，加快产业崛起；引导西部地区发挥资源优势，突出区域特色，培育消费市场，带动产业发展。

（四）其他政策配套

除了上述产业经济方面的主要政策外，还需要配套制定相关就业、人才、土地、科技等方面的相关政策。这些产业政策相互联系、相互交叉、相互作用、相互影响，形成一个统一的有机整体。对于文化产业来说，由于文化产业具有意识形态的属性，因此在制定文化产业的产业政策体系中，除了上述各项政策部门之外，还会涉及文化宣传和意识形态管理、文化遗产保护、教育、文化对外交流等方面的文化政策。

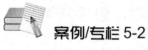

案例/专栏 5-2

日本的文化产业政策

日本政府积极推动并倾力支持文化产业政策。1995年确立了日本在21世纪的文化立国方略；2001年全力打造知识产权立国战略，明确提出10年内把日本建成世界第一知识产权国；2003年日本政府根据《信息技术基本法》成立了"知识财富战略本部"，小泉首相任部长，明确将音乐、电影等文化产业与技术、工艺、名牌产品等并列为国民经济的基础产业。该部制定了详细的《知识产业推进计划》，提出努力开拓有魅力的文化产业；对"知识性的、具有创造周期的文化产业"予以保护；促进文化产业的流通；从执行政策的高度把文化产业当作商业行为对待。2003年又制定了观光立国战略。对振兴地区和地方文化，日本政府有明确的规定。例如，政府应支援地区文化活动，包括重新挖掘、振兴具有地方特色的文化遗产、民间艺术、传统工艺和祭祀活动等；制订长期规划，给具有地方特色的文化艺术提供综合援助；中央政府与地方政府联手举办全国规模的文化节。日本经产省与文部省联手促成建立了民间的"内容产品海外流通促进机构"，拨专款支持该机构在海外市场开展文化贸易与维权活动。2004年4月，该会提出了"文化产业的商务振兴政策——软件力量时代的国家战略"。鉴于文化艺术项目的不断变化和升级，2007年对文化产业基本法进行了审查修订，其基本措施涉及11个领域的107项基本措施，主要包括振兴不同类型的文化艺术、保护和利用文化财产、振兴区域文化、加强国际交流和加快文化艺术基地建设等，这些措施应以"振兴文化艺术基本导向"为基础来实施。

资料来源：作者整理撰写。

【思考】

1. 日本政府的文化产业政策将会对日本文化产业发展产生什么影响？能否举例说明？
2. 为什么在采取市场机制发展文化产业的同时，日本政府要如此大力度地制定文化产业政策干预市场和企业？

二、文化产业政策的特点

如上所述，文化产业政策除了一般产业的构成要素外，还具有相关的其他配套政策的支持。特别是对于那些具有较强意识形态的属性、具有传承意义的文化资源等，需要配套相关领域的政策，涉及的文化管理部门较多，这使得文化产业政策在决策制定、作用机制等方面表现为复杂性、综合性的特点。

（一）文化产业政策的综合性

文化产业政策是围绕一定的产业发展目标所制定的一系列具体政策的总称，包括计划、财政、金融、税务、物价、外贸、土地、工商行政管理等多种手段的综合运用。

在文化产业领域，文化产业的相关政策还涉及宣传、文化和旅游、科技、商务等多个相关部门，如2014年中央为推进文化产业的发展，先后出台了多项政策，继中宣部、财政部、文化部等九部门《关于金融支持文化产业振兴和发展繁荣的指导意见》实施后，有关文化金融创新、扶持中小文化企业和小微企业的政策也将陆续出台，这些政策由中宣部、文化部、财政部、中国人民银行等部门联合制定，包括引导和鼓励社会资本投资文化创意、设计服务、信息服务、体育、文化娱乐业等领域，完善相关扶持政策和金融服务，用好文化产业发展专项资金和税收减免，同时还涉及困扰企业多年的土地使用及煤、水、气、电价格等方面如何减负的问题。

因此，产业政策在问题确认、政策研究制定、政策实施的全过程中都会涉及多个部门、多个方面的相互影响和协调问题，具有综合性和复杂性。

首先，问题确认与政策分析是文化产业政策管理的起点。对于问题确认不能头痛医头、脚痛医脚。问题的建构通常不一定是政府政策制定的机构和成员，它往往是由专家、大众媒体、政府和相关利益团体组成。

其次，在政策研究与制定阶段，很多文化产业区域经济政策和国家文化安全的政治问题，都会由公众、媒体、政府等多方面促进。例如，对网吧引起的青少年健康教育的问题，首先就是通过社会舆论引起社会关注，启动公众议程，而后进入政府议事日程的。政府每年会研究许多政策，出台一个政策一般需要先经过调研，听取基层人民意见，提出问题，分析遇到什么瓶颈和造成问题的原因，然后拿出初步方案，由政府召集有关厅级，把这些问题交给相关部门，讨论、研究和制定产业政策的过程是综合性的，也是多方利益和考量的博弈过程。

（二）文化产业政策的特殊性

文化产业政策是文化政策还是产业政策？对于这个问题的认识可以说明文化产业政策的特殊性。

文化产业是一个产业问题，更是一个意识形态问题，因此更加偏向于保护和传承文化，掌控文化话语权，这些核心部分都是文化政策。文化产业政策既有文化政策又有产业政策。首先是文化政策，产业政策是为文化政策服务的，它们是表里关系。产业政策是文化政策的延伸和落实，产业政策是表，文化政策是里。有什么样的文化政策，为了实现什么样的文化目标和意图，就会出台什么样的产业政策用于支撑和落实文化目标和文化政策。表面上看文化产业是一种产业政策，但骨子里其实是文化政策，有其特殊性。它和农业政策不同，农业政策如鼓励多养猪就是为了多吃肉，没有别的目的。文化产业政策本质上讲是一种文化政策，也是一种特殊的产业政策。它不是简单地鼓励发展电影或鼓励发展动漫，背后都有更加本质的文化上的诉求。

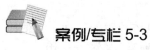

案例/专栏 5-3

美国的文化政策

美国文化政策的基本原则是：对内放松管制，对外进行扩张。1941 年 9 月，美国国务院对外关系委员会召开专门会议，研究"二战"后美国对外文化关系的政策问题，并提出：由于战争，世界文化中心已经由欧洲转移到了美国，"二战"后的现实将要求美国在文化方面如同在政治和经济方面那样在全世界担负起领导责任。在"二战"后 70 多年中，美国的文化产业政策基本按照 1941 年的决策方式在走，他们非常自信地认为，世界文化的中心转移到了美国，美国在全球负有文化领导者的责任。前美国商务部的一位高级官员曾经说过："未来的世界文化一定要以美国的文化居于支配地位。如果世界趋向一种共同的语言，它应该是英语；如果世界趋向共同的电信安全和质量标准，那么它们应该是美国的标准;如果世界正在由电视广播和音乐联系在一起,节目应该是美国的;如果共同的价值观正在形成,它们应该是符合美国人意愿价值观的。"所以在这个过程中可以看到,美国文化的输出本质上是非常有意识的行为,而不是盲目的市场的流动行为,是政府"看得见的手"在有意识地部署的行动战略,而且所有文化产品其本质的内容是美国的价值观。这些问题进一步说明文化产业政策表面上看是产业政策,但根本上是文化政策。早在 20 世纪 30 年代,英国人曾经说过:世界上每一座电影院,都是美国的大使馆。好莱坞与华盛顿一直保持着一种动人的关系。多年以来,好莱坞在华盛顿一直有代表自己的非常出色的说客,每当好莱坞需要开拓新的海外市场时,华盛顿就会挺身而出,美国国会乃至美国总统会亲自出面为其鸣锣开道,不惜动用政治、经济、外交等一切手段为其保驾护航。好莱坞场面宏大的战争片大多得到五角大楼调遣的士兵和尖端武器装备的帮助。20 世纪 50 年代的美国国务卿杜勒斯曾经说过:"如果我们教会苏联的年轻人唱我们的歌曲并随之舞蹈,那么我们迟早将教会他们按照我们所需要的方式思考问题。"所以说文化政策表面上看的是电影,是一种文化商品,其实它们包装的都是价值观。因此,文化产业政策本质上是一种文化政策,而产业政策只是它的一种表象。

资料来源:作者整理撰写。

【思考】
1. 美国的文化政策是如何在文化产业中实践的?
2. 文化产业发展是否具有意识形态问题?文化产业政策应当如何平衡产业发展和意识形态管理二者的关系?

第三节 文化产业政策的基本工具与措施

在上述各项产业结构、产业组织和产业布局的相关政策中,最终要通过一定的工具和基本措施形成具体的可操作性的政策。

一、市场准入制度和负面清单

市场准入制度是国家对市场主体资格的确立、审核和确认的法律制度,包括市场主体资格的实体条件和取得主体资格的程序条件。其表现是国家通过立法,规定市场主体资格的条件及取得程序,并通过审批和登记程序执行。市场准入制度包括三类:① 一般市场准入制度,是指市场经营主体进入市场,从事市场经营活动应遵守的一般条件、程序和规则;② 特殊市场准入制度,规定市场经营主体进入特殊市场,如电信、新闻出版等特殊领域等,从事经营活动所必须具备的条件和程序规则的制度;③ 涉外市场准入制度,是指外国资本进入国内市场而规定的各种条件和程序规则和一国对本国资本进入国际市场而规定的各种条件和程序规则。

文化产业的准入制度是特殊市场准入制度的一种,它往往表现为进入文化产业的可行性和进入成本。可行性是指是否有政策方面的限制进入规定,进入成本是进入一个文化行业所面临的竞争环境和所需要付出的投资成本。例如,在互联网传输业务提供领域,进入成本涉及要获取国家工信部门等政府部门的审批,在我国会限制私营企业进入,此外互联网运营商的初始投资非常大,包括网络的铺设和交换传输设备等,现有产业中的企业资本和规模实力都比较强。

在我国,文化产业的进入门槛较高,民间资本和外资一直无法引进。随着文化体制改革的深化,文化产业逐步放低进入门槛,目的是让社会资本进入这些领域。但是,在一些文化领域门槛仍然存在,如在电视领域,外资和民间资本可以做娱乐节目,但不能做新闻节目;在图书领域中,外资和民间资本可以做图书发行,但不能做图书出版;在报刊领域中,外资和民间资本可以做报刊的进出口发行,但不能自己开办杂志。相比较而言,电影和电视剧的门槛相对宽松,但是要求国外的资本进入中国电影进行参与拍摄,必须经过中国电影合拍公司的环节才能启动。文化产业门槛的逐步放低,从另一个方面反映了我国近年来文化产业的竞争力有所增强,也是文化自信的表现。

在实际操作中,准入门槛往往表现为工商登记的某些前置审批。随着政府职能的转变和审批制度改革,行政审批制度逐步由核准制改变为备案制。在涉外文化市场准入制度中,为了让外资更加明确哪些行业有特殊限制,国家往往会将这些领域单独列举,称为"负面清单"。除此之外,外资均可享受国民待遇,没有任何附加障碍。在2013年颁布的《中国(上海)自由贸易试验区总体方案》所列的九项主要任务和措施中,"探索建立负面清单管理模式"位列第三。2013年9月30日,负面清单公布。清单写明,新闻机构,图书、报纸、期刊的出版业务,音像制品和电子出版物的出版、制作业务,目前均属外商投资的"禁区"。在娱乐场所方面,电影院的建设经营受到限制,须中方控股。广播电视节目、电影的制作业务,也仅限合作的方式。广播电视节目制作经营公司、电影制作公司、发行公司、院线公司,属于外资不能进驻的领域。

此前备受关注的互联网上网服务营业场所(网吧),也在"负面清单"的禁止之列。博彩业(含赌博类跑马场)、色情业,外商也不能在自贸区投资。在体育场馆中,高尔夫球场的建设、经营,明确禁止投资。大型主题公园的建设、经营虽未禁止,却受到一定限制。

二、政府财政投入

广义而言,政府的财政政策工具也称财政政策手段,是指国家为实现一定的政策目标而采取的各种财政手段和措施,它主要包括财政收入(主要是税收)、财政支出、国债和政府投资。财政政策工具可以分为收入政策工具和支出政策工具。收入政策工具主要是税收,留待下一部分专论。支出政策工具分为购买性支出政策和转移性支出政策,其中,购买性支出政策又有公共工程支出政策和消费性支出政策之别。

财政支出政策，也就是财政投入政策，是政府对文化产业实施干预的直接措施。政府通过设立专项资金、实施产业补贴、贴息等多种形式的财政投入，达到鼓励主导文化产业的发展和促进文化相关领域的投资。例如，法国政府为了鼓励本国的电影产业发展，政府还制定了很多扶持本土电影拍摄的政策，本土电影从剧本创作开始，到拍摄、发行均可享受相应的资助，资助经费主要来自影院收入的抽成，还有一部分来自国家特设的奖励基金。法国的电影票价相对于一般民众的收入水平来说并不是很高，在一些电影节期间还可以享受到比平常更低的票价，最大限度地鼓励民众走进影院欣赏电影。此外，一些独立电影人和片商还可以在电影节期间得到资助，对于质量上乘的艺术片、探索型影片，法国也有专门的艺术院线进行放映，保证它们有一个专门的生存空间。最近几年来，许多著名电影都从洛杉矶和加拿大转往英国制作，其原因就在于英国政府出台了优惠的财政补贴政策。英国影视补贴申请的要求则公开透明，取决于制片成本，制片公司将得到20%~25%英国本土制片开支的补贴。对于什么才算英国本土制片开支，英国政府的规定也比较人性化。例如，如果道具和服装是在洛杉矶生产，但是在伦敦用于拍摄，那么这类物品也可计入英国制片开支中。此外，英国还会从电影收益中补贴制片公司一小部分演员报酬。例如，如果演员与制片厂的合同包括票房分成，英国将补贴制片厂部分演员票房分成。正因为这个原因，许多电影制片厂愿意把自己的票房大片放在伦敦拍摄。在2011年的《加勒比海盗：惊涛怪浪》中，主演约翰尼·德普不仅有上千万片酬，还有票房分成，在这样的压力下，对制片厂而言，伦敦无疑成了再好不过的拍摄地点。

我国在文化产业政策中的一个重要政策是增加政府投入，进一步发挥政府"看得见的手"的作用，通过财政再次分配的办法来帮助文化产业做大做强。中央和地方各级人民政府要加强对文化产业的投入，通过贴息贷款、项目补贴、补充资本金等方法支持文化产业做大做强，同时大幅度增加中央财政扶持文化产业发展的专项资金，扩大文化体制改革专项资金的规模，加大对文化产业发展文化体制改革的力度。

三、税收杠杆

税收政策其实是财政收入政策。在文化产业领域的税收政策往往包括对需要扶持的文化产业领域和文化产业发展地区，实行优惠的税收政策，对不鼓励的文化产业领域采取相反的政策。例如，为了贯彻落实《国务院办公厅关于印发文化体制改革中经营性文化事业单位转制为企业和进一步支持文化企业发展两个规定的通知》中的相关税收优惠政策，国家正在研究确定文化产业支撑技术的具体范围，加大税收扶持力度。

税收政策取向直接影响文化市场的发育程度、发展趋势和结构变动。从基本税制体系角度看，我国对文化产业一直采取轻税政策，具体表现有三点：一是流转税采用低税率，如对图书、报刊、音像制品和电子出版物采用较一般企业低一档的增值税税率；二是所得税采用优惠政策，如个人所得税稿酬所得可按照应纳税额减征；三是财产税给予扶持政策，如现行税制规定文化和体育事业单位自用的房产、土地可免征房产税、城镇土地使用税。

这些长期性制度安排，出发点是为文化产业的发展创造永久性宽松的政策环境，降低文化产业的发展成本。2014年4月23日，世界读书日，北京三联韬奋书店24小时书店正式挂牌营业。在实体书店举步维艰、纷纷关门转行的时候，这样一家书店的开张在同行中引起关注。但是，进一步了解后可以发现，该书店受到两项政府支持：一是2013年12月政府免掉了书店13%的增值税，该书店因此节约成本100万元；二是该书店2013年获得了100万元的中央文化产业发展专项资金。

四、金融工具

文化金融领域的政策工具十分丰富，对文化产业的影响也更广泛。近年来，我国文化与金融的合作取得了重要成果，已经成为我国文化产业发展的显著特点，并成为我国文化产业持续快速健康发展的重要动力。《中国文化金融发展报告（2021）》指出，文化产业银行信贷、文化产业债券、文化企业上市融资、文化产业私募股权投资是文化金融市场的主要构成部分。截至2020年年底，中国工商银行、北京银行等30家银行文化产业贷款余额达16 561.5亿元，占全社会商业银行贷款余额1.5%左右，文化产业相关的上市公司有500多家。据中国银行业协会统计，2020年我国拥有文化产业信贷产品的银行占比达70%，文化产业信贷产品有39款，其中28款为文化产业信贷专属产品。

2010年3月，中国人民银行、财政部、文化部等九部门印发了《关于金融支持文化产业振兴和发展繁荣的指导意见》（以下简称《意见》），明确提出了金融支持文化产业这一命题。《意见》强调要更好地发挥金融政策、财政政策与文化产业政策的协同作用，鼓励金融机构大力开拓文化金融市场，最大限度地发挥金融推动文化产业发展的作用。完善文化金融合作信贷项目库、文化产业投融资公共服务平台、贷款贴息，将直接融资、区域股权市场、普惠金融等推广到文化产业领域，鼓励有条件的地方建设文化金融专营机构和文化金融服务中心，创建文化金融合作试验区，具体措施如下：① 完善文化金融中介服务体系。落实普惠金融理念，加强文化产业融资担保等瓶颈领域的建设，积极破解文化企业特别是小微文化企业"轻资产"、融资难的困境。② 加大财政对文化金融的扶持力度。继续实施"文化金融扶持计划"，在做好贷款贴息的基础上，逐步完善保费补贴、债券费用补贴等，探索文化产业贷款风险分担补偿机制等创新方式。③ 推进文化金融在重点领域的实施。开发推广适合对外文化贸易特点的金融产品及服务，探索个人资产抵质押等对外担保的模式，综合运用统贷平台、集合授信等方式，加大对小微文化企业的融资支持。④ 推动文化企业直接融资。引导大型文化企业更多地采取债券融资和上市融资，让金融机构腾挪更多的信贷资源扶持大批小微文化企业。⑤ 创新文化金融服务组织形式。建设文化金融服务专业机构和特色支行，实行差异化的监管措施和有效的激励手段，提高文化金融服务专业化水平，支持发展文化小额贷款公司。鼓励文化企业深度参与金融业，加快文化产业资本向金融资本方向的拓展，从而体现文化金融合作的双向性。

此后，2012年6月，文化部出台《鼓励和引导民间资本进入文化领域的实施意见》，提出鼓励民间资本投资文化产业，建立健全多元化、多层次、多渠道的文化产业投融资体系。党的十八届三中全会提出了"鼓励金融资本、社会资本、文化资源相结合"的要求，将文化金融合作纳入了全面深化改革的总体格局。2014年，文化部、中国人民银行、财政部于2014年联合印发了《关于深入推进文化金融合作的意见》，进一步对完善文化金融中介服务体系、加强小微文化企业金融扶持、支持文化企业上市直接融资、创建文化金融合作试验区等方面提出了指导意见。2016年4月，在中宣部和财政部的组织和指导下，中国资产评估协会制定并发布了《文化企业无形资产评估指导意见》，对文化企业无形资产评估的内容和方法做出详细规定。2017年8月，国家发改委印发《社会领域产业专项债券发行指引》，首次对"文化产业专项债券"作了具体安排。

五、政策分析与评估

在政策制定过程中，很多政策的制定和执行机构忽视了将政策分析与评估作为一个工具，来加强文化产业政策制定的科学性，并促进政策的完善。政策分析与评估作为一项基础性的政策工具，应当成为文化产业政策体系的一项常规工作。

对政策的制定、调研、分析、筛选、实施和评价的全过程进行研究的方法称为政策分析，又称为政策科学。实际上是对政策进行评估。

政策分析的核心问题是对备选政策的效果本质及产生原因进行分析。我们在制定一个政策之前要进行大量的调研工作，提出一个初步的方案，之后对方案进行分析，比较是否与政策的方案和目标匹配，是否是最好的方式，并且对这些政策进行筛选。在政策的实施过程中不停地进行纠偏和对照，最后进行评价，而评价的目的是解决和纠正在执行过程中的偏差并进一步完善政策方案。

对文化产业政策的评估，要贯彻社会效益与经济效益并用的观点，不能唯GDP论，更不能简单地以GDP论英雄。我国目前文化产业的统计存在很大的漏洞，统计方法不同导致数据上的不统一，如一些地方为了追求文化产业增加值占GDP的比重指标，把旅游中属于旅游和其他服务业的产值都合并到文化产业中，造成文化产业GDP的"虚高"。出现这个现象最重要的原因就是人为地改变了统计口径。我们在评估文化产业政策执行的时候，由于文化产业统计指标的模糊性，导致横向比较往往难以实现，量化分析难以奏效，因此不能简单地用GDP来评估政策，考量政策实现的效果。

第四节　中国文化产业政策

2002年，中共十六大首次明确提出要加快发展文化产业。在此之前，一些中央文件中虽然也出现过类似的提法，但并不系统。进入21世纪以来，在中央和各级政府的大力推动下，我国的文化产业相关政策逐步完善。由于文化产业起步较晚，根据我国国情，我国的文化产业尚未立法，主要政策均表现为规划、目录、纲要、决定、通知、复函等政府文件。

一、我国发展文化产业的基本原则

2009年，国务院常务会议通过了《文化产业振兴规划》，提出了对整个文化产业主要坚持的五项原则。① 把社会效益放在首位，努力实现社会效益与经济效益的统一。需要注意的是，把社会效益放在首位不是仅仅指公益性的文化事业，文化产业也同样要把社会效益放在首位。② 坚持以体制改革和科技进步为动力，增强文化产业发展活力，提升文化创新能力。这是要求文化要进一步创新，方法是通过体制改革和科技进步，增强它的活力和创新能力。③ 坚持走中国特色文化产业发展道路，学习借鉴世界优秀文化，积极推动中华民族的文化繁荣发展。其实就是走自己的路，学别人的东西，向世界学习的问题。④ 坚持以结构调整为主，加快推进重大工程项目，扩大产业规模，增强文化产业整体实力和竞争力。这一点是关于进一步增强实力和竞争力的问题。⑤ 坚持内外并进，积极开拓国际国内文化市场，增强文化产业在国际上的影响。这一条讲的是关于文化走出去的问题。这五项原则也体现了前面提到的文化产业政策到底是文化政策还是产业政策的问题，大部分都是文化政策，或者是文化和产业兼顾的政策。

我国文化产业发展的基本方针，将通过法律的形式确定下来，成为规范和指导文化产业发展的基本原则。我国文化产业立法工作正在积极推进中。2017年，党的十八届四中全会做出的全面依法治国的决定中，明确提出要制定《文化产业促进法》，这部法律也列入了十二届全国人大常委会的5年立法规划。2019年6月，文化和旅游部对《文化产业促进法（草案征求意见稿）》公开征求意见。草案征求意见稿指出，国家将促进文化产业发展纳入国民经济和社会发展规划，并制定促进文化产业发展的专项规划，发布文化产业发展指导目录，促进文化产业结构调整和布局优化。未来的文化产业促进法，将对创作生产、企业运营、文化市场管理、金融财政支持、科技支撑等提出规范要求。

二、发展重点文化产业

产业政策要明确哪些文化产业需要重点发展，以及如何发展的路径问题，这是产业政策第一个目标。"十一五"和"十二五"两个纲要提出了如何加快发展文化产业的问题，它们的着重点在哪里。例如，《国家"十一五"时期文化发展规划纲要》（以下简称《纲要》）提出以文化创意、影视制作、出版发行、印刷复制、广告、演艺、娱乐、文化会展、数字内容和动漫等产业为重点，加大扶持力度，完善产业政策体系，实现跨越式发展。《纲要》进一步提出建立现代文化产业体系和文化市场体系，文化产业增加值占国民经济的比重显著提升，文化产业推动经济发展方式转变的作用明显增强，逐步成长为国民经济支柱性产业；发展壮大出版发行、影视制作、印刷、广告、演艺、娱乐、会展等传统文化产业，加快发展文化创意、数字出版、移动多媒体、动漫游戏等新兴文化产业；规范发展文化产业园区，培育骨干企业，扶持中小企业，完善文化产业分工协作体系；鼓励有实力的文化企业跨地区、跨行业、跨所有制兼并重组，推动文化资源和生产要素向优势企业适度集中，培育文化产业领域战略投资者；规划建设各具特色的文化创业创意园区，支持中小文化企业发展；优化文化产业布局，发挥东中西部地区各自优势，加强文化产业基地规划和建设，规范建设一批全国文化产业示范区，发展文化产业集群，提高文化产业规模化、集约化、专业化水平；加大对拥有自主知识产权、弘扬民族优秀文化的产业支持力度，打造知名品牌；推动文化产业与旅游、体育、信息、物流、建筑等产业融合发展，提升品牌价值，增加物质产品和现代服务业的附加值和文化含量。

产业政策的第二个方面是通过加大政策扶持，使这些行业实现跨越式发展。例如，在国家发展纲要的基础上，中央、省、市各级政府在财政、税收、金融、用地等方面都进一步落实出台了相关文化产业政策，包括促进企业及民间对文化投入的税收优惠政策、文化贸易促进政策、版权保护政策、金融支持文化产业发展政策、文化产业投资基金和重点行业专项基金政策、国家和省市各级重点文化产业园区政策、文化人才培育政策、文化科技创新与创业扶持政策等。

案例/专栏 5-4

韩国文化产业政策对电子游戏和影视娱乐业的扶持

1997年亚洲金融危机爆发以后，韩国政府将电子游戏、电影电视等娱乐产业作为新的增长点重点扶持和培育。韩国的文化产业已经成为国民经济的支柱产业。目前，韩国人口约5000万，从2003年到2004年观看电影的人数达到全民总数的13.9%，看过韩国本地电影《太极旗飘扬》的观众达到1150万人次，用韩国人自己的话讲：除了走不动的老头和吃奶的婴儿，大家都在为这部国产大片做贡献。可见，韩国当时在推动文化产业发展的时候重点特别清楚，就是以游戏和影视作为最主要的突破口。1997—2003年，仅仅过了6年的时间，成效非常显著。从1999年开始，韩国电影开始大量出口，还是以《太极旗飘扬》为例，它在5年之内增长了4倍，从1999年的71亿韩元，到2003年达到369亿韩元，逐年增长，2008年左右回落了一点，但是不管怎么说，韩国的电影出口已经今非昔比，韩国电影海外市场的推展和政府推动电影优先发展的政策是分不开的，是韩国政府文化产业政策的重要成果。当时为了推动文化产业发展，韩国政府不仅出台了一系列政策，还专门成立韩国文化产业振兴院。1997年起，先后成立了广播影响产业振兴院、韩国文化产业振兴院、韩国游戏产业振兴院、文化产业中心、韩国软件振兴院和数字化文化产业集团，到2009年5月，把这些机构全部合并起来成立韩国文化产业振兴院。其目标是推动韩国成为文化强国，也是为了适应文化内容产业高度关联发展的现状，试图整合文化发展资源，谋求长远发展目标。2013年，韩国政府又出台了《韩国文化产业对外输出促进方案》，旨在将韩国建设成为全球第五大文化强国。在这些政策推动下，2018年增加到将近120万亿韩元约合1060亿美元,游戏占比高达12%;出口达到96亿美元,出口产值中游戏产业高达64亿美元。

资料来源:作者整理撰写。

【思考】
韩国游戏产业的快速发展与产业政策的关系。

三、深化文化供给侧结构改革[①]

经过十多年的快速发展,我国文化产业在规模化发展的同时,也出现了同质化、重复建设的外延式发展问题,文化供给和文化需求之间存在不平衡的现象,文化产业相对落后的生产力不能满足人民群众日益增长的精神文化需求。因此,加快供给侧的结构调整成为文化产业转型和升级发展的重要策略,相关产业政策目标和内容主要包括三方面的问题。一是结构性问题。由于文化业态的变革,许多传统文化行业面临全行业危机。二是体制性问题。在第一轮文化体制改革中,国有文化企业通过政府补贴化解债务,分离人员,得以轻装上阵。但其用人制度上的"双轨制"问题突出。三是周期性问题,例如,最近一两年来,艺术品行业明显下滑,2015年佳士德、苏富比、嘉德和保利拍卖的成交额下降了41%,和经济周期存在密切的联系。

文化产业供给侧结构性改革要做好减法。首先,去文化企业落后产能。其一,要对项目进行甄别和清理。其二,对僵尸企业进行清理。其三,对各类低效运行以及打着文化名义实际是房地产的冒牌、空壳化运行的文化园区进行清理。其次,去文化产品之库存。文化产业部分领域的产能过剩和库存积压的问题非常严重。例如统计数据显示,我国电视剧产量常年处于高位,从2003年的10 381集一直上升到2012年的506部17 703集的峰值,到2019年回落至254部10 646集,收视率破1%的更是凤毛麟角。一方面是"新剧不新",另一方面则是"大量产出"。电影行业全年只有30%的电影能够上映,这些已经没有价值的产品仍然反映在企业账面上不愿意核销,应当鼓励文化企业对这些僵尸库存进行清理和化解。再次,在文化金融政策方面,要去金融泡沫之杠杆,已经成为泡沫化非常严重的行业,应当采取措施,化解风险,回归价值本体。最后,降文化企业之成本。首先降生产成本。例如,近年来,由于演员价格的暴涨,带动了全行业成本的提高。一些新出道的"小鲜肉"每部剧上亿元的片酬,接近好莱坞一线明星的年收入,不但哄抬了影视剧的成本,也严重影响了产品质量,此外,买收视、买票房、各种明的暗的潜规则已经成为影视企业的成本负担,严重阻碍了产业的健康发展,亟需彻底解决这一顽疾。

在做上述减法的同时,文化产业供给侧结构性改革应做好加法。① 在产品质量、品牌、对外贸易等方面做好加法,改进市场营销方式,扩大文化市场辐射面,提升市场营销能力。② 改革投融资体制,通过以奖代补支持中小文化企业成长,并对引导资金进行改

[①] 以下内容参见:李向民. 文化产业供给侧改革要做好"加减法"[N]. 新华日报, 2016-07-22.

造，引导社会投资共同参与组成更大规模的基金。③ 鼓励科技创新，推动文化新业态的成长。我国目前从百度、腾讯直到阿里巴巴，3D打印、IMAX电影直到今天的VR技术等，无不跟随国外的创意。文化产业政策应加大文化科技创新扶持，加快数字化进程。④ 继续加大财政的公共文化服务投入，改进文化专项经费的使用管理办法，在文化遗产保护利用和非物质文化遗产的挖掘与传承方面尽到应尽的责任。

四、实施重大项目带动战略

中国重大项目战略，以文化企业为主体，加大政策扶持力度，充分调动社会各方面的力量，加快建设一批具有重大示范效应和产业拉动作用的文化产业项目。例如，在《国家"十一五"时期文化发展规划纲要》和《国家"十二五"时期文化改革发展规划纲要》中提出的一系列重大项目，包括国产动漫、国家数字电影基地、多媒体数字库和经济信息平台、中华字库工程、国家知识资源数据库出版、全国文化遗产数据库、高清数字电视、数字版权保护、有线电视数字化、多媒体移动广播电视工程等重大文化产业工程。

这些重大项目的特点如下：① 产业关联度比较高，可以带动上游和下游产业的发展，而且也能够对同类行业之间产生比较明显的适当的引领作用，抓住重大项目就是抓住龙头，通过以点带面来实施整个行业突破；② 关系到文化与科技结合的新兴发展方向和关键技术，对产业的未来发展具有战略意义。

五、培养骨干文化企业

文化产业政策应着力培育一批有实力、有竞争力的骨干文化企业，增强我国文化产业的整体实力和国际竞争力，这是我国当前一项重要的文化产业组织政策。

中国文化产业发展的现状是，各个地区的主要骨干文化企业，尤其是在传统的文化广电和新闻领域，大多前身是国家投资的文化事业单位转型而来，由于长期的国有资本持续投入积累，本身在同行领域中可能发展得很好，但是横向比较起来数量还是很少的。虽然文化产业国有企业从资产规模上并不逊色于其他行业，但是资产的收益质量还有待提高，销售额无论是与其他行业还是与国际同行比都是非常小的。所以，当前培育骨干文化企业的难度远远超出预期，其根本问题在于体制。长期以来，计划体制下形成的条块分割把文化行业进行人为切割，导致同类行业之间老死不相往来。企业的分工和行业的垄断混淆起来，就会导致有些企业效率低下。如何推动这些跨地区跨行业企业进行联合重组、壮大企业规模，是中国文化产业在体制转型期应当重点解决的问题。

例如，作为文化大省和文化产业大省的江苏，文化产业在全国属于发展较快的省份。江苏六大集团中的江苏广电网络公司专门做广播电视网络，在十几年前，就提到把全省的广电网络整合成一张网，据测算，江苏的有线电视网络如果全部建成一张网络，那么其用户数量可以达到全世界第三位，但是很可惜，直到2014年年底才勉强完成。原因在于原有的广电四级办电视台的格局造成了广电网络地区分割，一个县一个网络，各个地方的发展不均衡，在如何对各地的现有网络资产进行估价并折算为新公司的股份问题上，各地方政府从自身利益出发，一直存在争议。例如，各市股份究竟各占多少？一般估价方法是采用用户的数量决定在新公司中的股份。但是，经济发达市县认为其网络的机器设备比较先进，用户购买力水平较高，因此要求增加所占股份的比例。而经济相对落后的地区则不同意这种说法，造成这个问题最终没能解决。与此同时，很多县城的广电网络都先后卖给了不同公司，给整合造成新的障碍。

体制问题是由于三个方面的主要因素造成的：① 政府与国有文化企业之间的关系没有理顺，国有文化资产的管理体制改革有待深入，在国有资产管理价值评估和经营机制方面都有待完善；② 由于政府和企业之间关系没有理顺，造成文化企业和文化资产在行政区域的切割，企业行为带有明显的行政色彩和地方政府利益博弈；③ 文化金融资本市场不健全，国有文化企业无法通过金融资本市场进行资产的重组。上述三方面因素相互交织，造成现有骨干企业之间资源整合都是依靠行政命令方式推动，无法依靠市场力量整合，在经营上也无法通过文化资本与金融资本融合形成高效的资本运作。

相反，美国政府从1996年以来，不断放宽对广播电视产业的诸多政策限制，促成了美国广播电视产业迅速集中到少数巨头媒介手中。这种集中带来了雄厚的经济和技术实力，赋予了美国媒体产业在全球竞争中的优势。最近20年来，西方国家大企业之间的相互购并特别频繁，而且购并规模越来越大。例如，2001年美国在线与时代华纳的合作。美国在线是美国最大的一个类似中国电信的平台，主要是进行电信服务类内容提升。电信运营商和内容提供商进行合作，缔造了一个非常大的产业巨头。2001年两个公司合并资产规模达到3500亿美元，而相比之下中国到2013年最大的文化企业总资产不超过350亿人民币。很明显，美国文化产业中出现这类巨头垄断是得到美国政府的默许的。尽管后来政府及相关部门也采取了干预措施，如启动反垄断法的调查，但是在后来的司法裁决中还是绕过了反垄断法的规定。这一现象表明政府其实是在保护它，其目的是在国际市场上与日本、欧洲进行竞争，保持美国企业和美国文化产业在国际上的竞争力。通过这样一个合作，时代华纳这一老牌好莱坞制片公司所积累的丰富节目内容加上美国在线所控制的现代传播网络，使软实力与高科技结合在一起，成为美国称霸世界的先锋，到处挑战其他国家的民族文化发展。这种竞争格局是非常可怕的，相比之下，在2001年中国的文化产业发展总规模还不超过10亿元，而美国的文化产业规模已经如此庞大。在文化产业领域，"八国联军"已经兵临城下，美国文化企业用的是军舰火炮，而中国文化企业还在使着长矛大刀，这场战役如何取得胜利？从这一角度讲，推动大型龙头骨干企业的形成，已经成为当务之急。

六、加快文化产业园区和基地的布局与规划建设

加强对文化产业园区和基地布局的统筹规划，坚持标准，突出特色，提高水平，促进

各种资源合理配置和产业分工，是文化产业政策的重要目标之一。文化产业园区和基地都是文化产业集群的物质载体，对符合规划的产业园区和基地在基础设施建设、土地使用、税收政策等方面给予支持。我国文化产业发展需要政策扶持与合理规划，建设若干辐射全国的区域文化产业物流中心，建设一批文化创意、影视制作、出版发行、印刷复制、演艺娱乐和动漫等产业示范基地，支持和加快发展具有地域和民族特色的文化产业群。

　　文化产业集群在世界范围内被证明是发展文化产业的有效模式，它们对当地的经济发展以及就业提供了巨大的空间和机遇，同时成为当地的文化品牌，以及文化产业综合发展实力的典型代表。因此，各国都在关注文化产业集群前沿领域的发展动态。

　　世界知识产权组织（WIPO）将集群定义为文化创意产业集聚，即创意产业在地域上的集中，它将创意产业的资源集合在一起，使创意产品的创造、生产、分销和利用得到最优化。这种集聚行为最终将促使合作的建立和网络的形成。在大量的资源集中到一起以后会产生很多共同的配套需求，由于这种需求产生以后使整个产业链拉长，这是文化创意产业集聚或集群的根本价值所在。

　　在我国，文化产业园区在近十几年中也有许多有成就的地方，如深圳华侨城主题公园，在20世纪80年代就建有锦绣中华、世纪之窗，90年代之后建设了欢乐谷，2000年后又建立了东部华侨城等项目，这些主题公园都获得了一定的成功。另外，上海九号桥设计产业集中区、北京798工厂画家村、浙江横店影视基地、大连动漫产业带等都是我国具有标志性意义的文化产业集中区。与此同时，中国文化产业园区也存在许多问题，文化产业是属于产业政策中比较扶持和鼓励的行业，可现在越来越多的人打着做文化产业园区的旗号和幌子与政府部门谈土地，之后却拿去做房地产开发，这种现象非常普遍。所以，尽管国家大力鼓励推动文化产业园区的发展，但在最近的十几年里，我们能看到的新兴的好的文化产业园区并不多。

七、扩大文化消费

　　文化消费不但是促使文化产业发展的内在动力之一，而且也是整体经济增长的重要力量。文化产业政策需要把文化产业作为一个拉动内需的重要手段，通过文化消费来扩大内需，推动经济增长。我国的文化产业发展纲要规定，要不断适应城乡居民消费结构的新变化和审美的新需求，创新文化产品和服务，提高文化消费意识，培养消费热点。

　　文化消费的内容十分广泛，不仅包括对文化产品和服务本身的消费，如电影电视节目、电子游戏软件、书籍、杂志等，同时也包括对文化产品和服务相关的设备、工具的消费；既包括对文化产品的直接消费，如电视机、照相机、影碟机、计算机等，也包括为文化产品和服务提供载体平台的文化设施，如图书馆、展览馆、影剧院等。

　　扩大文化消费的文化产业政策内容和目标包括：通过政策扶持和鼓励增加文化消费总量，提高文化消费水平；通过扶持商业模式创新，拓展大众文化消费市场，开发特色文化消费，扩大文化服务消费，提供个性化、分众化的文化产品和服务，培育新的文化消费增长点；提高基层文化消费水平，引导文化企业投资兴建更多适合群众需求的文化消费场所，鼓励出版适应群众购买能力的图书报刊，鼓励在商业演出和电影放映中安排一定数量的低价场次或门票，鼓励网络文化运营商开发更多低收费业务，有条件的地方要为困难群众和农民工文化消费提供适当补贴。积极发展文化旅游，促进非物质文化遗产保护传承与旅游相结合，提升旅游的文化内涵，发挥旅游对文化消费的促进作用等。

八、建设现代文化市场体系

建立健全现代文化市场体系，是我国文化体制深化改革的重要任务，也是文化产业政策的重要政策目标。建立健全现代文化市场体系，就是要以市场为中心，建立门类齐全的、多层次的文化产品市场和文化要素市场，市场在资源配置中起决定性的作用。

文化产品市场方面要不断完善文化市场准入和退出机制，鼓励各类市场主体公平竞争、优胜劣汰，继续推进国有经营性文化单位转企改制，加快公司制、股份制改造。对按规定转制的重要国有传媒企业探索实行特殊管理股制度。推动文化企业跨地区、跨行业、跨所有制兼并重组，提高文化产业规模化、集约化、专业化水平。重点推进全国统一的市场体系形成，注入扶持建设传输快捷、覆盖广泛的文化传播渠道，发展文化演出院线，推动主要城市的演出场所的连锁经营，支持全国文化票务网络建设，推进有线电视网络整合等，鼓励通过并购、重组等方式进行广电网络的区域整合和跨地区经营。

文化要素市场的政策目标包括完善文化金融、文化人才、文化产权等要素市场建设，打破条块分割、地区封锁、城乡分离的市场格局，促进文化资源在全国范围内流动。通过制定相关鼓励政策和规范性的法律法规，加强行业组织和中介机构建设，健全文化经纪代理、评估鉴定、投资、保险、担保、拍卖等中介服务机构，引导行业组织更好地履行协调、监督、服务、维权等职能。

九、发展新兴文化产业与业态

科技进步使新的文化产品和技术不断涌现，文化与科技融合促进新的文化业态形成，如何抓住科技进步的机遇来推动文化产业业态升级是当前推动文化产业发展的重要内容之一。文化产业政策一方面通过税收优惠、财政扶持、重大项目和平台建设等产业政策，重点扶持新兴文化产业和新兴文化业态的发展；另一方面，文化科技政策是文化产业政策的重要组成部分，文化科技政策的主要目标是促进文化科技创新，促进文化科技成果的转化和文化科技人才的养成。

十、鼓励文化"走出去"

扩大文化对外贸易，让文化"走出去"是一个非常复杂的工程。如今我国进口国外的文化产品，无论是图书还是电影，数量都非常多，而我国所能走出去的文化产品却很少。

根据国家版权局的数据,1995 年我国图书版权贸易金额逆差达到 2110.4 万美元,输入与输出种类逆差为 1319 种。随后,我国图书版权贸易逆差逐年增大,直到 2003 年达到最高值。这一年,我国进口用汇达 16 880.91 万美元,共引进图书版权 12 516 种,占当年图书版权贸易总数的 93.91%,我国出版物出口创汇 2469.34 万美元,输出图书版权 811 种,占总数的 6.09%,二者之比为 15.5∶1,贸易逆差达到 14 411.6 万美元。2004 年以后,在"中国图书对外推广计划"的引领下,贸易逆差有所降低,但中外图书竞争力悬殊的格局并未根本改变。韩国通过几年的时间就把韩国的电影、游戏推向海外,非常值得我们学习。美国常常通过政府行为促进美国文化的对外扩张。文化对外贸易政策就是要借鉴这些经验,结合我国实际,逐步改变文化送出去的被动现状和巨大的文化贸易逆差,实现文化"走出去"的战略目标。

文化对外贸易政策同时也是双向的,面临着外来的竞争。文化市场的开放问题一直是中美双方交锋的焦点。例如,在中美知识产权谈判中,美国谈判代表就曾经奉政府之命无比强硬地要求中国开放国内文化市场,接纳美国各类影视音像制品。因此,国际文化贸易中的对外政策还包括国际贸易相关协约和公约,以及国际文化贸易规则的合理运用,为本国文化产业"走出去"创造良好的国际竞争环境。美国一直试图通过国际性贸易组织,根据自己的形象来设计事件,如克林顿政府以来,美国一直利用世界贸易组织来输出美国价值观念。例如,美国运用 WTO,打破了加拿大的文化保护壁垒,在加拿大的期刊市场上,美国杂志的比例占到了 80%以上,加拿大为了保护期刊市场出台了一系列保护措施,美国认为加拿大方面采取的措施违反了 WTO 的有关条款,并且提出仲裁,最终美国胜诉。美国特别强势地利用 WTO 的规则为自己扫清道路,在 1993 年的乌拉圭回合谈判中,为了保证美国电影产品的出口,好莱坞发起了对欧洲配额制的攻击。在乌拉圭回合谈判中,美国政府出面把关贸总协定的范围扩大到服务领域,包括电影电视等娱乐服务。与美国政府的行为相呼应,美国学术界也提出了反保护主义的理论。美国还试图在多边投资协议中写进文化条款,但由于联合国的反对而没有达到目的。美国认为文化应该等同于普通商品一样,由市场竞争来决定,而大部分国家,特别是像法国与中国这样的国家,有着非常悠久的文化传统和民族自尊心,强烈地反对英语文化的侵入,所以联合国当时反对把文化条款写进多边投资协定,目的也是承认"文化例外"的原则。

案例/专栏 5-5

中国文化走出去的步伐

中国文化产品走出去,最初主要以传统的工艺美术品、文化用品为主,20 世纪 90 年代以后,随着外贸加工的发展,文化设备加工制造也成为文化出口的主要产品,如游戏机的生产主要集中在沿海城市。2000 年以后,文化服务贸易逐步增长,先是以影视播放权、图书版权、舞台表演出口为主。例如,2004 年,反映中国云南风貌的舞蹈剧《云南映象》

向全球巡演。2005 年,天创国际公司制作的中国武术剧《功夫传奇》,赴美国、加拿大巡演近 200 场。美国蓝马克娱乐集团与郑州歌舞剧院签约,以 800 万美元"买断"该剧院大型原创舞剧《风中少林》800 场。2012 年,在非洲热播的国产电视剧《媳妇的美好时代》,也极受非洲和东南亚观众喜欢。2013 年,电视剧《后宫甄嬛传》也在日本获得巨大成功,收视率和播出效果创下了中国电视剧走出去的多项纪录。2014 年,电影《白日焰火》在法国获得很高的评价。同年,纪录片《舌尖上的中国》在第 65 届戛纳电视节上一炮走红并行销全球。2015 年,中法合拍电影《狼图腾》在法国公映。2016 年,中国观众所喜爱的动画品牌《熊出没》发行覆盖美国、土耳其、俄罗斯等 50 多个国家及地区。游戏出口后来居上。2017 年,中国游戏出口额达到 82.08 亿美元,主要产品有《完美世界》《诛仙》《剑侠情缘》等。《2020 年中国游戏产业报告》显示:2020 年中国游戏产业年收入达到 2786.87 亿元,同比增幅高达 20.71%。总体而言,近 20 年来,我国对外文化贸易从传统的工艺美术品、文化用品、文化设备等文化生产制造领域,不断扩展到演艺、影视、动漫游戏等重点领域,特别是以互联网为支撑的新型文化业态,如阅文集团、喜马拉雅 FM、B 站等开展的网络文学、网络视音频、动漫游戏业务服务,成为文化服务贸易的新亮点。

资料来源:宫玉选. 中国文化产品走出去:特点与经验[J]. 旗帜,2021(5):82-83.

【思考】

中国文化走出去有什么特点和问题?如何进一步扩大中国文化的国际影响力?

本章小结

- 产业政策是一个政策体系,是政府为了达到产业管理的既定战略目标所采取的各种对产业的干预性措施的总和。产业政策包括很多方面,如产业结构政策、产业组织政策和产业布局政策等。
- 产业结构政策是指一国政府依据本国在一定时期内的具体情况,遵循产业结构演进的一般规律和一定时期内的变化趋势,制定并实施的有关产业部门之间资源配置方式、产业间及产业部门间比例关系,通过影响与推动产业结构的调整和优化,以促进产业结构向协调化和高度化方向发展的一系列政策措施的综合,它旨在促进本国产业结构优化,进而推动经济增长的政策体系。
- 产业组织是指同一产业内部各企业间在进行经济活动时所形成的相互联系及其组合形式。产业组织政策是政府为了达到一定的市场绩效目标和规范市场竞争行为,而制定的干预和调整企业间关系和市场行为的公共政策。
- 产业布局政策是指政府机构根据产业的经济技术特性、国情、国力状况和各类地区的综合条件,对若干重要产业的空间分布进行科学引导和合理调整的意图及其相关政策措施。
- 产业政策是围绕产业经济活动和产业市场而实施的有目的的调控手段,它主要包含以下四个方面的功能：① 弥补市场缺陷，有效配置资源；② 保护幼小民族产业的发展；③ 熨平经济震荡；④ 发挥后发优势，增强适应能力。
- 文化产业政策的构成具有上述一般产业政策构成的基本组成部分，也包括了结构政策、组织政策、布局政策，还需要配套制定相关就业、人才、土地、科技等方面的相关政策。由于文化产业具有意识形态的属性，因此在制定文化产业的产业政策体系中，还会涉及文化宣传和意识形态管理、文化遗产保护、教育、文化对外交流等方面的文化政策。这使文化产业政策在决策制定、作用机制等方面表现为复杂性、综合性的特点。
- 文化产业政策基本工具与措施包括降低准入门槛、加大政府财政投入、落实税收政策、加大金融支持等。
- 《文化产业振兴规划》规定了我国当前的文化产业政策工具的五项基本原则，我国目前的文化产业政策主要目标和任务体现在发展重点文化产业，深化文化供给侧结构改革，实施重大项目带动战略，培养骨干文化企业，加快文化产业园区和基地的布局与规划建设，扩大文化消费、建设现代文化市场体系、发展新兴文化产业与业态，鼓励文化"走出去"。

综合练习

一、本章基本概念

产业政策、产业结构政策、产业组织政策、产业布局政策、产业组织、垄断、过度竞争、市场失灵、骨干文化企业、文化消费、准入门槛。

二、本章基本思考题

1. 简述产业政策的基本构成。
2. 简述产业政策的基本功能。
3. 简述文化产业政策的构成，以及文化产业构成有哪些特殊性。
4. 文化产业政策有哪些基本工具与措施？
5. 我国文化产业政策的五项原则是什么？
6. 我国文化产业政策的主要内容有哪些？
7. 简述当前我国文化产业供给侧结构性改革的主要措施和内容。

第六章

文化产业投融资管理

 学习目标

通过对本章的学习,学生应了解或掌握如下内容:
1. 了解金融在文化产业发展中的重要作用;
2. 了解文化产业主要的融资渠道和模式;
3. 了解投资主体的基本类型,投资主体分类管理和投资客体分类管理的含义;
4. 了解投资基金的概念和投资基金管理体制;
5. 了解文化产业融资担保的基本概念和模式;
6. 理解文化产权的概念,了解文化产业产权交易的基本制度。

 导言

文化产业投融资是推动文化产业发展的重要动力。文化产业投资,泛指将资金投入文化产业领域企业的资本货物或基本设施,文化产业融资则是文化产业领域内的企业根据自身的生产经营状况、资金拥有状况,以及公司未来经营发展的需要,通过科学的预测和决策,采用一定的方式,从一定的渠道向公司的投资者和债权人去筹集资金,组织资金的供应,以保证公司正常生产需要、经营管理活动需要的理财行为。

第一节 文化产业投融资的作用和渠道

投融资对于文化产业发展至关重要。所谓投融资是指在资源配置过程中,投融资的决策方式(谁来投资)、投资筹措方式(资金来源)和投资使用方式(怎样投资)的总称,它是投融资活动的具体体现,包括投融资主体、投融资渠道、投融资方式以及投资效率等方面的问题。投融资最终是通过金融市场的作用,引导金融资本进入文化产业,促进金融资本与产业资本融合，实现文化产业的快速增长。

一、金融对文化产业发展的作用

金融意指融通资金，使资金融洽通达。从广义上说，政府、个人、组织等市场主体通过募集、配置和使用资金而产生的所有资本流动都可称为金融。因此，不仅是金融业者，有关政府的财政、企业的行为，以及个人的理财（如房贷）都是金融的一部分。金融可以看作资金的募集配置（筹融资）、投资两类主要经济行为。金融是现代经济的核心，是引导资源配置和产业结构调整的重要机制，金融对文化产业发展的作用主要体现为如下三个功能。

（一）促进资本形成

资本是推动经济增长的重要动力。文化产业的资本形成机制即通过现代金融工具和金融市场，促使储蓄转变为投资，满足文化产业的投资需求，扩大文化产业的投资水平。优化配置将有限的社会资本投入效率最高的地方，促进资本与土地、劳动力、技术和知识等生产要素更有效地结合，有效提高企业的生产能力与竞争力，推动产业发展，形成产业规模经济效应和范围经济效应。在精神经济时代来临的今天，在经济进入新常态，房地产和证券市场低迷的情况下，大量社会资本转向文化产业，文化资本形成正明显加速。

（二）优化产业结构，引导资源优化配置

资本追逐利益的本质，使得在完善的金融市场和投融资管理体制下，资本总是倾向于从低效率部门转移到高效率部门，并且带动劳动力和资源的转移，从而提高了社会资源的使用效率，促进资源的优化配置和产业结构的升级调整。所以，对于新兴产业和朝阳行业，政府通常会通过产业政策和金融政策，促进资本流入，以实现经济结构的调整。当前，文化产业已经成为新的增长点和新兴的支柱性产业，具有非常大的发展空间，通过金融的推动，可以有效地加快文化产业的发展。

金融对产业的选择除了基于投资成本和收益的效率外，还受到产业的关联性和带动性影响。某一产业的经济活动能够和其他部门形成相互联系、相互依赖的产业链条。一般而言，文化产业的产业关联效应越大，越能通过集群效应与乘数效应带动区域内相关产业的发展，对经济增长的促进作用越大，因而文化产业得以成为新兴产业、支柱性产业，以及金融资本的选择对象。2014年，平均每6天就会在行业内发生一起影视类产业并购案，1600亿元资本如猛虎下山般扑向文化产业。再加上阿里、百度、腾讯等互联网大佬进场搅局，让一向被视为"小圈子"的影视传媒业在资本的高烧下"痛并快乐着"。

（三）促进文化产业创新

金融具有风险转移和分散的功能。金融不仅能够转移资本，还能够转移风险，配置风险是金融市场内在调节机制的重要组成部分。由于不同经济主体有不同的风险偏好，风险

爱好者愿意通过承担较大的风险以获得较高的风险回报，而风险回避者则相反。现代金融通过金融市场的风险配置，实现资金的流动，使每个经济主体能够根据各自的风险偏好，进行收益与之匹配的投资选择，实现预期收益的最大化。

在文化产业领域，创意的研发与生产往往与高科技企业具有相同的性质，即具有高风险、高投资和高回报的特点。银行通常不愿意给风险较高、缺少资产抵押的创意性企业借贷，以至于风险积聚在文化创意企业一方。金融市场可以利用其风险投资机制，通过项目分散化和风险担保机制，将风险在不同投资者之间进行合理分配，有效地分散和转移风险，将资本投向具有较高风险的文化产业领域，这样减轻了高新技术企业原本单独承担的风险，促进了投资者对文化产业创新活动的投入。

二、文化产业的投融资渠道

在政策号召和资本市场发展的背景下，我国文化企业的投融资渠道逐步拓展，可以分为政策性融资、债权融资和股权融资三种方式，本章将详细介绍其中几种典型的投融资途径。

（一）政策性融资

政策性融资包含政策性贷款、政策性担保、专项扶持基金、无偿补助、政策性投资、财政贴息等方式。政策性融资用以弥补亟待发展产业的资金问题或解决不发达地区投资不足的问题。

文化产业的政策性融资是政府为了发展文化产业而为满足条件的从业企业提供的政策性资金支持的融资行为。例如，2010年中央财政设立了"文化产业发展专项资金"，出台了管理办法，规定专项资金由中央财政安排，专项用于提高文化产业整体实力，促进经济发展方式转变和结构战略性调整，推动文化产业跨越式发展，并通过文化部采取的项目补助、补充资本金、出口奖励、贷款贴息、保费补贴等形式，对优质文化企业、文化产业项目进行扶持资助。

从宏观上看，政府财政资金的投入对社会资源的流向和流速具有引导作用，政府对文化产业的投入鼓励了社会资本投资文化领域的热情，使有限的财政资源产生乘数效应和示范作用，促进了文化产业投融资渠道和投资主体的多元化。对于文化企业而言，政策性融资成本低、风险小，但不足之处在于它的适用面窄，金额有限，同时手续较为烦琐。

（二）债权融资

债权融资是指企业通过借钱的方式进行融资。债权融资按渠道的不同主要分为三类，即银行贷款、发行债券和民间借款。发行企业债券在我国是被严格控制的，不但对发行主体有很高的条件要求，并且需要经过严格的审批，目前只有少数大型国有企业发行了企业债券。民间借款在我国现行的法律体系内是不受法律保护的融资行为，甚至有可能被认定为"非法集资"而受到法律的惩罚，但现实中很多中小民营企业通过诸如私人钱庄、合作基金等民间的非法、准非法的灰色金融机构进行的贷款活动却异常活跃，这反映了民营企业对债权融资的巨大需求,但民间融资的不规范性决定了它无法成为债权融资的主流形式。

债权融资不涉及股权,也不涉及管理权,企业可保持原有的运作模式。但无论项目运作结果如何,企业都必须承担还本付息的责任。下面主要介绍两种方式。

1. 银行贷款

银行信贷是一种常见的投融资方式。通常银行提供的是抵押贷款,但是由于文化企业贷款规模普遍偏小,并且缺乏有形的抵押担保物,通常文化企业会采取版权质押贷款的方式,如电影《十月围城》《集结号》《画皮》等的融资都采取了这种方式。但是此类贷款一般看重的是电影导演的口碑名气以及市场号召力,没有名导演和市场号召力,电影版权未来的票房收益是很难保障的,因为版权质押贷款首先要解决版权价值的评估和产品市场前景评价的问题,在我国尚未形成版权价值的评估标准和标准化的贷款流程,这对于大范围发展文化产业版权抵押贷款是个障碍。

另一种是采取担保贷款的方式,企业通过第三方提供担保而获得银行贷款,第三方可以是专业担保公司,也可以是政府提供的文化产业担保资金,当企业无力偿还贷款时,担保方将承担代还款责任,于是补偿了银行可能面临的信用风险。

近年来,中央和地方众多文化和旅游产业金融政策鼓励根据文旅产业特点创新质押融资产品。《国务院办公厅关于进一步激发文化和旅游消费潜力的意见》提出鼓励探索开展旅游景区经营权、门票收入权质押以及旅游企业建设用地使用权抵押、林权抵押等贷款业务。北京、广东、重庆、四川等地的文化和旅游产业金融政策提出积极拓展贷款抵(质)押物的范围,鼓励开发知识产权融资、应收账款融资、供应链融资、订单融资等质押融资产品。甘肃探索运用银团贷款、联合授信、供应链金融等多种形式综合发力,力图满足文旅产业的融资需求。

2. 债券融资

文化产业债券融资是指文化企业通过发行债券的方式进行融资,企业要承担所融资金的利息,另外在借款到期后向债权人偿还本金。例如,2007 年中国电影集团公司发行 5 亿元企业债券,由中国建设银行提供全额无条件不可撤销担保,并获大公国际资信评估有限公司 3A 评级,成为国内首家获准发行企业债券的文化企业。但是我国企业发行债券采取的是核准制度,企业债券这种融资方式受到了很大程度的限制。随着我国文化产业的快速发展,债券融资成为企业资金来源的主要渠道。陕西提出支持文化产业领域专项债券发行,重庆、广西等地区提出支持文旅企业发行企业债、公司债、短期融资券、非金融企业债务融资工具等方式扩大融资。在 2018 年第十四届中国(深圳)文化产业博览交易会上,由文化和旅游部文化产业司、国家发改委社会发展司联合主办,深圳文化产权交易所、中央国债登记结算有限责任公司共同承办发行了文化产业专项债券 96 亿元,其中包括西安曲江文化控股有限公司、无锡市文化旅游发展集团有限公司等文化企业的重点项目的债券融资。

文化产业债券融资可采取的方式是通过银行间市场的公募、私募债券、票据融资等多种方式。例如,2012 年 8 月由北京银行主承销,发行了江苏省首只文化创意中小企业集合票据。该集合票据由北京银行南京分行发起,共为扬州工艺美术集团有限公司和大贺投资控股集团有限公司两家文化中小企业募集资金 1.5 亿元,期限 3 年。这只文化创意中小企业集合票据采取"统一设计、统一冠名、统一增信、分别负债、统一注册"的发行模式,为江苏省的优质高成长性文化中小企业开辟了直接融资通道。该业务具有进入门槛低、注册期限长、发行利率低等鲜明特点,可以改善企业负债结构,降低财务成本,拓宽融资渠道,灵活使用募集资金,提升企业形象,规范内部管理。

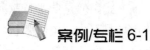

案例/专栏 6-1

私募债券——中小文化企业的福音

私募债券是指向特定的投资者发行的债券。私募债券因其信用风险相对较小、收益优势明显而受到机构投资者的追捧。作为内地债券市场的全新尝试,中小企业私募债券的推出,有望缓解中小文化企业融资难、融资贵的问题。

2012 年,沪深交易所双双发布了《中小企业私募债券业务试点办法》,5 月 23 日,证券业协会发布《证券公司开展中小企业私募债券承销业务试点办法》,对 5 月 22 日交易所公布的《试点办法》进行补充和细化。《试点办法》明确中小企业私募债券为未上市中小微型企业以非公开方式发行的公司债券,要求发行利率不得超过同期银行贷款基准利率的 3 倍,并且期限在一年(含)以上。中小企业私募债券采取备案制发行,交易所在接受备案材料的 10 个工作日内完成备案,并在深交所综合协议交易平台为私募债券提供转让服务,这也大大简化了发行流程。

2012 年 6 月 18 日,在深交所挂牌的首批 9 只私募债券中的浙江南浔古镇旅游发展有限公司 2012 年中小企业私募债券,债券代码 118005,证券简称 12 浔旅债,发行总额 5000 万元、票面利率 8.9%,债券期限 3 年,附第二年发行人上调票面利率选择权和投资者回购选择权。另外,在上交所迄今备案的 18 家企业中,新丽传媒股份有限公司也在其中。该企业 2012 年私募债券发行规模为 1 亿元,每张私募债券票面金额为 100 元。承销商为中信建投,申购利率调减至 7%～7.2%。

相关专家表示,私募债券信息披露有待进一步加强,包括公司或个人的资产负债情况。文化企业在发行私募债券过程中,需要从自身行业、资产结构、资本结构、财务风险控制角度做一些自我评估。这几点很重要,是否能够支付私募债券的成本,需要企业做好自我评估。

资料来源:私募债券成中小文化企业融资新路[N]. 北京商报,2012-07-13.

【思考】
1. 私募债券对文化企业有什么好处?
2. 文化企业要具备什么条件才能私募债券?

(三)股权融资

所谓股权融资,是指企业的股东愿意让出部分企业所有权,通过企业增资的方式引进新的股东的融资方式。股权融资所获得的资金,企业无须还本付息,但新股东将与老股东同样分享企业的赢利与增长。股权融资的特点决定了其用途的广泛性,既可以充实企业的营运资金,也可以用于企业的投资活动。股权融资具有长期性(无到期日,不需归还)、不可逆性(不可赎回,投资人欲收回本金,只能通过股权转让)、无负担性(没有固定的股利负担,股利的支付与否和支付多少视公司的经营需要而定)。

股权融资按融资的渠道来划分,主要有公开市场发售和私募股权投资,此外还有天使投资、风险投资等。

1. 公开市场发售

公开市场发售就是通常所说的企业上市,其中最重要的是首次上市募集资金。首次上市募集资金(initial public offerings,IPO)是指一家股份有限公司第一次将它的股份向社会公众以公开招股的发行方式募集资金。通常,上市公司的股份是根据相应证券会出具的招股书或登记声明中约定的条款通过证券经纪商或做市商进行销售。一般来说,一旦首次公开上市完成,这家公司就可以申请到证券交易所或报价系统挂牌交易。

一方面,文化企业上市融资可以帮助文化企业获得较大规模的社会公众投资,以实现企业快速发展。但是另一方面,上市公司也要接受严格的市场监督和信息披露机制。我国政府 2009 年以来陆续出台相关政策鼓励和支持符合条件的文化企业上市融资。例如,2014 年文化部、中国人民银行、财政部发布《关于深入推进文化金融合作的意见》明确提出通过公司制改建实现投资主体多元化的文化企业,符合条件的可申请上市,鼓励文化企业进入中小企业板、创业板融资。自华谊兄弟传媒股份有限公司 2009 年 10 月底在创业板成功上市,先后有华策影视、光线传媒、新文化等多家传媒娱乐类公司在 A 股创业板上市。湖北、陕西等地提出建立文旅企业上市"绿色通道"。湖北提出建立文化企业上市"绿色通道",奖励文化企业上市融资,支持上市文化企业用好资本市场再融资。陕西提出支持文化企业在主板、中小板、创业板上市融资、再融资和开展并购重组,为文化企业上市提供"绿色通道"。

财富的羊群效应使得文化影视类公司纷纷被各路私募股权投资(PE)、风险投资(VC)追逐,不少传媒公司背后都潜伏着资本大鳄。但是,因为主营业务的业绩稳定性不高、盈利模式单一、财务核算不规范和团队流动性强等因素,中国文化产业企业的 IPO 之路仍然不容乐观。一些雄心勃勃的企业因为没有实现"对赌"协议规定的目标,没能完成最后那惊险的一跳,甚至陷入万劫不复的深渊。

2. 私募股权投资

私募股权投资(private equity,PE)是指通过私募基金对非上市公司进行的权益性投资。PE 投资者寻找优秀的高成长性的未上市公司,注资其中,获得其一定比例的股份,推动公司发展、上市，此后通过转让股权获利。在交易实施过程中，PE会附带考虑将来的退出机制，即通过公司首次公开发行股票、兼并与收购或管理层回购股权等方式将所持有的股权出售，从而获利退出。

在资金募集上，主要通过非公开方式面向少数机构投资者或个人募集，它的销售和赎回都是基金管理人通过私下与投资者协商进行的。另外，在投资方式上也是以私募形式进行，极少涉及公开市场的操作，一般无须披露交易细节。例如，在影视产业，2010年9月由中国建设银行与国家有关部门共同倡导发起设立文化产业投资基金——中国影视出版产业投资基金，存续期限为7年，基金通过对文化行业非上市企业进行直接股权投资及从事其他法律、法规许可的投资活动。该基金原则上不直接进行项目投资，即直接投资于电影本身，按照该基金的募集说明书，主要募集对象为机构投资者，投资门槛为500万元，基金采取浮动收益，预期年收益率为20%。

我国目前文化产业的风险投资和私募股权投资发展迅速，据统计，2010年和2011年，中国分别新成立了14只和18只专门的文化产业基金，其中有巨无霸如规模为40亿元的中国文化产业基金和规模为50亿元的广东文化产业投资基金。据有关数据显示，到2017年，我国文化产业私募股权融资市场相当活跃，涉及行业达52类，融资案例数量达991起，融资规模已超过1000亿元。

3．天使投资

天使投资（angel capital）最早就出现在文化产业中。20世纪早期，因为百老汇音乐剧的创作投资额庞大，但是在高额的投资背后，五部新剧也仅有一部能够盈利。天使投资被用来形容那些赞助百老汇高风险创作的富裕投资人，后来才被引申用于其他投资领域，泛指"高风险高收益"的早期风险投资。

天使投资是权益资本投资的一种直接投资方式，它由富有的家庭和个人直接向企业进行权益投资，是创业企业最初形成阶段（种子期）的主要融资方式。天使投资虽是非组织化的创业投资形式，其资金来源大多是民间资本，而非专业的风险投资商。天使投资的门槛较低，有时即便是一个创业构思，只要有发展潜力，就能获得资金。几十年来，天使投资在美国音乐剧产业中发挥了重要作用。一方面，音乐剧制作投资额不仅庞大，而且还在不断增长，如20世纪70年代，百老汇音乐剧的投资额在几十万美元数量级，到80年代已上升到百万美元级，90年代则达到了千万美元级。而2011年百老汇新剧《蜘蛛侠》投资额达到6500万美元，堪称史上最昂贵的音乐剧。但另一方面，高额投资的背后，更残酷的事实是，即使在百老汇，每五部新剧也仅有一部能够盈利。然而，这一部戏的成功足以覆盖其他投资的失败，如《歌剧魅影》连演25年，全球票房超过32亿美元，超越《阿凡达》成为当之无愧的票房冠军；音乐剧《猫》连续上演21年，全球票房20亿美元；《妈妈咪呀》上演13年，全球票房已达20亿美元。

4．风险投资

风险投资（venture capital investment，VC）是指具备资金实力的投资家对具有专门技术并具备良好市场发展前景，但缺乏启动资金的创业家进行资助，并承担创业阶段投资失败的风险的投资。投资家投入的资金换得企业的部分股份，并以日后获得红利或出售该股权获取投资回报为目的。

与天使投资比较，风险投资通常是正式的组织机构，对投资对象有严格的审查程序，并有专业的投资管理人才进行管理。

目前，美国的文化产业风险投资已经形成了一个由风险资本家、风险投资家、各种中介机构组成的高效运作的市场，文化企业也具有较强的市场意识，善于通过资本市场为自己的新产品、新技术寻找资金的支持，同时也通过投资人的职业眼光检验自己的创新设想，保证创新企业能够比较健康、快速地发展。同时，政府不再参与具体的运作，只是通过制定法律和政策调控资本市场的发展，规范市场行为。具体而言，美国和英国风险投资介入文化产业的方式存在明显不同。美国主要采用"赤字模式"，即在新产品开发中，风险投资者和制作者分担投资风险，投资者可以获得该产品的使用权，而制作者因承担部分市场风险而享有产品的二级和三级销售权。英国则是"成本附加模式"，即投资者委托制作者制作产品并支付全部费用，并预付利润（10%）作为回报，投资者不仅可以获得初级权利（如节目首播权），还可以获得大部分二级权利（如多次播放、影碟发行权等）。韩国采取的则是国家资本与私人资本相结合的风险投资运作模式。就文化产业而言，韩国文化产业的投融资体制从"文化产业专门投资组合"开始，这是以动员社会资本为主，共同投融资的运作方式。韩国文化产业振兴院在2000—2001年两年间，成功运作"投资组合"17项，融资2073亿韩元，其中政府350亿，民间1723亿，并计划以后每年通过"投资组合"至少融资1000亿韩元。

第二节　文化产业投融资管理体制

政府对文化产业投融资管理的内容包括对投资主体、投资客体和投资市场的管理三个方面。首先，文化产业投资主体的确立是文化产业投资管理的核心问题，与之相关的包括市场的准入政策、政府对不同投资主体的政策等。其次，投资主体的决策层次与结构和投资主体的运行方式，包括投资的激励机制和约束机制，以及投资主体在投资领域中与其他相关经济实体之间的关系，这些基本要素相互影响构成了文化产业的投资机制。再次，投资客体是投资的对象，也就是各种文化产品和服务。按照文化产品和服务的属性，将其划分为公益性文化产品和经营性文化产品，并实行不同的管理办法。最后，投资市场，从广义上讲就是资本市场，是为了文化产业资金需求而进行资金融通的市场。对于文化产业投资市场的管理，包括投资市场的监管、投资基金的管理等各种间接融资和直接融资的监管和政策。

一、文化产业投资主体的分类

一般来说，投资主体应该具备以下几项基本条件。首先，在经济事务和其发展过程中具有相对独立的投资决策权。其次，能对投资盈亏的后果负全部责任，同时投资者对投资所形成的各类资产拥有所有权和支配权。最后，必须具有足够的资金来源，包括投资决策者以各种形式筹集所得的资金。

文化产业投资主体有多种分类，但其中最常用的分类是按投资者的本身特性来分类，它包括以下四类：① 个人，包括其家庭；② 金融机构，主要有商业银行、证券公司、保险公司和各种基金组织等；③ 企业，它广泛地包括各种以盈利为目的而投资的工商企业；④ 政府，包括中央政府部门和地方政府。

（一）对个人和家庭文化产业投资主体的管理

个人和家庭投资者可以将其所拥有的各项资产和筹集的资金用于文化产业的投资。个人可以向商业银行、证券公司和保险公司等机构贷款。个人和家庭投资者也可以投资于资本市场，通过文化基金或者投资于各种文化公司的有价证券的方式进行文化产业的投资。

个体投资者开办实业，受到相关法律法规的规范和制约，主要包括公司法的规定、文化产业投资准入性规定、不同类型文化企业注册资金要求和资质要求等。例如，个人开办电影制作公司和电影发行公司通常有一定的注册资金规模的要求。

2014年3月底，阿里巴巴集团"娱乐宝"横空出世，几天之后包括《小时代4》《狼图腾》等在内的首期四个投资项目便全部售罄。22.38万网友通过娱乐宝平台参与投资，共计78.5万份，总金额7300万元。继"娱乐宝"之后，百度也上线了名为"众筹频道"的众筹平台，甚至连更加"外行"的金融集团、投资机构等也来"凑热闹"。这些众筹拍电影的方式都有一个共同的"卖点"，那就是"普通人也可以当电影投资人"。众筹作为个人投资文化产业的一个新的途径，正在越来越受到大家的关注。

（二）金融机构投资者管理

对金融机构投资者的管理是投资主体管理的主要内容，包括对金融机构、各类天使基金、风险投资基金和私募股权投资基金等的管理。

1. 对金融机构的法律法规调控

金融机构有三类：① 各类银行和保险公司等；② 各类投资中介机构，如证券公司、信托公司、投资公司等；③ 各类基金会组织。

金融机构投资主体的特点是能够充分吸纳社会闲散资金形成巨大的资金实力，并且投资的专业化水平很高，投资信息掌握及时，手段丰富多样，所以金融机构的投资行为对文化产业的影响较大。因此，金融机构必须按照国家相关的金融法律与金融政策规范市场操作。相关法律法规对金融机构的设立、业务范围、业务操作规范、金融市场的各项交易规则、金融权益的分派办法、人员任职资格和职业规范、信息披露准则,以及境外金融机构的投资管理等做出了详细的规定。

2. 文化产业投资基金

文化产业投资基金是一种借鉴西方发达市场经济规范的"创业投资基金"运作形式,通过发行基金受益券募集资金,交由专业人士组成的投资管理机构操作,基金资产分散投资于不同的实业项目,投资收益按资分成的投融资方式。它具有以下几个特点:① 作为投资基金的一个种类,它具有"集合投资、专家管理、分散风险、运作规范"的特点;② 文化产业投资基金一般定位于新兴的文化产业项目、文化产业的基础建设,促进产业升级与结构高度化,以高风险实现高收益;③ 文化产业投资基金一般以实业投资为主,但也做一定比例的证券投资,以保持基金资产的流动性;④ 文化产业基金有别于政府的专项基金,其投资方向一般是跨行业、综合性的,以符合组合投资原则并避免蜕化为某个行业的行政附属物。目前,北京、河南、陕西、江苏等省市都先后组建了政府主导的文化产业投资基金。据不完全统计,到 2015 年,我国文化产业投资基金共有 111 只,总规模超过 1330 亿元,其中规模最大的是 2011 年成立的"中国文化产业投资基金",由财政部、中银国际控股有限公司、中国国际电视总公司及深圳国际文化产业博览交易会有限公司等联合发起,总规模 200 亿元,首期募集 41 亿元。

近年来,《关于促进文化和科技深度融合的指导意见》提出鼓励文化科技企业、金融机构和社会资本共同出资,依法依规设立文化和科技融合产业投资类基金。广东、陕西、江西等地提出发展文化产业投资基金。陕西引导设立文化产业私募股权投资基金、创业投资基金等。广东支持设立并规范发展各类文化产业投资基金。江西从省级公共文化专项资金中协调一部分资金投入文化产业发展投资基金。

(三)对工商企业和非营利部门投资者的管理

企业投资者包括各种不同类型的企业,从资本性质来看有国有资本对文化企业投资、民营资本对文化企业投资和外商对文化企业投资。一般来说,对于各国的经济体制和文化政策上的差异,也形成不同的投资管理模式。

美国、加拿大等国家采用完全市场化的方式提供文化产品和服务,政府不直接参与文化产业投资活动,政府的投资活动主要用于公共文化事业。文化产业的投资主体呈现多样性,来自于各大公司、基金会和个人捐助的数额远远高于各级政府的资助。政府对于文化产业的投资管理,主要通过各项经济政策和完善的法律法规体系来监控和引导。

例如,美国三分之二的非营利文化机构是通过国家对企业和个人向文化机构捐赠减免税法律而获得资助的。1917 年,美国联邦税法就明文规定对非营利文化团体和机构、公共电视台、广播电台免征所得税,并减免资助者的税额。对以非营利、促进文化、教育、科学、宗教、慈善事业为目的的团体免征赋税,个人和企业对上述非营利团体的捐赠可享受减免税收的优惠政策。再如,在美国,各监管机构都是依法监管。日常监管是一项十分规范的工作,主要依据有关法律法规所确定的各自职责,按照有关法规、规范、标准的要求进行检查,并定期提交检查报告。①

英国、法国等国家,对于文化产业的投资,鼓励私人和非营利部门进行文化产业的投资,同时政府通过财政补贴和投资对文化产业给予大力扶持。英国和法国政府都成立了专门的文化管理部门。在投资管理方面,法国政府的主要做法如下:① 设立文化工业信贷,将文化工业特别是本国电影产业等列为重要的工业部类,除增加政府贷款和拨款资助外,还运用文化产业信贷方式,鼓励银行和财政机构投资;② 建立文化合同制,除对地方重点文物机构给予经常性的财力支援外,还通过协议(合同)形式,对地方重要文化建设项目予以投资;③ 提供固定的经济补贴,对一些国家文化机构、团体以及与国家有合同关系的文化团体,每年给予固定补贴,金额逐年增长,同时设立文化部专项预算,如"资助剧作家项目"等,来促进文化艺术发展;④ 成立专门的基金会,对属于重要的文化遗产又在文化市场中难以生存的文化团体,成立相应的专门基金会来挽救和扶持。

二、投资决策层次和结构

(一)投资权和投资准入

投资决策层次和结构涉及投资准入和投资决策权限分配的问题,即在投资主体对文化产业投资的具体范围和有关的市场准入条件的规定基础上,进一步对微观的组织投资决策层次和结构加以规范,这也是在确定投资主体合法资格的基础上,对投资主体组成结构和决策权限的分配。

投资准入决定了投资主体的资格,投资决策权力分配决定了投资决策的结构和层次。在市场经济中,投资主体应当独立地做出投资决策,并能随时调整投资方向,有独立的筹集资金权力。文化产业的投资主体是各类自负盈亏的社会经济组织,包括企业、个人和社会机构。企业组织作为其中重要的投资主体,原则上是按照"谁投资、谁决策、谁受益、谁承担风险"进行决策权的分配。

在宏观上,政府只是进行产业的准入管理和金融市场投融资的制度与政策管理。例如,在产业准入方面,鼓励社会资本进入经营性的文化产品,但对电视台、出版社等关系到意识形态方面的领域仍然转化为事业性质,对私人资本有限制。

在微观上,确立企业的投资主体地位,体现了投资者与决策者的内在一致性,体现了投资与收益直接挂钩、收益与风险直接挂钩,使企业真正成为决策、收益和风险承担的主体。例如,股份制企业应当按照公司法关于所有权和经营权分离的原则,公司投资决策结构通过股东大会、董事会、监事会和经营层之间的权力分配,来实现投资决策权的配置。明确投资决策主体权限的同时,用投资决策的风险责任代替政府的行政责任,使投资决策真正受到风险责任的约束。风险也主要由微观主体来承担。

---

① 余晓泓. 美国文化产业投融资机制及启示[J]. 改革与战略,2008,24(12):153-155.

（二）投资主体多元化

文化产业的投融资管理体制的目标是鼓励社会资本进入文化产业，形成多元化的投资主体的格局，以促进文化产业的资本形成和积累。投资主体多元化包含以下三个方面的含义。

（1）投资资金来源类型的多元化，逐步形成以政府、企业、民间、境外资金多种投资形式。不同性质的资金来源在产业发展中发挥不同的作用，政府资金发挥着导向性作用，民间资本发挥社会资本流动、优化资源配置和资本效率提升的作用，境外资金具有影响国际间资本流动的作用。

（2）金融证券资本、工业资本、社会资本、风险资本相结合的多元化的投资主体，促进金融资本与产业资本的融合和加快资本积累和转化，风险资本投资可以促进产业创新，分散产业投资风险。

（3）以产业链联合投资的形式，形成多渠道、多层次的文化产业共同投资和风险分担的机制。例如，在日本，80%以上的影视作品由电视台、广告公司、出版社及玩具厂商、唱片公司、游戏软件厂商、商社等共同出资，组成作品制作委员会来进行投资。这种投资方式在借助各投资主体经验的同时，有效地延伸了文化产业链并分散了投资风险，参与到产业链中的投资者的积极性也有所增加。

三、文化产业投资对象的分类管理

不同类型的文化产品具有不同的产品属性，不同的产品应该由不同的部门提供。社会产品在使用的过程中给人们带来利益，但是不同性质的产品受益范围是不同的。根据这种差别，可以把文化产品分成三个类别。

（一）公益性文化产品

公益性文化产品又称作公共文化产品，是公众共同受益的文化产品和服务，这类文化产品和服务在消费过程中具有非竞争性和非排斥性。非竞争性（non rival）是指在消费过程中一些人对某一产品的消费不会影响另一些人对这一产品的消费，受益者之间不存在利益冲突。换言之，在某种产品的数量给定的条件下，增加消费者的边际成本为零。非排斥性（non excluding）是指产品在消费过程中所产生的利益，不为某个人或某些人所专有，要将一些人排斥在消费过程之外是不可能的，或者成本过高。公益性文化产品通常投资成本高，难以通过收费来弥补投资，或者关系到社会大众普遍的、基本的文化权益保障，如文化公共基础设施、国家博物馆和图书馆设施、公众的文化艺术教育普及等。

在文化领域，一些关系到国家意识形态和民族文化传承的文化产品和服务，也被纳入公益性文化产品范畴，如历史文化古镇、非物质文化遗产等文化遗产的保护与利用，以及高雅艺术、先锋艺术和优秀文艺作品的创作与传播等。公益性文化产品需要由政府提供扶持。

（二）营利性文化产品

营利性文化产品是与公共文化产品相对立的概念，是指在消费过程中具有竞争性和排斥性的产品。竞争性是指增加一个人或一些人消费这一产品时，会影响其他消费者从这一产品中得到的利益。排斥性就是要使某些人无法消费这一产品是可以做到的，即在某个人消费这些产品时，可以将这些消费品据为己有，不让其他人消费。营利性文化产品可以通过市场的定价对消费者购买加以区分，并通过一定的收费模式获利，以弥补投资成本。因此，营利性文化产品可以通过市场提供。

（三）准公共性产品或混合产品

混合产品（mixed goods）是兼有公共文化产品和营利性文化产品的某些性质的产品。可以分为两种情况：一是具有非竞争性和排斥性的产品，即增加消费者不会影响其他消费者的利益，但要排斥某些消费者消费这一产品是可行的；二是具有外部效益的产品，有些产品兼有内部效益和外部效益。就内部效益而言，它具有非竞争性和非排斥性，具有公共产品的性质，但就外部效益而言，它又具有竞争性和排斥性，具有私人产品的性质，如大型文化节庆活动、高雅艺术表演等。

我国对于上述三类不同的文化产品和服务，采取了分类管理体制，也就形成了文化投融资的分类管理的体系。对于文化的分类管理主要是区分文化产业和文化事业的不同属性，建立文化分类管理体制。文化事业通常是由政府财政支持的事业单位进行的，这些事业单位包括文化馆、博物馆、公共图书馆、教育、体育、卫生防疫和医疗保障、国有院团和剧场、广播电台、电视台、报社、杂志社等。随着文化事业体制改革开放的深入，事业单位作为独立核算单位，具有独立主体地位，事业单位独立法人地位基本形成，其基本特性是由政府主办并主管；经费一部分依靠财政拨款，也可由社会和企业多元赞助和投入以弥补事业经费不足。

在西方国家，文化领域的投资来源有三类：① 市场的私人投资；② 政府的公共投资；③ 第三部门，即非营利组织或者叫作非政府部门的投资。市场的私人投资，是针对那些私营性的文化产品和服务；政府的公共投资主要针对关系到国家安全和公众福利的文化领域，如文博、公共图书馆的纯公共物品；非营利组织对文化产业投资是指对于准公共性的文化产品和服务，非营利组织是指那些不以营利为主要目的，而是旨在通过努力，完成某项事业或使命的组织。在我国，非营利组织叫作非政府部门，有别于依靠财政扶持和享有国家事业人员编制的文化事业单位，也是文化产品和服务投资的主体之一。

四、文化产业投资管理的调控体系

投资主体的多元化是市场经济的本质特征。对于投资的管理主要是通过完善的法律和法规体系，以及政府的各项经济政策来调控。在以市场为主导、投资主体多元化的环境下，政府并不直接对投资进行干预，而是通过完善的市场法律与法规，以及各项财政、税收和金融政策进行调控。

（一）法律法规调控

对于投资主体的行为主要是通过各项法律法规进行规范，法律法规对文化产业投资的调控主要有两个方面的作用。

（1）法律法规规定了企业投资决策的权力机构、组织形式和投资决策程序等。例如，公司法对公司董事会、监事会和股东大会之间权力分配的决定；再如，国有资产投资管理体制在组织、人事、投资决策等方面的各种相关规定，一般这些法律具有普遍性。

（2）关于各个行业的相关法律、法规，这类法律法规主要是确定行业投资主体的地位、行业的准入机制、投资主体的资金需求，以及出于行业保护和意识形态控制等需求而制定的投资限制条款等。例如，对于外商投资图书、报纸、期刊分销企业管理的办法中规定外商投资的这类批发企业注册资金不少于3000万元，经营期限不超过30年；再如，投资主体的多元化使得投资方向和目标包括产品市场和金融市场，由此造成投融资渠道的多元化。金融市场成为重要的融资渠道，各类金融机构是文化产业投资主体之一，相应地就需要建立起金融市场的投资管理法律法规体系，如文化产业投资基金管理、文化产业基金会的相关法律法规。

（二）政府财政与税收政策调控

除了法律法规对市场投资主体的投资活动进行调控之外，政府主要是通过各项经济政策来实行调控。这些政策包括财政政策、税收政策、产业政策、区域经济发展政策，以及政府各行业监管部门对行业投资进入的许可和审批制度等。

1. 财政和税收政策

财政和税收政策是政府调节经济的主要杠杆。财政政策通过政府对文化公共产品的投入和准公共产品的购买，可以有效地扩大文化产品和服务的需求，还可以为文化产业的发展提供良好的基础和环境。美国政府对文化产业投资很大，联邦政府主要通过国家艺术基金会、国家人文基金会和博物馆学会对文化艺术业给予资助，州和市镇政府以及联邦政府某些部门在文化方面也提供资助。

税收政策可以有效地引导企业对文化产业的投资，以及吸引跨区域性的文化产业投资。通过对新兴的文化产业如网络游戏等信息内容产业的税收政策的鼓励，可以极大地促进企业对这一领域的投资。同时，政府对于非营利部门的税收优惠政策，也可以降低非营利部门的负担，促进非营利部门对公共文化产品和混合性文化产品的投资。

2. 产业政策

产业政策往往与税收和财政政策相关联，它是根据政府对文化产业发展的战略需要而针对重点发展行业制定的扶持性政策。

例如，韩国政府充分认识到立法和政府的组织管理机制在文化产业发展中的重要作用，于1999年首次制定了有关文化产业的综合性法规《文化产业振兴基本法》，明确文化产业的定义，提出振兴文化产业的基本方针政策。为适应数字化信息时代文化产业发展的需要，近两年陆续对《影像振兴基本法》《著作权法》《电影振兴法》《演出法》《广播法》《唱片录像带暨游戏制品法》等做了部分或全面修订，被废止或修改的内容达70%左右。

产业政策除上述各项法规性文件外，还包括文化产业的发展纲要性文件、文化产业投资的指南和目录等，这些政策、文件和法规等，表明了政府对产业投资的总体规划方向和引导策略，对文化产业投资具有指导作用。

2009年9月，我国在《文化产业振兴规划》出台之后，又出台了一系列支持文化产业发展的后续性政策，其着力点主要在于：① 顺应文化产业国际化的发展趋势，致力于推动中国文化产品走出去；② 推动文化创意和设计服务与相关产业深度融合，不断融合成新的产业形态，如文化产业、通信业和信息服务业快速融合成体量巨大的信息服务业；③ 顺应我国电影产业爆发式增长的发展趋势，推动电影产业提档升级；④ 推动文化与金融融合的发展；⑤ 推动我国文化产业相似区域的区域协同发展；⑥ 推动文化产业的特色化发展，支持各地以文化资源特色为基础，实现差异化发展。

3. 区域经济发展政策

各个地区的文化产业的资源不同，经济条件不同，所以地区文化产业发展不平衡，投资需求也不相同。地区文化产业发展重点常常通过政府对地区性重大文化产业项目、文化产业园区投资，并且与地方性的税收和财政政策相结合，来促进和引导文化产业的投资。例如，我国北京、上海、广州等地都出台了文化产业的五年发展规划，对文化产业的投资给出了明确的项目和产业指导。再如，在美国各个州和英国各地区，也由地方政府针对本地文化产业投资与发展状况给出详细的分类统计与政策指南。

第三节 文化产业投资基金管理

文化产业投资基金借鉴了私募型基金和风险投资基金的运作模式，是对未上市文化企业进行的股权投资。设立文化产业投资基金的目的在于解决文化产业的融资问题，促进产业健康持续发展。

一、文化产业投资基金的类型

（一）按投资范围分类

文化产业投资基金可分为综合性投资基金和细分领域投资基金。综合性投资基金一般筹资规模较大，可选择的投资范围较广，多着眼于地域内的文化创意企业，青睐于选择各细分行业的龙头企业；细分领域投资基金一般筹资规模较小，基金在成立时就限定了投资的行业范围，目前细分领域投资基金多集中于影视、艺术品、旅游等领域。

（二）按组织方式分类

文化产业投资基金还可按组织方式分为公司制基金、契约制基金和有限合伙制基金，如山东省文化产业投资基金属于公司制基金，华人文化产业投资基金属于有限合伙制基金。

1. 公司制基金

公司制基金是指按照《公司法》设立，进行集合投资的具有独立法人资格的经济组织。投资者在购买公司股份后成为公司股东，按其出资额享有《公司法》所规定的各项权利，包括参与管理权、决策权、收益分配权以及剩余资产分配权等，公司按照决策权、执行权、监督权相互分离和制衡的原则，设置股东大会、董事会和监事会三大机构，股东大会作为最高权力机构，选举董事会，董事会负责聘请基金管理人和基金保管人，前者一般是专业的基金经理人，负责基金具体运营业务，后者一般是商业银行，负责基金资产的保管与结算业务。

2. 契约制基金

契约制基金不是以股份公司形式存在，投资者不是股东，而仅仅是信托契约的当事人和基金的受益者，无权参与管理决策。契约制基金不是法人，基金的发起人通过发行受益凭证筹集资金，并以受托人的身份委托基金管理人进行管理，基金发起人也可以同时充当管理人；基金托管人负责保管信托财产，行使财产的监督权，所有权和经营权彻底分离，这有利于基金进行长期稳定的运作。由于管理公司拥有充分的管理和运作基金的权力，契约制基金资产的支配，不会被众多小投资者追求短期利益的意图所影响。

3. 有限合伙制基金

有限合伙制基金是按照《合伙企业法》设立的，由普通合伙人（简称 GP）和有限合伙人（简称 LP）按照合伙协议共同出资、合伙经营的基金类型，其中，普通合伙人行使基金的管理权，对基金承担无限责任；有限合伙人行使基金的监督权，并以其出资额为限对基金承担有限责任。

二、文化产业投资基金运作流程

文化产业投资基金的运作流程可以分为资金筹集、项目投资、项目管理与基金退出四个阶段。

（一）资金筹集

基金成立的首要任务是募集资金。文化产业投资基金筹资需要依据基金的组织模式制定有效章程或契约，并且选择基金管理人和托管人。按法律要求向主管部门申报，发布基金招募说明书和发售基金券。基金管理人可以是产业集团，也可以是金融企业。基金管理人在基金管理中处于核心地位，它的专业素质、道德品质和运作效率直接关系着基金的成败。因此，需要建立有效的内部控制和激励约束机制。

基金的筹资方式分为公募和私募两种。公募方式面向社会大众，能广泛吸收社会闲置资金投入产业发展。私募方式发行对象一般为机构投资者，它们对基金流动性要求低，专业化程度高。

（二）项目投资

项目投资阶段主要是选择投资项目，进行可行性研究和确立投资的过程。首先，通过对宏观环境、行业发展前景、区域发展条件等方面的调研与筛选，确定投资的主要行业、规模和公司目标，并对目标公司进行调研，判断企业是否具备盈利能力与发展前景。

（三）项目管理

文化产业投资基金股权持有阶段的管理内容包括增值服务和监控企业发展两个部分。增值服务是指产业投资基金除了向受资企业提供资金外，还为受资企业提供有助于提升其价值的服务，帮助受资企业进行资源整合，表现为为受资企业提供战略合作、后续融资、资本运作、关系网络等方面的支持；监控企业发展是为了保障投资权益，防止受资企业的道德风险，表现为参与受资企业重大决策，对其重大人事变动、财务状况、资金运用、市场绩效等方面的情况进行监控。不论是增值服务还是对企业的监控，最终目标都是为了受资企业的价值增值，保障文化产业投资基金能够获利退出。

（四）基金退出

文化产业投资基金的根本目的不是获取受资企业的长久控制权，而是在企业或项目发展到一定阶段后退出以获取超额投资收益。产业投资基金的退出机制是否顺畅不仅关系着投资收益的变现，而且还关系着基金资本的流动性。因此，退出是产业投资基金投资流程的重要环节。退出方式和退出时机的选择是产业投资基金退出的关键因素。

文化产业投资基金的退出通常有以下几种方式。① 企业公开上市。② 股权转让。股权转让可以通过基金自有渠道。③ 管理者回购。一般产业投资基金会和企业在投资合约中约定，在无法实现上市或其他条件下，企业负责回购基金所持股权。④ 企业清算。若遇到企业经营不善、市场环境重大变动等情况，产业投资基金只能选择通过清算的方式退出，以减少投资损失。

三、文化产业投资基金的宏观管理措施

文化产业投资基金的宏观管理，通常包括产业投资基金的法律法规和国家相关政策。

（一）法律法规

法律是保证资本市场规范运行和健康发展的基石，但是目前我国文化产业投资的法律体系建设对资本市场的建立和发展还存在充分的法律空间，法律保障是赢得项目资金的一

种有效依据和手段,也是文化产业发展应该解决的问题。根据基金的组织机构形式的不同,涉及基金组织机构的法律法规主要包括《公司法》《合伙企业法》《信托公司集合资金信托计划管理办法》《公司登记管理办法》《合伙企业登记管理办法》《产业投资基金管理暂行办法》《证券投资基金法》《进一步完善基金募集申请审核程序有关问题通知》《证券投资者保护基金管理办法》等。

在基金管理相关法律方面,有限合伙法是西方发达国家实践证明对基金公司和风险投资等最适合的企业组织制度,同时具备了对于规模比较小、机制比较灵活的投资企业的激励相容机制和税收优势。有限合伙制在我国刚刚产生,相应的配套制度还不健全,因此,应完善有限合伙制的配套制度体系,形成文化产业基金投资的良好环境。

法律支撑体系还包括制定与风险投资相对接的专门法律法规,保障风险投资的合法权益,形成对风险投资、知识产权、技术转让与扩散、产权转让等强有力的法律保障体系。此外,还可完善大型的社会机构资金投向新型文化产业投资基金领域的法律。例如,通过《商业银行法》《保险法》《证券法》《担保法》《养老基金管理条例》等相关法律法规,对银行、保险机构、养老基金等投向文化产业投资基金加以法律规范,以促进社会资金进入文化产业投资基金。

(二)相关政策

我国政府颁布的有关文化产业领域的投资政策包括以下几种。

国务院颁布《关于非公有资本进入文化产业的若干决定》,鼓励支持非公有资本进入政策许可的文化产业领域,支持非公有制文化企业的发展。

2006年,国务院发出的《关于深化文化体制改革的若干意见》指出:"要改进和完善国家扶持方式,坚持和完善有关文化领域的重点扶持政策和措施。要以项目投入为手段,以激发活力为目标,提高资金的使用效益。"

2006年,《国家"十一五"时期文化发展规划纲要》提出要"充分利用国内外资本市场,拓展文化产业投融资渠道。鼓励文化企业通过发行公司股票、企业债券在资本市场直接融资"。

2008年4月16日,文化部落实全国文化体制改革工作会议要求,提出了推进文化体制改革思路和六项措施,明确要求"完善促进文化产业发展的政策",要"设立国家文化产业发展专项资金,采取贷款贴息、资助、奖励、设立投资风险基金等方式,扶持重大文化产业项目和优秀文化产品生产"。

2009年7月22日,国务院原则通过了《文化产业振兴规划》,提出降低准入门槛,积极吸收社会资本和外资进入政策允许的文化产业领域,参与国有文化企业的股份制改造;支持有条件的文化企业进入主板、创业板上市融资,鼓励已上市文化企业通过公开增发、定向增发等再融资方式进行并购和重组,迅速做大做强;明确提出要为中国文化产业设立投资基金。

除了不同类型的基金组织模式在税收方面存在差异外,税收政策也是影响文化产业投资基金运作模式的重要因素。我国影响文化产业投资基金的主要税收政策有 2007 年国家财政部联合国家税务总局发布的《关于促进创业投资企业发展有关税收政策的通知》，体现了国家对创投企业的扶持政策和发展包括部分中小文化企业在内的高新技术企业的产业导向。此外，财政部、海关总署、国家税务总局还颁布了专门针对文化产业的税收优惠政策——《关于支持文化企业发展若干税收政策问题的通知》。

近年来，国务院和各部委印发了一系列政策，支持文化产业发展，如《国务院办公厅关于进一步激发文化和旅游消费潜力的意见》（国办发〔2019〕41 号）、《关于促进文化和科技深度融合的指导意见》（国科发高〔2019〕280 号）、《文化和旅游部关于促进旅游演艺发展的指导意见》（文旅政法发〔2019〕29 号）、《文化和旅游部办公厅、中国农业银行办公室关于金融支持全国乡村旅游重点村建设的通知》（办资源发〔2019〕108 号）等政策文件中均有提及针对文化和旅游产业特点的金融新政策，不断强化对文化和旅游消费、文化科技、旅游演艺、乡村旅游等文旅发展热点的支持。

从地方层面看，地方相关政府部门因地施政，不断创新和完善文化和旅游产业金融政策。我国部分地区出台了专门的文化和旅游产业金融政策，北京印发了《关于促进首都文化金融发展的意见》，甘肃出台了《关于金融支持甘肃文化旅游产业加快发展的意见》，陕西制定了《陕西省文化金融融合发展三年行动计划（2019—2021 年）》。但大多数地区将金融支持融于文化和旅游产业发展政策之中，仅将其视作产业政策的补充和保障。

第四节　文化产业投融资担保管理体制

一、文化产业投融资担保的概念

融资担保是担保业务中最主要的品种之一，是随着商业信用、金融信用的发展需要和担保对象的融资需求而产生的一种信用中介行为。信用担保机构通过介入包括银行在内的金融机构、企业或个人等资金出借方与企业和个人的资金需求方之间，作为第三方保证人为债务方向债权方提供信用担保——担保债务方履行合同或其他资金约定的责任和义务。在其业务性质上，融资担保具有金融性和中介性双重属性，属于一种特殊的金融中介服务。

它通过利用自身的第三方信用为资金供给和资金需求方提供融资担保服务，以此促进双方交易的完成。在开展融资担保业务过程中，信用担保机构要完成两方面的工作：一方面是对资金需求方的信用评估；另一方面是向资金供给方提供自身资信证明，取得其对自身信用保证资格和履约能力的认可。

在我国开展融资担保必须经过注册申请获批"融资性担保机构经营许可证"。融资性担保公司是有银行授信，并与银行业金融机构等债权人约定，当被担保人不履行对债权人负有的融资性债务时，由担保人依法承担合同约定的担保责任。因此，融资担保公司是能够为企业融资的担保机构。

文化产业融资担保机制对产业发展具有重要意义。首先，文化产业的产业结构特点是中小型的创意企业众多，融资担保能够为中小企业发展提供保障。这些企业在融资能力方面缺少与项目投资规模相匹配的抵押资产。其次，文化产业投资项目的投资周期不长，相对较大的投资规模来说，文化产业项目的未来收益波动性大，融资担保有利于分担风险，并对企业投资进行良好的监督。2019年，我国网络文学影视化市场投资项目风起云涌，为网络文学 IP 和金融资本对接、文化创意的转化流动起到了积极作用，与此同时也导致了资本市场裹挟网络文学产业发展，导致创作题材扎堆、粗制滥造 IP 网络剧层出不穷等问题不断发生。合理有效的融资担保机制的缺乏，加剧了网络文学影视化项目的投资风险。

与融资担保相关的是，我国文化和旅游产业金融政策往往关注金融产品、金融渠道等，文旅企业信用评级体系建设相对滞后。权威、专业、知名度高的文旅企业信用评级机构相对较少，且我国针对文旅企业，尤其是小微文旅企业的信用评级标准未统一，信用评级结果的公信力、适用性还需提高。这直接导致投资市场主体投资时缺乏可靠、专业的信用评级报告，从而放弃了较多的文旅投融资项目，文旅企业也因此失去了获得市场投资的机会，不利于顺利开展产品创新、项目拓展等正常企业运营工作。

二、文化产业投融资担保的模式

文化产业融资担保在国外已经十分普遍，在我国才刚刚起步，目前主要有以下几种模式。

（一）借贷担保

根据《中华人民共和国担保法》的规定，具有代为清偿债务能力的法人、其他组织或者公民，可以作保证人。保证人与债权人应当以书面形式订立保证合同，但是国家机关不得为保证人；学校、幼儿园、医院等以公益为目的的事业单位、社会团体不得为保证人；企业法人的分支机构有法人书面授权的，可以在授权范围内提供保证。

文化产业的贷款融资担保是最普遍的形式。在国外电影产业有较为健全的完片担保机制，即担保公司通过对影视制作公司提供的预售合同、电影版权、电影预算和制作计划等方面的价值评估，对电影的制作提供完成担保，并与银行签订担保合同，银行为制作公司提供所需的贷款。在整个电影制作过程中，担保公司和银行会按照电影预算和制作计划进行监管，以确保影视项目按照预算和进度计划完工。在我国，近年来影视产业也逐步采取这一担保融资方式。以电影《满城尽带黄金甲》为例，虽然该片由张艺谋导演，演员阵容强大，寻找发行商并非难事，但是由于发行商一般在影片拍摄制作完成并交片后才付钱，而制作方则在电影制作前期就需要大量资金投入，由此产生时差上的资金缺口，为该片提供完片担保的是 Cine Finance，在这项融资中，Cine Finance 承担了影片保证人的角色，并向制片商收取保证费。渣打银行为该片提供了 1000 万美元贷款。

(二)贸易融资担保

贸易融资业务是指服务于国际及国内经济贸易以信用证、商业票据、应收账款等为质押保证,以获得资金融通的业务。贸易融资担保是银行在为企业提供国际贸易和国内贸易项下资金融通时所需要的担保,包括信用证担保、商业票据承兑与贴现担保、应收账款保理、融资租赁担保等。随着我国文化产业的快速发展和文化走出去步伐的加快,在文化产品和服务的对外贸易过程中,贸易融资担保将成为融资的重要渠道。例如,2006年中国出口信用保险公司和北京华谊兄弟影业投资有限公司正式达成合作,为电影《夜宴》的海外发行提供出口信用保险,这是我国首次为影视产品海外发行提供政策性保险。由于《夜宴》的海外发行采取了收益加分成的国际通行模式,为了保障电影发行后的出口收汇安全和出口销售链的衔接,中国出口信用保险公司根据发行情况,提供的总保额为2000万美元。在海外分账过程中,如果对方不能按照合同支付华谊兄弟应得的海外收益,保险公司将提供保险补偿,并追讨。

在应收账款担保方面,目前国内普遍采用的方式是门票收入担保。例如,农发行黄山分行采用"应收财政补贴账户质押+担保"相结合的方式解决承贷主体有效抵押物不足的困难,发放1.2亿元贷款支持徽州府衙重建,目前该项目已经完工并开始接待游客;该行还采用"收费权质押+抵押"相结合的方式向歙县牌坊群·鲍家花园发放贷款1.29亿元,用于景区改扩建;上海东方惠金文化产业担保公司针对文化企业注册资本少、无有效实物资产和稳定销售收入等实际情况,专门设计了"门票收益质押"的贷款方案,以公司信用为担保,企业未来门票收入由银行直接收取后转保证金作为还款来源,上海市3家文化企业因此获得了银行的贷款支持,很快走出了经营困境,实现了企业的良性发展。

在融资租赁担保方面,是出租人根据承租人的请求,向承租人指定的出卖人,按承租人同意的条件,购买承租人指定的租赁物,并以承租人支付租金为条件,将该租赁物的占有、使用和收益权转让给承租人。租赁期满,承租人支付事先约定的名义货价,租赁物转让给承租人。融资租赁担保主要是对中小型文化企业所需大型文化设备的融资租赁担保,可以缓解资金压力,促进大宗文化设备的销售。例如,一家演出公司创业初期没有充裕的资金去购买灯光、舞美、音响、道具等耗费颇大的硬件设备,去银行贷款又缺乏有效的抵押物。文化租赁公司可以对企业进行一定的考察,在认为企业具备一定资质后与企业签订协议:由文化融资租赁公司出资购买这家小型演出企业所急需的各种硬件设备,然后再将设备以一定的价格租给后者使用。演出企业可以拿自己的演出收入来支付设备的租金,等到几年以后,根据合约,这家演出企业既可以选择继续租赁设备,也可以通过合理的折旧价格购回设备所有权;或者在演出企业放弃租赁或者购买后,由文化融资租赁公司将设备销售出去。

(三)债券担保

担保债券是指由一定保证人作担保而发行的债券。当企业没有足够的资金偿还债券时，债权人可要求保证人偿还。债券担保是文化企业获得融资的重要方式，2007年在我国才起步。2007年12月，中国电影集团公司（以下简称中影集团）正式发行5亿元企业债券，这是国内首家获准发行企业债券的文化传媒企业，由中国建设银行股份有限公司授权北京市分行提供全额无条件不可撤销担保。中影集团此次发行债券，是经过审计事务所和律师事务所作为中介对中影集团做出相关文件，提交国家发改委和国家保监会，获得允许后发行企业债券。但是，作为国际企业债券的通行规范，应该由担保公司为企业担保，而不是银行机构。

（四）信托计划担保

信托是指委托人基于对受托人的信任，将其财产权委托给受托人，由受托人按委托人的意愿以自己的名义，为受益人的利益或特定目的，进行管理或处分的行为。信托投资能够有效地转化资本风险，促进社会资本的流动。由于文化产业是风险较高的行业，其特点是收益的波动性和不确定性，以电影为例，只有上映后，才知道票房究竟有多少。因此，信托投资在文化产业的应用重要的是如何通过信托计划担保机制，控制文化产业的风险。为信托计划担保的公司必须具备较强的实力，并对信托投资的文化产品具有较丰富的产业经验和深入了解。

（五）资产证券化担保

资产证券化是文化产业最重要的融资方式，文化产业的核心资产是知识产权，如何通过知识产权的证券化进行社会融资，关系整个产业的持续发展。知识产权的证券化建立在知识产权未来的收益可预测性和风险可控性的基础上，由于文化产业中的无形资产投资风险较大，收益波动性大，因此设立担保机制是资产证券化成功的保障。

文化产业大多为轻资产企业，其资产构成中往往以版权、品牌、优质创意设计等无形资产为主。无形资产评估难是导致文化产业融资难的主要瓶颈。完善文化产业价值评估体系，可以帮助文化和旅游产业金融机构对此做出科学的价值评估，为后续贷款抵押、资产流转打下基础。我国目前仅有广州、重庆等少数地区出台了关于研究制定知识产权、文化品牌等无形资产的评估体系相关政策，但关于具体如何制定、何时出台尚未有明确规定，国家亟须出台统一标准的文旅资产评估体系，为文化企业融资扫除障碍。

案例/专栏 6-2

剧 保 通

一直以来，中小企业融资难是困扰文创企业的一大难题。不少企业手里有影视剧版权，对于一些金融机构而言，这些"宝贝"只是一堆难以判断其真实价值的光盘。这表示，企业要想用纯版权成功向银行质押贷到钱，必须解决三个棘手问题：版权的权属如何确定？

版权价值如何评估？出现不良资产后，版权如何被快速处置变现？

北京国华文创融资担保有限公司是一家专业为中小文化企业提供融资担保的公司。公司开发了"剧保通"业务，"剧保通"以担保的方式盘活了影视企业的无形资产，为企业发展提供了充足资金。企业可以将版权资源拿到国华文创，通过与像东方雍和国际版权交易中心这样的合作方，以专业的方法对影视剧版权进行权属确认和版权价值评估，评估版权未来可实现的价值，一旦影视剧版权经过"确权确价"后，就被认为有价值，那么国华文创再通过专业的评审确定融资金额，就可以出具相关的担保函给合作银行，再由银行为企业提供相应的贷款。目前，"剧保通"已经为电视剧《火线三兄弟》《十月围城》《裸婚时代》等提供了相关融资担保服务。此外，国华文创还开发了"影保通""演出保""商演通"等创新融资模式，同时拥有影视制作贷款担保、影视发行贷款担保、影视完片担保、集合信托担保、票据承兑担保、诉讼保全担保、履约类担保等多种担保产品。

资料来源：作者整理撰写。

【思考】
1. 融资担保对文化产业发展有什么作用？
2. 你能根据"剧保通"的模式，说说演出担保"演保通"的基本经营模式吗？

第五节 文化产权交易制度

所谓产权，意指使自己或他人受益或受损的权利，即产权是指排他性地使用某种产品的权利。文化产权之所以称为文化的产权就是它融入了一定的精神内容，精神内容又反映出一定的文化意义性，这是与一般产权的主要区别所在。因此，精神内容能否交易是文化产权交易是否可行的重要条件。文化产权交易分为三个类别，即著作权交易、商业标识交易和专利交易。

一、文化产权的基本概念

文化产权的本质是对文化资源的所有权。所以在厘清文化产权的概念之前，首先要清楚地界定文化资源的概念。文化资源从形态分析，至少包括有形的文化资源和无形的文化资源。有形的文化资源至少包括可移动和不可移动的文化遗产，以及具有确定物质载体的文化创造物。无形的文化资源主要指著作权、商业标识和专利等无形资产。

同普通物质资产产权一样，文化产权是一种复合权利，是以财产所有权为主体的一系列权利的总和，包括财产的占有、支配、使用、处分等行为权利。它所涉及的是对有形或无形的文化资源实施控制的权利，以及对获得来自这些文化资源的收入实施基本要求的权利，它还能够保障其所有人依法享有损害赔偿请求权与实施许可与缔结请求权。文化产权制度在文化产业运行中起着重要的作用，它是文化市场交易有序进行的基础性元素。

二、文化产权投资与交易的制度

在新经济条件下,文化资源进入产业链的趋势必然出现,这也使它和其他的资源类型一样拥有了产权问题。文化产权主要指的就是文化资源的归属和所有权问题,这种权利的拥有者能够决定自己对文化资源的使用、改变、保护和放弃,并可以据此获得一定的经济收入。

在文化产业投融资方面,良好的产权界定和交易制度的建立,是投融资体制完善的基础环节。文化产权的交易实际上就是对所有权的部分乃至全部的权利进行交易的过程和法律法规的综合。所以,文化产权的投资与交易必须建立在完善的产权制度和法律基础上。例如,如果与文化产品相关的知识产权保护的法律制度不完善,就会造成文化创意产品推出的很短时间内,市场上就可能有大量的仿冒品出现,导致创造者的利益根本得不到保障,也就无法激励资本对文化产业的投资。再如,我国各地近年来建设了大量的文化产权交易所,但是在对文化产权价值的市场评估、交易制度等方面的法律规范严重滞后,造成一些艺术品被爆炒的严重泡沫经济,产权虚拟交易与艺术品标的物实际价值严重背离,直接导致市场的混乱。

在完善的文化产权法律基础上,通过建立文化产权的交易制度和设计交易的机制,可以为文化产业提供文化产权项目融资和交易平台,促进文化产业要素市场形成和提高产业投资水平。

首先,随着文化产业的快速发展,一些中小创业型文化企业、成长性文化项目以及创意成果转化都急切需要大量信息,也会产生投资与交易行为。例如,演艺节目的版权、各类冠名权、出版权等新型文化产权交易也不断涌现。

其次,文化产权交易制度可以建立起新的文化开发权与使用权经营模式,为重大文化项目投资提供资金、技术和管理的支持。例如,在博物馆、美术馆等大型文化工程和文化旅游资源开发方面,可以通过支持社会资本和海外资本以 BOT 等形式参与文化项目建设。所谓 BOT(build-operate-transfer),即建设—经营—转让,是指政府通过契约授予私营企业(包括外国企业)一定期限的特许专营权,许可其融资建设和经营特定的公用基础设施,并准许其通过向用户收取费用或出售产品以清偿贷款,回收投资并赚取利润;特许权期限届满时,该基础设施无偿移交给政府。通过这一文化开发权和经营权交易制度和机制的设计,不但可以引进资金,而且在文化资源的开发、管理和经营方面,可以引进国外先进的技术和管理经验。

最后,可以借鉴金融市场的交易机制,设计出文化产权的金融衍生品,以促进文化产权的交易市场发展和文化金融的融合。例如,通过建立文化产权交易所、交易会等交易平台为文化项目进行融资。将文化产品的相关权利设计成金融产品,通过金融市场募集到文化项目所需的投资资金。当然,正如上文所述,这是建立在完善的文化市场和金融市场法律规范和监管机制基础上的,在我国,由于金融制度改革和文化体制改革尚在进行,相关制度和体制还在转型中,因此文化产权的交易制度也在探索,应更多借鉴西方发达国家的经验。

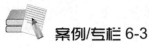
案例/专栏 6-3

电 影 期 货

电影票房也能够像大豆、猪肉一样作为期货进行交易吗?这个话题将好莱坞的电影人和华尔街的投机商分为泾渭分明的两大阵营并展开了激烈的争论。一边是两家金融公司:Cantor Fitzgerald 金融服务公司和私人投资集团 Veriana 旗下的 Media Derivatives 媒体衍生品公司。它们在 2010 年获美国商品期货交易委员会(CFTC)的初步批准,允许其分别开设一家以电影票房收入为标的物的期货交易所。

另一边则是大型好莱坞电影工作室以及美国电影协会反对的声音。他们表示,电影根本不适合用来投机获利。美国电影协会发言人爱德华·甘特曼(Howard Gantman)在一次采访中表示,一部电影的制作发行是相对独立的一次事件,它不像那些期货品种,如某一季的柑橘,即便是来自于 100 多家不同的农产品公司,品质也大同小异。"影响电影票房的因素远远比影响一箱橘子的因素复杂得多。"

然而,如果电影期货真的上市,交易电影期货的操作流程与其他品种差不多。投资者在影片上映前购买电影期货合约,对票房进行预测。当票房收入超出合约价,则盈利;当票房收入跌至合约价以下,则亏损。

支持者们认为电影期货能够降低制片商投资电影产业的风险,并且可作为一种新的电影融资渠道。但好莱坞的电影人担心期货交易所会使本来就已危机四伏的电影市场更加复杂,他们也不认为票房收入能与一桶原油的价格相提并论。

两家被批准进行电影期货交易的期货交易所的推崇者们认为,对电影票房收入进行有根据的预测是有法可循的。除此以外,规范化的电影市场也能为人们清晰地显示出好莱坞中司空见惯的后台黑幕交易和明星耍大牌行为。

"投资者对于这个行业非常重要,"Cantor 交易所的总裁理查德·杰克布说,"然而可悲的是,由于好莱坞一直以来混乱的会计体系,使人们对投资好莱坞持谨慎态度。"他还谈道:"我们希望提供这样一个市场的原因很简单,近十年来,公司一直有意开发电影产业相关的金融项目。我们总觉得需要一个公开的市场,这样能够更加有效地获取价格,以便建立一个透明的电影市场体系。"

"电影的特性决定了必须是由特定的人和运行方式去制作电影,"电影协会的甘特曼表示,"如样片拍摄的方式,有些专业团队就能够把握所拍摄的画面是否是导演或摄影师想要的。这也是因为他们拥有公众所不知道的信息,正是由于这样一些可能引起利益冲突的原则,使得他们不能参与到电影期货市场以平衡投资风险。"

杰克布则表示电影从业人员不允许进入 Cantor 交易所,但也有例外。除非他们是在协商影片数量、广告促销预算，或者收到还未向公众公布的原始票房数据。

Veriana 公司董事长兼首席执行官罗伯特·斯瓦格的交易所目前仍名为 MDEX，但获得批准之后将更名为趋势交易所。他认为，个人不能在自己的账户上交易自己参与收集票房数据的电影，但如果是其他电影或公司则能够进行交易。专为个人投资者设计的 Cantor 公司，计划在电影上映前六个月至第四个周末之间推出合约。而趋势交易所则在电影上映前四周内上演惊心动魄的个人投资者电影期货交易。

"我倡导的法案禁止电影期货，因为这完全是一种投机买卖，"委员会主席圣·布兰切·林肯在一份声明中说，"电影行业内人士都发现这些期货并不能有效运行，并且可能在这种投机和对冲的风险下为期货交易带来重重隐患。"

即使是对电影期货大开绿灯的期货事务监察委员会成员巴特·奇尔顿（Bart Chilton）也在当时表示，批准电影期货实在是"情非得已"，因为这份提案并无与法律相悖之处。然而，没有任何证据可以证明电影期货能够克服"一些基本的设计缺陷"、有效抵消风险或是避免人为操纵。奇尔顿的担忧并非多余，到了 2011 年，该计划因遭到美国电影协会的强烈反对，直接叫停了该金融产品。

资料来源：电影期货之争[N]. 洛杉矶日报，2010-05-05.

【思考】
1. 电影期货市场建立的基础是什么？电影期货市场的发展会受到哪些因素的影响？
2. 我国目前电影期货市场发展是否可行？为什么？

本章小结

- 投融资问题是我国文化产业发展的关键问题。投融资是指在资源配置过程中，投融资的决策方式（谁来投资）、投资筹措方式（资金来源）和投资使用方式（怎样投资）的总称，它是投融资活动的具体体现，包括投融资主体、投融资渠道、投融资方式以及投资效率等方面的问题。

- 文化产业融资渠道主要包括政策性融资、银行贷款、债券融资、公开市场发售、私募股权投资、天使投资、风险投资，这些融资渠道的资金来源不同，在投融资方面发挥的作用也不同。

- 文化产业投资主体包括政府、金融机构、个人与家庭投资者、投资基金、企业与非营利机构等市场主体，需要对文化产业投资主体采取分类管理体制，制定相关管理措施。

- 文化投资对象有公益性文化产品、营利性文化产品，以及准公共性产品或混合产品。对投资对象分类管理，体现了不同文化领域的投资管理的目标是不同的。此外，政府应当加强对文化产业投资的调控，调控的手段包括法律法规、财税政策、产业政策和区域发展政策等。

▶ 文化产业投资基金借鉴了私募型基金和风险投资基金的运作模式，对未上市文化企业进行股权投资。文化产业投资基金可按照投资范围分为综合性和细分领域投资基金，或者按照基金组织方式分为公司制基金、契约制基金和有限合伙制基金。

▶ 文化产业融资担保包括借贷担保、贸易融资担保、债券担保、信托计划担保、资产证券化担保等多种形式。

▶ 所谓产权，意指使自己或他人受益或受损的权利，即产权是指排他性地使用某种产品的权利。文化产权是一种复合权利，是以财产所有权为主体的一系列权利的总和，包括财产的占有、支配、使用、处分等行为权利。精神内容能否交易是文化产权交易是否可行的重要条件。文化产权交易分为三个类别，即著作权交易、商业标识交易和专利交易。

综合练习

一、本章基本概念

投融资、资本、资本形成、政策性融资、债券融资、天使投资、风险投资、私募股权投资、首次上市募集资金、投资主体、投资客体、公司制基金、契约型基金、有限合伙制基金、融资担保、借贷担保、贸易融资担保、债券担保、信托计划担保、资产证券化担保、文化产权。

二、本章基本思考题

1. 简述金融对产业发展的三个基本功能。
2. 简述文化产业投融资的主要方式及资金来源。
3. 文化产业投资主体有哪些？简述投资主体分类管理体制。
4. 简述对文化产业投资对象的分类管理原理。
5. 简述政府对文化产业投资的调控体系的内容。
6. 什么是融资担保？文化产业的融资担保有哪些特点？对文化产业发展有什么重要作用？
7. 简述文化产业融资担保的主要模式。
8. 什么是文化产权？简述文化产权交易制度及其对文化产业发展的重要意义。

第七章

区域文化产业规划与布局

学习目标

通过对本章的学习,学生应了解或掌握如下内容。
1. 了解文化产业发展在区域经济发展中的重要性;
2. 掌握区域文化产业发展的基本原则;
3. 了解区域文化产业发展的区位因素;
4. 了解文化产业发展的基本目标;
5. 了解文化产业空间布局与规划的基本思路和方法;
6. 了解区域文化产业的主要政策及其作用。

导言

文化产业发展对区域经济结构调整和区域总体经济增长有重要的推动作用,在区域经济发展中占据重要地位。区域文化产业的发展是建立在其区位环境与条件基础上的,遵循区域文化产业发展的基本原则,因地制宜地制定对区域文化产业的发展目标、区域产业布局与规划和区域文化产业政策体系等。

第一节 文化产业在区域经济发展中的重要地位

随着区域社会经济发展,文化产业在区域经济中的地位日趋上升,作用不断增强。国际发展经验表明,区域经济发展到一定水平,精神消费需求日益增长,并推动文化产业发展,进而成为经济增长的支柱之一。

一、文化产业发展与区域经济发展的关系

文化产业的发展对于一个地区来说具有特殊意义,它标志着增长方式的转变,也标志

着对资源依赖的摆脱。在社会经济开始向精神经济转型的时期往往呈现文化产业化和产业文化化双重趋势，精神消费需求以及由它带动的对于品牌、名声和文化方面的需求成为经济发展的主要动力。

一般情况下，文化产业的发展与区域经济发展是同步的，当经济发展到一定水平后，文化产业就具备了发展的物质基础。以中国汉画像石与经济中心的对应关系为例，根据考古发现，中国汉画像石的主要集群中心在河南南阳、江苏徐州、山东西南、四川成都等地。南阳之所以能成为汉画像石集中地之一，与当时繁荣的经济文化和特殊的政治地位有着密切的关系。西汉时就有不少王侯被分封在南阳，南阳在全国的政治地位也随之提高。汉代南阳经济发达，农业、手工业、商业发展迅速，为文化的发展奠定了坚实的经济基础。不仅有雄厚财力的贵族富商极力推行厚葬，就连一些不太富足的中下层地主、商人也不惜倾其家产对父母实行厚葬，企图以此举博得孝名，从而达到跻身仕途、升官发财的功利目的。南阳汉画像石中车骑出行、宴饮舞乐场面，真实地记录了南阳两汉皇亲国戚、达官显贵、富商大贾的豪华生活。南阳当时已成为皇亲国戚、达官显贵们的云集之地，在东汉时又被称为"南都""帝乡"，由此可见南阳在东汉时特殊的政治地位。

汉代的成都，经济已相当繁荣，晋人左思在所著《蜀都赋》中称"既丽且崇，实号成都"，它是西汉时期的著名五都会之一。汉代成都的文学艺术也达到很高的水平，司马相如、扬雄、王褒是当时全国最有名的文学家，成都出土的汉代画像砖和画像石，绘画精美，内容广泛。

同样，徐州是两汉文化的发源地，两汉时期的徐州及周围地区交通便利、经济发达。贵族们生前奢侈享乐，幻想死后来世仍然能享受荣华富贵，因此他们便竭力装饰阴宅，用石刻的形式刻画各种内容的图像，来反映贵族们宴饮、娱乐、出行、比武、狩猎等情景，以此表现主人生前钟鸣鼎食、舒适安逸的生活。迄今为止，在徐州发现和收集的汉画像石已多达 2500 余块，成为全国汉画像石出土集中地之一。

由此可见，汉画像石集中出土地区与汉代经济重镇基本吻合，并非偶然，其背后反映了文化活动对经济发展的某种依附和正相关。

另一个案例是清末绘画市场中心由扬州向上海的转移。清朝中期，工商业日渐发达，到乾隆时期，扬州的社会经济更是达到鼎盛，呈现出"广陵繁华今胜昔"的景象。扬州享淮盐之利，居交通要冲，位于长江、运河交汇处，是我国各省食盐供应基地和南北漕运的咽喉。两淮盐业提供的盐税占当时朝廷财政收入的五分之一至四分之一。与此同时，积聚大量财富的大小盐商生活奢靡，文化艺术活动也十分积极，从而形成了一个规模空前的字画市场。当时扬州聚集了不少画家，"扬州八怪"代表了中国当时书画艺术的最高水平。但是随着运河堵塞、盐政制度改革，以及鸦片战争后的"五口通商"，扬州的经济地位一落千丈，上海逐步取而代之，成为新的经济中心。19 世纪中叶以后，中国绘画市场的中心也逐步转移到上海，画坛名家云集沪滨，逐渐形成"海上画派"。

虽然文化产业发展总体上和经济发展水平相一致，但是也存在文化产业与经济发展不一致的反证。在一些经济并不发达的地区，由于特有的文化生产方式和文化地理特点，也可以形成特色的文化产业发展，从而表现出文化产业发展与地区经济发展并不同步的现象。据《史记·货殖列传》记载，古代中山国地薄人众，十分贫穷，于是男子相聚游戏，悲歌慷慨，女子则鼓鸣瑟，游媚贵富，出入后宫，流连诸侯府邸，使得中山国的百戏演艺业十分发达。再如，很多少数民族和边远地区虽然经济条件不如中东部地区发达，但是具有很多特色的民间工艺、民俗文化和独特的区域地理风貌，为民俗文化产业和文化旅游提供了良好的发展条件，成为地方经济生存和发展的新道路。这两个案例中，前者是通过演艺文化服务业，为经济发达地区输出文化劳务；后者是利用本地的文化资源，吸引经济发达地区的消费者前来消费。

上述现象表明，文化产业并不是单向地、孤立地仅仅受本区域经济发展水平的影响，文化产业发展也可以能动地超越本区域的经济发展条件，在更广阔的领域发生作用。虽然经济发展为现代文化产业提供了便利条件，但是经济不发达地区同样可以凭借资源禀赋，将发达地区的消费群体作为文化消费的目标人群，发展符合本地区特色的文化产业形态。

二、文化产业在区域与城市经济发展中的作用

由此可见，文化产业的发展与区域的地理条件和区域经济有着一定的关系。

首先，文化产业的发展在区域经济结构调整中起着重要的作用。经济发展到一定水平之后，人们的精神文化消费需求迅速提升，为文化产业发展创造了条件。由于文化产业的产业链较长，产业关联度大，文化产业的发展对经济的总体贡献不但表现在自身产业的经济增长上，而且具有较大的相关产业带动力。文化产业的不断增长促使大量资本、劳动力向文化产业转移，以此改变了区域经济的产业结构和就业结构，文化产业对相关产业的带动作用，使得相关产业的文化创意和科技含量不断上升，提升了相关行业和传统行业的附加值。

其次，文化产业是增强城市和区域竞争力的关键因素之一。城市是现代经济与文化发展的中心，在文化经济发展中起着重要作用。文化产业既是现代城市经济的重要组成部分，也是城市文化形象的重要载体。研究表明，特定地理位置具有提高文化产业集群内创意行为的功能，现代文化产业往往集中在像伦敦、洛杉矶、纽约、巴黎、米兰、香港以及东京这样的国际化城市。这些城市的鲜明特点就是城市的形象和文化生产是共生的关系，也就是城市是文化产品的信誉保证。

最后，文化产业发展对区域和城市文化的建设具有推动作用。文化产业在提高人们休闲生活质量、满足精神消费需求的同时，也影响了人们的生活方式，引导社会的精神文化生活，进而影响了城市的文化风貌和特征。城市的魅力在于文化，对城市形象产生深远影响的文化产业活动有节庆、会展、文娱演出、体育赛事等。这些文化产业活动的开展能显著提高城市的知名度，有利于城市形象的树立。很多城市已经成功地利用它们作为展示城市形象的手段。节庆、会展、文娱演出、体育赛事的举办，往往是围绕一个主题开展一系列独具特色的活动。人们通过参与这些活动的各项内容，能够全面了解城市的自然景观、

历史背景、人文景观和城市建设等方面的信息，较容易对城市形象产生感性认识。且不说奥运会、世界杯这样的重大活动，戛纳电影节、米兰时装周、格莱美颁奖盛典等对各自城市的影响都极其突出，甚至成为城市最夺目的名片。与城市文化活动相比，城市文化设施的标志作用同样不可忽视。大英博物馆、卢浮宫、自由女神像等，早已成为城市文化软实力的象征。悉尼歌剧院以其既似贝壳又像风帆的奇特外观造型，成为建筑艺术的杰作，其标志性意义已经超过悉尼这座城市，成为澳大利亚的形象标志。

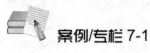

案例/专栏 7-1

国家文化公园：文化产业区域布局的新举措

　　文化是一个国家、一个民族的灵魂。文化兴国运兴，文化强民族强。无论是长城、大运河，还是长征、黄河、长江，都是中华民族独一无二的、承载着最深层文化记忆的符号。2017年年初，中共中央办公厅、国务院办公厅印发《关于实施中华优秀传统文化传承发展工程的意见》，首次提出"规划建设一批国家文化公园，成为中华文化重要标识"。2019年7月，中央全面深化改革委员会审议通过了《长城、大运河、长征国家文化公园建设方案》（简称《方案》），国家文化公园建设进入"快车道"。2021年8月，国家出台《长城、大运河、长征国家文化公园建设保护规划》，此后又陆续推出黄河、长江国家文化公园的规划和政策。这是我国文化建设和文化产业区域布局的一个重大举措。

　　从建设范围看，长城国家文化公园包括战国、秦、汉长城，北魏、北齐、隋、唐、五代、宋、西夏、辽具备长城特征的防御体系，金界壕，明长城。涉及北京、天津、河北、山西、内蒙古、辽宁、吉林、黑龙江、山东、河南、陕西、甘肃、青海、宁夏、新疆15个省区市。大运河国家文化公园包括京杭大运河、隋唐大运河、浙东运河3个部分，通惠河、北运河、南运河、会通河、中（运）河、淮扬运河、江南运河、浙东运河、永济渠（卫河）、通济渠（汴河）10个河段。涉及北京、天津、河北、江苏、浙江、安徽、山东、河南8个省市。长征国家文化公园以中国工农红军一方面军（中央红军）长征线路为主，兼顾红二、四方面军和红二十五军长征线路。涉及福建、江西、河南、湖北、湖南、广东、广西、重庆、四川、贵州、云南、陕西、甘肃、青海、宁夏15个省区市。

　　2020年10月，《中共中央关于制定国民经济和社会发展第十四个五年规划和二〇三五年远景目标的建议》明确指出"建设长城、大运河、长征、黄河等国家文化公园"。至此，国家文化公园的数量从3个升为4个。根据《方案》，建设国家文化公园，"关键"是集中实施一批标志性工程，聚焦5个关键领域实施基础工程：保护传承、研究发掘、环境配套、文旅融合、数字再现。其中，4个关键领域都强调文化保护。

　　为加强组织协调，国家层面专门成立了国家文化公园建设工作领导小组，发挥了中央宣传部、国家发展改革委、文化和旅游部、国家文物局等部门的职能优势，还设立专家咨询委员会，提供决策参谋和政策咨询。相关省份则正在建立健全本地区领导体制。

根据《方案》，国家将长城河北段、大运河江苏段、长征贵州段作为重点建设区，要求于 2021 年年底前完成，形成一批可复制推广的成果经验，为全面推进国家文化公园建设创造良好条件。

2022 年 1 月，国家文化公园建设工作领导小组又部署启动长江国家文化公园建设。长江国家文化公园的建设范围综合考虑长江干流区域和长江经济带区域，涉及上海、江苏、浙江、安徽、江西、湖北、湖南、重庆、四川、贵州、云南、西藏、青海 13 个省区市。

国家文化公园的建设将长征、长城、大运河、黄河、长江沿线不同区域的省市区，以同一概念紧密联系起来，形成一条纵贯始终、穿越历史的文化脉络，有利于协调产业政策，打破区域隔阂，营造新的文化标识和产业集群。

资料来源：作者根据有关资料整理编写。

【思考】
1. 试分析建设国家文化公园的意义。
2. 你的家乡涉及哪些国家文化公园？有哪些特色资源？
3. 国家文化公园如何处理好资源保护与产业开发的关系？

第二节　区域文化产业的区位分析和发展原则

区域文化产业的战略规划与管理是文化产业中观管理的主要问题，其中主要包括区域文化产业的布局和区域文化产业政策两个方面。要解决这两个方面的问题，首先要对区域文化产业发展的区位因素进行分析，并明确区域文化产业发展战略。

一、区域文化产业发展的区位因素分析

所谓区位是指人类活动（人类行为）所占有的场所。区域文化产业发展受地理、经济、技术、人才、文化资源、市场制度等区位因素的影响。

（一）区位地理环境

区位地理环境包括区域所处的经济地理条件和文化地理条件两个方面。

1. 经济地理条件

经济地理条件是指某一地区的交通、运输和所处的地理经济带。地区的地形、地势、气候和水文条件，决定了地区所处的交通运输条件、自然资源状况、地区与周边区域的经济关系，以及地区在经济地带中的定位与功能。

例如，平原地形地貌为交通路网的发展提供了较好的条件，使区域生产要素流动方便，

利于地区形成较好的交通运输条件；一些城市和地区处于南北交通的枢纽上，容易形成资源、人口和技术的会聚点，有利于产业资源的集群；一些区域中相互关联的城市构成城市群落关系和区域经济发展带，如长三角、珠三角经济区等，在这些区域和城市群中又会因产业关系形成中心城市和卫星城市的区位关系。

区位地理因素在对经济资源和经济发展形成直接影响时，同样也对文化产业发展所需的生产要素的流动、产业链条与产业分工的形成有影响。首先，便利的交通条件能够促进文化产业生产加工业所需的物质资源的运输，区位地理之间通过交通运输网络的联系，形成区域经济地带，也影响文化的发展。

例如，上海自由贸易区的开辟，必然会对周边地区形成辐射和带动效应。长三角城市可以凭借优越的地理区位和交通条件，形成以上海为中心的创意设计研发中心，与周边城市的文化制造、文化产品销售的生产布局形成良好的分工合作体系，而周边地区则形成创意产品生产加工集群区和区域产品交易市场。江苏的苏州、无锡、常州、南通和浙江的杭州、嘉兴、湖州、宁波等地区毗邻上海，高速公路、高速铁路和地铁轨道交通可直达，其土地租金和劳动力成本又相对上海较低，从而可以吸引一批动漫、游戏研发与制作企业形成产业集群。

此外，区域独特的自然条件也可以为文化产业的发展创造条件，尤其是在文化旅游产业发展方面。一些地区凭借独特的自然地理条件，可以大力发展文化旅游业，如云南石林、广西桂林山水等。

2. 文化地理条件

区域的文化地理与自然地理有联系，但又不完全重合。文化受到地理环境的影响形成不同的区域文化特色。由于文化有历史传统和地区差异两重性，文化历史传统是指区域文化的形成、历史传承和演变，文化差异性是相同和相近地理区域在文化上均一的共性，具有相似的文化特质和文化复合体。文化地理条件是形成不同文化区和文化带的主要因素，如秦陇文化亚区、山西晋文化亚区、山东齐鲁文化亚区、河南中州文化亚区等。不同性质的文化区表现出不同的区域文化和行为功能，使不同地区在观念和行为上不同，造成文化偏好的差异，从而形成不同的文化市场需求。例如，吴越文化区位于长江三角洲和杭州湾沿岸，其特有的自然地理条件和历史文化，使传统农耕发达，富庶的经济为精神文化的发展提供了良好的基础，文化发展则体现出了细腻、婉转、清丽、圆润的特点。再如，岭南文化区，近代以来处于中外文化交汇的地带，因而有其独特的文化特征。艺术形式中的粤剧、广东音乐和岭南画派最具地区特色。

（二）区域经济环境

区域经济环境是区域文化产业发展的重要基础环境因素。文化产业发展和文化市场的完善是建立在区域一定经济基础条件上的。区域经济环境包括区域的经济发展总体水平、区域经济结构、区域收入水平和消费结构等。

首先，区域经济发展规模。区域总体经济发展水平代表着区域的经济实力和所处的经济发展阶段。区域的经济实力通常用区域国内生产总值来衡量,即某一区域一定时期所生产的所有产品的市场总值,其他衡量指标还包括人均国内生产总值(人均GDP)水平、政府的财政收入等,其中人均GDP衡量区域经济发展的平均水平,反映区域人均创造的财富。财政收入是指政府为履行其职能、实施公共政策和提供公共物品与服务需要而筹集的一切资金的总和。财政收入表现为政府部门在一定时期内(一般为一个财政年度)所取得的货币收入,它是衡量一国或者地方政府财力的重要指标。政府在社会经济活动中提供公共物品和服务的范围和数量,公共文化服务体系投入的能力,在很大程度上取决于财政收入的充裕状况。

其次,区域经济的结构,主要反映为区域经济生产总值中第一、第二和第三产业的比例结构,这一比例结构反映区域的产业结构情况,代表着工业化程度和城市化水平。通常在区域经济发展过程中,第一产业比例不断下降,第二产业上升,然后是第三产业超越第二产业,成为最重要的产业。以现代服务业为主的第三产业的发展,决定了区域城市化的发展水平。区域经济的发展是通过区域经济结构的升级来实现的,在产业结构中占产值比例比较大的区域主导产业和支柱产业,体现了区域经济特色,合理选择主导产业是区域经济发展的重要策略。此外,在对区域产业结构的具体分析中,还可以分析产业投入要素的比例,根据产业投入的资本、人力和技术等要素,判断主导产业和支柱性产业是资本密集型、劳动力密集型还是技术密集型,从而判断区域产业经济增长的主要模式。

最后,区域生活消费水平。人均收入水平和人均可支配收入等经济指标,代表着区域的人民生活水平、消费水平和消费结构。恩格尔定律表明,一个家庭的收入越少,家庭收入中(或总支出中)用来购买食物的支出所占的比例就越大,随着家庭收入的增加,家庭收入中(或总支出中)用来购买食物的支出份额则会下降。推而广之,一个国家越穷,每个国民的平均收入中(或平均支出中)用于购买食物的支出所占比例就越大。随着国家的富裕,这个比例呈下降趋势,即随着家庭收入的增加,购买食物的支出比例则会下降,而更多地用于消费服装、耐用品、住房、教育、文化娱乐、医药卫生等方面。消费结构的变化,直接引起区域的市场需求结构变化,并导致区域产业结构、就业结构的变化,这对文化产业的发展具有重要的影响。

(三)区域技术环境

区域技术环境影响文化科技的发展水平,并进而影响文化产业的技术装备水平和研发水平。对于现代文化产业而言,文化科技发展水平往往是产业竞争力的重要表现。

首先,区域技术基础设施对新兴文化产业的发展起着至关重要的决定作用。新兴文化产业是文化、科技与经济相结合的产物。例如,新兴的网络游戏、动漫、互联网内容服务、数字出版、数字学习等文化科技新兴产业和新兴业态都属于技术密集型产业,需要强大的公共数字技术平台支撑。区域共有技术平台等基础设施建设是这些产业发展的基础条件。例如,区域骨干网络、数字有线电视网络等基础设施,互联网和无线网络覆盖,以及公共云存储设备等是互联网产业、数字高清电视等新兴产业发展的技术支撑。

其次，区域创意研发、技术研发能力是区域文化产业创新力的重要体现。创意资源、创意的研发能力和新技术的应用研究能力是文化产业发展的根本动力。例如，人工智能、大数据等文化科技的研发和教育机构、剧本剧目策划与创作、创意设计研发是文化产品创新的重要推动力。区域政府、企业和非营利组织等各类、各层次的创意与文化科技相关的研发中心是构成区域文化产业研发创新体系的核心要素。

再次，创意及技术培训辅导等方面的资源。区域科技进步体系中除了技术研发和创意研发机构外，对创意和技术应用普及的辅导、孵化和培训体系是促进文化科技创新和文化科技成果转化的重要机制。各类、各层次的创业辅导、文化科技孵化、培训和技术推广机构，是区域科技创新系统的重要组成部分。

最后，区域科技创新与创意成果的法律保护问题。对科技与创意成果的法律保护是文化产业的创意资源和核心技术得以完成价值转化，并实现经济回报的重要保障，这也是区域文化产业创新力可持续发展的重要支撑条件。

（四）区域人才环境

区域文化劳动力人口总体规模，代表着能够提供文化产业生产需求的总体劳动力要素的供给规模。随着区域经济发展和城市化的推进，区域与城市文化产业发展将对劳动力产生大量需求。例如，文化旅游服务业发展会产生对旅游服务、餐饮酒店配套服务、文化产品销售服务等大量基本劳动力的需求。

高层次的文化创意人才是文化产业最重要的人力资本。文化产业发展关键在于创意的生产和创意的商品化，而创意活动是创意人才的劳动。区域文化创意人才素质和区域文化创意人才结构就是区域文化产业发展最重要的人才环境指标。

首先，区域文化创意人才的素质是创意研发水平和创意商品化能力的决定因素。恢宏的奥运会开幕式取决于导演和主创艺术人员的创意策划，一款网络游戏的成功取决于游戏内容的策划创意与游戏经营的商业创意，影视剧成功的基础是编剧和导演等主创人员的创意以及制作人的商业运作能力；不论是影视剧生产、音乐表演、时尚设计，还是网络游戏、互联网内容服务，文化创意人才素质都决定了产品内容创意和商业策划与开发的水平。

其次，创意的生产和产业化过程是复杂的，需要不同类型的创意人才的共同努力。文化创意人才至少可以分为艺术创意、经营管理、文化科技三大类型。艺术创意人才是内容创意的主体。文化科技人才决定了文化产业的技术研发和应用水平。文化经营管理人才承担了将创意转化为商品，并完成投资、生产、营销的全部价值转化和利润创造过程。区域文化创意人才结构是指这三类人才在区域总体人才中的比例关系。

此外，从人才层次划分角度，还可以分为高技能型人才和研究型人才，诸如手工艺人、雕塑家、画家、钢琴家、服装师、设计师等高技能型人才，是文化产品工艺创新的主要群体。技术研发、创意策划研发与研究型人才是文化产品内容创新的主体。

最后，区域文化创意人才培养体系是人才可持续发展的重要支撑条件，包括文化创意人才的高等教育培养、高技能人才的职业技术培训和文化产业在职人员的继续教育等不同层次。人才培养体系为文化产业的发展提供人才保障与支撑,是文化产业可持续发展的动力源泉。

(五) 区域文化资源环境

区域的主要文化资源包括物质性文化资源、区域非物质文化资源以及区域文化著作权、专利与商标资源三类资源。物质文化资源和非物质文化资源是精神劳动的直接产物,是在长期积累中形成的区域文化资源。区域文化著作权、专利权和商标权等是对某一具体精神内容的所有权利。

区域的物质性文化资源包括各类可移动和不可移动的文化遗产和非遗产类,以及具有文化意义的自然物体和人造物。例如,名人故居、历史遗迹、工业遗产是典型的不可移动文化资源;一件宋代瓷器是可移动的文物资源;而富于一定文化意义的自然生态,如庐山、黄山和泰山属于自然人文景观。

区域非物质文化资源包括各类非物质文化遗产。物质文化资源具有有形的物质载体,非物质文化资源虽然没有物质载体,但是可以依靠人的技艺、口传和表演而呈现,这些都是依附于特定人的无形文化资源。

区域经法律程序和专门机构注册登记而积累的著作权、专利和商标等资源,是区域重要的文化产权资源。对这些文化产权的开发与利用可以创造巨大的经济效益,不但可以形成丰富的文化产品,而且可以通过许可和授权,形成广泛的产业延伸,产生较强的产业经济带动效应。例如,对于文学内容的开发,可以形成图书、影视剧、动漫、游戏等多种文化产品组合,形成丰富的文化产品系列,同时还可以通过这些文化产品所创造的形象许可和品牌商标许可,形成玩具、文具、服装等衍生产品,为相关制造业注入经济附加值。

区域文化资源是一个区域所拥有可供开发的原材料和生产要素,但是这并不表示这些文化资源就可以转化为文化产品或者形成文化资本。文化资源具有较强的流动性,特别是对文化著作权、专利和商标资源、非物质文化资源等可移动的无形文化资源。所以一个区域拥有丰富的文化资源,并不代表具有丰富的文化资本。文化资本的形成,必须是文化资源能够成为文化产业的生产要素,并与上述文化创意人力资本、文化科技生产条件相结合,才能在文化产业的生产价值链中实行转化和积累,转化为文化资本,创造经济价值。否则,一地的文化资源会向文化资本密集的地方流动,并可以被其他地方所利用。例如,富于创意人力资本和技术条件的美国好莱坞,可以将全世界各地的文学资源实行拿来主义,加工生产成为好莱坞模式的影视动漫文化产品,并通过其强大的电影工业体系销售到世界各地,创造出丰厚的利润。

(六) 区域市场制度环境

文化产业的发展,需要有制度、政策的保障。区域市场制度环境包括区域市场管理体制、法规政策体系等。

区域文化法规与政策体系是政府为文化产业制定的游戏规则,也是文化产业发展的前提。区域文化产业的法规与政策体系规定了准入条件、市场监管体制、文化资源保护体制、文化产权交易制度等文化产业运行的关键条件。例如,对于意识形态关键领域采取产业准入政策提高了进入门槛;对文化内容的审查制或分级制度是文化市场监管的主要方式;文化遗产保护法律、知识产权法律和区域专利政策等,对文化资源的所有权关系,以及对文化资源的开发与利用等具有约束和调控作用。

区域文化管理体制是指政府对文化产业、文化事业和文化市场的管理方式,是文化管理制度的总和,包括文化市场的主体、政府文化管理机构职能定位和设置、文化产品的流通体系、文化市场公共服务体系等多方面的要素。科学完善的文化管理体制直接影响文化产业市场主体的经营、市场竞争结构、市场运行规范等,是文化产业发展的制度保障。当前,我国文化管理体制改革的目标是进一步提高文化领域的治理体系和治理能力的现代化水平,具体来说,包括深化文化体制改革,完善文化管理体制,加快构建把社会效益放在首位、社会效益和经济效益相统一的体制机制;完善公共文化服务体系,深入实施文化惠民工程,丰富群众性文化活动;加强文物保护利用和文化遗产保护传承;健全现代文化产业体系和市场体系,创新生产经营机制,完善文化经济政策,培育新型文化业态。

二、区域文化产业发展的主要原则

虽然区位因素的差异为文化产业的发展提供了不同基础和条件,但是文化产业发展具有一些共同的原则。

(一)主导产业优先发展原则

文化产业所涉及的行业较多,既有传统的艺术品市场、表演艺术市场、手工艺市场,也有近现代发展起来的会展、影视、设计、广告,以及新兴的互联网内容服务。因此,区域文化产业的发展不能贪大求全,而要根据上述区域地理、经济、技术、资源、人才等各方面的条件,确定本地区的主导型文化产业,并重点优先发展主导文化产业,进而带动其他文化行业和业态的发展。

优先发展主导文化产业,就是要将资源和政策主要集中于具有优势的区域,并选择带动性强、未来发展潜力大的那些文化行业。例如,云南等少数民族地区充分发掘本地民族文化特色,与自然山水资源和历史人文景观相结合,大力发展民族文化产业,并进而带动文化旅游、演艺、影视、手工艺、休闲娱乐等相关文化产业的发展,开辟了一条有别于东部经济发达地区的区域特色文化产业发展新途径。

(二)产业集群规模发展原则

研究表明,产业经济的发展在区域中呈现集群发展的态势,可以形成较强的产业关联性和带动性,并且对区域经济结构优化和经济增长有重要的推动作用。文化产业各个行业内在的关联性较强,文化产业通过品牌和内容授权可以延长产业链,带动其他产业的发展。

因此,文化产业采取集群发展策略不但可以促进文化产业各行业之间的协同发展和文化产业的规模化发展，而且可以提高文化产业对其他相关产业的带动性，充分发挥文化产业优化经济结构的作用。例如，德国的汉诺威、法兰克福、慕尼黑、杜塞尔多夫等都是国际著名的展览城市，它们都把展览作为支柱产业加以扶持，动员各个部门来推进这一事业，兴建展馆，出台一系列鼓励措施和优惠政策。如今世界顶级的专业博览会有三分之二是在德国举办的，形成了展览业的集群，并进而带动展览工程、交通运输、信息数据处理、酒店餐饮住宿服务、现代物流、广告、展览旅游等多个行业集群发展，成为城市和区域经济发展的动力源泉。

（三）产业龙头与中小企业均衡发展原则

一方面，文化产业发展需要充分发挥产业的龙头企业带动作用，同时要兼顾文化产业中小企业的发展。龙头企业是文化行业中所占的产值份额达到一定比例，对整个区域文化产业具有很深的影响及号召力，有一定的示范、引导作用，并对该地区、该行业或者国家做出突出贡献的企业。例如，好莱坞电影产业集群有大大小小电影公司一千多家，其中以迪士尼、索尼、米高梅、派拉蒙、福克斯、环球和华纳兄弟等大电影公司为龙头，占比份额最大。龙头企业不但具有较大规模的生产能力，而且具有较强的技术研发、产品创新和市场营销能力。因此，龙头企业的扶持有利于促进地区文化产业在技术水平、人才队伍实力、产品创新、市场占有等方面的提升。

另一方面，也要注意到在文化产业中活跃着很多中小企业，这些中小企业具有较强的灵活性。这些中小企业专业化于特定的领域，能够充分发挥自身的优势，专注于某一微小产品的经营，不断改进产品质量，提高生产效率，弥补大企业的不足。中小企业通过专业化生产同大型企业建立起密切的协作关系，不仅在客观上有力支持和促进了大企业的发展，同时也为自身的生存与发展提供了可靠的基础。而且，在文化产业中，创意的生产很多是以小型的团队和工作室来开展的，如设计师、导演、编剧、广告策划、互联网内容创意等领域，活跃着大量的中小企业和小微型企业，它们与大型文化企业一同构成了文化产业的生态环境，都是产业发展不可或缺的组成部分。

因此，在区域文化产业的发展中，一方面要关注和支持大企业，另一方面也要注意对中小文化企业和小微型创意企业的扶持政策，这两种政策是不相同的。前者着重于重大文化项目、文化创新工程、品牌建设和国际市场的开拓，后者则是对小而精的特色文化企业在资金、技术方面的扶持。

（四）短期与长期协调发展原则

文化产业的发展要坚持短期与长期相协调的原则。区域经济发展面临短期的产业经济发展规模目标与长期的产业结构优化的协调问题，尤其是关系到产业长期技术和创新能力的培育、人才队伍建设、公共技术与信息平台建设、战略性的投资等，这些往往需要持续地投入并且在短期内难以出成效，但是对整个产业的发展和企业持久竞争力的建设具有重要意义。例如，一些地方政府大力投资建设文化产业园区，希望通过园区建设形成产业集群，促进文化产业的快速发展。但是由于过于关注短期业绩指标，沿用以往招商引资的做法做起"二房东"，只想以短期租金得利，不断抬高租金价格，忽视了文化产业集群长期发展所需要的研发、教育、培训等配套要素的引入和扶持，这些要素虽然经济效益不明显，但是能够与园区企业形成产业园共生关系，对产业园区竞争力和品牌的持久发展具有重要作用。还有的园区只管急功近利地把企业引进来，不管后续的服务和政策跟进，很多设施跟不上，承诺不兑现，结果使得企业进来后不愿意扩大投资，项目无法持续开发经营。

因此，政府在区域文化产业的规划、布局，以及相关产业政策扶持方面，应兼顾短期和长期的目标，尤其是在规划建设方面，要从长期的产业战略发展目标出发，界定近期的任务。

（五）市场主导与政策引导结合原则

区域文化产业的发展无论是从主导产业的确立、产业园区定位与规划，还是产业政策的制定，都要符合区域发展的实际条件，遵守市场竞争与供求的基本规律。例如，在一些地区，经济发展条件相对落后或相应技术、人才、资金等条件不成熟，盲目地脱离实际和市场规律去规划发展新兴的互联网数字媒体产业是不切实际的。再如，县镇一级应该根据自己的地理与资源特色，发展特色文化产业，并与周边中心城市形成市场的对接和互补，而不应照搬大城市的发展模式，求大求全，发展所有的文化行业。

另一方面，政府的政策要发挥对产业和市场的良好引导作用。要将市场导向和政策引导相结合，正确地认识政府的区域文化产业管理的职能定位。政府的作用主要在于进行区域的政策引导与调控，而不是代替文化企业决策。例如，政府在对文化企业的扶持上，并不是取代文化企业进行投资决策，而是对符合政府产业规划的重大文化项目和相关主导文化产业的文化企业给予相应的扶持，至于这些企业如何投资、如何生产和如何销售，则是企业根据市场的需求进行自主决策。

第三节 区域文化产业规划与布局

在对区域文化产业发展的基础条件进行分析的基础上，区域文化产业规划与布局首先要确立区域文化产业的主要目标和主导产业。其次，根据产业发展的内在关系和区域经济与文化地理条件，对主导产业进行空间布局。再次，针对产业的空间布局，确定产业发展的模式和相关配套设施体系。最后，围绕产业的空间结构和未来发展目标，布局重大文化基础设施和重大文化项目，进而以空间布局和政策引导来促进产业资源的空间优化配置。

一、区域文化产业发展战略目标制定

区域文化产业的发展首先是确立总体发展战略。文化产业的总体发展战略是文化产业

的中长期发展目标和实现目标的战略途径，包括以下几个方面的内容。

（一）区域文化产业的规模目标

首先，确定文化产业发展在总体区域经济发展中的地位，根据区域文化产业现状和基本条件，确立文化产业中长期发展所要达到的生产总值的规模目标。

文化产业的发展总体规模目标要与现有产业发展水平和增长速度相适应，要与区域经济总体的增长目标相适应。通常，用过去近 3~5 年的文化产业增长平均速度测算，可以确定区域文化产业所能达到的增长速度和产业规模。例如，在过去五年中，区域文化产业总体增长速度为 10%~12%，区域经济总体增长能够保持 7%~8%的增长速度。以此类推，根据未来经济增长率的预测数据，可以推定文化产业的增长目标。

（二）区域文化产业的结构目标

根据区域总体发展目标，结合区域文化产业环境和未来发展的趋势，分析区域文化产业的发展优势与特色，确定主导型文化产业，并将其作为重点优先发展的行业。

通常，主导型文化产业是指那些在区域文化产业结构中份额较大、影响较大、带动性强的文化行业。但是在进行区域文化产业规划时也应注意文化产业未来发展的趋势，关注那些成长较快、未来市场空间大，并且具备较好支撑条件的文化新兴行业和业态。通过对这些新兴行业和业态的扶持，可以使之成为未来新的增长点和主导型文化产业。

因此，在确定文化产业结构目标时，要根据现有主导型产业和未来成长较快的新兴文化行业的情况，确立优先发展主导型文化产业的增长目标。这些主导型产业的增长具有较强的示范性和带动性，对文化产业总体增长目标的实现具有较大的贡献，并可以优化区域文化产业的经济结构。

（三）区域文化产业对经济总体的贡献指标

区域文化产业的发展不但要实现自身的增长指标，而且要发挥文化产业的带动性，确立文化产业对经济总体的贡献目标。文化产业对经济总体的贡献表现在以下几个方面。

1. 对经济增长的贡献

首先，文化产业作为新兴产业，其增长速度快于总体经济的平均增长速度。一个产业对 GDP 的贡献率是指特定时期内该产业增加值的增量占 GDP 增量的比例。因产业增量是由产业发展速度决定的，故增长速度相对较快的产业对 GDP 增长的贡献率上升，增长速度相对较慢的产业对 GDP 增长的贡献率下降。

例如，我国东部沿海经济发达省市的文化产业在 2011 年到 2015 年期间增长连续保持在两位数以上，快于区域经济的增长速度。

再如，国家版权局公布的《2017 年中国版权产业的经济贡献调研报告》表明，我国版权相关产业经济贡献率继续保持平稳增长态势，2017 年中国版权产业的行业增加值为 60 810.92 亿元人民币，占全国 GDP 的 7.35%，城镇单位就业人数为 1673.45 万人，占全国城镇单位就业总人数的 9.48%，商品出口额为 2647.73 亿美元，占全国商品出口总额的 11.70%。

因此，在文化产业总体增长的规模目标和增速目标基础上，可以核算出文化产业生产总值占区域 GDP 的比重，以及对区域经济增长的贡献度。

2．对就业的贡献

除了对区域经济的贡献外，文化产业的快速发展还会拉动就业，吸引劳动力向文化及相关行业的转移。例如，据欧盟 2010 年发布的数字统计，文化创意产业总产值占欧盟国内生产总值的 3.3%～4.5%，同时创造了 700 万～850 万个就业岗位。文化创意产业已成为欧盟继建筑业和食品饮料加工业之后的就业人数第三大行业。2008—2012 年国际金融危机和欧债危机期间，欧盟创意文化产业就业人数仍然以平均 0.7%的速率逐年递增，与此形成鲜明对照，欧盟总就业人数以 0.7%速率递减。

区域文化产业对就业的拉动，取决于文化产业的就业弹性，即文化产业的增长每变化一个百分点所对应的就业数量变化的百分比。就业弹性的变化取决于经济结构和劳动力成本等因素。文化产业特点在创意研发阶段虽然是智力与资本密集型，但是在创意产品生产和销售领域，也有很多是劳动密集型经济，就业成本相对较低，就业弹性较高。例如，文化旅游服务、展会服务与工程、剧场和影院服务、文化用品生产与销售等，在经济增长速度相对稳定的前提下，文化产业发展过程中这些就业弹性较高领域的增长对于就业和再就业增长具有现实意义。

3．对其他相关产业的拉动

如前所述，由于产业链长、产业关联性高，文化产业的发展目标不但要衡量文化产业占经济总体的比例，而且还要衡量文化产业对经济的带动能力。例如，会展业的产值是会展业所产生的直接经济收益，如展位、广告、门票、设备租赁等，会展业产值在区域经济的 GDP 中所占的比例是会展业的直接贡献，但是会展业同时还会拉动产生餐饮、住宿、旅游、购物、交通、物流、翻译、印刷、工程搭建等其他行业对经济的间接贡献。会展业的直接贡献与间接贡献的比值，通常称为会展业对经济的拉动系数。研究表明，在发达国家，会展业对城市经济发展的贡献为 1∶9 的拉动关系。

二、区域产业空间布局

文化产业的空间布局是在文化产业战略目标指引下，围绕主导型文化产业链上各环节的联系，以及区域文化产业之间的关联关系，以区域空间地理形态、资源分布、交通枢纽等客观发展条件为依托，对文化产业发展的空间位置结构和区域间关系进行合理的规划和布局的过程。

（一）文化产业区域空间布局基本方法与思路

一般来说，文化产业布局受区域内地理环境和区域城市形态的发展影响，区域中城市、村镇功能定位，经济发展水平的不同会在文化产业的布局变化中反映出来。文化产业布局不能像有的产业那样远离人口聚居区，因为文化产业所提供的社会文化消费品主要是为了满足人们的精神消费需求，人口聚居的地区往往是文化产业布局的聚居区。

文化产业空间布局的基本原则和总体思路是：以城市为结点，以铁路、公路和河流等资源要素为轴线，形成以点连线、以线带面的联动格局，从而在总体上形成结点分布合理、轴线辐射适宜、网络功能强大的产业布局空间框架，主要做到以下三点。

1. 大力培育增长极，形成合理的"点"布局

首先集中出现在某一点或某几点上，通过在点上的能量集群，然后再通过它们的吸引力和扩散力，在不断扩张自身规模的同时向外扩散，进而对整个区域文化产业发展产生不同程度的最终影响。从文化产业发展的历程来看，在一国或一区域的文化产业增长过程中，由于某些主导部门或者有创意能力的文化企业在特定区域或城市聚集，往往迅速形成一些技术和资本高度集中的中心，由于这些中心具有生产、贸易、金融、信息决策以及运输等多种功能，并能够产生吸引和辐射作用，促进自身并带动其他部门和地区的增长，这个增长点在产业经济发展理论中也被称为增长极。

在增长极的选择方面，由于城市是人口聚居最集中的空间存在，形成了庞大的市民社会和消费群体，因此大城市或大城市群往往是一个地区的政治、经济和文化中心，这些要素恰恰满足了文化产业多重属性的要求，现代文化产业首先是在这样的一种空间形态里出现。因此，文化产业布局一般来说就是沿着城市形态的发展而发展的。

2. 连点成线，形成优化的轴线布局

从核心城市出发，通常沿着城市交通要道等重要廊道，形成若干文化发展轴，这些轴线不仅承担着城市经济和交通的功能，更是文化传播及其产业形成的重要通道。城市交通将城市的各种经济活动联系起来，并与产业发展互相促进，尤其是城市的主干道对产业的布局更有决定性的影响。因此，交通条件对文化产业的空间布局具有重要影响，也是文化产业布局形成的重要因素之一。

3. 发挥区域优势，形成分工合理的经济区

城市文化产业的空间布局遵循从简单到复杂，从单一到多重，由点成线（或轴），然后发展成片，最终走向区域化的规律。随着城市的发展和文化的传播，原有中心周边的节点聚集于中心附近，受到文化发展核心区的显著影响，形成集群核心和文化产业片区。

此外，文化产业在区域城镇中的区位条件对文化产业的空间布局十分重要。文化产业依托的文化资源具有较强的区域性、历史性及民族性，因而文化产业的发展要求空间区位上的相对集中。

（二）区域空间布局的层次性和梯度性

合理的文化产业空间布局，能够有效增强城市的辐射力和整合力，使作用力向城市边缘地区扩散和渗透，从而带动边缘区的发展，提升区域的整体竞争力。文化产业的增长极一般会在大城市和中心城市集群，但是产业辐射力需要向周边空间拓展，并与城市现有的产业结构配套，从而能够通过增长极的带动与扩散，在周边地区的区县、乡镇形成文化产业的层次和梯度。因此，在区县级地方文化产业规划布局时，一方面要注意自身特色、发展特色的文化产业，另一方面要与上位的增长极中心相衔接。例如，以上海为文化产业的增长极，形成创意设计、网络游戏等现代文化产业集群，并向周边辐射，周边的太仓、昆山乃至沪宁沿线形成文化产业发展空间走廊和片区，可充分利用自身的产业优势，发展创意生产加工、衍生产品制造以及相关产业链配套环节，从而与上海中心形成对接，使文化产业布局在空间上呈现层次性、梯度性和互补性。

在上述空间梯度和层次形成过程中需要注意以下两个方面的问题。

（1）这种梯度和层次受到产业经济规律的作用与影响，与行政的区划无关，因此要避免在文化产业布局时受到行政区划影响产生的本位主义思想。例如，上述太仓、昆山在行政区划上属于江苏省却与上海市毗邻，所以并不一定会以省会南京为中心，而更倾向于对接上海，所以不应在产业布局时画地为牢。

（2）文化产业空间布局与文化产业是处于产业链高端的产业，需要周围众多基础性产业的密切联系和支撑。如果一些辅助产业不存在，大量的中间产品要依赖外部供应，可能由于距离过长而产生额外成本。因此，地区内产业的多样化有利于文化产业的发展。例如，苏南地区良好的服装加工生产和制造业，为苏南与上海的服装设计、创意设计、工艺设计等文化创意高端研发环节对接创造了良好条件，有利于形成文化产业链的区域片区布局层次和梯度。

（三）文化产业空间布局的集群性

文化产业是依托于城市，在现代工业和服务业高度发展的基础上形成的产业形态，具体到文化产业空间布局规划时，城市为文化产业提供了良好的区域经济、文化、技术、地理条件，以往分散的文化产业布局不断地朝着大城市和超大城市集中。文化产业这种集聚趋势发展的内在动力还在于区域城镇内的产业结构决定文化产业空间布局方向。把握区域城镇产业结构特征，选择合理的文化产业空间布局模式，可以有效形成聚集效应，从而提升城市的文化品位，有效增强城市的辐射力和整合力，并带动边缘区的发展，提升区域的整体竞争力。所以一般在规划中就选择落实到若干文化产业集群区内。这种集中，一方面可把原来分散的文化产业集中起来，既有利于加强管理，也便于集中有限的资源，做大做强；另一方面市场取向变得集中，并可以产生更大的经济效益。近年来，北京、上海、广州、深圳、杭州、成都、南京、西安等城市文化创意产业都呈现出集群发展的趋势。

三、空间资源优化配置

文化产业布局的一个重要目标是实现资源在空间上的优化配置。资源的流动性受到市场投资需求的影响，向产业集聚区流动。文化产业布局促使文化产业空间层次和梯度的形成，从而促使资源沿着文化产业空间增长极、发展轴、发展带而集聚、流动，形成产业资源的空间分布。例如，上述以上海为增长极的长三角文化产业聚集区，形成了上海创意设计的研发中心和周边创意设计的生产、加工和转化的产业链关系，研发设计、时装发布和展览等人才和投资就会向上海集中，而周边形成分销、物流供应、材料加工、定牌生产、设备供应、工艺创新等产业环节的资源集聚。

在空间资源配置中，还要注意在原有的空间布局规划下，通过重大项目的带动作用，合理布局文化重大基础设施和重大文化项目，进而以空间布局和政策引导来促进产业资源的空间优化配置。例如，在上海的8号桥、张江高科、田子坊、M50等形成的创意设计和创意科技集群发展中心，以及上海完善的展览基础设施，为创意设计、文化科技等产业布局目标提供了重要的平台，发挥重大项目和基础平台的集聚功能。

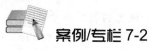
案例/专栏7-2

浙江省文化改革发展"十四五"规划

为深入贯彻党的十九大和十九届五中全会精神，贯彻落实省委十四届八次全会部署，浙江省发改委和省委宣传部编制并于2021年6月9日发布了《浙江省文化改革发展"十四五"规划》。该规划明确了浙江未来的文化改革发展目标，特别是在高质量发展文化产业方面，在其区位优势、产业条件等基础上规划了如下内容。

"抓住新技术、新业态、新消费带来的重大机遇，完善文化产业规划和政策，加快构建现代文化产业体系，满足人民群众高品质、多样化的文化需求。

优化文化产业发展布局。推进区域文化产业带建设，发挥之江文化产业带要素集聚、示范带动效应，加快推动浙报融媒体发展中心、浙数文化产业园、中国TOP直播电商产业园、中国蓝文化创意产业园、西溪511电影数娱综合体、之江电影集团数据中台项目等重大文化产业项目落地，打造高能级文化产业发展平台。深入谋划红色文化、海洋文化、生态文化和优秀传统经典文化等融合发展产业带建设，提升四条诗路文化带建设整体水平。规范发展文化产业园区、文化创意街区，支持中国寓言小镇、黄酒小镇、禅意小镇等文化特色小镇建设，健全重大文化产业项目数据库。加强长三角文化产业融合发展，发挥长三角文化产业投资联盟作用。

推进重点文化产业门类高质量发展。推动文化产业结构调整，巩固发展新闻出版、影视动漫、旅游演艺、文化创意、文化会展、文体休闲娱乐、文化装备制造等优势文化产业。大力发展数字文化产业，打造国家数字出版产业基地、短视频基地、音乐产业基地、网络视听产业基地等"四大基地"。推动文化产业与科技、体育、信息、教育、会展、金融、建筑、工业设计等产业的双向融合，培育新兴文化业态。做大做强做优影视文化产业，打造具有国际影响的影视文化创新中心和影视产业高质量发展基地。

健全现代文化市场体系。实施百家文化名企创优工程，到2025年，引进和培育100家以上文化领军企业、上市企业、高成长性企业，形成一批年产值百亿以上文化企业巨头。支持重点国有文化企业做大做强做优，推动民营文化企业加快发展，大力扶持中小微文化企业发展。繁荣文化消费市场，推进国家文化消费试点城市建设和夜间文旅消费集聚区建设，探索建立扩大文化消费长效机制。推动文化全面融入新发展格局，拓展提升文化产业发展的空间、市场和潜能。办好浙江国际青年电影周、中国电视艺术创新峰会、新时代影视文化产业发展大会等活动，办好杭州文博会、中国（杭州）国际动漫节、海丝之路（中国·宁波）文旅博览会、温州国际时尚文化产业博览会等展会。完善文化产业投融资体系，建设文化金融合作示范区，创设一批文创银行，引导各类投资基金向文化产业倾斜，促进文化资产评估和文化产权交易。

推进文化和旅游深度融合。坚持文化为魂、旅游为体，创建富有文化底蕴的世界级旅游景区和度假区、文化特色鲜明的国家级旅游休闲城市和街区。实施十大名山公园、十大海岛公园等重大工程，建设一批富有文化内涵的千万级核心景区，谋划打造绿水青山就是金山银山文化发展示范区、滨海文化旅游产业带等文旅融合发展大平台。支持南孔古城、云和梯田、台州古城、金华山等创建国家5A级景区。推进文旅融合标志性IP和"金名片"培育工程，深入实施"诗画浙江·百县千碗"工程，高标准推进全域旅游示范省建设。加快乡村旅游高品质发展，全面推进"百城千镇万村"景区化。大力发展红色旅游，创建红色旅游示范带。推动文化遗产旅游、旅游演艺等创新发展，提升大运河古镇群、阳明故里文化街区、天台山景区、太湖龙之梦乐园、新时代富春山居图富阳样本段等建设水平。振兴入境旅游市场，争取开展出入境游便利化改革试点。深度融入长三角一体化和长江经济带发展，共建杭黄世界级自然生态和文化旅游廊道、浙皖闽赣国家生态旅游协作区、环太湖生态文化旅游圈、江南水乡古镇文化旅游体验廊道。"

资料来源：浙江省发展改革委 浙江省委宣传部关于印发《浙江省文化改革发展"十四五"规划》的通知，浙发改规划〔2021〕234号。

【思考】

1. 查阅《浙江省文化改革发展"十四五"规划》的全文，分析规划提出的区域地理、经济、人才、资源、科技等方面的条件基础，以及短期与长期目标之间衔接关系。
2. 规划中提出了哪些目标和任务，查阅规划全文，指出相关扶持和保障政策有哪些？

第四节　区域文化产业政策

围绕上述文化产业的发展战略和空间布局，为了促使区域要素资源趋向文化产业的特定空间区域集群，政府通常需要针对重点区域和主导文化行业制定配套的产业政策，以保障文化产业发展目标的实现。

一、区域文化产业的财政扶持政策

区域财政投入政策是通过适当的财政投入作为引导与扶持，以促进文化产业区域发展目标的实现。区域财政投入政策与宏观的财政投入政策类似，都是通过政府各项财政和税收工具加以调节，只是在区域经济层次，投入和调节的方向和目的更明确。

（1）在财政扶持的地区方向上，政府的区域财政投入更趋向于对区域文化产业规划布局中的重点区域和增长极的扶持。围绕战略目标和产业空间布局，政府财政扶持主要对具有重要产业集群和带动力的文化产业空间增长极进行重点投入。

（2）政府的财政资金扶持在投入产业方向上，更趋向于扶持区域的主导文化产业、重大文化项目和文化基础设施。由于增长极大都以中心城市重点文化产业为中心，这些中心又大多以文化园区、街区、重点项目、标志性文化工程等具体形态展现，因此政府政策就多以对主导文化产业的集群区、重大文化项目和工程的扶持形式推进。

（3）政府的财政投入与税收优惠政策的目的在于按照产业空间布局的目的和要求，吸引优质文化产业的要素、具有竞争力的文化企业和文化项目在特定的规划区域集聚化和集群式发展。因此，政府的财政扶持具有明确的导向性，同时也应具有较大程度的开放性，即政府投入的具体产业运营主体，不应仅局限于本区域的文化企事业主体、文化机构项目，而要上升至全国和国际高度，对区域内外的文化经营主体给予同等待遇。例如，在重大专项资金、财政补贴等财政支出方面，一些地区政府部门倾向于更多地扶持本地的文化企业，特别是本地国有文化企业凭借与政府的关系，更加容易获得政府资金扶持，这就违背了区域产业经济运行的基本规律，与区域文化产业的政策目标也是不一致的。

二、区域文化产业的土地政策

区域文化产业规划布局包括对区域土地资源的使用问题。由于区域土地资源有限，而文化产业又趋向于向土地成本较高的城市集群，所以，这种产业集聚发展的趋势也使文化产业的土地使用成本上升。因此，政府需要对影响未来主导文化产业发展的文化产业集群区、文化重大工程与项目给予相应的土地优惠政策，如制定划拨文化用地、减免土地出让金等相关土地政策来降低文化产业的用地成本。

三、区域文化产业的人才政策

文化创意人才是区域文化产业发展中的重要生产力要素，特别是区域主导文化产业发展所需的高层次、高技能型人才。因此，为了支持区域文化产业的发展，地方政府应当根据主导文化产业发展战略和文化产业的空间布局，制定相关的人才引进、人才培育与培训等相关人才政策。随着中国的人口红利下行，劳动力规模逐渐变小，老龄化社会加速到来叠加低生育困境，人才变得比以往任何时刻都值钱。最近一段时间，苏州、杭州、南京、广州等多个城市密集推出户籍改革政策，争相放宽落户门槛，面向全国招揽人才。

（一）人才引进

要重点投入引进本地区主导文化产业急需的高层次人才和高技能人才。政府人才政策的主要功能是牵线搭桥，筑巢引凤。

（1）人才引进政策必须让外来的高端人才能够与本区域的文化企业、文化科研机构和重大文化项目等平台对接。

（2）人才引进要解决人才的后顾之忧，在人才相关的家属安置、户口落户、住房、创业条件、项目扶持等方面配套相关政策，以使人才引进后能够顺利地将智力资源转化为本地区的文化产业成果。

（3）人才引进方面要注意对高端人才的柔性化引进。由于文化高端人才属于稀缺性人才，而对一些地方政府来说，很难将那些顶尖人才直接迁入落户。此时就应注意通过具体的项目、课题、特聘专家教授、创新团队扶持等多种柔性的机制，使这些人才虽然不是本地居民，但是可以为本地区文化产业的发展做出贡献。通过这些顶尖人才在一定时期对本区域文化产业项目的支持和文化人才团队的辅导，逐步培育出本地区的人才团队。

（4）在人才引进方面，政府应当发挥人才中介机构的作用，通过制定促进文化产业和文化人才市场中介组织发展的政策，充分发挥人才中介机构在人才发现、人才流动和人才评价方面的市场主体功能。

（二）人才培育与培训

除外部引进外，更要注意通过人才培育建设本地的文化人才队伍。只需要通过本地的教育部门制定相关文化人才培育政策，这些政策的实施主要是依靠不同层次的教育机构，包括大学、职业学校等在文化学科与专业方面的人才培养。由于人才教育政策通常需要通过较长时间的实施才能见效，因此也最容易被忽视。但是这一政策关系到本地区文化产业发展的长期人才支撑问题，政府应当将其置于战略层面加以重视。

此外，政府还可以通过大力扶持人才培训机构和科研与研发机构，来促进社会人才和科研机构进行文化产业人才的培训和高端人才的培育。例如，通过大力支持省市级的文化产业人才培训机构，促进对现有文化从业人员的在职培训与继续教育，通过重点扶持文化产业研发创意中心等，促进这些中心对相关课题、产品和项目进行研发，发挥其在高端人才引进和文化产业创新团队培育方面的作用。

四、区域文化产业的科技政策

文化科技发展是现代文化产业的重要动力源泉。因此，政府的文化科技政策构成了区域文化产业发展政策体系的重要组成部分。

（1）现代文化产业集群发展需要强大的公共技术服务平台支撑，政府需要对区域公共文化科技的基础设施进行大力投入。例如，在游戏、动漫、影视、会展等文化产业集群区建设中，政府除了传统的园区水电交通设施外，还需要建立起公共的网络应用基础支撑平台，如互联网传输、无线网络覆盖、云存储计算、信息服务等公共技术平台。

（2）政府围绕区域文化产业发展关键性的文化科技攻关、行业重大文化科技项目和文化科技孵化项目,应制定相关的文化科技扶持与奖励政策,以促进文化科技创新及其成果的转化,包括文化科技专项资金扶持、科技型项目孵化和创业孵化扶持政策、重大科技创新的奖励政策等。

五、区域文化资源的保护政策

区域文化资源禀赋是区域文化产业发展的重要资源基础,包括历史文化资源、文化著作权、专利和商标资源等。政府应当在国家的法律框架和制度下,进一步制定和完善本地区文化资源保护与利用的相关政策与措施。这些政策与措施一方面可以加强对历史文化资源的保护,以保障历史文化资源的合理利用和可持续发展。例如,在对文化遗产和自然历史双重文化遗产的保护与利用方面,要保护与利用并存,以避免过度开发造成的资源耗竭。另一方面,相关政策和措施可以保障文化资源相关权利所有者的投资收益,以促进文化创新和文化成果的转化。例如,对文化产业的著作权、专利和商标的保护,有利于促进文化科技创新,促进文化创意成果的产业转化,保障创意工作者的权益。

本章小结

- 文化产业并不仅是单向地、孤立地受本区域高度发达的经济发展水平影响,文化产业发展也可以能动超出本区域的经济发展条件,在更广阔的空间范围发生作用。高度发达的经济水平虽然为现代文化产业发展提供了便利的条件,但是经济不发达的地区同样可以凭借资源禀赋,将发达地区的市场和消费群体作为文化消费的目标人群,发展符合本地区特色的文化产业形态。
- 文化产业的发展在区域经济结构调整中起重要的作用,是增强城市和区域竞争力的关键因素之一。不仅如此,文化产业发展还对区域和城市文化的建设具有推动作用。
- 文化产业的发展首先要分析区位要素,包括区域的地理环境、经济环境、技术环境、人才环境、文化资源环境、市场制度环境。
- 区域文化产业发展应遵循主导产业优先发展、产业集群规模发展、产业龙头与中小企业均衡发展、短期与长期协调发展以及市场主导与政策引导结合的原则。
- 在对区域文化产业发展的基本环境进行分析的基础上,区域文化产业规划与布局首先应确立区域文化产业的主要发展目标和主导发展产业。针对产业的空间布局,确定产业发展的模式和相关配套设施体系。围绕产业的空间结构和未来发展目标,布局文化重大基础设施和重大文化项目,进而以空间布局和政策引导来促进产业资源的空间优化配置。
- 文化产业空间布局的基本原则和总体思路是:以城市为结点,以铁路、公路和河流等资源要素为轴线,形成以点连线、以线带面的联动格局,从而在总体上形成

▶ 区域文化产业政策包括财政扶持、土地、人才、科技和文化资源保护等,这些政策为区域文化产业布局与规划的顺利落实提供了保障。

一、本章基本概念

区位、区域经济地理环境、区域文化地理环境、区域经济环境、区域技术环境、区域人才环境、区域文化资源环境、区域市场制度环境、增长极。

二、本章基本思考题

1. 简述文化产业发展与区域经济发展的关系。
2. 简述文化产业发展的主要区位因素以及这些因素的作用。
3. 区域文化产业发展遵循的主要原则是什么?
4. 区域文化产业空间布局与规划的主要目标有哪些?
5. 简述区域文化产业空间布局和规划的总体思路和要注意的问题。
6. 如何实现区域文化产业布局合理的层次与梯度并优化空间资源配置?
7. 简述区域文化产业的主要政策以及各自的主要内容。

第八章

区域文化产业集群发展

通过对本章的学习,学生应了解或掌握如下内容:
1. 了解文化产业集群的概念、特征;
2. 理解文化产业集群的形成条件和运行机制;
3. 了解城市文化产业集群形成的基本条件;
4. 了解城市文化产业集群发展的基本模式;
5. 了解文化产业园区的区位选择、基本构成和产业定位的基本原理;
6. 形成文化产业园区的发展模式和建设中应注意的问题。

文化产业发展既具有行业相对独立性,更具有集群化发展的趋势。文化产业内部各行业之间,以及文化产业与其他产业之间具有较强的关联性,文化产业可以带动相关上下游多种产业的发展。因此,文化产业集群是区域文化产业发展的重要模式,也是实现区域经济结构优化的重要途径之一。本章将对文化产业集群的概念、特征深入分析,并介绍文化产业集群的形成与运行机制、发展模式,特别对城市文化产业集群和文化产业园区两个层次的集群发展加以阐述。

第一节 文化产业集群

集群是产业经济发展的一种重要形态和发展模式,集群在区域经济发展中起着重要的作用。文化产业集群对我国当前尚在加速发展阶段的文化产业实现规模化、跨越式发展具有重要意义。

一、文化产业集群的概念

从经济学的原理看,各产业都不是孤立的,都有前向联系和后向联系,从而形成一个产业链。比如影视产业,往前看,有文学出版业、艺人培训业等,为其提供生产资料。往后看,又有影视衍生产品制造业、主题公园等,是对影视产业产生的版权进行特许授权经营。与产业集群相比,产业链虽然也强调产业之间的联系,但主要侧重于产业间的联系,对于产业以外的机构如商会、协会、中介机构等关注较少,此外,产业链没有空间集聚的概念。产业集群的概念则要比产业链的概念丰富得多,它既包括产业间的联系,又包括产业及其他相关机构间的联系,而且还强调空间的集聚。

"集群"(cluster)在生态学上指生活在同一栖所中不同的种群,这些种群以"共生关系"的形式存在。在一定空间范围内,由某种"共生关系"集聚在一起的企业集群,构成区域产业群的微观基础。1990 年,美国著名战略管理学家迈克尔·波特(MichaelE Poter)在《国家竞争优势》中提出产业集群的概念,并用产业集群的方法分析一个国家或地区的竞争优势。

产业集群是由与某一产业领域相关的相互之间具有密切联系的企业及其他相应机构组成的有机整体。产业集群至少应包括如下几个因素。首先,与某一产业领域相关。一般来说,产业集群内的企业和其他机构往往都与某一产业领域相关,这是产业集群形成的基础。其次,产业集群内的企业及其他机构之间具有密切联系。产业集群内的企业及相关机构不是孤立存在的,而是整个联系网络中的一个个节点,这是产业集群形成的关键。最后,产业集群是一个复杂的有机整体。产业集群内部的实体构成不仅包括企业,而且还包括相关的商会、协会、银行、中介机构等,是一个复杂的有机整体。

世界知识产权组织(WIPO)指出:"文化创意产业集群即创意产业在地域上的集中,将创意产业的资源集合在一起,使创意产品的创造、生产、分销和利用得到最优化,这种集群行为最终将促使产业合作的创建和网络的形成。"[①]

从某种意义上来讲,文化产业集群就是在文化产业领域中,由众多独立而又相互关联的文化创意企业以及相关的支撑机构,依据专业化分工和协作关系建立起来,并在一定区域聚集而形成的产业组织,因此一般意义上的文化创意产业集群包括文化创意产业链上所有上下游企业,以及彼此之间建立的各种相对稳定的、能够促进创新的、正式与非正式关系的总和。[②]

二、文化产业集群的形成途径

文化产业集群的形成条件有多方面的因素,包括区域本身的区位因素,以及来自政府

[①] 向勇,刘静.中国文化创意产业园区实践与观察[M].北京:红旗出版社,2012:13.
[②] 蒋三庚,张杰,王晓红.文化创意产业集群研究[M].北京:首都经济贸易大学出版社,2010:49.

推动、外部资本迁入、市场发展等多方面的因素。从区域市场和投资的经济因素方面分析，主要有以下两种途径。

（一）市场创造模式

区域范围内首先出现专业化市场，为文化产业集群的形成创造了重要的市场交易条件和信息条件，最后使产业的生产过程也聚集在市场附近。在我国，市场创造模式形成产业集群的典型地区是浙江省，该省有许多颇具规模的专业化市场，最终形成了一个个具有完整产业链的产业集群。例如，义乌的小商品市场发展，在科工贸一体和工业强市的发展战略下，形成了饰品、针织品、工艺品、玩具、五金、毛纺等相关产业的产业集群优势。文化领域，横店从一个山区小村镇，以影视拍摄为起点，逐步吸引影视产业资源入驻，形成了影视拍摄、制作、发行、演员经纪、道具服装租赁、影视器材设备租赁销售、影视文化旅游、演艺、餐饮、酒店服务等影视及相关产业的集群。

（二）资本迁移模式

一般发生在有产业转移的背景下，当一个规模较大的文化企业出于接近市场或节约经营成本的考虑，在生产区位上重新选择，并投资于一个新的地区时，有可能引发同类企业和相关企业朝这个地区汇聚。这样一种产业集群的形成，主要是通过一定数量的资本从外部迁入。这种源于资本迁移和流动而形成的产业集群现象，被称为资本迁移模式。

目前，国内在资本迁移模式下形成的文化产业集群有很多，其中起推动和促进作用的迁移性资本主要是外商直接投资、政府投资引导并招商引入等。因此，在产业集群的形成模式中，一些研究也把政府主导的产业集群作为一种模式。近年来，各地政府主导的动漫产业园、设计产业园等，一般制定相关优惠政策，吸引成熟企业入驻，或者扶持创业孵化，培育新兴文化产业，这些大多属于资本转移模式。

三、文化产业集群的生命周期

文化产业集群的发展要经历一定的时期和过程才能逐步培育出来，然后也会被新的集群所取代。从其生命周期看，通常有以下六个主要阶段。

（一）要素集中阶段

要素集中是文化产业集群发展的初级阶段，但也是必不可少的阶段。在要素集中阶段，有自发的要素形成模式，如早期的798艺术园区和美国的苏荷艺术园区，都是因为低廉的房租，艺术家自然地集聚在一起。然而，更多的文化产业集群需要通过政府扶持来形成聚集核，加速发展进程，此时，政府的首要问题是根据不同的区域特点规划产业布局，确定产业集群区的定位和选址，并通过相应的财政税收政策吸引要素的集群。前几年，地处新疆的边陲小镇霍尔果斯形成较大的影视产业集群，主要是因为特殊的优惠政策。

（二）互补与关联阶段

企业关联是产业集群过程中一个极其重要的阶段，没有此阶段，虽然实现了区域的要素集中，但相同行业的同类企业和相关企业集聚，除了信息和市场资源的共享之外，更重要的是企业之间的合作与关联。政府的职能如通过优惠政策吸引相关产业的生产商，鼓励集群区内的企业把其合作伙伴招引过来，鼓励本地优势企业扩张等。例如，上海的田子坊随着艺术家的入驻，带来了艺术产业资源的集聚，众多的艺术家工作室聚集，不同风格、不同艺术形式的艺术家工作室互补，形成艺术创意区、工作室与入驻的艺术展览、美术馆多样化的艺术机构相互关联，促进了产业集群的发展。

（三）创新能力培育阶段

区域创新阶段是产业集群过程中核心竞争力形成的主要阶段，包括各类文化科技创新型企业、策划与研发机构、科技与创意人才培育、公共文化创新平台等，都是产业集群创新能力的重要元素，也是集群区获得长期和持续发展的主要力量。由于在文化产业集群中大量中小文化企业的重大科技和文化创新能力相对不足，因此通过引进创新资源和培育集群企业的创新能力，可以为集群的长期发展提供动力。政府通常应通过设立园区共享的文化创新平台、建立创业投资基金，为中小文化创新型企业的项目研发提供支持，或者通过优惠政策鼓励经济主体向文化领域投资，积极培育独角兽企业和瞪羚企业。此外，为了鼓励创新人才培育，还可以对企业用来培训员工的投入资金免征所得税。

（四）对外扩张阶段

在具备上述三个阶段的发展条件后，文化产业集群已经初具规模，集群区进入一个相对高速发展的阶段，一是集群经济发展带动效应显现，能够推动地区整体经济水平和文化影响力的上升；二是集群企业创新成果对周边产业和地区产生辐射，将引导该地区产业结构的调整和升级。在此阶段政府应鼓励文化企业投资和扩张，不断提高和改善基础设施；通过相关政策保障集群扩张所需的资本、技术和人力资源。

（五）平稳发展阶段

产业集群发展到一定阶段，其在一定空间范围集聚发展达到最大规模后，逐步稳定下来，上下游和相关行业的集聚也达到一定水平。整个产业集群的产出规模、吸引就业水平都维持在一个相对稳定的水平。通常文化产业集群进入成熟发展阶段，其所面临的国际和国内产业竞争环境、产业技术条件、产品市场需求等都相对稳定。在此阶段，政府应当注重从早期的外延扩张、规模发展的模式，向内涵增长方式转变，着重提升产品质量和品牌特色，并且加大扶持教育、研发的投入，促进产业集群中的产学研的合作，以把握产业未来发展和变革的机遇。

（六）衰退转型阶段

产业集群所处的内外环境发展急剧变化，会迫使产业集群从稳定成熟阶段向新的方向转变，产业集群此时面临新技术、新产品、新市场、新的竞争者等多方面的挑战，产业集群要么积极应对转型发展，要么就会因原有的市场萎缩而逐步衰退，并被其他新兴的产业集群替代。通常，造成产业集群转型发展的主要因素是技术进步带来产业变革，造成产业集群中的上下游结构关系、产品、市场需求等发生变化。例如，数字技术发展对传统的出版行业变革形成了数字出版产业；新材料、环保技术使得传统印刷包装业向绿色印刷包装转变；互联网和数字技术发展使得网络剧、短视频、数字特效等兴起，改变了影视产业的生态环境。

四、文化产业集群的特征

虽然不同的产业集群都有其产业的特点，但是一个真正意义的文化产业集群至少包括以下四大特性。

（一）空间集聚化

空间集聚化是指文化资源、要素和部分经济活动等在地理空间上的集中趋向与过程，这种集群现象源于以下两个方面。

（1）基于经济活动的区位指向。区位指向相同的经济活动往往都趋向于集中在区域内相关资源和要素集中分布的地方，如早期的艺术创意园区通常是一两个艺术家率先入驻，吸引了这些艺术家圈子中同类的群体向这些地区集中，继而引来了各类艺术资源的集聚；又如由于上海具有全国文化中心和国际化城市的区位优势，使得大量的戏剧、展演、美术展览、时尚设计等文化艺术资源向上海集中。还有清代扬州书画市场和画家的集聚中心的形成及其清末向上海的转移，都是基于经济活动区位指向的案例。

（2）基于经济活动的内在联系。出于加强相互联系的需要，一些内在联系紧密、相互联系的经济活动往往趋向于集中在同一个适宜的地方发展，且往往是一个或一些核心企业带动许多配套企业在空间集中，这样可以有效地降低物流、信息成本，加强企业间的合作与交流，如日本以丰田公司为中心，周边集聚大量的为其提供汽车零配件的中小企业，形成了汽车产业集群。美国好莱坞除了六大电影公司外，还聚集了数以千计的各类配套公司，涉及艺人经纪、法律服务、保险、信贷、会计、道具租赁、服装制作、后期特效等众多领域。

（二）分工专业化

产业集群内聚集的企业是属于同一特定产业或具有直接上下游产业关联或具有其他密切联系的相关产业的企业。正是产业集群的分工专业性，才使集群内企业之间、企业与支撑机构之间产生紧密的合作关系。大量彼此间有很强的专业分工与合作关系的企业的空间聚集，加之长期形成的相互信任的产业文化，减少了群内企业间的不确定性，集群内员工更有机会与外部进行知识、信息等的交流。企业内外信息流动渠道增多，外部创新的知识、技术等更快更容易流入、渗透，增加了集群内企业的创新速率与概率，降低了群内企业的交易费用，使区域实现了外在规模经济和范围经济。例如，在美国硅谷的高科技产业集群，20世纪60年代中期以来，随着微电子技术高速发展而逐步形成，其特点是以附近一些具有雄厚科研力量的如斯坦福大学、加州大学伯克利分校等世界知名大学为依托，以高技术的中小公司群为基础。硅谷拥有大大小小的电子工业公司10 000家以上，它们所生产的半导体集成电路和电子计算机约占全美的1/3和1/6，并拥有思科、英特尔、惠普、苹果等大公司，融科学、技术、生产为一体。20世纪80年代后，随着生物、空间、海洋、通信、能源、新材料等新兴技术的研究机构在该地区纷纷出现，硅谷客观上成为美国高新技术的摇篮。

（三）服务社会化

产业集群是一种产业网络体系，这种网络结构包括区内企业与企业之间、企业与地方政府部门之间、企业与各种类型的中介服务组织或企业之间，以及企业员工与员工之间的各种正式和非正式的协作关系网络。例如，在一个产业集群中，不但有中小企业、大企业之间的竞争与合作关系，还有研究开发、企业咨询、法律援助、资产评估以及金融、保险、广告、策划、审计、会计、测试、维修保养等各种服务性组织或企业，集群中这些多样化机构之间形成了通过各种合同等形成的网络关系。非正式的网络关系表现为非合同的、在长期交往过程中所形成的相对稳定关系。

（四）圈层植根化

植根性（embeddedness）来源于经济社会学，其含义是经济行为深深嵌入社会关系中。集群内企业不仅仅是地理上靠近，更重要的是它们具有很强的本地联系，这种联系不仅是经济上的，还包括政治、社会、文化等各方面。集群内企业家具有相同或相近的社会文化背景和制度环境，以此为基础，它们之间在经常的联系、互动过程中所采取的各种经济行为深深根植于互相熟悉的圈内语言、背景知识和交易规则，因而具有可靠性、可预见性。共同的社会文化环境产生信任、理解和相互合作，相互信任和满意成为区内最有价值的资源。产业集群是一种积极参与全球分工而又与本地社会文化高度融合的本地化的产业聚集。20世纪90年代中后期，因体制机制等原因，包括"十大瓷厂"在内，景德镇的国有陶瓷企业被迫关停。进入21世纪以来，景德镇市按照"旧瓶装新酒"的原则，将原景德镇宇宙瓷厂打造成陶溪川文化创意园区。至今，陶溪川文化创意园区集聚了6000多名景漂青年，大家都在搞陶艺，有着高度重叠的师生圈、朋友圈，形成了独特的创意创业氛围。

案例/专栏 8-1

萨斯索罗的瓷砖产业集群

意大利北部工业小镇萨斯索罗是世界著名的瓷砖产业集群区，这个只有几万人的小镇生产着世界上30%的瓷砖，全球65%的高档瓷砖从这里出口到世界各地。萨斯索罗与瓷砖产业有关的企业有200多家，有许多与之配套的模具、釉料、包装材料、仓储、运输等各类服务企业,它们为瓷砖生产企业提供着应有尽有的服务;全镇一半以上的人从事着与瓷砖产业相关的工作;此外,专业化咨询顾问公司在工厂管理、物料管理、财务、广告、营销等方面的作用可以说发挥得淋漓尽致,形成了紧密合作的社会网络。行业协会为瓷砖企业提供了如大宗采购、各类会展、国际市场调查、人才培训与交流、法律事务、财务咨询等方面的服务,还代表企业出面与政府或工会协调有关产业政策和社会福利等方面的问题。

资料来源:作者整理撰写。

【思考】

1. 小镇生产世界上30%的瓷砖,但全球65%的高档瓷砖并不都是本地生产的,为什么要从萨斯索罗出口?表明小镇产业集群和世界其他地方有着什么联系?
2. 简述小镇上产业集群的结构。

第二节 文化产业集群的形成和运行机制

文化产业集群是指众多相互独立又相互关联的文化资源、文化企业及相关机构在一定区域内根据自己的专业分工建立起相互协作的关系,集聚形成一个相互支撑、相互依托、相互促进的专业化的产业发展组织。文化产业集群形成和运行机制服从一般产业集群的规律,同时文化产业具有较强的文化意识形态属性,除产业要素外,文化产业集群还与文化事业性机构、政府等有着互动的关系,因而有着自身的特殊性。

一、文化产业集群形成的方式

就目前的实践发展情况来讲,文化产业集群的形成方式主要有:① 政府主导的集群开发结果;② 市场规律演绎出的自发形成结果。除此之外还有一部分集群以水平或者垂直关联的方式形成,具体的形成方式如下。

(一)政府主导

这种方式是指政府相关部门依据一国或地区的发展政策划定相应区域,在区域内进行文化产业集群的建设,通过统一的招商引资以及政策扶持,为文化产业集群的发展创造环境与条件,是一种"自上而下"发展文化产业集群的模式,在文化产业集群发展的过程中,政府可以充分发挥提供公共产品和公共服务、加强制度保障以及优化市场环境等职能,而集群内的文化企业则可以充分利用政府创造的良好发展环境,努力降低集群交易费用,形成集群合力。我国当前很多文化产业集群都采取了政府主导的招商引资方式。政府虽然能够在产业集群形成中发挥重要作用,特别是对于那些市场不完善、相对发展滞后的地区,但是政府应当注意政府的力量在于促进市场的完善和发挥市场机制的作用,而不是对市场的替代。因此,政府应当将主要的投入集中在集群的基础设施、公共功能和环境条件营造上，而不是替代企业决策和市场作用。

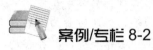

案例/专栏 8-2

首尔数字媒体城

位于韩国首尔特别市西部门户上岩地区的数字媒体城（DMC），被首尔人称为"把梦想变为现实的典型代表"。这里曾经是一个巨型垃圾填埋场，而如今却即将成为首尔人引以为豪的总面积为 569 925 平方米的数字媒体娱乐中心。这里集中了韩国广播、游戏、电影、动漫、音乐和网上教育等基于信息技术的产业，成为一个代表未来发展方向的产学研完美结合的数字园区。1998 年宣布新千禧城项目开发计划；2001 年启动以数字媒体城为主体的新千禧城项目计划，将兰芝岛附近的垃圾填埋场进行开发利用，建设成为一座数字媒体和文化产业中心。世界杯体育馆、世界杯公园、生态村和 IT 电信基础设施区共同构成新千禧城，并位于新千禧城的中心。

首尔数字媒体城是由首尔市政府开发和推广的文化产业集群重大工程。由政府成立专门的部门负责土地开发和基础设施建设，通过政府制定各种优惠政策推动民间资本参与。政府还成立专门机构协调文化产业发展，制定总体的发展框架，完善交通、通信、环境等基础设施的规划，并主导规划了数字媒体城的十多个产业园区，数字媒体城的规划都是以环保为核心制定的。园区内实现了垃圾能源化，利用垃圾发电，因此园区的能源价格相对低廉。此外，园区内的建筑也多为节能建筑，有的本身就能产生能源，目前已经建设好的很多大楼表面都装有多晶硅面板，可产生太阳能。此外，政府建立了艺术文化人才的培养机制，并成立专项资金，着力支持产业的重大科技创新项目，以及建立面向全球化的产供销关系。

首尔数字媒体城目前已经建成了集电影、广播、动漫、音乐、网络教育五大传媒产业于一体的高新技术试验床和经济中心。已经竣工的数字媒体建筑有韩国主要媒体公司，包括《朝鲜日报》、《东亚日报》、SBS 电视台媒体中心、MBC 电视台媒体中心、YTN 电视台、KBS 广播公司、《首尔新闻》；韩国尖端信息技术企业，包括 LG CNS 信息技术中心、LG 电子通信、泛泰电子研发中心。另外，包括贝尔实验室在内的多家世界一流研究机构也在首尔数字媒体城设立了首尔分部。

资料来源：作者整理撰写。

【思考】
1. 政府主导的文化产业集群有什么优势？
2. 政府在文化产业集群中应当发挥什么作用？

（二）区位诱导

这种模式是指某一区域依托自身特殊的自然历史环境、人文环境、文化环境、创意资本的累积等条件，在市场规律的作用下，自发性地形成的文化产业集群，这种集群目前来讲最具活力，有着较高的自由度。此种发展模式的集群有很多，如较早的纽约 SOHO、韩国的 Heyri 艺术村、北京的 798 等。其中还有一部分是因为有相同或者近似的消费者群体而形成的集群，其产业形态并不完全一样，如时尚餐饮、影院、剧本杀、撸猫馆、cosplay 等聚集一处，以迎合二次元文化（ACG）消费群体的共同需求。

（三）垂直关联

这种关联模式是指"在多层次产业集群中，上下游企业间存在着原材料供应、成品或半成品生产或成品销售的投入产出联系的复合型产业群"[①]，在传媒类的产业集群中较为常见。此种垂直关联集群的代表有好莱坞的影视制作发行集群、惠灵顿电影产业集群等。

（四）水平关联

这种模式是指集群内的企业同属同一行业，这些企业所面临的客户、经销商、市场大致相同，仅通过提供差异化的产品来获得利润。这种类型的集群代表有纽约的百老汇、东京的动漫产业集群、深圳的大芬村等。

二、文化产业集群的发展条件

文化产业集群的形成并非凭空设想的结果，就像工业集群的出现往往因物流成本及原材料获取成本的降低等诱因，农业集群依赖于气候及土壤条件一样，文化产业集群的出现也要满足一定的条件，不然就难以形成有效的集群效应或者难以取得长远的发展。

一般来讲，一地区文化产业集群的出现需要满足的条件涉及政策、制度、经济、人才等各方面，且需要这些条件的水平相互间具有一定的平衡性。

（一）区位地理因素

文化产业集群是区域文化产业发展的一种主要模式，因此在发展条件上，遵从区域文化产业的基本规律，区位地理因素是文化产业集群形成的主要条件之一，如集群所处的地区的交通状况、自然资源、气候条件等。例如，好莱坞电影工业集群在 20 世纪初形成初期有两个重要原因都和好莱坞独特的地理条件有关。① 当时电影工业技术还没有相当的照明和摄影棚技术条件，虽然当时已经有电灯了，但当时的电灯还不够亮，当时最好的光源是阳光，而好莱坞常年光照充足，日照时间长，除此之外，加州视野宽广，有各种不同的自然风景。良好的气候条件为电影工业提供了方便。② 当时托马斯·爱迪生持有电影的专利，原来电影公司都集中在纽约和新泽西，受到爱迪生公司专利权垄断的压制，独立电影公司经常受到爱迪生公司的专利权起诉，而加州离新泽西非常远，因此爱迪生很难在这里控制他的专利权，在纽约和新泽西的公司开始向好莱坞搬迁，即使爱迪生派人来加州，

[①] 张京成，李岱松，刘利永. 文化创意产业集群发展理论与实践[M]. 北京：科学出版社，2011：79.

他的人也往往比其消息来得晚，这样一来，这里的电影制造商就可以及时躲到附近的墨西哥去了。因为上面这两个非常重要的地理条件因素，使得早期偏僻的好莱坞逐步成为电影工业集群区。

（二）区位经济因素

区位经济因素包括区域可以为文化产业集群发展提供的生产要素资源、区域的产业结构支撑情况、区域文化消费水平等。其中，生产要素资源包括区域的资本、技术、人力资源、基础设施是否能够支持所选择的文化产业集群的发展。例如，数字内容和传媒业的集群，是高风险、高技术、高投资的产业，需要当地有相应的技术人才、创意人才、金融资本以及互联网等基础设施条件的保障，才能吸引大型文化传媒和文化科技型公司的入驻和聚集。产业结构支撑是指区域是否具有支持所选择文化产业集群的相关配套和辅助产业支持。例如，当一个文化产业集群的龙头企业入驻区域时，常常需要相关周边的生产、服务配套，如果区域内没有相关的配套企业，就会造成入驻企业的成本上升，如在建设影视产业集群中，影视基地的投资建设，需要有相应的工程建筑、餐饮服务、酒店住宿、设备租赁、服装道具制作加工、演艺经纪、交通运输、金融服务等相关配套服务业的发展。区域文化消费水平是当地文化消费市场的规模、结构的表征，包括文化消费总体规模、文化消费平均水平和文化消费市场的结构等。

（三）区位无形资本

与文化产业集群发展相关的区位无形资本包括区域制度、文化资源、社会资本、人力资本等文化产业集群发展的必备条件，这些条件的含义和作用如表8-1所示。

表8-1 区位无形资本构成、含义及其对文化产业集群发展的作用

构 成	内 容 简 述	条 件 作 用
结构或制度资本	包括司法体系、公正程度、言论自由、咨询及通信科技的基础情况、社会及文化基础建设的动力、金融机构等	影响基本的社会环境，包括社会的公平正义、言论自由等，影响集群各种资本的使用效率
人力资本	包括访港数量、离境数量、移居本地人数、签证人口比例等	影响对外来人才的接受程度以及外来人口对于一地区的热衷程度，关系创意阶层的汇聚及积累
社会资本	包括慈善捐款数额、多种信任度、对移民的态度、对个人表达与求存相对的态度等	有利于形成良性的社会网络及社会关系，有利于形成活跃的表达机制
文化资本	包括文化支出、习惯与价值、文化事务的参与程度	对文化教育的影响，对知识产权的尊重与保护，对文化活动的热情与参与度等

三、文化产业集群的结构主体

政府协调与服务机构、文化企业、教育与研究机构、中介服务机构等，是文化产业集群发展的四大主体。

政府协调与服务机构是文化产业的管理机构，也是集群的推动机构。政府及其服务机构通过制定政策、引导投资、提供咨询与信息、协调各部门等方式，为集群的发展提供服务，特别是在市场发展条件滞后和文化产业集群发展初期，更加需要政府的引导、推动和支持。

文化企业是文化产业集群的核心主体，包括文化产业集群的同类或者相关企业。第一，同类和相关文化企业在空间中的聚集是文化产业集群形成的基础。第二，这些企业之间的分工合作是文化产业集群形成的必要条件。

教育与研究机构是知识生产和人才培育的中心。文化产业集群在形成与发展过程中，始终有对人才和创新方面的迫切需求，教育与科研结构不但能够为广大中小企业提供人才培育、科研创新与创意研发的基础平台，同时也可为大企业提供科研、人才方面的支撑。例如，硅谷的高科技产业集群就是以斯坦福大学的创业产业园区为起点发展起来的。

中介服务机构是产业集群中为集群企业提供信息、人才、技术、财务、法律、市场等中介服务的机构。中介服务机构的作用一方面在于有利于集群主体间建立紧密的合作和网络关系，并为集群企业提供较全面而专业的服务，使集群企业能够更好地专业化于自己的领域；另一方面可以为集群企业建立与集群之外市场、产业的广泛合作关系，促进集群与外部市场和产业的信息、人才、技术、文化资源等生产要素资源的流通。

四、文化产业集群的运作机制

政府协调与服务机构、文化企业、教育与研究机构、中介服务机构是文化产业集群的主要构成，它们需要产业分工与合作才能形成有机整体。研究文化产业集群的运作机制，就是研究构成文化产业集群的主体如何通过彼此的相互联系与作用来使整个集群运作起来的过程。

首先，产业集群的产生和发展关键在于其竞争优势，而竞争优势的影响因素是多方面的，其中既有市场自发作用（如竞争），也有禀赋因素（如地理距离成本、文化资源禀赋），还有非市场因素（如政府政策）。因而产业集群的形成和发展既有偶然因素又有确定因素，既有市场因素又有非市场因素。文化产业集群一般主要由市场自发形成，但受地区比较优势和其他因素影响，特别是由于文化产业在社会发展和文化建设方面的重要性，对经济、文化产生广泛的影响，政府在引导产业集群合理有序发展、创造一个有利于创新的良好外部环境，以及防止产业集群退化甚至走向衰退等方面，政府政策的作用都是十分重要的。

其次，专业化企业之间的交流与合作是集群发展的最基本支撑力，高度专业化也是产业集群获取独特竞争力和区域竞争优势的基础。集群的生命力优势在于能吸引外部企业的加盟并孵化出大量的新企业，其中知识溢出效应发挥了主要驱动作用；大量新创企业能增强技术的多样化和促进集群的技术升级，集群环境更能够方便新技术的产业化，并由此涌现出不同的产业部门，加速产业分工；"整合"表示企业间的协同和企业的自组织行为，以及与外界环境的资源和能量交换，因此集群是一个开放系统。

最后，要素的不可分性和技术特点在规模报酬递增中发挥了重要的作用，或者简单地说地区要素禀赋的特点是集聚经济的基础。要素禀赋和技术特征会导致内生性的产业集群并决定其发展过程。集群的发展不是一两个要素单独作用的结果，而是人才、技术、资本、文化资源禀赋等多种要素集聚并共同发生作用的过程。对于文化产业集群来说，特别要关注的是，除了物质要素的不可分性之外，某些知识和技术的传播也非常有地域性，而且受地区文化的影响很大。例如，有些知识（如隐性知识）只能通过面对面的交流才能传播，一些关于组织、制度的知识大都属于这一类。多数生产性技术和技能的扩散是有一定范围性的（制度更是如此），超过一定的距离，扩散的能力会急剧下降。所以，这些因素受地理因素的制约程度很大，如果文化产业发展中这些因素的作用比较大，那么这类产业的集群化过程就很受地理因素的影响。

案例/专栏 8-3

澳大利亚的昆士兰文化产业集群

澳大利亚昆士兰文化产业集群，全称为澳大利亚昆士兰创意产业集群区（CIP），位于布里斯班市的西边，占地 16 公顷，于 2001 年由澳大利亚政府筹建，投资额约 6000 万澳元，2004 年 5 月正式启用，是集教育培训、研发中心、产业中心等全产业链于一体的新兴文化产业集群。集群内集合了印刷媒体、视觉表演艺术、音乐创作和出版、新媒体、广播电子媒体和电影、传统艺术活动等多种类型的机构与公司。

CIP 是集产学研为一体的综合性文化产业集群的典范，在 16 公顷的集群范围内集合了文化产业链中的创意生产环节、科技研发环节、创意产品制作环节、创意产品销售环节。这些构成相互关联，相互作用，构成了良好的集群内产业发展生态。这里参考花建先生提出的文化产业集群内部结构图①，结合 CIP 的发展实际，将 CIP 的运作机制描绘如下（见图 8-1）。

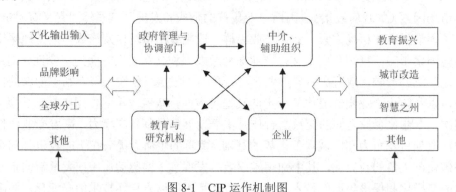

图 8-1　CIP 运作机制图

---

① 花建，等. 文化产业的集聚发展：从创意集群到文化空间[M]. 上海：上海人民出版社，2011：31. 本书根据原图拓展了左右两侧各四个方框的外部影响因素变量。

如图8-1所示,集群内的各个主体构成了基本的产业关联,政府的协调与服务机构、企业、大学和研究机构、中介服务机构形成了一个基本的集群核心结构,它们之间相互联系、相互影响,使各个集群构成主体相互形成紧密联系、共同成长、开拓创新的增益循环。其相互关系如下。

政府管理与协调部门。不同部门相互监督与配合,形成对集群管理与服务政策的完善,表现如下:① 为教育与研究机构提供政策服务,提供相关的经费及政策支持;② 为企业提供政策服务,提供基础设施及公共服务,为企业的发展提供基础保障;③ 为中介、辅助组织的介入提供接入点,必要时是中介、辅助服务的组织者,根据集群的需要,对中介及辅助进行管理。

教育与研究机构。彼此间进行学术与科研的合作与竞争,可就重大课题利用公共资源展开合作,利用空间便利展开频繁交流,并为集群提供如下贡献:① 为政府部门提供战略决策咨询,为政府部门战略及管理决策的制定提供智力支持,起智囊作用;② 为企业提供学术及智力支持,提供包括战略决策咨询、创意产品设计开发监制等智力输出服务;③ 一定程度上也可以是中介、辅助组织的参与者,如行业联盟、协会联盟等,也可为这些组织提供咨询服务,输出智力服务。

企业。建立良性的竞争与合作关系,同属于统一的产业链网络中,可基于分工需求展开合作,同时部分产品的相似性又提出差异化的竞争要求,对集群其他主体的作用在于:① 为政府部门提供税收,并创造就业机会,是政府战略计划及政策的受用者与具体主体;② 是教育与研究机构主要的智力产品购买者及先进学术理念的实践者,同时为高校及研究机构的人员提供多样的就业岗位;③ 购买其中介及辅助性质服务,并受益于这些组织提供的网络关系及信息服务,必要时是这些组织的赞助者。

中介、辅助组织。可分属产业集群内的不同环节,根据分工需求展开合作,同时也是基于市场竞争显示存在差异化、择优性的市场竞争压力,其与集群其他主体的关系如下:为政府部门提供信息服务,并帮助政府部门搭建集群内的各类发展平台,落实政府部门所提出的发展政策并配合做好服务性工作;成为其与企业、政府部门的沟通桥梁,购买其所生产的智力产品,并为其作用的发挥提供各种正式与非正式的平台;为企业提供各种形式与内容的服务,如金融支撑、法律服务等,并提供拓展企业市场的平台为企业与集群内外的各主体提供牵引服务。

资料来源:作者整理撰写。

【思考】

1. 在文化产业集群中,各个主体之间是如何作用的?这些关系对集群的发展有什么作用?
2. 文化产业集群的主要决定因素有哪些?

第三节　城市文化产业集群的发展

现代城市的发展，为文化产业集群的发展提供了良好的、庞大的消费人群，以及良好的设施基础和交通条件。在区域层次上，现代文化产业首先趋于向城市集群发展。城市文化产业集群在空间上形成了区域的文化产业增长极，并沿区域城市间、乡镇的通路与走廊，形成文化产业带。因此，城市文化产业集群的产业选择、布局规划和政策措施成为区域文化产业集群的重要发展途径。

一、城市文化产业发展的起源

现代文化产业有向城市集群的特点。因此，文化产业集群发展作为现代城市发展一定阶段的产物，也是城市现代化的特征之一。应该说，现代文化产业发展及其对经济的改造提升作用，首先是在城市发展更新和城市经济结构调整过程中兴起的。随着社会物质财富的大量积累和生产能力的持续提升，西方国家普遍在20世纪70年代之后开始进入精神经济时代，随之而来的是城市经济和社会转型、产业转移和升级等去工业化进程。一方面，随着人均收入的增长，城市人口增加，带来文化消费的空前增长，文化消费需求在消费结构中的比例不断上升，拉动了文化生产要素向城市集群；另一方面，城市的去工业化使得原来集中在城市中的工业向郊区迁移以及原有工业集群区域的衰败。城市经济结构转换和产业转型，进而使经济结构从以低层次的劳动密集型产业为主上升到以资本和技术、文化密集型产业为主。文化产业由渗透、转换进而提升传统产业，衰败的工业区被文化艺术不断改造和渗透，逐步转化为充满城市时尚气息的艺术创意区；同时，新兴的文化产业适应城市不断滋长的文化需求，在城市中以崭新形态形成新的中心区，并扩大了城市的版图。文化产业在产业经济结构调整和城市的发展中占据了重要地位，形成城市经济发展中的重要一极和新的产业形态。

纽约的苏荷街区位于美国纽约市曼哈顿岛的西南端，是一个占地不足0.17平方英里（约为440平方千米），居民人口约为6541人的社区，地方虽然不大，但已成为世界著名的文化街区之一。苏荷区原本是19世纪最集中的工厂与工业仓库区，20世纪中叶以后由于旧厂倒闭，商业萧条，这些仓库的空间闲置废弃。从20世纪50~60年代开始，美国的一些艺术家以低廉的租金入住该地，并开始有画商设立画廊，原本位于上城高级街区的不少老字号画廊也相继移来，一些当代著名的大师级艺术家，如沃霍、里奇斯坦、劳森伯格、约翰斯等都集中在该区。20世纪60~70年代之交，纽约市长做出具有高度文化远见的决定：全部保留苏荷街区旧建筑景观，通过立法，以联邦政府的立场确认苏荷街区为文化艺术区。1982年，苏荷街区的画廊逾千，艺术家逾万，整个街区的面貌也开始发生变化，20世纪90年代以后，苏荷街区租金飙升，过度繁华，艺术的活力与纯度不复当年，蜕变为高级旅游点。2000年以后，大批画廊迁移中城二十街一带的查尔斯区。

英国伦敦的展览路是世界闻名的人文精英集中的街区，集中设有多处博物馆和文化机构，如维多利亚和阿尔伯特博物馆、英国科学和自然历史博物馆、帝国学院、皇家艺术和音乐学院、歌德学院、法语学院、英国国家芭蕾舞团和皇家地理协会等诸多艺术和学术机构。英国政府和伦敦市政府投资3500万英镑对街区进行改造，于2009年完工，整个街区的面貌有了极大的提升。

法国巴黎塞纳左岸艺术区也是世界闻名的文化圣地。巴黎左岸不仅是因为左岸悠久的历史，还因为这里的整体文化氛围。这里最特别的地方是遍布着众多各具特色的咖啡馆和酒吧，无数在世界文化史上闪闪发光的人物，如海明威、萨特、毕加索等都曾经常出入这里。如果说塞纳左岸的这片区域在巴黎人眼中是非常值得永远保存它的原貌的地方，并不只是因为这里有一些历史遗迹，最主要的是左岸保留下来的是它无形的艺术声望。

城市文化产业集群具有五个鲜明的特点：① 文化产业的技术和劳动分工过程使文化产业需要大量能灵活操作相关行业的技术工人；② 文化产品的生产往往是由相互依赖的中小企业组成的网络来组织的；③ 这样密集的网络组成的多面的产业综合体对本地劳动力市场产生了巨大的需求，并对劳动技术具有多样化的需求；④ 这样的产业综合体产生了巨大的外部效应；⑤ 这样的综合体也依赖于网络间的信息交流、技术交流以及生产商之间的信任和合作。

二、文化产业集群与城市区位因素的关系

城市的区位条件包括前面章节所介绍的地理环境因素、人才环境因素、文化资源禀赋等。城市的区位决定了城市在区域经济发展中的战略地位和产业定位，直接影响了城市文化产业集群的产业选择，以及城市产业集群与集群外部整体区域经济的关系。

首先，一个城市产业集群的产业选择必须考虑城市的区域经济定位。例如，像上海这样的中心大城市和文化中心，汇聚了很多知名艺术家、展览机构，是艺术家工作室、艺术创意设计、展示的中心，因为聚集在上海可以最快地接触到国际艺术前沿和高端的人才以及最新的信息，获得更多的交流与展示的机会，这是上海的城市地位所决定的。再如，在北京的艺术创意集群中，艺术家逐步迁移到北京宋庄艺术区，虽然这里位置偏僻，但是非常适宜艺术家的聚集和创作，土地租金价格低廉，并且距离北京不远，也能够接触到北京的艺术资源，而北京的798逐步成为艺术展览和商业的集聚中心，二者在产业集群空间分布上并不矛盾。

其次，城市区位特征决定了产业集群与整体区域经济的外部关系，集群是个开放的系统，不同的城市定位和区位条件，决定了城市在整个区域的文化产业集群体系中的地位，城市产业集群与周边和外部的区域经济是相互关联的。例如，对于上海、北京这样的大城市所形成的展示、设计、研发中心，与城市功能吻合，立足北京和上海，与全球的文化创意产业衔接，起着交流、展示、引进、吸纳的作用，而周边的城市主要为产业链的合作和

配套。长三角的动漫、网络游戏等科技创新型文化产业集群,在总体布局上,上海是对外展示、创作、销售和总部中心,而周边的太仓、昆山等地则是主要的加工、制作基地。

三、城市文化产业集群发展的形态

不同城市地理、经济与文化资源环境,会形成不同的城市文化产业集群的类型和形态。城市文化产业的集群在城市空间结构中形成了集群点,这些点处在整个区域文化产业轴和带的通路与走廊上,成为产业资源集群和辐射的中心。

城市文化产业的集群与其他产业的集群不同。因为文化产业发展的同时也对城市文化的建构发生着潜移默化的作用。例如,公共文化设施和文化艺术创造物的空间呈现,直接改变了城市的空间结构和视觉呈现,而文化艺术活动则在空间上具有扩散性,直接与城市居民的社会生活相融合,影响着人们的文化消费习惯和文化价值观念。这种空间与时间上直接和间接的互动和影响,不断改造着城市的文化生态。因此,城市文化产业的集群区更多地呈现出既具有较强的集群性和一定区域的自我独立性,但同时也存在较强的开放性和对外辐射性,不像传统的工业制造业集群区那样封闭。例如,在艺术园区中,艺术家的工作室通常较独立,不大与参观者发生关系,但是集群区中会有美术馆、展厅和各类配套的艺术公共空间,这些空间呈现较强的开放性,与外界社会形成文化上的交流与互通。

因为城市文化产业集群这种特有的性质,使得城市文化产业集群区与城市社会生活空间融为一体,呈现出不同的形态分布。

(一)开放式街区

这类文化产业集群区以街区的形式存在,多在原有的历史街区或者现有的城市街区地理空间和建筑形态上嫁接或者融入创意元素。这些文化产业集群的街区,要么充分利用了城市历史传承的街道固有的空间开放性和内部相对独立性的特点,要么经过设计改造使之在空间上呈现这样的特色,从而使这些街区与街区外部的城市社会空间相沟通,形成人群和文化上的对流通道。

同时,注入的创意元素能够非常融洽地与原有的建筑形态相结合,凭借这些创意自身的独特性和差异性,使整个街区与众不同,突出了这些街区在文化创意方面的主题元素,从而能够不断地集群与这一文化主题相关的产业要素和文化要素,形成特定文化创意产业在资金、人才、信息乃至消费方面的空间集群。

案例/专栏 8-4

上海田子坊街区

田子坊是泰康路打浦桥地区的一条小街,保留了上海的石库门建筑和里弄特色,并留存了废弃的仓库和街道小厂,1998 年前这里还是一个马路集市。自 1998 年 9 月区政府实施马路集市入室后,把泰康路的路面进行重新铺设,使原来下雨一地泥、天晴一片尘的马路焕然一新。1998年,一路发文化发展公司首先进驻泰康路揭开了泰康路上海艺术街的序幕,不久又有著名画家陈逸飞、尔冬强、王劼音、王家俊等和一些工艺品商店先后入驻泰康路,弄堂里除了创意店铺和画廊、摄影展,最多的就是各种各样的咖啡馆,使原来默默无闻的小街渐渐吹起了艺术之风。例如,尔冬强工作室每月一次的歌剧演唱会高朋满座;坐落在泰康路220弄的乐天陶社艺展吸引国际陶艺家前来参展、交流,在世界的陶艺界享誉盛名;一座五层厂房已改建成都市工业楼宇,在5000平方米内引进了10个国家与地区的艺术人群,他们在这里设立了设计室、工作室。中西方的文化在这里交融、碰撞;上海自在工艺品公司的缕青竹刻在沪上的竹刻中独树一帜,畅销港台。现在,田子坊是由上海特有的石库门建筑群改建后形成的时尚地标性创意产业聚集区。

资料来源:作者整理撰写。

【思考】
1. 田子坊街区在空间的开放性上,有什么特点?
2. 街区形态的文化集聚区,如何集聚资源?

(二)集中式园区

除了上述依托老的街区改造外,城市文化产业集群可以在城市中兴建一个新的区域,或对老的厂区进行改造,这些地区因为是新建的或者是相对封闭的老厂区,从而能够以园区的和片区的方式建设。这类城市文化产业集群地区虽然在物理空间上与周边有较明显的物理分割,但是通过对外的产业联络关系和园区内设置的艺术公共空间,形成对外的文化交流与融合。例如,北京的798虽然是对老厂区的改造,其地理空间上局限在厂区的范围,但园区中设立了美术馆、博物馆等公共空间,各个工作室也有较好的艺术陈列展示交流与销售,使园区与外部社会相融通。再如,一些新兴的高科技文化创意园区,虽然从外部环境上看是较为封闭的产业园区,以一个园区或者一栋建筑大厦为主体,但是其中发生着各种与产业相关的外部虚拟的联系。这类产业园区与外界互动的方式主要通过产业链上和外部的产供销关系,以及与其他相关产业的关联。

(三)开放式片区

开放式片区是在比园区和街区更大的范围内,占据城市较大区域空间的产业集群,集群通常包括数个园区和街区,形成的多个功能和多个相关产业的空间聚集和功能布局,最终整体上形成区域性文化发展片区。这样的开放式的城市片区模式,由于占据空间较大,涉及城市用地、产业发展、城市交通规划、城市基础设施、社区生活等城市功能的总体布局,因此政府的作用至关重要。例如,上述的首尔数字媒体城,就是典型的对整个旧城区改造,通过十几个相互联系,存在内在产业功能关联的园区,形成整个一片城区的产业集群。首尔市政府在其中扮演了发起者、规划者、推动者、协调者的角色。

（四）楼宇式集群

近年来，随着城市经济的转型升级，尤其是精神经济推动的人际互动模式变化，一些文化消费的分众化趋势日益突出。在二次元时代的推动下，一些新型消费方式和相应的文化业态开始在一些大城市兴起。在商业中心区满足逛街购物等传统需求的同时，寸土寸金的城市中心区的楼宇经济异军突起。一些传统商业中心开始出现新型文化娱乐业聚集的楼宇。如南京新街口东宇大厦中，聚集了一批新文化业态的娱乐企业，如VR虚拟现实体验馆、女仆主题桌游吧、私人影院、剧情真人密室逃脱、私人礼物制作所、数位板绘画、瑜珈私教会馆、视觉工作室、撸猫咖啡馆、医学美容机构、汉服写真馆等。这样的楼宇式集群，不仅表现在消费型的文化产业集群，也可以是生产型的文化产业集群。一些地方的短视频产业园就是在原先的报社大楼或广电大厦中建构的。

第四节　文化产业园区的建设与管理

如上所述，文化产业的集群通常以文化产业园区或者街区的形式存在。文化产业园区是精神经济发展的时代产物，也是文化产业在国民经济中地位不断提升的产物，更是打造区域文化形象和主导产业的客观需要。因此，对文化产业园区的规划、建设与管理，是文化产业集群、区域与城市文化产业发展的一个重要议题。

一、文化产业园区的区位选择

从地理上，文化产业园区通过集中提供专用基础设施和公共服务，形成一个"盆地效应"，吸引包括人才、产业投资基金、技术、品牌等相关同类产业资源的注入。文化产业园区的区位选择既可以在城市，如案例8-4所述的城市文化产业园区，也可以在乡镇，如一些文化旅游园区和民俗文化园区。影响文化产业园区的区位选择的既有地理区位因素，也有产业本身的客观要求。

（一）文化创意资源丰富

（1）人才资源是文化产业集群的决定因素。应倾向于大专院校、科研机构密集的创意人才资源丰富的地区。区域内丰富的人才，为文化产业园区发展所需要的创意提供源泉，为园区内文化产品的生产、制造、传播提供强大的物质支撑和技术保证，并促使新型文化产业形态的不断出现。景德镇陶溪川文化创意园依托了景德镇陶瓷大学，南京鼓楼区环南艺文化产业带依托的则是南京艺术学院，其核心区域甚至直接命名为南艺后街。

（2）区域公共设施资源是否完善。较完善的公共设施能够为文化产业集群发展提供较好的基础条件。比如较为丰富的公共空间以及展览、演出、餐饮设施等，以及看不见的网络带宽资源、服务器等。

（3）区域的文化科技资源，包括各类科技研发机构、科技基础条件与设施较完善、高科技产业集群区等，这些文化科技资源为技术较密集的新兴文化产业集群发展提供了较好的支持条件。例如，在上海张江高科园区中，通过配套政策，引进了大量游戏、互联网内容服务等文化科技型企业，这些文化产业集群形态与原有的高科技产业形成了互补和融合。

（4）区域文化资源禀赋情况与所选择产业集群的适配程度。例如，对于某一特色文化旅游集群产业区，需要与这一特色文化相适应的文化资源禀赋，而并不一定要趋向大城市。影视基地为中心的影视产业集群，主要和影视拍摄所需的资源和地理条件相关，往往因为土地成本等原因，还要与大城市保持适当距离。

（二）制度政策条件完善

文化产业集群发展需要较完善的制度与政策支持。区域文化市场与文化产业的管理体制、运行机制和文化公共服务平台是否健全，对知识产权保护有法律法规的保护，区域人才政策是否完善等，都是文化产业集群发展的必备条件。

此外，较规范的运作机制和完善的政策体系，将营造出较宜居的生活环境和宽松的文化氛围，能吸引文化产业所需的各类人才集群到园区内。

（三）空间地理交通便捷

无论是文化生产还是文化服务都必须直接面对消费者，面对市场，因此区域的经济发展水平、区域市场需求和文化消费习惯、区域产业经济结构等，都是文化产业集群建立初期必须考虑的现实问题。例如，现代性的文化产业趋向大城市和文化中心集群发展，或者在中心大城市周边的交通便利地区布局。

区域的交通条件也是文化产业集群所要考虑的问题，通常文化产业集群内部的区域交通应保证内外进出通畅和区域联通。特别是会展、文化旅游、影视产业等涉及大量人流和物流的文化产业，要考虑到物流、车流和人流的吞吐量。例如会展业，不但对城市经济发展条件和城市在整个区域经济发展中的地位有要求，而且要求城市具有较好的交通枢纽区位条件，即使在城市中具体选址，展馆等资源的布局也要考虑运输和交通等物流问题。再如，影视基地产业通常布局在郊外，对地域特色和风貌要求比较高，虽然不在城市中心，但是对交通条件和地形地貌也有较高要求，以满足剧组大量车辆、物资设备的进出，以及基本的生活物资配套保障。

文化产业集群周边应该有预留的可扩展的空间，可以为未来产业集群的发展提供空间。园区的发展不是一蹴而就的，因此在选择文化产业集群和文化产业园区的区位时，应考虑到园区空间和功能的可扩展性。

二、文化产业园区的产业选择与定位

与区域选择相对应的是，某一具体的文化园区如何进行产业选择和定位，即在适合发展文化产业集群区的点上，发展什么样的文化产业类型和形态的问题。如前所述，产业集群的类型选择受到其所处的区位地理、要素资源禀赋、技术条件、经济条件的影响。

首先，在确定产业定位时，文化产业园区必须有鲜明的主题，产业定位要与其所处区域和所在城市的总体定位相一致。例如，同样是文化休闲产业园区，深圳华侨城集团投资的锦绣中华、中华民俗村、世界之窗等景区，形成一个文化休闲娱乐产业集聚区，这些园区都与深圳的整个城市定位相吻合。再如，以一幅《清明上河图》为蓝本，全国搞了数个"宋城"主题公园，但其中最成功的，莫过于杭州宋城，杭州宋城是影视产业与休闲娱乐产业主题公园，将"宋文化"和杭州地域特色结合，利用长三角的区位优势获得了成功。

其次，在选择主导产业集群的类型基础上，还要选择产业定位。产业定位是指文化产业园区在区域经济体系中的功能分工，即根据园区的资源禀赋、整合资源能力、经济发展水平等来选择主导产业，进而选择产业链上定位于哪个生产环节，以及明确产业群内部多个产业之间的相互关系。因此，即使同样一个产业园区集群，也可能有不同的产业定位和发展模式。例如，同样是影视产业集聚区，有的是集主题公园旅游、休闲娱乐和影视拍摄于一身的综合体，如中国横店和美国好莱坞；有的则单纯地以影视拍摄为主，如扬州甘泉影视制作服务外包基地；无锡国家数字电影产业园位于无锡市滨湖区，以原雪浪钢铁集团地块为核心的中心平台区，主要以老厂房为载体，进行改造扩建，主要建成数字影视制作区和后期制作；长春电影制片厂是中国老牌的电影制作单位，被誉为新中国电影摇篮，长影世纪城是我国首家电影制片工业与旅游业相结合的电影主题公园，是借鉴美国好莱坞环球影城和迪士尼游乐园的精华建造而成。特效电影是长影世纪城最具特色的旅游娱乐产品；而苏州的同里古镇依托水乡风貌和大量完整的明清建筑，古朴的小镇、宁静的深宅和长长的石板路，成为旅游度假和天然水乡特色影视拍摄区。

三、文化产业园区的功能规划

文化产业园区的功能规划，是围绕上述产业定位和园区主题，打造主导产业和产业链，并在园区的地理空间范围内合理地布局，使产业链的各个环节能够在园区中体现出具体的功能区块划分，并通过交通网络将这些功能块相联系。

（一）总体功能区划

总体功能区划是根据园区主题所确定的产业生产活动，在地理空间上加以布局。尽管功能区的区划不是一成不变的，但通常在新建的独立园区中，仍然需要对功能区进行明确的区分。

例如，在各地很多新建的动漫产业园区中，会有动漫影棚区、动漫企业办公区、动漫后期制作区、动漫衍生品区、动漫商店休闲区、生活服务区等区分。

再如，在影视拍摄基地，会有用各个不同的区域特色景区来区分拍摄景区，同时综合性的影视拍摄基地还会根据产业链关系区分摄影棚区、后期制作区、外景拍摄区、道具与服装仓库、设备器材仓库与租赁等不同的产业功能模块。

还有一些产业集群依托城市或者街区的空间，以产品不同定位层次来划分，如纽约百老汇有内百老汇、外百老汇和外外百老汇的地理上的区分。百老汇剧院集中分布在百老汇大街44～53街，制作的是大型的商业戏剧，外百老汇的剧院坐落于百老汇戏剧的剧院区，但是大部分都是位于离曼哈顿市中心较远的地方。外百老汇的演出，在剧场、舞台、开支上，都较百老汇简单低廉，但是表演的风格较自由，更富有想象力。20世纪60年代以后，许多新作家和小剧团又开始在偏僻的顶楼、地窖、酒吧、教堂等地以极低的成本演出各种实验性戏剧，人们把这种现象称为"外外百老汇"。

但是，也有一些依托街区改造的文化产业园区和街区，并没有明确的功能块划分，而是表现为一种自然生长的散点分布状态。特别是一些历史街区改造的休闲娱乐和文化商业街区，主要以街区的路线交通来划分，而并没有明显的功能和内容上的区分。例如，798艺术区是在原有厂区的基础上自然发展起来，集聚了大量的艺术家工作室、画廊、美术馆等机构，但是并没有明显的功能区划，这也使得一些游客抱怨该艺术街区缺少空间规划。

（二）基础公共设施

文化产业园区基础公共设施是支撑产业园区发展的重要公共功能，包括园区的博物馆、展览馆、医疗设施、公共卫生设施等公共艺术与文化空间。例如，在艺术创意园区，需要设立公共的艺术展览馆、演艺剧场和美术馆区域；在文化科技为主要要素的园区，需要设立支撑园区的公共技术与信息平台，如商务中心、信息中心、数据中心、培训中心等。

（三）配套生活设施

文化产业园区还需要考虑各项配套的生活设施，包括水电、酒店、饭店、公寓、图书馆、体育中心、文化馆、电影院等。例如，在迪士尼主题公园，设有酒店、餐饮等生活服务配套设施，是主题公园的主要收入来源之一；而在一些大型的文化产业园区，因为大量公司的入驻，考虑到员工的工作和生活方便问题，往往需要配套解决员工的公寓、公共交通等各项生活配套设施。

（四）园区交通布局

园区交通布局是将区域各功能区联系在一起的通路，除道路设计外，还包括停车场、仓储设施和线路设计等，对区域的整体互通性和对外的交通方便性具有重要作用。特别是文化旅游和休闲娱乐为主题的产业园区，会发生大量的人流、车流的进出，对园区交通的规划还关系到园区旅游线路的设计和园区的安全问题。例如，随着假日经济的日益繁荣，我国一些名胜景区和主题文化旅游区每到节假日便人满为患，造成通往园区的道路和园区内部的交通堵塞严重，让游人备受折磨。

案例/专栏 8-5

巴黎左岸：在设计竞赛中产生

左岸是指法国首都巴黎在塞纳河左岸的那一部分。由于文化知识人士聚集在此，于是各种书店、出版社、小剧场、美术馆、博物馆等逐渐建立了起来。围绕这种社交氛围的咖啡馆、啤酒馆也应运而生，成了左岸知识文化人士重要的聚会场所。从圣米歇尔大街开始，文化名人和先贤们光顾和聚会过的咖啡馆、酒吧遍布各个街区。

300多年来，左岸的咖啡不但加了糖、加了奶，而且还加了文学、艺术以及哲学的精华，加了一份像热咖啡一样温暖的文化关怀。"左岸"因此而成为一笔文化遗产、一种象征、一个符号、一个时髦的形容词。

20世纪80年代，为了平衡巴黎城市东西部的发展，巴黎市政府就开始了东部塞纳河左岸地区的发展战略研究。经过多年的规划研究和设计竞赛，于1990年开始，针对塞纳河左岸地区130公顷的铁路、仓储与工业闲置用地，进行了有步骤的整体改造建设，目标是形成一处文化、教育、办公、居住等多功能融合的富有吸引力和活力的综合片区。

整个项目由巴黎左岸开发公司负责，总体规划由巴黎城市规划院负责制订。左岸规划分为三个组成部分，分别进行规划设计竞赛，包括左岸西侧的奥斯特里茨区、中部托儿比亚克区，即国家图书馆及其周边街区，以及东侧的玛思纳区。三个分区规划在总体规划的指导下，分别围绕各自的核心项目（奥斯特里茨火车站区、国家图书馆、巴黎面粉厂老厂房）而组织起来，并各自有不同的发展方向。

奥斯特里茨区。该区包括奥斯特里茨火车站及火车站周边的商务办公区。规划设计师克里斯蒂安·德维耶利用左岸与塞纳河岸之间的高差，在建筑群体之间设置了多处朝向塞纳河的不同标高的广场与坡道，形成了丰富的室外空间，并且对奥斯特里茨火车站区进行了全面修复和内部功能的清理，将内部加建的商业店面迁至火车站北侧，恢复了历史建筑的原貌。同时，规划师将铁路编组站大部分覆盖，高架面上建设道路、办公楼、广场，沟通了塞纳河畔与左岸内侧城市用地之间的联系，也取得了在城市空间形态上的连续。

托儿比亚克区。该区包括国家图书馆及其周边街区。国家图书馆是由法国建筑师多米尼克·贝鲁尔于1989年的设计中标项目，1995年竣工，是密特朗总统任期内最后一个大型的公共建筑工程。图书馆主题是四幢呈打开的书本状的塔楼，围合在一个巨大的基座上，内部设置了一个大型的下沉花园。图书馆的基座上是一个宽大的人行广场，通过大台阶向塞纳河与周边街区开放。巨大的建筑体和不寻常的造型使国家图书馆成为左岸地区的标志建筑。此外，在图书馆的东、西侧，围绕中心花园而组织了两个居住街坊，中心花园内植被茂密，活动设施齐全。住宅建筑设计极为现代，添加了变化丰富的阳台和屋顶平台，墙面的图案与色彩组合也非常生动：玻璃墙上由建筑师选择的图案与书法在白天和夜里分别呈现出不同的光影效果，行走在街区中，犹如置身于室外画廊。

玛思纳区。位于国家图书馆东侧，包括将传统工业厂房巴黎面粉厂改造后安置地方大学以及其他商业、住宅、学校等项目。规划师克里斯蒂安·德·包赞巴克是法国著名的建筑师，他在1995—1996年的规划设计竞赛中折桂，他的中标方案体现了他对传统城市肌理的理解和现代城市规划模式的探索：狭窄的街道、围合的街坊、私密的内院以及建筑高度的序列变化（沿河逐渐降低），开敞的公共绿地、丰富的建筑立面造型等多种元素相互融合。总的来说，巴黎塞纳河左岸地区的规划，是在巴黎城市规划院的总体规划方案的基础上,规划师及建筑师通过竞赛产生的。这种制度既保证了规划设计的高质量和整体性,又适应了协议开发区分片的开发方式。

资料来源:作者整理撰写。

【思考】

1. 从上述案例分析中可知,巴黎左岸的产业集群是什么类型?为什么要选择巴黎左岸这样的区域?

2. 在巴黎左岸的产业集群中,包括哪些功能的设计?

四、文化产业园区的形成模式

从文化产业园区的形成过程来看,可以分为三种基本模式。

(一)自下而上的自发形成型

这种模式不是通过城市规划有意识地计划发展形成,而是在都市化过程中受当地创意群体的驱动成长起来的,属于上述提到的市场自然形成的产业集群模式。例如,早期的纽约 SOHO 艺术区、诺丁汉文化园区、百老汇戏剧产业园和北京 798 艺术区,是在一些城市废弃的工业区或某一特定区域,由于相对低廉的租金,吸引了一批艺术家、艺术工匠或其他的文化生产者自发地聚集于此,从而吸引更多的创意人员进驻,同时也吸引大量的财团在此地开发,最后发展成为城市的文化亮点,并对所在区域及周边地区产生经济、文化的影响。此种形成模式是艺术人士或创意企业偶然性的自发行为,没有整体的开发主体和统一的管理机构,但由园区内的企业及艺术家自发组成发展协会。但此种形成模式中的诸多艺术园区面临着大尺度经济的发展所带来的创意环境的破坏,及飞速上涨的租金使当地艺术家和文化生产者开始转移的问题。

案例/专栏 8-6

诺丁汉文化园区

诺丁汉是英国中东部地区的一个城市。诺丁汉文化园区位于紧邻城市中央东部的花边市场地区。20 世纪 60 年代,这里是纺织品和饰带工厂地区,到处都是规模宏大的工厂建筑。到了 20 世纪 70 年代,这些建筑被闲置,以很低的租金出租。艺术家和其他创意实践者便开始重新利用这些老的建筑,将它们改造为录音室或工作坊。这使丰富的人群和创意产业在该地区加速成长,以至于到 20 世纪 80 年代晚期,花边市场地区普遍被认为是城市的文化园区。其间,接近花边市场西部边缘原本破烂的零售地区,随着设计师、零售商、经营时尚的商人,以及书店的搬入,当地酒吧开始迎合学生和市场,变成了音乐集会点和艺术品的展览地。特别是诺丁汉电影中心及其咖啡馆的开放,为文化生产者和参与者提供了定期聚会的空间,该地区作为诺丁汉文化园区的地位进一步巩固。近些年来,由于城市再生和大规模的发展，这里低租金的工作空间不可能再获得，但一种非正式的自发的集会和活跃的文化生产仍然存在。诺丁汉文化园区是一种典型的自发形成的文化产业园区。

资料来源：作者整理撰写。

【思考】

诺丁汉文化园区与田子坊文化街区在空间结构和资源集聚机制上有什么相同和不同之处？

（二）自上而下的政府引导推动型

这种形成模式是政府有意识的计划行动的安排。由政府主导规划文化产业园区，易于打破政策壁垒和限制，短期内有利于园区的形成和产业发展。在西方国家许多城市，衰退的城市区意欲复兴经济建设，提升地区形象，往往采用以文化引导城市再生的途径，大力发展文化产业，并将文化产业园区的建设作为发展文化产业的重要策略。政府制定园区长期的发展目标，园区从规划设计到经营管理，软件与硬件资源建设，也都交由政府或委托给专门的机构操办。我国近些年来兴起的文化产业园区大多数是自上而下的政府推动型模式。一般是由地方政府和投资商合作投资兴建，按照政府引导、统一规划、市场运作、分期建设、滚动开发的模式，在软硬环境建设上，政府进行大量的投入，负责文化产业园区前期的规划开发、包装策划、招商等工作。实际运作管理中实行以"企业为主、管委会为辅"的模式，管委会仅仅从事一些最为基本的管理、政策协调工作，具体的运营管理工作由开发公司来进行。

案例/专栏 8-7

敦提文化园区

敦提是苏格兰东岸一个14.5万人口的城市，由于产业、企业重组，引起传统产业部门极度萎缩。为了挽留人口并吸引游客和外来投资，当地政府决定通过文化的发展提升城市形象，以复兴当地经济。市议会协调组织协调有关利益方，全面负责文化园区的促进和发展。被委托专业设计规划机构研究设计，提出敦提文化园区的概念，确定了文化园区的具体地点，提出发展以数字媒体产业为核心的产业集群区，包括市场营销、广告和平面设计、广播和有线电视服务、电脑游戏业务等相关产业。敦提文化园区是一个典型的由自上而下的政府推动形成的文化产业园。

资料来源：作者整理撰写。

【思考】

1. 在自上而下的产业园区中，政府应该发挥什么作用？市场应该发挥什么作用？
2. 在这种自上而下的产业园区建设中，政府是否可以完成产业园区所有的建设工作？为什么？

（三）混合型

有些自发形成的文化园区发展到一定阶段，政府会介入园区的发展，或制定一些法规政策引导其发展，或对文化产业园区进行整体规划，并成立一个专门机构负责引导园区朝着既定的方向发展等。还有一些产业园区在初期是政府营造好基础条件和设定一个定位，让园区自发地形成与发展。例如，上海的田子坊，早期是政府介入加强保护，并引入陈逸飞等艺术家资源，然后使园区自发地按照市场规律发展。

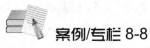

案例/专栏 8-8

张江高科技文化产业园发展模式

2004年10月，当上海第一个文化科技创意产业基地在张江高科技园区揭牌时，不少人心里有了问号：向来以"硅谷""药谷"等为目标定位和特色的张江，如何做文化？这是不是跟风赶时髦？园区的建设者意识到，要吸引文化企业入驻，就要结合张江特有的科技氛围，以科技为手段，瞄准现代化的文化创意类企业进行孵化。很快，园区明确了主导发展方向：入驻企业应该集中于与科技直接相关的网络游戏、动漫、数字内容、新媒体四大领域。

盛大网络、PPLive、土豆网、百事通、聚力传媒、河马动画……这些耳熟能详的行业龙头企业如今已经扎根在张江。其中，新媒体企业百视通成为国务院"三网融合"和广电"制播分离"改革模式下的第一个上市广电媒体，更将IPTV技术输出到法国、印尼。PPS、PPTV、东方财富网等民营企业也发展活跃，在网络视听、网络资讯等领域表现出良好的上升态势。数字出版企业盛大文学处于国内原创文学版权市场的龙头地位，上海方正、世纪创荣等企业构建起数字阅读产业链。盛大网络、征途信息等游戏企业被认定为"2012年文化企业30强"。

在纳入张江文化产业示范园区管理范围的296.4平方千米之内，分布着多个文化创意、数字出版、网络视听、动漫游戏、软件制作研发生产基地，形成了以高等院校、科研院所和以公共及中介服务平台为依托的研发链和服务链，并不断完善着文化科技产业的价值链。

一、金融支持，为"轻资产"公司注入资本动力

"文化产业发展如果只有技术平台支撑，无法快速'起飞'，必须加上投融资平台这一'翼'。"上海东方惠金文化产业创业投资有限公司总裁刘向阳告诉记者，大多数文化企业都是"轻资产"公司，缺少稳定的现金流，也缺少固定资产作为银行贷款的抵押担保物。这个金融"瓶颈"一直困扰许多文化创意企业。2006年12月，全国首家专门从事中小文化企业担保服务的专业机构"上海东方惠金文化产业担保公司"在张江建立，标志着上海张江文化产业投融资服务体系得到进一步完善。

2010年年底,东方惠金在市场调查中发现,上海新文化传媒公司因投拍业务快速发展,导致流动资金存在缺口,急需贷款。但是,之前公司已经将名下所有固定资产抵押给银行,此次年关无法再通过银行实现融资,公司焦急万分。面对这样一个有潜力又存在投资风险的文化企业,东方惠金创新开发了"软性反担保条件为主的八类担保产品",迅速邀请合作银行在年底前为该公司提供了1500万元的贷款,帮助其渡过难关。2012年3月,上海新文化传媒公司通过了中国证监会的上市审核。

现在的张江文化产业示范园区拥有国内第一家有效运作的上海文化产权交易所,为园区自主创新企业搭建了文化与资本对接的平台;以园区盛大"18K基金"、第九城市"Fund 9基金"为代表的产业资本主导的产业基金,以东方惠金、华人文化投资产业基金为代表的国有资本主导的文化产业基金,为文化企业创新创业提供了强有力的资本支撑。

二、服务转型,从"二房东"到"妈妈式服务"

对入驻园区的文化企业而言,最害怕面对的情况是,一些创意园区仍停留在挂个牌子扮演二房东角色上。

隶属于"大张江"的徐汇软件基地明确了只有"用心服务企业",才能"招得进、留得住、养得大"优质项目,园区也才有生命力和价值的定位。杭州汇通众游是一家典型的初创型网游公司,公司的游戏创意曾在创业大赛中获得不俗成绩。但由于创业经验不足以及创业管理的缺失,使公司在游戏开发进程尾期遭遇资金链断裂,项目开发无法继续。2012年8月,公司创始人拜访了上海徐汇软件基地创始人、高级顾问杨秋萍老师。杨老师在了解了公司的创业经历与困境后,首先以个人名义出资,解决团队的吃饭问题;同时,请来联盟单位——坤伦文化传播作为投资方开展投融资对接,基于项目本身的品质与天使基金的"天使"定位,公司迎来了第一笔融资。这样"雪中送炭"似的服务,被园区内的企业亲切地称为"妈妈式服务"。记者从徐汇软件基地了解到,徐汇软件基地"妈妈式服务"的园区管理模式已经成功输出到常州、马鞍山、济南等地。

如今,张江文化产业示范园区的企业服务已经从以往"二房东"似的一般房屋租赁、提供物业服务,逐步发展到以帮助企业孵化、参与企业发展、提供金融服务等与园区企业共成长的新阶段,服务涉及产品展示、人才培训、投融资、政策咨询服务、宣传推广等方面。结合"十八大"精神的学习贯彻,张江文化产业示范园区要求各个园区进一步摸准文化企业下一步的发展需求,把服务做得更精准、更到位,努力为提高文化软实力和竞争力做出更大贡献。

资料来源:形成文化产业集群"张江模式"助企业走上快车道[N]. 文汇报,2014-11-24.

【思考】
1. 张江高科文化产业园经历了哪几个发展阶段?每个阶段有什么特点?
2. 张江高科文化产业园建设中,政府、企业、社会组织各发挥了什么作用?
3. 试分析张江高科文化产业园中产业集群的结构和产业间关系。

第八章 区域文化产业集群发展

本章小结

- 文化创意产业集群即创意产业在地域上的集中,将创意产业的资源集合在一起,使创意产品的创造、生产、分销和利用得到最优化,这种集群行为最终将促使产业合作的创建和网络的形成。
- 产业集群形成条件有多方面的因素,包括区域本身的区位因素,以及来自政府推动、外部资本迁入、市场发展等多方面因素。产业集群发展一般经历要素集中、互补与关联、创新能力培育、对外扩张、平稳发展、衰退转型六个阶段。产业集群在发展中体现出空间集聚化、分工专业化、服务社会化、圈层植根化的特征。
- 文化产业集群可以有政府主导、区位诱导、垂直和水平关联等不同的形成方式,其形成条件受到区位地理因素、区位经济因素、区位无形资本等的影响。这些要素在集群的形成过程中体现出共同作用和不可分的特点。
- 区域文化产业集群的主要构成主体有政府协调与服务机构、文化企业、教育与研究机构和中介服务机构等,在文化产业集群的形成和运行过程中,这些组织发挥着不同的作用,并且相互之间形成网络化的合作关系,是促成文化产业集群形成和运转的动力。
- 现代文化产业有向城市集群的特点,城市文化产业集群是区域产业集群的重要表现形式。城市文化产业集群与城市的区位要素有关系,并与集群外部的整体区域的产业经济有联系。
- 城市文化产业集群可以根据城市中区域形态和资源条件,形成开放式街区、集中式园区和开放式片区、楼宇式集群等不同形态。
- 文化产业园区是以具体园区的形式呈现的文化产业集群,可以在城市中心,也可在城郊地区形成,其形成地点选择,受到产业自身需求和区域条件两方面因素的影响。文化产业园区的区位选择趋向于选择文化创意资源丰富、制度政策条件完善、空间地理交通便捷的地区。在具体的文化产业园区的发展中,需要根据资源和区位情况,对文化产业园区准确定位,并从园区总体功能区划、基础公共设施、配套生活设施、园区交通布局等方面进行总体规划和布局。
- 市场和政府在文化产业园区的建设中发挥着不同的作用,文化产业园区在形成模式上有自下而上的自发形成型、自上而下的政府引导推动型和混合型三种。

综合练习

一、本章基本概念

文化产业集群、产业关联、专业化、社会网络、根植性、城市文化产业集群、开放式街区、集中式园区、开放式片区、垂直关联、水平关联、文化产业园区。

二、本章基本思考题

1. 什么是产业集群？产业集群有哪些特征？形成的模式主要有哪些？
2. 文化产业集群形成与发展的条件是什么？
3. 文化产业集群的参与主体有哪些？它们之间的关系是怎样的？
4. 城市文化产业集群与城市区位有什么关系？
5. 城市文化产业集群有哪些发展模式？
6. 政府在城市文化产业集群的形成和发展中起到什么作用？应该注意什么？
7. 文化产业园区如何进行区位选择和产业选择？
8. 文化产业园区规划的基本内容是什么？
9. 文化产业园区有哪些形成和发展模式？

第九章

文化企业管理

通过对本章的学习，学生应了解或掌握如下内容：
1. 了解文化企业管理计划、组织、领导和控制的基本内容；
2. 掌握文化企业战略管理的基本方法；
3. 了解文化企业人力资源管理的差异性和基本要点；
4. 了解文化企业投资管理的组织形式和投资基本模式；
5. 了解文化企业营销管理的产品、渠道、定价和促销策略的特殊性；
6. 了解文化企业财务管理面临的特殊性和处理方法。

文化企业管理具有一般企业管理的共同规律，同时文化企业是为了满足人类精神需求进行精神内容生产与提供的市场主体，其在企业管理方面存在一定的差异性和特殊性。从管理的计划、组织、领导和控制的一般管理过程对文化企业管理过程进行分析，并重点从战略管理、组织管理、营销管理、投资管理、财务管理、人力资源管理等企业管理职能分析，可以掌握文化企业管理的基本规律。

第一节 文化企业管理的基本内容

企业是市场经济的微观细胞，也是最活跃的市场主体。一般来说，企业是指以盈利为目的，运用各种生产要素（土地、劳动力、资本、技术和企业家才能等），向市场提供商品或服务，实行自主经营、自负盈亏、独立核算的法人或其他社会经济组织。

文化企业是通过提供精神文化产品和服务，以文化、创意和人力资本等无形资源为主要投入要素，获取商业利益的组织。与一般企业不同的是，文化企业的产出是文化产品，文化产品的意识形态属性决定了文化企业一方面要按照企业自身的利润最大化目标依法生产经营，另一方面还要承担社会责任，服从政府意识形态管理方面的规定和要求。文化企业的特殊之处在于其要素投入中不只是金融资本和物质资源，还有品牌、人力资本、技术、知识产权等无形的资本，而后者往往是文化企业的核心资源。文化企业管理过程包含计划、组织、领导和控制等企业管理的一般性规律。同时，由于上述特殊性，文化企业在企业的治理结构、企业组织设计、战略管理、营销管理、投资管理和财务管理等方面均具有自身的特点。

一、文化企业的计划管理

为了实现企业的中长期战略目标（如五年规划等）和年度经营目标，企业必须对生产经营活动制订相应的计划，提前安排调度人员、资金、场地等，提高各相关部门的配合效率。文化产品的生产通常涉及不同部门、组织、人员间的分工合作，存在许多不可预见的情况，因此对于文化企业来说，市场需求具有较强的不确定性，更需要对生产和销售进行周密的计划。

（一）计划的层次性

从企业最高领导层到基层的执行人员，可以分为若干层次。一个广电集团的董事长所考虑的是集团的战略问题，集团的技术部门经理考虑的是技术引进和设备更新的问题，而基层的技术小组长关心的是每周节目播出的技术问题。不同层次的纵向工作分工形成了文化企业计划的层次性。

（二）计划的基本类型

通常组织的计划可以分为如下几个类型。

1. 宗旨或使命

一个组织的存在总是为了实现某一任务。宗旨或使命（mission）说明了组织的追求及组织存在的理由。文化企业根据自身实际和人们的精神文化需要，选择相应的部分，作为企业的宗旨或使命。例如，微软公司的使命是"致力于提供使工作、学习、生活更加方便、丰富的个人电脑软件"；迪士尼公司的使命是"让人们快乐"；索尼公司的使命是"体验发展技术，造福大众的快乐"。与企业使命相关联的是企业的社会责任。文化企业之所以必须将社会效益放在首位，就是因为精神文化产品对营造公序良俗、教化社会具有不可替代的作用。所谓"文以载道"，这不仅是对文化产品的要求，也是对文化企业的要求。对于社会主义的文化企业来说，必须以传播和弘扬社会主义核心价值观为主要责任和使命。

2. 目标

企业的使命需要转化为企业各管理层次的具体目标。目标需要被分解，与具体的管理层次结合,形成各个管理层次的具体目标。目标同时又分为长期、中期和短期目标。

文化企业产品的核心是精神内容,具有意识形态的属性,也受到政府、社会多方面因素的干预。因此,文化企业的产品除了经济效益目标之外,有时还会受到社会因素的制约,如社会责任和社会效益等问题,这使得文化企业的目标具有多元性特点。2014年10月15日,习近平总书记在文艺座谈会的讲话中指出,一部好的作品,应该是把社会效益放在首位,同时也应该是社会效益和经济效益相统一的作品。文艺不能当市场的奴隶,不要沾满了铜臭气。优秀的文艺作品,最好是既能在思想上、艺术上取得成功,又能在市场上受到欢迎。2015年,中共中央办公厅、国务院办公厅印发的《关于推动国有文化企业把社会效益放在首位实现社会效益和经济效益相统一的指导意见》进一步明确了国有文化企业的经营目标和社会责任。其实,不仅国有文化企业,所有文化企业都应当遵循社会效益与经济效益并重、社会效益优先的经营宗旨。忽视社会效益,甚至违反意识形态管理的基本规则和要求,不仅无法实现经济效益,还会对企业的生存造成毁灭性影响。近年来,一些民营影视企业因为未能领会意识形态管理的指引,盲目制作宫斗剧、玄幻剧、涉案剧,违反社会主义核心价值观,致使投巨资制作的影视作品无法播映,企业遭受巨大经济损失,一些企业甚至因此而倒闭或重组。

3. 战略

战略是达到组织目标的一种总体的谋略或路径选择。人们常把战略看成是事关组织全局的方案、谋略或韬略。它通常规定组织的长远发展方向、发展重点、组织的行为方式,以及资源分配的优先领域,是组织制订各类具体规划、计划的重要依据①。例如,某影视公司将上市作为战略,以此来指导投资和项目决策。

4. "政策"、程序和规则

企业管理中的"政策"是借用的名词,是指企业在决策时或处理问题时用来指导人们思考与行动的明文规定。政策有助于将一些问题事先确定下来,避免重复分析,有助于主管人员进行授权。政策作为评价方案的指南,在决策时具有一定程度的自由处置权。在制定和执行政策时,必须坚持连续性和完整性。程序和规则是行动的实际指导,详细指出处理具体问题时的例行方法和步骤。例如,某影视公司为了实现上市的战略目标,决定成立制片人工作室,并且给主要的制片人和签约导演、编剧、演员个人以股份。这些都属于"政策"的范畴。

5. 预算

预算是为了实现未来目标而对各项资源投入和使用进行分配。编制预算能够促使人们详细制订计划,平衡各种计划。由于预算总是用数字来表现的,因此它能使计划工作做得更细致、精确。例如,电影制片公司需要对每部电影进行细致的预算制定工作,将剧情切割成一个个画面场景,核算每个场景所需要的道具、人员、设备配合,根据工作量估计摄

---

① 罗珉. 现代管理学[M]. 成都:西南财经大学出版社,2002:167.

影棚的租用时间，核算相应的成本，并且将不可预测的因素考虑在内。在好莱坞，各大公司都有自己的预算部门负责设计预算方案。对于独立制片人，则会聘请一位经验丰富的会计师。一部电影作品总预算包括制片的前期准备开支、制片过程的开支和后期制作的开支三个阶段，此外，还要加上导演、摄影师、剧作家和大明星的工资和酬劳。一般情况下，一个摄制组必须配有一个财务管理小组，对每一笔开支都进行详细的记录。

二、文化企业的治理与组织管理

（一）文化企业的公司治理

现代公司是法人实体，是投资人共同出资，按照事先约定的公司章程来独立运作的营利性组织。对于公司法人而言，股东是出资人，但他们中间的绝大多数人不直接参与日常经营，只是依法享有企业经营成果的收益权和重大事项的决策权。按照现代企业所有权和经营权分离的制度，公司的经营活动由职业经理人来组织进行。经营层的利益与公司股东的利益往往并不一致。公司治理是要保证公司的出资人可以获得他们投资所带来的收益，防止出现经理层为了个人利益而损害股东和公司利益（通常又叫作内部人控制）的问题，并在企业内部形成相互制约、管控有力的决策制度。

文化企业的治理问题，要比我们所熟知的公司治理困难得多。由于文化企业的关键资源为人力资本，以及创意、知识产权等无形资源，这些无形资产与拥有它们的个人和团队紧密相关，不能用管理物质资源的方式来管理。因此，文化企业的信息不对称性非常明显。例如，对于演出经纪和影视拍摄方面，相关的信息只有制片人、经纪人和导演最清楚。影视公司的股东们一般不会直接去经营公司，而由制片人代表出资人对影视剧的投资做出决策，他与他的经营团队成为决定公司产品和市场的关键。出资人对具体剧本的选择、制作、发行等环节无从深入了解，出资人看到的只不过是提交上来经过修饰的公司报告或者最终的电影拷贝，投资的利益具有很大的不确定性。

一般来说，公司治理主要是指公司的股东、董事及经理层之间的关系，即通过设立董事会、监事会，以及设置独立董事、社会监督、股权激励计划等机制对经营层进行监督和激励。对于文化企业来说，公司治理必须将公司的治理结构、治理机制和公司的管理组织结构相结合，除了传统上的公司治理手段外，还涉及公司整体组织设计、信息披露机制和激励机制。

（二）文化企业的组织设计

通常的组织设计涉及两个基本问题：第一，组织的横向职能分工，即每个管理层次所涵盖的管理范围，或者指一名领导者直接领导的下属的数量，通常又叫作管理的幅度；第二，纵向的决策权力分配，也就是从最高级的管理层次到最基层的管理层级的纵向的分工关系，通常也叫作管理的层级。

文化企业组织设计首先是要评估和确认公司的关键资源。例如，对于一个网络游戏的运营公司,其关键资源并不是公司拥有的服务器、电脑、办公大楼等,而是公司商业模式、公司游戏软件版权、人力资本。

在明确公司的管理对象的基础上,应进一步识别与关键资源相关的生产活动链条。通过确立与关键资源相关的各项活动,进一步对这些活动的性质和关系加以分析,对这些活动之间的相互关系进行归类和分组。在此基础上,可以进一步确定由此形成的公司内外的分工关系,以及公司内部各个岗位的职责。

文化企业这些活动可能并不局限于公司的内部,而是涉及广泛的外部关系,涉及企业内外的各种利益相关者。例如,电影公司涉及与文学原著作者、编剧、政府电影管理审批机构、投资人、导演、演员、发行公司等外部单位和个人的合作,在电影制片过程中,除了根据电影核心创意资源的生产制作形成了制片、后期制作、剧务、财务、市场推广等部门关系外,还要与外部的发行公司、宣传媒体机构、银行、保险机构、律师所、外景基地等建立合作关系。在对这些活动加以分类的基础上,形成了一系列与电影业务直接相关的管理部门,如企划、投资、法务、财务、制片、宣发等。

(三)文化企业的主要组织结构特点

与一般的物质产品生产制造业不同,大部分以内容生产为主业的文化企业都是智力型企业,是知识和创意产品的生产、制造、销售和服务企业,其组织设计通常表现为以下几方面。

1. 组织层次的扁平化

组织的扁平化,要求组织从最高层到基层执行职能之间的层级减少,组织内部自下而上和自上而下的信息传达与沟通速度将随着层级的减少而加快,高层管理者能够更及时地了解基层的运行情况,了解外部市场的变化。因为文化企业以文化产品和文化活动为主要业务,并且表现为一个项目单元。这些文化项目从项目发现到资源整合,直到收回投资获得利润,都与公司外部发生密切联系。这就要求文化企业决策高效、支持到位、沟通便捷,不能像普通企业那样按部就班、架床叠屋。

2. 虚拟组织和网络组织

随着网络技术的发展,企业组织结构也发生了很大变化。在企业和项目组内部,正在兴起新的虚拟组织和网络组织。虚拟组织是运用技术手段将两个以上的独立创意人员、部门或单位联系在一起,为完成一个共同的任务,在一定时间内结成的临时组织。网络组织是由多个独立的个人、部门组成的联合体,它的运行不是靠传统的层级控制,而是在定义成员角色和各自任务的基础上,借助现代信息技术,通过密集的多边联系、互利和交互式的合作来完成共同追求的目标。新的网络组织还包括QQ群、微信群、App应用等,其特点是便捷、高效和去层级化。

与传统的组织相比,文化企业中存在大量的因文化项目而临时组建的虚拟组织和网络组织,呈现出由"组织内"转变为"跨组织"、由"当面沟通"变为"虚拟沟通"、由"奖罚控制"变为"目标导向"的特点。例如,电影后期制作常常在全球范围内选择合适的小组成员,共同组成项目小组,以项目目标为导向,通过互联网络进行沟通,将不同地区成员的工作最终汇总到一个项目数据中心,各地的研究人员也可以从数据中心获得相应的技术支持,有时导演在美国好莱坞,设计总监在法国,制作人员在加拿大和中国,但最终所呈现出来的,却是一个完整的艺术品。

3. 模块化

网络化和虚拟化的基础是将组织的各职能模块化,然后根据市场的需求而进行组合的过程。例如,一个电影剧组,每个职能都可以建立起潜在的候选人员,可以针对一个特定的电影项目需要,对候选的人员进行选择,将不同的人员进行组合,电影拍摄完之后,剧组自然就解散。当下一个任务发生时,又可以根据任务的能力需求,将不同的能力模块组织到一起。演艺活动也是如此,演艺节目内容和演职人员可以设计成围绕节目创意的固定模块组件,一个节目模块又可以由不同的演员来演出。演艺项目可以根据不同的演艺晚会和活动的内容需求,将不同的节目和演员组合起来。再如,在咨询和培训公司中,可以将课程模块化,建立一个强大的师资库,根据客户培训需求、成本利润目标等进行项目的设计。

4. 文化企业集团的组织设计

文化企业集团的组织架构通常可以根据集团公司的投资管理模式和集团的规模采取U型、H型和M型组织模式。

U型组织结构产生于现代企业发展早期阶段的U型结构(united structure),是现代企业最基本的组织结构,其特点是管理层级的集中控制。U型结构具体可分为以下三种形式。① 直线结构(line structure)。直线结构的组织形式是沿着指挥链进行各种作业,每个人只向一个上级负责,必须绝对地服从这个上级的命令。② 职能结构(functional structure)。职能结构是按职能实行专业分工的管理办法来取代直线结构的全能式管理。下级既要服从上级主管人员的指挥,也要听从上级各职能部门的指挥。③ 直线职能制(line and function system)。直线职能制结构形式是保证直线统一指挥,充分发挥专业职能机构的作用。

H型结构(holding company,H-form)即控股公司结构。在H型公司持有子公司或分公司部分或全部股份,下属各子公司具有独立的法人资格,是相对独立的利润中心。控股公司依据其所从事活动的内容可分为纯粹控股公司和混合控股公司。纯粹控股公司是指其目的只掌握子公司的股份,本身不直接从事生产经营活动的公司。混合控股公司指既从事股权控制,又从事某种实际业务经营的公司。

M型结构(multidivisional structure)也称事业部制或多部门结构。这种结构可以针对单个产品、服务、产品组合、主要工程或项目、地理分布、商务或利润中心来组织事业部。

(1)产品事业部结构。这种事业部方式要求产品之间存在很大的关联性,各职能部门存在很大的相似性,总公司可以集中起来设立一个统一的职能部门,事业部主要从事生产。例如,会展公司可以根据会展产品或主题不同设立事业部,并集中设立财务、市场、物流、广告、办公室等职能部门。再如,演艺公司可以把大型节目事业部、交响乐、民乐等不同类型的产品分设事业部,而将票务、剧场、广告、舞美、演出经纪等统一设立职能部门。

（2）多事业部结构。总公司下设多个事业部，各个事业部生产自己设计的产品，并且各个事业部都设立自己的职能部门，进行支持性服务。例如，集团可以根据文化产品的属性，设立影视、广告、网络、演艺等多个事业部，由于这些产品市场存在一定的差异性，需要设立相应的营销、创意研发部门来支持其业务。

（3）矩阵式结构。这是对职能部门化和产品部门化两种形式相融合的一种管理形式，通过使用双重权威、信息以及报告关系和网络，把职能设计和产品设计结合起来，同时实现纵向与横向联系。

三、文化企业的领导

（一）建立共同远景目标

领导者对企业的规划包含企业在未来要在文化市场中形成什么样的影响力，以及如何在现有的细分市场中扩张其他领域。这除了要对企业所拥有的资源状况和所处经营环境进行深入了解外，还要能够把握和预测市场的发展趋势。通常产业竞争环境的变迁会受到技术、产业内竞争、政府政策、消费者的需求变化等因素的影响。例如，高清图像声音数字压缩技术对传统的胶片、录音带为介质的影视、音乐生产方式产生重大变革，伴随的互联网传播技术的发展，尤其是云计算、5G 技术的应用，造成影视节目制作、存储、传输和营销的变化和音像市场产品结构转变，甚至引发文化业态的重大变迁，为一些企业创造了机会，而对另一些企业则是灾难。

企业的领导者必须对这些因素变化对企业的影响做出判断，并据此为文化企业制订远景规划和市场定位。在愿景目标和现实之间，领导者必须能够搭起桥梁和通道，也就是将愿景和战略目标分解为近期和中期的目标，并规划达到目标需要开展的各项战略部署。

例如，在 20 世纪 80 年代，默多克就已经注意到了电视的发展潜力。他认为，新闻集团是大众化新闻及娱乐产品的创造者和经营者，要取得成功，只有靠电视，而把人们吸引到电视机前的最佳途径就是卫星传输。因此，默多克开始将他的触角从环球报业伸向广播、电视、电影，不断地提升他对国际传媒的占有率与影响力，以建立一个属于他自己的全球卫星电视网。新闻集团首先在英国和欧洲建立根据地，接着占领全球传媒制高点——美国。由于美国宪法禁止外国人拥有美国电视台，为了更好地进入美国市场，1985 年默多克加入了美国国籍，并于同年收购了 20 世纪福克斯 50% 的股份。为了能够控制未来传媒市场，新闻集团不惜花了 16 年时间敲开中国市场的大门。所有这些战略行动都是为了实现新闻集团传媒帝国的愿景。

（二）打造团队、设计组织

文化创意人员是文化企业最核心的资源之一，是文化产品和服务的研发者和经营者。因此，文化企业的领导需要有效地将这些创意人员围绕企业的生产活动组织起来。

首先，在建立管理团队时，在职能分配上应注意团队成员在专业技术和性格上的互补。

文化企业从产品研发、生产到销售是一个充满创意和创新的过程，团队的多元化有利于团队成员之间的互补，有利于通过相互的取长补短激发新的思维、新的创见。领导者应当考虑将不同性格和能力的文化专业人才组合到团队中，使他们能够从不同的角度全面地、深入地分析问题，各自承担起自己岗位的责任。

其次，应设立程序，定制规则，增强组织的凝聚力。文化企业中，不同专业的人才组合在一起，由于各自的背景和专业不同，以及对团队其他成员专业职能的不了解，会造成意见的不一致和沟通上的困难。例如，对于网络电视或者网络游戏的项目开发，涉及文化艺术类、技术类、财务类、市场策划与营销类各种类型的专业人才，这些不同的角色之间经常会发生矛盾，为了市场和技术上的要求会牺牲艺术性，而技术方案又受到财务预算的制约，因此在组织和团队中，领导要建立起沟通与解决争议的程序和规则，并在上下级之间、成员之间建立一种相互信任的关系，如电影、戏剧，制片和导演之间、导演与演员，以及剧组工作人员之间必须形成一种彼此间的相互依赖信任关系，才能保证产品高质量和高效率地生产。

（三）沟通教育、权变领导

文化产品的开发周期长，而文化产品的销售受到消费者心理因素的影响较大，文化产品市场的经营风险很大，如果不能及时地获取市场信息，非常容易决策失误。市场的动荡变化使文化企业的决策不能一成不变，常常是在执行过程中不断做出调整，因此领导的决策在实行过程中，需要持续地沟通。在决策之前，需要进行充分的信息收集，从下属甚至一线人员那里获取可靠的信息和建设性的意见。美国百事达影视娱乐公司的总裁维恩虽然放手让主管们去执行，但是重要的决策都必须亲自做出，并且要求下属在提出新的提案时，必须为自己的提案负责，进行充分的辩护，下属如果能够据理力争、言之有理，他就会仔细聆听。百事达的这种领导方式是其能够在短短几年内成功兼并大量企业，并且迅速完成扩张成为娱乐业巨头的重要原因之一。

不同的文化产品具有不同的任务结构和生产组织方式，需要采用不同的领导方式。在进行一项新项目或新文化产品投资时，往往面临巨大的风险，同时又需要准确及时地把握市场的时机。在这种前景极其不明确的情况下，不同的人往往对问题有不同的看法，各种不同的意见难以统一。不讲民主办不好事情，太讲民主又办不成事情。由于任务的紧急性和迫切性，通常需要领导果断地做出决策，有的时候需要采取专制的管理风格，来保证执行的效率和效果。而当文化产品进入成熟期时，市场的风险较小，而且随着市场规模的扩大和产品品牌知名度的提高，还可能会产生很多文化衍生产品，这些衍生产品大多是一些经营环境相对稳定的产业，此时领导者往往需要通过一种温和、民主的领导方式，来促使团队成员产生更多的创意，最大程度地扩展核心精神内容的关联产品，实现价值最大化。例如，某电视台在首次做《中国好声音》节目时，由于前景不明朗，决策风险相对较大。但当第一期取得巨大成功后，由于收视率预期十分乐观，运营过程就不需要领导过多干预。

企业发展的不同阶段，需要采用不同的领导方式。在企业发展的初期，通常也是文化创意的生产导入期，此时公司的结构比较简单，资金比较缺乏，遇到的问题也相对棘手，对领导者形成极大的挑战，领导者更倾向于专制的领导方式，来减少不必要的协调成本，保持组织的快速反应。然而，随着公司的高速增长和规模不断扩大，文化企业的业务会不断扩展，跨越多个文化行业，或者通过衍生产品的开发进入非文化行业。而每个行业又有不同的行业特征、需求状况和竞争态势，由此要求领导层能够放权，并建立起领导团队，而不是依靠一两个人的力量主宰公司，此时团队集中了优秀的管理者和业务骨干，需要采取相对民主化的管理方式。对于企业的最高领导者来说，应当更多地关注战略性的问题。

案例/专栏 9-1

电影《大白鲨》投资决策

很多大片拍摄、文化创意实施成功，除了产品本身存在的成功因素之外，最关键的在于主要决策者或者高层管理团队的果断决策和坚定执行。在执行过程中，项目决策者和创意实施者拥有绝对的权威，同时承担起巨大的责任，并通过严格的执行和狂热的工作热情推动下属去完成他们认为不可能的事情。

电影《大白鲨》改编自彼得·本奇利（Peter Benchley）的同名小说，根据发生在1916年夏季的真实事件创作而成。制作人理查德·D.扎努克和大卫·布朗支付了25万美元获得了小说的改编拍摄权，并请来了大导演斯皮尔伯格。但在启动拍摄时，制片方和股东方都认为投资额度难以完成影片的要求，影片也不可能在这么短的计划期内完成，就连斯皮尔伯格在决定拍摄之前，也被《大白鲨》困扰着，后来他自己承认曾三次想放弃这个电影。其他人更是始终对此举棋不定，没有制片公司愿意把钱投给不知哪天才能完成的影片。在拍摄过程中，剧组也遇到了特技、拍摄周期、资金等许多被认为是难以解决的难题。但是，这部预算只有900万美元的影片最终票房达4.7亿美元，获得了巨大的市场成功，还获得第48届奥斯卡多个奖项和提名，证明了当时的投资决策是完全正确的。

资料来源：作者整理撰写。

【思考】
1. 电影《大白鲨》项目中，起关键作用的领导者是谁？
2. 在电影项目中，导演、演员、制片人，谁是主要领导者？

案例/专栏 9-2

迪士尼的暴君

迈克尔·埃斯纳连任六届，执掌迪士尼整整21年。人们对他的评价是，他以"年度大片"的方式挽救了迪士尼；他是一个"暴君"。1984年，当埃斯纳踏进迪士尼城堡时，这家多年低迷不振的企业正处于群龙无首的混乱状态，主题公园逐渐失去生气，米老鼠和唐老鸭几乎成了久远的记忆。在入主迪士尼后，他开始采取独裁式管理。正是这种独断专制的领导风格，使埃斯纳力挽狂澜，把迪士尼从衰落中振兴起来。埃斯纳就如同唤醒迪士尼这位睡美人的王子一样，扮演了救世主角色，并且成功推出了许多盈利大片。然而，自2001年以来，持续滑坡的业绩让这个王朝面临轰然坍塌的危机，俾斯麦式的领袖埃斯纳被前所未有的指责声浪包围，独裁专制的管理把他变成了事无巨细的领导人，这个一意孤行独裁者的不少错误判断亲手把这家公司从巅峰推了下来，最终，不得不被董事会"逼宫"下台。其实，正是由于埃斯纳不懂得在企业发展的不同阶段改变领导风格，才导致了在一手打造迪士尼的辉煌后，又一手酿成了困境。

资料来源：作者整理撰写。

【思考】
1. 文化企业的领导者应当采取什么样的领导方式？
2. 在急剧变化和复杂的文化产业竞争环境和市场中，文化企业领导者应当采取何种领导方式？

四、文化企业的调控

文化企业的调控是一种实时性的调整和调度，这主要是因为文化企业面临的复杂市场环境和产品的复杂性需要企业进行及时处理。管理者在制定文化企业战略和计划时就要考虑到可能发生的问题，并为执行过程中可能出现的情况做准备，确定可能出现问题的环节，进行实时监控。这也是投资方，甚至完全担保公司的代表，都会在片场坐阵的原因。

一方面，文化市场的竞争激烈，文化产品的生命周期短，文化产业市场的机会窗口，也就是对于企业来说机会存在的时间是非常短的。另一方面，文化产业投资非常大，市场的竞争导致一旦决策失误，会造成很大损失。所以文化企业高风险和高收益的特征，使文化企业经营过程中经常发生一些意外的情况，必须做出迅速的反应，并对这种危机进行重新控制。危机管理就是要对可能发生的意外情况设置监控点，制定危机的警戒线和处理危机的应急程序。例如，在会展、赛事、节庆和演出等项目的经营过程中，所有的活动都发生在人群大量聚集的场所中，组织者需要对会场安全、饮食、交通、天气等进行预先的控制，包括会展火灾防范、饮食安全、交通疏散，以及天气变化预案等。在实施过程中，还要对有关环节进行监控，及时掌握信息，对出现的问题在第一时间进行应急处理。

此外，由于文化产品的意识形态属性，政策性的突发事件、国家意识形态管理和国内外不同社会文化和宗教信仰的意识形态方面的冲突，都可能对项目乃至企业产生重大影响。必须对法律、政治环境具有高度的敏感性，能够避免政治、法律和意识形态管理等方面引起的障碍和危机。例如，由于国家严厉惩诫劣迹艺人，要求禁止劣迹艺人参与的影视作品的播放和放映，从而导致制片方面临巨大危机。也正是这个原因，制片方在与艺人签约时会更加慎重，更加在意其品行。

第二节　文化企业的战略管理

企业战略管理是企业在宏观层面通过分析、预测、规划、控制等手段，实现充分利用该企业的人、财、物等资源，以达到优化管理、提高经济效益的目的。企业战略管理是对企业战略的设计、选择、控制和实施，直至达到企业战略总目标的全过程。战略管理涉及企业发展的全局性、长远性的重大问题，诸如企业的经营方向、市场开拓、产品开发、科技发展、机制改革、组织机构改组、重大技术改造、筹资融资等。企业战略管理是从全局和长远的观点研究企业在竞争环境下，生存与发展的重大问题，是现代企业高层领导人最主要的职能，在现代企业管理中处于核心地位，是决定企业经营成败的关键。

一、文化企业的环境分析

（一）宏观环境因素

文化企业所面临的宏观环境因素包括政治、技术、经济、社会文化四个主要方面。对于文化企业来说，宏观环境因素的影响要比一般企业敏感得多，尤其是政治、社会文化因素。

1. 政治因素

由于文化本身的意识形态属性，政治与法律因素对文化企业的影响往往与社会文化因素相互交织。首先，国家的文化管理体制、文化政策直接影响企业的运行模式和经营范围。其次，对于文化产业各国在产业的准入政策、政府的监控力度上也不尽相同，如各国对网络文化传播的监控制度和手段不同，会直接影响网上游戏、网络博彩业、网络服务提供，以及网络图书、音像和电影的销售等行业的发展。

2. 社会文化环境

文化企业提供的文化产品是精神产品，文化消费是一种精神消费，消费行为直接受到消费者的文化观念的影响。文化因素包含核心文化和亚文化两个主要方面。

（1）核心文化。某一社会里的人所持有的许多核心信仰与价值观念往往是持久的，这些观念有时是根深蒂固的，并且被嵌入电影、文学、电视、戏剧、歌词中。因此，文化企业的产品中所包含的精神内容如果与社会的核心文化观念相冲突，如果文化企业的产品经营的结果造成的社会影响直接与核心文化观念所倡导的相违背，企业将会受到社会文化因素的强烈制约与影响。例如，在中东国家，政教合一的体制使得对于宗教方面的很多禁忌对文化产品有很大的限制，像电影中所反映的妇女问题、种族问题等。这些问题在今天常常表现为文明的冲突，这种冲突甚至可能演变成暴力行为。法国巴黎《沙尔利周刊》因为多次刊发讽刺穆斯林的漫画，受到强烈抗议，并且在 2015 年 1 月 7 日演变成一场血腥事件，导致包括主编在内的 12 人丧生。

（2）亚文化。每个社会都有亚文化，即由共同的价值观念体系所产生的共同的生活经验或生活环境的人类群体所构成。他们各有其共同的信仰、爱好和行为。这些亚文化群体表现出不同的需求。亚文化对文化企业的产品市场规模、产品生命周期等有着重要的影响。例如，在中国，欧洲游戏软件一直敌不过韩国游戏，其原因在于中国青年一代对欧洲历史文化背景、游戏的脚本故事情节不是十分熟悉，对欧洲游戏的高复杂性也难以适应，而中国游戏玩家大多为青少年学生，所以欧洲游戏只是受到一些对欧美文化了解的白领阶层的喜爱。

3. 技术环境分析

随着数字技术的迅速发展，文化产品的科技含量不断提高。多媒体技术的加速发展和互联网络，尤其是移动互联网的广泛应用，信息传播的范围、速度和形态都发生了革命性的变化，使各种信息能够以文字、图片、动画乃至声音、影像等多种形式迅速传播，带来了文化产品开发设计以及生产模式的转变，文化产品、服务的内容与形式也相应地出现了变化。

例如，从无声电影、有声电影到彩色电影，从普通银幕电影到宽银幕电影、立体声电影、环幕电影、全息电影等。随着电脑技术的发展又出现了《侏罗纪公园》《指环王》《阿凡达》等一些利用电脑来拍摄的新电影，《极地特快》凭借先进的动作捕捉和表情捕捉技术，演员汤姆·汉克斯一人饰演五个角色（真人演员的动作行为、举止表情通过捕捉技术，能够转化成数字信号，输入电脑里，经过处理再输出），3D动画加动作捕捉使电影如梦幻般美好又如现实般真实，使得人们沉浸在了无限的想象空间里。

再如演出和戏曲业，舞台美术、电脑灯光、特技等在舞台和剧场演出的应用，促使传统艺术与现代技术相结合，并且在表现形式和内容上发生变化。今天的音乐剧早已摆脱过去的舞台布景，而是综合运用声、光、电等现代技术手段，创造色彩斑斓的舞台效果。再如图书出版业，随着越来越多的电子图书、报刊的出现，报纸不仅有动态的文字图片效果，还有有声内容可以倾听，英语类的报纸在这个方面尤为领先。

文化产品的传播手段实现了多样化，同一内容的文化品由于传播手段的不同成为不同的产品。例如，一段乐曲，由CD碟承载就是一张音乐作品，经过数字化处理，成为MP3格式，再通过MP3播放出来就是数码产品。此外，传播手段的多样化使内容从具体形态文化产品中抽离成为可能。例如，我们可以通过手机和电脑从网上下载音乐，存储在不同的载体中，随时读取和欣赏。抽离出的内容经过上述技术手段的整合，实现了内容与内容的重新组合，新的文化产品也得以形成。

从历史层面看，人类社会的所有文化业态并不是由内容决定的，而是由技术决定的。不同表现和传播手段，决定了文化产业的不同业态。当今世界文化产业业态的最大亮点，就是数字技术与内容产业的结合，催生了数码文化产业。数码文化产业作为一个完整的产业链，包括从创意、内容制作、技术支持、市场推广、市场交易、内容复制与传输等各个方面，仅仅从内容的提供方式划分，数码文化产业至少包含下述几个领域：游戏产业、电脑动画、数码学习、数码影音、网络服务提供商、数码出版、数码内容复制与交易、电子竞技、主题公园、数码文化博览会等派生行业，以及文化产业的金融、财务、推广、物流、经纪、法律服务等其他服务业。

4. 经济环境

文化的产生与发展是物质生产发展到一定阶段的产物。当物质经济发展到一定程度，人类社会需求将发生变化，对精神产品的消费成为人类的追求，精神性或非物质性消费需求正在抬头，并成为生活消费的主流。所以，一个地区的经济增长水平、人均可支配收入的大小不但决定了该地区市场规模的总量，而且也影响着该地区的市场需求结构变化。总体来说，随着经济的增长，人们的精神需求日益增加，为文化企业的发展创造了良好的外部环境。

5. 不可控因素

1986年，德国社会学家乌尔里希·贝克出版的《风险社会》一书指出，我们正在进入一个风险社会[1]，即安东尼·吉登斯所谓的"失控的世界"[2]。风险社会理论认为，人类社会面临的风险越来越凸显，包括自然风险、技术风险、社会风险、制度风险和治理风险等，其危害不受时间、空间或社会的限制，如政局的动荡、战争、地震、台风，还有疫情。这些不可控因素对企业运营和文化项目来说，往往是灾难性的，甚至是毁灭性的。如2020年年初开始席卷全球的新冠肺炎疫情，导致全球文化旅游业遭受重创，大量旅游景点被迫关闭，影视剧组暂停拍摄，大型演唱会中止，电影院也无法开放，一些电影院线公司无法坚持，被迫裁员甚至倒闭。

（二）产业竞争环境

任何产业都存在五种基本竞争力量，这五种基本竞争力量的状况及其综合强度，引发产业内在经济结构的变化，从而决定着产业内部竞争的激烈程度，决定着产业活动获得利润的最终潜力，即潜在的营利性。[3][4]

1. 现有企业之间的竞争

文化企业的竞争集中在精神内容产品的差异性竞争。精神消费本身是一种高层次的消费需求，是一种休闲消费，对产品的差异性要求较高。精神内容产品的差异性决定了文化产品的竞争力。文化企业之间这种在产品及其经营模式的差异化方面的竞争，促使文化产业成为一个充满创意与创新的产业，使得以创意为核心的人力资本等无形资源成为文化产业的核心要素。

2. 进入障碍

进入障碍是指那些允许现有企业赚取正的经济利润，却使产业的新进入者无利可图的

---

[1] 贝克. 风险社会[M]. 何博闻, 译. 南京：译林出版社, 2004: 1.
[2] 吉登斯. 社会学[M]. 李康, 译. 北京：北京大学出版社, 2009: 94.
[3] 福克纳, 鲍曼. 竞争战略[M]. 北京：中信出版社, 1997: 50-62.
[4] 贝赞可, 德雷诺夫, 尚利. 公司战略经济学[M]. 北京：北京大学出版社, 1999: 212-215.

因素。

（1）规模经济。如果大规模经营可以产生显著的成本优势，那么新进入者就必须达到这种规模，否则，单位成本将限制其获利能力。规模经济同样存在于广告、采购、研究与开发和售后服务等活动之中。流行歌曲唱片的发行销售数量、图书发行销售量、一款游戏所拥有的玩家人数等都代表了文化产品的规模，规模越大，其锁定的消费者就越多，其竞争优势也就越强。

（2）资本需求。如果资本需求和成本很高，也会限制潜在进入者的数量。资本需求包括生产设施建设、研究与开发费用、建立销售网点费用以及产品初期促销费用等。例如，广电设备的巨大投入、出版业大量固定资产的投资、门户网站的建设等都是高投入行业，即使是拍一部电影，也需要很大的投入，在美国好莱坞目前一部电影的平均制作成本是5000万美元左右，加上宣传费用等，往往要超过1亿美元，如此巨大的投资，无形之间加大了企业的风险，限制了进入者。

（3）学习曲线效应。经验的不断积累可以使人们逐步发现更有效的工作方法。因此，通过学习经验的积累可以降低单位成本。新进入者可能因缺乏经验而处于高单位成本的劣势。经验曲线是指当某一产品的积累生产量增加时，产品单位成本趋于下降。随着经验的增加，能够形成单位成本下降趋势的原因有三个：劳动的效率、工艺的改进、产品的改善[1]。这点对文化企业尤为重要。文化企业需要大量的专业文化人才、技术人才和管理人才，一个文化产品开发、生产和销售都需要大量的专业知识、技能和经验。通常文化企业中产品的生产和经营都是相对固定的成员形成的团队伙伴，如电影剧组和搭档、设计项目团队、咨询公司团队等，有很多是固定的组合。

（4）专有技术。专利能够防止新的进入者。专有技术或者专门技能将增加进入的难度，如数码文化产业中，很多行业的产品开发需要专有技术，像网络游戏软件开发的引擎、网游平台等。

（5）转移成本。顾客由于选择新的进入者的产品而承受很高的转移成本是另一种进入障碍。这在电视、报纸、杂志、软件、游戏、展会等行业尤其明显，对精神内容产品的消费通常有一种上瘾的行为，即消费者对某种文化产品消费得越多，对产品的依赖性就会越强。

（6）政府政策。文化产业受到政府的政策影响很大，政府的产业准入政策、税收政策、优惠政策、对行业的监管等，都会直接影响行业的进入门槛。根据产业政策，政府有相关清单，指引哪些行业鼓励进入，限制哪些行业，禁止进入哪些行业等。

（7）独特的资源垄断。对文化产业经营所需要的资源的控制，对进入者形成巨大的威胁，这些资源的垄断有时候是由于规模经济和政府政策的因素导致的。例如，我国的传媒产业中广电、出版和有线电视，长期以来形成的对国家资源的垄断优势，使国内其他新

---

[1] 中国人民大学工商管理学院会计系. 同等学力申请硕士学位综合水平统考工商管理学科考前辅导（第二版）[M]. 北京：中国人民大学出版社，1999：175.

进入企业很难与其竞争。

3. 替代威胁

与潜在进入者一样，替代品能够夺取业务和加强现有企业之间的竞争。替代品为被替代品的价格规定了最高水平。新的替代品通常代表着新的技术，即使这些替代品最初看起来是无害的，但新的替代品的出现可能会给现有厂商和产品带来强大的威胁。例如，虽然国内的传媒产业中广电、出版等国有企业具有资源垄断和规模经济的优势，但是随着我国加入WTO和文化产业的进一步放开，一些竞争性行业将面临内外夹攻，一些垄断性行业也面临着系统性风险。国外知名的传媒产业巨头和国内新兴民营资本的威胁日益加大。通常，在下列情况下，替代品的威胁是很大的。

（1）有许多相同的有效成本方法满足相同顾客的需要。例如，国内许多区域性的报刊行业，如日报、晚报、晨报等同类产品相互竞争，而且，由于缺乏创意和内容生产方面的差异化，形成了价格竞争，各种报纸面对相同的客户群，相互之间基本上可以相互替代。电视剧、图书等尤其如此，由于题材和播出平台有限，创作过程中的撞车在所难免，市场竞争白热化。

（2）顾客转向替代品只承担很小的转移成本。这一点在电视频道经营方面尤为明显。消费者掌握着遥控器，对于内容的转换（频道转换）承担的成本几乎没有。内容市场定位与差异化竞争就显得尤为重要，而大部分国内电视台各频道节目的差异化很小，目前只是凭借地区垄断的优势，由一两个电视台垄断经营。

（3）新型文化业态推动行业性替代。在移动多媒体和新一代移动网络的推动下，文化产品的生成、传播和消费方式都发生了变化，前几年，广电还在嘲笑报纸的穷途末路，然而，几年过去，"秦人不暇自哀，而后人哀之；后人哀之而不鉴之，亦使后人而复哀后人也"。在移动互联网的汹涌大潮中，不久前还风光无限的电视行业骤然崩塌，其广告客户被今日头条、西瓜视频、抖音等名不见经传的App抢走。甚至连电视剧的观众也变得更加年轻，因为他们多用手机或者Pad观看，家庭电视机的开机率普遍下降，传统有线电视用户呈断崖式下滑。

4. 购买者的议价能力

购买者的议价能力即顾客或客户通过价格谈判，从销售者或供应商那里获得价格优惠或较低价格的能力。强议价能力意味着能迫使价格下降，从而减少销售者的利润。以影院为例，购买者的议价能力体现在两个方面。首先，随着影院市场竞争的加剧，其他竞争者会通过价格战和模仿的方式来跟老牌影院抢夺市场，竞争使得消费者有了更多的选择，因此消费者讨价还价的能力在上升，挑剔的顾客会因为商品或服务达不到自己的期望而转向其他竞争对手，所以这种多个影院并存的市场相对提高了购买者的议价能力。其次，影院提供的产品越来越同质，顾客拥有强大的向卖主讨价还价的能力，顾客在不同的影院之间转换的成本很低，顾客的这种讨价还价能力将加剧卖方之间的竞争，当竞争的数量足够大时，市场就形成了完全竞争市场，几乎没有利润可言，对于企业来讲，在价格上迎合消费者的讨价还价能力往往会陷入低层次竞争的误区。

5．供应商的议价能力

与上述情况相对的是，在不影响销售的情况下，供应商提高售价的能力就是其议价能力。文化企业的供应商主要是内容的提供商，以及生产内容所需要的各种物质材料和设备的供应。例如报刊，它的供应商包括印刷设备、摄影器材、各种文字和美工处理软件和硬件、报刊每日的新闻来源和娱乐稿件的提供等。对于文化企业来说，设备、器材和物质耗费等并不构成供应商议价能力的主要部分，因为这些设备的供应是一个买方市场。而真正构成供应商的议价能力的因素是内容的提供以及相关的技术和软件的供应。因为这些资源相对来说比较稀缺，供应商对内容具有版权，对相关的技术具有专业权威性。例如，互联网的内容提供，以及相关的数据库管理技术等，是门户网站主要的生产性资源。俗话说："客大欺店，店大欺客"，上游供应商和文化企业之间的博弈，其实也是稀缺性的较量。一方面，拥有知名当红明星的经纪公司可以和影视公司漫天要价；另一方面，则是小演员为了有戏上而四处托人。

（三）企业内部环境分析

企业所有的资源和能力是企业竞争优势的主要决定因素。文化企业的主要资源为无形资产，对于这些无形资源的分析是企业战略环境分析的重点。这些无形资产具有以下三个特征。

1．资源的稀缺性

企业拥有产业发展所必需的关键资源，这些资源的形成较难。例如，网络游戏和软件行业对引擎技术和关键源代码的垄断，我国广播电视和电信行业政策性的垄断等。这些资源往往是长期积累形成或者要进行巨额的投入。

2．资源的不可完全模仿性

文化企业拥有的各种资源之间一旦建立了某种相互联系，并且形成一种商业模式，竞争对手就很难模仿。例如，迪士尼主题公园、美国的 NBA、好莱坞电影公司的大制作等，这些文化产品都是版权、专业性的人力资本、企业组织能力、营销能力、金融资本、商业流程等多种无形资源和能力的组合，其他公司很难模仿得完全一致。

3．资源的不可完全替代性

它是指竞争对手难以获得完全相同的资源，特别是对无形资源，如创意、大型影视片的策划、组织和营销能力、经典剧目的演绎水平、大型演出和体育赛事的管理能力等，这些资源和能力往往难以用其他资源替代。

二、文化企业战略管理的基本内容

一般而言，战略管理涉及如下几个基本要素。

(一)业务范畴

文化企业的战略管理首先是市场细分下的市场定位,文化企业的业务范畴是根据市场需求来确定的。文化企业要确定文化产品是针对何种人群生产的,如老人还是青年还是儿童,然后是何种精神需求。例如,B 站的战略定位是青少年,细分市场是玩二次元的年轻人。业务范畴就是企业经营业务涉及哪方面的业务、产品或服务。这包括企业经营的产品系列。对于文化产品来说,由于其精神内容存在较强的可复制性,借助内容的复制和产品品牌的延伸,实现产品系列的网络化。一个精神产品可以依据其内容要素的分解、组合和移植,从产业链上衍生新的产品,同时精神产品可以通过品牌延伸策略扩展产品线。确立一个产品线的战略,必须对产品中包含的精神内容要素和技术要素加以明确。

(二)独有优势

独有优势表明某一产品和市场组合的特殊属性,凭借这种属性可以给企业带来强有力的竞争地位。优于竞争对手的优势是什么?如成本、分销网络或客户关系等。对于文化企业来说,这种属性的组合与定位可能随着文化行业的不同而有差异。文化企业的独有优势是根据企业战略培育的,如 B 站,定位是二次元,其吸引的执业人员多为二次元的爱好者和制造者,而后吸引二次元的爱好者聚集,进而形成 B 站的优势,成为二次元的聚集地。再如,文化旅游业,需要根据当地的历史文化资源和生态景观资源来确立旅游产品的文化内涵,围绕这些文化内涵来确立相应的产品组合和配套服务体系,并通过相应的营销要素的组合进行推广。每个地方的文化旅游景观应当强调其独特性和不可替代性,不能只是千篇一律地模仿。

(三)资源配置

资源配置是对资源的认识、运用和分配。通常,企业可以利用的资源是有限的,企业需要在现有的市场与未来的机会、现有产品与新产品之间合理配置资源。对于文化企业来说,文化市场的波动性较大,文化产品的周期也是相对较短的,因此需要根据不同时期市场波动的特征,以及产品的不同生命周期阶段对企业的资源进行合理的配置。一般来说,在现有市场与新市场、现有产品与新产品之间的资源配置方式和侧重点的不同,可以形成四种不同的战略,如表 9-1 所示。

表 9-1 文化企业资源配置策略

类 别	现 有 产 品	新 产 品
现有市场	市场渗透	产品开发
新市场	市场开发	多种经营

(1)市场渗透策略。企业立足于现有市场,在现有的产品市场上通过产品细分市场策略、产品的组合和推广策略和价格策略等,实现现有产品销售的扩大,同时通过锁定消费者,保持现有市场的竞争优势。例如,微软通过软件与计算机硬件的捆绑销售,形成了

对个人计算机系统软件市场的垄断。再如，地方报纸通过对本地消费者的营销策略来锁定本地市场，扩大市场占有率。再如，对于主题公园，每一期的投资都非常巨大，大量的固定资产投资很难在短期内再次改造，而每个项目的内容又是相对固化的，所以通常要考虑如何使每个项目最大限度地发挥潜力，此时通常需要通过增加主题公园内的演出和餐饮服务、加强营销推广和广告，以及与其他旅游和节庆相结合，实现利润最大化。

（2）新产品开发。通过不断推出新的产品和服务，维持在现有市场的竞争优势。例如，对一些时尚文化产品、流行音乐、电影等，产品生命周期较短，企业需要不断地包装新人，推出新题材影片来满足消费者的需求变化。

（3）新市场的开发。市场开发策略与市场渗透策略的不同是不仅仅满足于现有市场，而是通过新市场区域和新的消费者群体的定位，为现有的产品开辟出新的市场。对于文化产品来说，新市场的开发体现在三个方面。① 通过对现有产品通过跨区域的经营实现产品市场空间总量的扩大。② 通过细分市场的重新定位，在市场中开发出新的消费者群体。例如，交响乐等高雅音乐，通常消费者的文化层次和消费能力要求较高，年龄层次也偏向中年，企业可以通过结合青少年艺术教育与学校合作，配合一定的价格优惠等方式，培育青少年消费者市场。③ 利用文化产品的衍生性和可复制性，通过版权交易、衍生产品销售等，开发出新的市场。今天，移动多媒体和5G网络的普及，催生了一批新的文化业态，使文化产品的生产方式、交易方式和消费方式都产生了新的变局，也带来前所未见的机遇和挑战。如何顺应业态变迁的大势，应时而变，是文化企业战略管理的重大课题。

（4）多种经营。企业通过投资新的文化产品，实现多元化经营。例如，文化企业集团通常通过组建不同的子公司或者事业部来经营不同的文化产品。国际上许多老牌的大型文化传媒企业都是大型跨行业跨国集团，涉及的领域从出版、影视、报纸、主题公园、特许经营权到数码文化，全面挖掘获利潜能，实现产业链的延长和利润的最大化。

（四）协同作用

组织中不同部门和企业间通过有效合作，以取得协作增效的效果。内部各经营单位联合起来创造的效益要大于各个经营单位各自努力产生的效益综合。对于文化企业来说，在企业经营和战略决策中要注意以下三个方面的协同作用。

（1）销售协同，即共享销售渠道。例如，音像、图书、软件和相关游戏杂志等产品可以共享连锁销售网络。

（2）运行协同。分摊间接费用，共享经验曲线。例如，在企业集团中，各个子公司之间可以通过影视、音像、网络游戏、网络视频之间的协同与合作，共同开发影视、游戏、音像、网络视频内容等产品，对同一精神内容创意开发多种形式的系列产品，从而可以分摊成本，共享经验，扩大市场。

（3）管理协同，即技能共享和移植。文化产品与项目的管理与开发，可以实现技能的共享与移植。首先是同一类的文化产品与项目，如电影、演出和会展等文化项目，项目的管理和运作经验是共通的，在项目运行、成本控制、团队管理等方面都具有相似性，可以实现技能和管理经验的共享与移植。

三、战略层次

许多公司是多元化的，这些公司往往还拥有多种职能部门。因此，我们有必要区分战略层次，如图9-1所示。

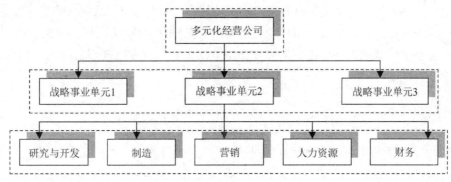

图 9-1　战略的层次

（一）公司层战略

如果公司拥有一种以上的业务就需要一种公司层战略（corporate-level strategy）。其关心的问题如下：公司的事业（业务）是什么？公司应拥有什么样的事业（业务）组合？其战略行为一般涉及拓展新的业务，如事业单元、产品系列（product lines）的增加（或剥离），以及在新的领域与其他企业组建合资企业（joint venture）等。公司层战略应当决定每一种事业在组织中的地位。

（二）事业层战略

当一个组织从事多种不同事业时，建立战略事业单元（strategic business unit）更便于计划和控制。战略事业单元代表一种单一的事业或相关的业务组合，每一个事业单元应当有自己独特的使命和市场，这使得每一个战略事业单元应该有自己独立于公司其他事业单元的战略。对于文化企业来说，事业层战略涉及企业提供文化产品和服务的业务部门，如影视公司中的电视剧事业部、电影事业部、艺人经纪事业部等。

公司的经营可以看作是一种事业组合，每一个事业单元都有其明确定义的产品细分市场，并具有明确定义的战略。事业组合中的每一个事业单元按照自身能力和竞争的需要开发自己的战略，同时还必须与整体的组织能力和竞争需要保持一致。

事业层战略（business-level strategy）关心的问题如下：在我们的事业领域里如何进行竞争？事业层战略规定该事业单元提供的产品或服务，以及向哪些顾客提供产品或服务。其战略行为包括广告宣传、研究与开发（研究是指通过发明新技术来创造一种新产品或新工艺，或改进现有产品；发展则是将已有发明推广于生产过程或其他产品）、设备条件的改善，以及产品系列拓展、收缩的方向和程度。

全部事业单元必须符合作为一个整体的公司的利益，在可接受和控制的风险水平下，使销售、收益和资产结构获得均衡发展。

（三）职能层战略

职能层战略（functional-level strategy）回答以下问题：我们如何支持事业层战略。职能战略主要包括人力资源战略、财务战略、采购战略、研发战略、品牌战略。可以这么说，除了生产、销售这些直接创造价值的业务战略外，其他所有作为支撑的，都是职能战略范畴，应当与事业层战略保持一致。例如，在电视剧事业部或者电视剧公司中，制片、发行就是两个不同的职能部门。

四、战略联盟

战略联盟是指两个或两个以上的企业为了一定的目的，通过一定的方式组成的联合体。联盟可以高效运作，完成一些单个企业难以完成的任务。战略联盟一般是由具有共同利益关系的单位之间组成的战略共同体，他们可能是供应者、生产者、分销商之间形成的联盟，甚至可能是竞争者之间形成的联盟，各合作方的关系十分松散，不像传统企业组织中主要通过行政方式进行协调管理。在时间上，战略联盟的存在期限一般较短，在战略联盟形成时，一般部门有存续时间的协议，或者规定一个固定的时期，或者规定在一定任务完成之后解散。

战略联盟的组建动因主要包括以下几个方面。① 资源互补，增强企业实力。② 扩大市场份额，文化企业要谋求跨区域乃至全球化的发展，需要通过区域间的合作来建立区域文化市场。尤其是文化产品和服务的对外贸易和交流方面，由于对国外的消费者需求、法律环境和市场信息等方面不了解，缺少国际营销的实力，此时就需要能够加强国外的发行商和中介机构的合作。③ 迅速获取新的技术，弥补自身的技术短板和经验的不足。文化企业中，文化产品和服务的创意和创新都有潜在的不易被观察的默示知识，如表演、电影编导与摄影、明星包装策划、软件设计、会展策划营销等，这些领域涉及大量的专业技能、技巧和商业模式，文化企业之间可以通过相互合作的方式，实现对这些技术的学习和获取。④ 降低风险。现在市场竞争千变万化，企业经营存在巨大的风险，而通过战略联盟的方式可以分担风险，从而使企业经营风险大大降低。例如，网络文化产品在相关技术开发和技术标准化方面，一方面研究开发费用很大，而成功率很低；另一方面标准的行程需要不同的机构的合作，所以存在很大的风险，而通过几个企业组建战略联盟共同开发，不仅可以提高成功的可能性，而且可以使费用得到分担，迅速回收，这就大大降低了风险。

可口可乐、麦当劳、迪士尼三剑客曾经是最著名的战略联盟。在这个铁三角组合中，由于麦当劳和迪士尼都只是作为可口可乐的销售渠道之一，因此对于可口可乐而言，并不需要与它们保持高度的一致，"铁三角"的核心是麦当劳和迪士尼。而它们的行业特点决定了它们主要的战略合作方式是联合营销，触及联合使用商标协议、联合开拓市场、联合开发新项目等领域。迪士尼—麦当劳的协议规定了麦当劳每年的电视广告量以及在全球餐厅中进行的推广活动次数。麦当劳只在迪士尼的电影、电视以及主题公园中进行推广。迪士尼新片的首映日应该配合麦当劳的营销计划，迪士尼旗下的电视网的一些广告时段以低于市场水平的价格出售给麦当劳。在其合作的10年中，迪士尼获得了麦当劳全球3万多家餐厅构成的庞大推广平台，麦当劳则频频伴随着迪士尼的卡通人物出现。于是，有了迪士尼授权的麦当劳，在促销中陆续推出了很多有名的卡通形象，如"米奇""101斑点狗""尼墨""神探加吉特"等。而迪士尼公司通过麦当劳分布全球的约3万家连锁店，将公司形象进行推广，如每次迪士尼发行新片，麦当劳店中就有电影大海报。它们在市场中几乎是同甘苦共进退。

战略联盟的组建方式主要有以下几种。

（1）合资。由两家或两家以上的企业共同出资、共担风险、共享收益而形成的企业。通过合资的方式，合作各方可以以各自的优势资源投入合资企业中，从而使其发挥单独一家企业所不能发挥的效益。

（2）研究与开发协议。为了研究开发某种新产品或新技术，合作方可以签订一个合作开发协议，联盟各方分别以资金、设备、技术、人才投入，联合开发，开发成果按协议由各方共享。由于各方共担开发费用，因此降低了各方的开发成本与风险。

（3）定牌生产。如果一方拥有知名品牌，但生产能力不足，另一方有剩余生产能力，则有生产能力的一方可以为知名品牌一方生产，然后对方冠以知名品牌进行销售。这样生产能力不足的一方可以迅速获得一定的生产力，增加产品销售，扩大品牌影响，而另一方则可以利用闲置的生产能力，获取一定的收益。对于拥有品牌的一方，还可以降低投资或购并所产生的风险。

（4）特许经营。合作各方还可以通过特许的方式组建战略联盟。其中一方具有重要的无形资产，可以与其他各方签订特许协议，允许他们使用自己的品牌、专利或专有技术，从而形成一种战略联盟。这样，特许方可以通过特许权获取收益，并可以利用规模优势加强无形资产的维护，而受许方可以利用该无形资产扩大销售，提高收益。

（5）相互持股。相互持股是各合作方为加强联系而持有对方一定数量的股份，这种战略联盟中各方的关系相对紧密，各方可以进行更长久、密切的合作，与合资不同的是双方的资产、人员不必进行合并。

第三节　文化企业的人力资源管理

文化企业人力资源管理除了具有一般企业人力资源管理的特点外，由于文化企业主要人才为稀缺型的创意型人才，因此人力资源管理具有其特殊性。在文化企业，核心人才往往是现代管理之父彼得·德鲁克所谓的"知识型员工"（knowledge worker），其特点是创新性强、自主性强、优越感强、成就感强、复杂性高、流动性大。德鲁克甚至认为，知识型员工不能被有效管理，除非他们比组织内的任何其他人更知道他们的特殊性，否则对他们根本没用。可见，对知识型人才的管理是一项复杂的工作，其使用效果取决于管理者的智慧。

一、人力资源是文化企业核心资源

首先，文化企业的核心产品是精神内容，这种精神内容体现为创意、版权、构思等，都是人的精神劳动创造的智力资产，是人力资本的物化。所以，文化企业在市场中所生产和销售的文化产品是人力资本转化而来的，人力资本是文化企业最重要的生产投入资源。

其次，文化产品需要通过不断地创新，不断地在产品中注入新的精神内容（创意），文化产品的不断推陈出新，企业需要高端创意人才和创意经营管理人才的支撑。

文化产业在人才结构方面，应该包含文化管理人才、文化专业人才、技术人才三大类。文化专业人才从事文化产品和创意的生产，如签约歌手、签约作家；文化管理人才是指从事文化产品投资、项目管理、行政、财务、物流、营销、文化法律、财务等职能的专业管理人才；技术人才是专业从事技术工作和从事技术性管理的人员。随着文化产业的发展，适应了国际文化产业竞争和全球化的趋势，对于具备国际经验的法律、财务、项目管理等复合型人才的需求很大。

二、文化企业"知识型人才"的特点

一些研究人员通过调查发现，知识型人才通常受到四个激励因素的影响，即个人发展（personal growth）、自主性（operational autonomy）、工作成绩（task achievement）和金钱报酬（money）。

（一）知识型员工关注个人发展的可持续性

知识型员工大多接受过大学教育，较之其他员工，他们的视野更开阔，学习能力和综合素质较高，具备较好的专业素养和能力，更加关注自己的职业发展和能力提升的空间。在互联网和数字技术快速发展的今天，文化产业的发展也日新月异，新的业态不断涌现，新的产品不断冲击人的眼球，在这种环境下，知识型员工必须不断学习和适应新的环境。例如，就传统电视、报刊、杂志、网站的新闻工作者而言，通常只要掌握自己熟悉的媒体采编和传播方式即可，但是在融媒体时代，他们还需要成为全媒体专业人员，如手机云台前端采编系统、视频编辑软件、图片编辑软件、网络视频制作软件等，并且要根据不同的媒体语境和受众特点，编辑不同的内容形式。一个合格的知识型员工和人才，必须不断主动地适应新的变化，对自我发展具有较为自觉的意识和积极的行动。

(二) 知识型员工更加强调职场工作的自主空间

今天的知识型员工普遍关注个人的职业成长及其所从事的事业发展空间。知识员工更加忠诚于自己所热爱的职业而非所服务的组织，当他们服务的组织目标不能与个人职业生涯规划有机契合时，他们大多会考虑另做选择。文化企业要使知识型员工不断增加对企业的投入，使其能力成为难以模仿的、企业专用的人力资本，关键在于培养他们的忠诚度，即对企业的依赖、价值认同和时间投入。

文化创意人才的个性化色彩十分突出，他们往往比较独立和专注，在常人看来会显得特立独行和自负，这主要是由于知识创新型的工作要求知识员工具有自己独特的专业特长，以及创意创新工作高度的不确定性、独特性。虽然报酬和待遇是重要的激励手段，但是在此之外，知识型员工更重视工作的意义与价值，重视企业或者团队的专业理念、工作环境和情感归属。因此，企业应给予创意人才合理的回报和专业工作领域内较大的自主空间，让他们感受到作为专业人士所应当受到的尊重，应加大对创意团队和核心创意人才的授权，赋予他们开展专业工作所需的必要的权力和资源。

(三) 知识型员工更加看重事业成就的外在评价

美国著名社会心理学家戴维·麦克利兰（David Clarence McClelland）把组织中人最重要的高层次需求归纳为对成就、权力和归属的需求。这三种需要的强弱程度因人而异。对于知识型员工，尤其是创意工作者，通常具有强烈的成就需要，他们更加渴望将事情做得完美，提高工作效率，获得更大成功。他们追求的是争取成功的过程中克服困难、解决难题、努力奋斗的乐趣，以及成功之后的个人成就感。他们并不看重成功所带来的物质奖励，他们喜欢独立解决问题和独立承担某项创造性的工作，他们非常关注每个阶段的工作结果，期望能够得到工作成效经常、明确和具体的反馈。

同样，心理学家马斯洛在调查中发现，很多成功人士和成就需求较高的知识型员工，常常追求在获得成功的过程中感受到的"一种发自心灵深处的颤栗、欣快、满足、超然的情绪体验"，知识型员工力求完美，不满足于平常平庸，更在意自我价值的实现，并强烈期望得到同行和社会的认可。马斯洛把这种感受称为"高峰体验"（peak experience）。这种从经济收入之外获得的精神满足和心理效用，能够提高知识型员工的工作满意度和忠诚度。

例如，美国 CBS "60 分钟"的执行主编菲利普·席弗勒曾无不自豪地说："'60 分钟'是新闻业的象征和代表客观公正立场的偶像，为这个栏目工作，我感到骄傲！"著名主持人丹·拉瑟在黯然离职前动情地说："当我走在街上时，我希望人们说，那家伙是一个真正的记者。"显而易见，对誉满全球的丹·拉瑟来说，赚钱并不重要，他更珍爱新闻职业，珍惜与观众分享和交流的过程。

(四) 知识型员工将知识成果的经济报偿作为价值评判

虽然知识型员工大多为高成就需求的人才，不以经济回报为最重要的需求。但是，经济报酬也是不可或缺的激励措施。对于知识型员工,获得合理的、公平的经济报酬是基本的保障。他们通常对报酬和贡献的对等性、公平性更加关注,特别是创造的创意和知识成果的经济报酬的公平性,作为个人价值和成就的重要依据。美国著名经济学家西奥多·W.舒尔茨(Theodore.W.Shultz)在《论人力资本投资》一书中,将资本分为物质资本和人力资本两种形式,他强调,人的知识、能力、健康等人力资本的提高对经济增长的贡献远比物质、劳动力数量的增加重要得多。因为以知识和技能为内核的人力资本不仅是人的一个有机部分,还可以带来心理满足和物质收益。因此,如何通过制定公正、合理又不失灵活的薪酬标准,激活文化企业现有的各种人力资源,提高知识型员工的自信心和工作满意度,提高企业的整体绩效,日益成为文化企业保持生产力和竞争力的关键。

三、文化企业人力资源管理的基本内容

(一)文化企业人力资源选聘

文化企业员工大多数是创意型人才,而高层次创意人才是稀缺性人力资源。因此,文化企业在人才的选聘方面受到人才市场的供求关系和人才竞争的影响较大。文化企业的人力资源部门通常需要跟踪高层次、专业性的创意人才市场,同时要注意从内部培养和选拔优秀的创意人才。

很多文化产品是以项目的方式展开的,人员的组合也是采用短期的项目合同方式选聘的,如拍摄一部电影所聘请的导演、演员和一台晚会聘请的演员等,而一个演员也可能同时出演两部以上的电影。这些人员的流动性很强,是因为他们所拥有的专业技能和个人形象等人力资本属于稀缺性资源。随着文化产业和科学技术的发展,个体文化工作者将会越来越多,如个人工作室、游戏软件编程、演员、导演、编剧、经纪人等,短期雇佣的劳务交易方式,也会成为文化企业的一种主要选择方式。

(二)文化企业的薪酬制度

1. 外部均衡和内部均衡

通常,创意生产过程中,创意人员的薪酬需要根据其贡献大小和名声高低来确定。在创意生产过程中,承担责任越大,其贡献越大,如导演、制片人要对影片的生产和投资负全责,其薪酬也比一般演员高,而主要演员由于其戏份重,片酬也会相对较高。另外,文化产业中名声是重要的资源,文化产品的生产常常需要注入名声的要素,名声往往代表着一个人的能力和市场号召力,所以知名导演和演员自然片酬要高。相同知名度的创意人员之间的薪酬存在可比性,这是薪酬的外部均衡,同一个文化项目或者同一个企业内,创意人员依据其贡献和名声确定薪酬差别,这是内部均衡问题。

2. 薪酬结构

创意人员的薪酬除了通常的工资、津贴、奖金之外,由于文化企业产品以项目方式开展的特点,有时还需要根据创意人员参与项目具体情况,设置较复杂的薪酬激励机制,如

项目奖励等。对于文化企业的关键员工，为了留住这些稀缺的创意人才，还需要设计长期激励计划，如员工持股计划、继续教育计划和员工职业发展与生涯规划等。

凤凰卫视除了给予名主持人高薪之外，还有一定数量的配售股权奖励。2000年6月30日，凤凰卫视在香港创业板挂牌上市，根据招股书，凤凰卫视向包括2名公司董事、4名高级管理人员以及146名其他员工的授出股份中，位列承受人第10名的是窦文涛，获得1 064 000股，陈鲁豫和许戈辉与他并列，吴小莉更是高达1 596 000股，他们获得的配售股权仅次于凤凰卫视少数几位总裁级的高级管理人员。凤凰卫视还为主持人提供了一套很好的保障制度，以及对明星的培训和提升机制。凤凰卫视的这些保障给了名主持人一种强烈的归属感。

第四节 文化企业的投资管理

在第六章"文化产业投融资管理"中已经介绍了宏观和中观层次的投融资管理的内容，这里从微观的角度介绍企业投资决策管理模式。

一、投资决策机构的组织形式

常见的投资决策模式是在公司组织结构中设立投资部或项目部，也可将两个职能部门合并为一个部门。项目部门寻求投资项目，并提交投资部门，由投资部门组织对项目的论证，并提交公司经理和董事会决策。这种职能化的分工，一个项目经过了寻找、确定、论证、上报到批准立项的过程。

在大型企业或有较多事业部门的企业集团中，对于重大项目的投资决策通常采用矩阵的方式，项目组的成员由各个职能部门或者事业部的专业人员组成。这种方式的好处在于，投资管理的成员来自各个不同的职能部门，能够充分地对投资项目发表专业性的意见，并对投资项目进行深入的讨论，充分考虑各个方面的因素。这种投资组织方式的不足之处在于投资成员往往只参与项目的论证，投资项目具体执行是由具体的部门和子公司执行，容易造成论证的人员仅仅从部门利益考虑的本位主义现象，参与讨论的成员过多也会使得论证时间过长，贻误投资时机。

二、项目投资评价

在投资决策中，对于项目投资可行性的客观评价，是决定是否进行投资和采取何种投资方案的基础。对于一个投资项目的评价，通常是从经济效益的角度去评估其在企业经营和存续期间所创造的经济收益是否能够补偿项目的总投资成本。如果投资收益小于成本，那么这个项目就是不值得去投资的。如果投资的收益大于成本，还要对所获得的利润率与其他可选择的投资方案的收益率进行比较。一个投资项目虽然是正的收益，但是如果其年收益率小于银行同期利率的话，那么这笔投资存在银行里要比投资这个项目更加划算。

文化企业的投资可以分为两类：一类是企业对文化项目的投资，这也是文化企业获得主营业务收入的主要途径，我们将其称为项目投资；另一类是对其他文化企业股权的投资，涉及企业兼并和重组，我们将其称为股权投资。

项目投资的决策基础是可行性分析。对于文化企业来说，文化产品和服务的市场存在较大的波动性，有的文化产品和服务其经营期间不长，很多文化产品和服务的未来投资收益很难进行测算和评估，因而投资风险也就较大。例如，一部电影投资可能上亿元，但是电影发行放映的期间很短，全国加上国际发行的影院、网络、有线电视网络的周期也就1~3年。另一种方法是采取同类比价法，如同类题材的影视剧、同一等级的投资规模以及导演和演员阵容的平均表现情况，即使这样，电影最主要的票房收入还是很难准确预测。每年都会有票房的黑马，小成本的《泰囧》《疯狂的石头》《失恋33天》可以创造票房奇迹，而大投入的大片却经常遭遇"滑铁卢"。

这样的问题引导我们对项目的可行性研究进行反思。过度乐观的非理性投资决策方式可能是我们自己挖下的陷阱，其具体表现是投资额估算粗糙，缺乏竞争力分析，轻易举债扩大投资。正是在这种情况下，一些先进的管理公司开始探索在项目可行性分析之外，用不可行性分析管控投资风险；甚至借助军事规划中常用的情景规划法，对行业前景进行前瞻性思考。例如，我们在决策投资一部都市情感电视剧时，在自身做完可行性分析后，还必须对投资成本进行细化，对同期其他影视公司的同类题材创作动向进行比较分析，更要对都市情感剧的市场需求、政策趋势进行充分的分析后，才能做最后的投资决策。

股权投资的核心是用合适的价格购买股权实现可预期的远期更大收益。对企业价值的评估通常关注有形的物质资产和可以计价的金融资产。文化企业大部分资产是无形的创意资产，如知识产权、客户、关键的创意人力资本，以及公司在文化艺术领域广泛的业界人脉和关系资源等。对于这些无形资产的评估，通常需要根据无形资产的性质采取不同的方法。例如，对以知识产权为核心资产的企业，可先确定知识产权资产的存续期间和未来的可获得收益规模，运用一般的资产评价方法评估；对于客户资产、人力资本等，可以运用成本法核算一项客户资产和人力资本的形成过程中总的投入成本，或者用重置成本法核算重新建设和获得这样同类资产所需要的投入成本，也可以用客户资产和人力资本未来可以产生的收益，或者在市场上可以类比的同类资产的价格。在股权投资中，最大的风险是在企业购并完成后，核心人才的流失，这将使企业价值急剧下跌。因此，文化企业的购并投资，除了可以计量和控制的无形资产外，最重要的就是团队的稳定。

三、文化企业投资的分类

投资是一项很复杂的经济活动，为了加强管理和提高投资收益，有必要对投资进行科学的分类。

（一）按投资回收期限分类

按投资回收期限的长短，投资可分为短期投资和长期投资。短期投资是指回收期在一年以内的投资，主要包括现金、应收款项、存货、短期有价证券等投资；长期投资是指回收期在一年以上的投资，主要包括固定资产、无形资产、对外长期投资等。

（二）按投资行为的介入程度分类

按投资行为的介入程度，投资可分为直接投资和间接投资。直接投资包括企业内部直接投资和对外直接投资，前者形成企业内部直接用于生产经营的各项资产，后者形成企业持有的各种股权性资产，如持有子公司或联营公司股份等。在文化项目中，大量投资往往表现为共同投资某个文化项目，如一部影视剧、一场音乐会、一个旅游项目，通过参与项目运作，共享利润，共担风险。

美国经济学家乔治·勒蒂格勒说："没有一家美国大公司不是通过某种程度、某种方式的兼并收购而成长起来的，几乎没有一家大公司主要靠内部扩张成长起来。"企业由于不完全拥有项目所需的资源，因此需要通过并购的方式获取资源。所谓并购，即兼并与收购的总称，是一种通过转移公司所有权或控制权的方式实现企业资本扩张和业务发展的经营手段，是企业资本运营的重要方式。例如，美国在线于2000年以1470亿美元收购了时代华纳，就是为了成为一家集电视、电影、杂志和互联网为一体的超级媒体公司。再如，2013年以来，我国影视产业迅速发展，致使大量社会资本竞相进入，2014年经营民族风味餐饮的民营上市公司"湘鄂情"连锁餐饮企业收购北京中视精彩影视文化公司51%的股权，进军影视产业。2014年3月11日晚间，在港上市公司文化中国（代码01060HK）发布公告称，获得阿里巴巴集团62.44亿港币的战略投资，阿里巴巴将获得文化中国60%的股份。通过这样的购并，马云顺利地进入电影业，并且成为《京华时报》等知名报刊的幕后老板。

间接投资是指通过购买被投资对象发行的金融工具而将资金间接转移交付给被投资对象使用的投资，如企业购买特定投资对象发行的股票、债券、基金等。这一问题将在"企业投资的资金融通"中详细阐述。

（三）按投资的方向不同分类

按投资的方向不同，企业投资还可以分为对内投资和对外投资。从企业的角度看，对内投资就是项目投资，是指企业将资金投放于为取得供本企业生产经营使用的固定资产、无形资产、其他资产和垫支流动资金而形成的一种投资，如影视项目的策划、网络游戏的构思等。在企业内部组织项目小组，投入少量资金，进行前期的项目开发和市场推广工作，根据项目进展情况和市场决定是否进一步投资。一般来说，企业的对内投资具有可控性强的特点，无论是从团队预期还是财务控制，都具有较强的主控性。问题在于如果过分强调自给自足，忽略外部资源的引进和交流，项目风险同样也很大。

对外投资是指企业为购买国家及其他企业发行的有价证券或其他金融产品（包括期货与期权、信托、保险），或以货币资金、实物资产、无形资产向其他企业（如联营企业、子公司等）注入资金而发生的投资。还以影视项目为例，甲公司完成了剧本，并且和导演、主要演员签约后，项目前景已经相对明朗。这时，甲公司可能会邀约其他投资方。对于其他投资方来说，此刻项目成活率较高，风险已经相对可控，但只能作为宾客参与投资，若想掌握甚至接管项目，势必要付出更大的代价。

四、企业投资的资金融通

通常情况下，企业投资的资金有两个主要来源，即企业自有资金和外部获取资金。外部资金有股权和债权两种融资方式。股权融资就是投资方投入一定的资金，换取其在被投资公司或者投资项目的股份，按照同股同权的原则，共同承担项目风险，共享项目收益。债权融资通过借款的方式向银行等金融机构和其他债权人进行融资。债权的原则是安全性、流动性和增值性。也就是说，债权人不承担项目风险，贷款期限结束，无论项目赚多赚少、是否赚钱，借款人都必须及时偿还本金，并按照事先约定的固定利率支付利息。

在文化企业兼并和收购的融资方面，由于涉及的资金规模巨大，通常都是依靠金融市场，通过资本运作和金融工具，由银行、投资机构和担保机构多方介入，按照金融市场的投资方式和规则，完成兼并和收购项目交易。

此外，国际文化项目的投资建设中，也采用了通行的 BOT 项目融资模式，即建设—经营—转让模式（build operate transfer）。这种模式的基本思路是，由项目所在国政府或所属机构为项目的建设和经营安排融资，承担风险，开发建设项目并在有限的经营项目中获取商业利润，最后根据协议将该项目转让给相应的政府机构。BOT 模式也称为特许权融资。项目的直接投资者和经营者（项目经营者）是 BOT 融资模式的主体。项目经营者从项目所在国政府获得建设和经营项目的特许权，负责组织项目的建设和生产经营，提供项目开发所需的股本资金和技术，安排融资，承担项目风险，并从项目投资和经营中获得利润。目前国内在一些旅游景区的开发中，将景区经营权交给外部投资商，双方约定投资的规划和规模，约定经营期限和经营者的相关责任，到期后无偿移交给当地。

最后，文化企业拥有的大量无形资产，可以通过无形资产的证券化方式融通资金，即通过合理的评估方法来科学、公允地评价无形资产的收益，并由专业的金融机构运作，将其转化为金融证券向社会发行以募集资金的融资方式。例如，1997年英国超级摇滚歌星大卫·鲍伊（David Bowie）以 287 首歌曲的未来收益权为担保，在美国发行了 10 年期利率 7.9%总额度 5500 万美元的债券，金融界称之为"鲍伊债券"——该证券的成功发行使大卫·鲍伊一举成为英国音乐界当时资本净值最高的歌手，具有里程碑式的意义——它把原来局限于抵押住房贷款、汽车、信用卡贷款、应收账款等方面的资产证券化向前推进了一大步，完成了首次音乐作品版权证券化。"鲍伊债券"首次将知识产权纳入证券化的视野，开启了知识产权证券化的新纪元。

案例/专栏 9-3

上海迪士尼的投融资模式

上海迪士尼度假区一期总面积 3.9 平方千米，总投资分为三大部分：主题乐园、酒店及零售餐饮娱乐、公共配套投入。从目前掌握的情况来看，仅主题乐园的投资就已经达到了 245 亿元人民币，而作为配套酒店及零售餐饮娱乐的投资为 45 亿元人民币，其中，投资 245 亿元的主题乐园（含停车场）主要包括一座集娱乐、餐饮、演艺等功能于一体的迪士尼城堡和一个美丽花园。投资 45 亿元的配套酒店及零售餐饮娱乐将包括一座豪华酒店和一座经济型酒店，共 1220 间客房和 27 900 平方米零售、餐饮、娱乐区。这样的投资仅仅计算了该项目动工至开园日的费用，日后的运营和具体维护费用未被计入。

如此巨大的投资由谁来买单？

公共建设由财政支付已经确定，而上海迪士尼度假区的投资将由中美双方共同承担，具体运作公司的股权和投资结构图已经明晰。在上海迪士尼度假区项目中，中方和美方总代表公司分别是迪士尼公司和上海申迪（集团）有限公司（下称上海申迪）。上海申迪是经上海市政府批准设立的国有企业，承担上海国际旅游度假区的土地开发、基础设施建设和相关产业发展任务，同时负责与迪士尼公司合资合作，共同投资、建设和运营上海迪士尼乐园。

据悉，迪士尼公司与上海申迪通过相关公司将按照持股比例为上海迪士尼度假区出资，出资方式为 30%债务融资，70%权益出资。目前，国家开发银行、上海浦东发展银行、交通银行已经牵头组建银团向其贷款。

2010 年 8 月 8 日，上海申迪宣布成立，注册资本 120 亿元，股东单位分别是上海陆家嘴（集团）有限公司、上海文广发展有限公司与上海锦江国际控股公司，根据出资金额对应股权比例是 45%、30%、25%，并下设了三家全资子公司：上海申迪旅游度假开发有限公司（下称申迪旅游）、上海申迪建设有限公司（下称申迪建设）和上海申迪发展有限公司（下称申迪发展）。

在此基础上，2011 年 4 月 2 日，上海申迪通过申迪旅游（注册资金 1.3 亿元）与 WD Holdings（Shanghai）、LLC（迪士尼公司的全资子公司）共同合作，出资成立了三家合作企业：上海国际主题乐园有限公司、上海国际主题乐园配套设施有限公司、上海国际主题乐园和度假区管理有限公司。

上海国际主题乐园有限公司的股权结构中，申迪旅游和迪士尼子公司的股权比例是 57%和 43%，注册资金为 171.36 亿元，主要工作是主题乐园的开发、建设和经营等，也包括园区内的服务提供。

上海国际主题乐园配套设施有限公司的股权结构中，申迪旅游和迪士尼子公司的股权比例也是 57%和 43%，注册资金为 31.68 亿元，主要负责酒店、餐饮、零售、娱乐等配套设施的开发、建设和经营。

上海国际主题乐园和度假区管理有限公司的股权结构中，申迪旅游和迪士尼子公司的股权比例是30%和70%，注册资金为2000万元，负责接受主题乐园公司和配套设施公司的委托，在授权范围内对主题乐园项目和配套设施的开发、建设和经营的全部事宜进行日常管理和服务，也将负责度假区的创意、发展和运营。

据了解，在上海迪士尼项目中，中美双方均以现金方式入股，土地使用权和知识产权均不作价入股，而是分别由中方和美方另行租赁和许可给中外合作的项目公司。

今后上海迪士尼乐园计划每年吸引700万～1000万游客，如果其中有一半来自上海以外的地区，除了在迪士尼乐园的游玩，他们在上海的餐饮、购物消费对旅游业的带动也是巨大的。

本文改编自：谈佳隆上海迪士尼投融资"内幕"[J]. 中国经济周刊, 2011-04-19.

【思考】
1. 请分析一下上海迪士尼投资采取了什么模式。
2. 上海迪士尼投资的投资决策依据是什么？

第五节　文化企业营销管理

文化企业经营的是文化产品和服务，营销管理中除了包含产品、渠道、价格和促销等常规因素外，也有自己的特点。

一、文化营销的产品策略

决定文化产品的关键要素是产品中所包含的精神内容。精神内容的选择、组合模式，决定了文化产品的心理价值诉求和理念，决定了这种产品的文化定位和取向。一部电影最终是否能够打动观众，其剧本起到决定性的作用。没有好的剧本，导演也只能做无米之炊。体育赛事、动漫游戏、会展和文化旅游等文化产品，必须依靠其内在的文化娱乐内容来支撑。内容决定了文化产品的品质和品位，以及被选择内容能够代表社会符号象征的内涵。

通常，文化产品的内容选择都需要根据产品的定位和符号象征意义确定产品的主题，围绕着这个主题，将不同的内容按照特定模式组合起来形成文化产品的核心精神内容。这一过程，我们往往称为创意的生产过程。一台演出、一次会展、一部电影都会有一个主题或者能够体现主题，或者有起到象征作用的明星作为主题，并将相关的节目、项目和场景按照特定的次序和方式组合起来形成文化产品的结构，从而能够最大限度地体现出产品的差异性，体现出产品的文化意义、价值诉求和市场定位。

同时，文化产品具有较强的品牌衍生性。由于文化产业不同行业间具有较强的关联性，以及文化产业中精神创意内容可以被复制转移到其他制造业中，形成品牌授权和价值衍生，因此在文化营销的产品策略中，要注意建立和维护产品品牌价值。例如，一部文学作品可以被改编成影视剧（也称 IP 剧）、动画片和游戏等多种文化产品，并将其中的任务形象和品牌等通过授权的方式，衍生出玩具、文具、服饰等多样化的衍生产品价值。要实现这一价值创造过程，不但要在产品策划和营销中注意品牌意识，同时还要注意文化产品的版权保护，将版权作为文化产品的重要组成部分，才能保证日后的文化版权经营收益。

在产品策略中注重版权的重要性还在于对精神内容进行文化产品开发，通常都是从某一具体形态文化产品开始，如上述文学作品改编为影视剧，通过版权界定，可以有效地建立围绕这一精神内容版权可开发的各种产品组合的所有权，如动画、戏剧、游戏和相关衍生产品授权价值等。

二、文化企业产品营销渠道

文化产品的销售，主要是精神内容借用某一种物质载体或者复制技术，能够被传播，并被展示复现精神内容，被人们感知。

信息的传播渠道是文化产品销售的重要媒介。信息的传播与复制技术成为文化产品的重要传播、宣传和再现的技术手段。传统的营销渠道仍然是销售渠道不可或缺的组成部分，但是互联网已经成为重要的营销渠道。此时，营销渠道不完全局限于地理环境的限制和特定渠道链上的关系限制，营销渠道表现为多元化、网络化的趋势。例如，互联网使图书的传统销售渠道被解构，网络书店和电子商务使传统的实体书店逐步消亡；电影的传统销售渠道主要是院线、电视台和音像。互联网的影视版权销售与传播已经逐步取代了音像销售。除此之外，影视片还可以在长途汽车、飞机、手机等移动工具上播出。

文化产品的营销渠道不但呈现出多元化、网络化的特点，而且文化产品还可以通过其他产品的渠道进行营销，实现不同产业间的渠道交叉复用。例如，音像光碟产品除了音像专卖店和连锁店外，还可以在超市、书店、咖啡店等休闲场所销售，甚至出现在车站、飞机场的临时货架上。再如，体育赛事、表演，除体育场、剧院外，通过电视转播也是重要的销售渠道。表演节目也可以在广场、校园、社区、酒吧、咖啡厅等不同的场所。因此，文化产品的传播和销售渠道不但多元，而且相互交叉，只要是人们进行文化和社会性活动的场所，文化产品的渠道就会有生存的空间。

此外，一些艺术品主要是通过画廊、艺术经纪人进行销售的。艺术经纪人在艺术品的销售过程中，承担了主要的中介职能，并且大量运用了自己的关系网络和专业知识。在演艺界，经纪人也承担了十分重要的角色。除此之外，艺术品最重要的销售渠道是拍卖会、展览等，这些拍卖会和展览可以在博物馆、美术馆、艺术宫、商贸中心、酒店、展览馆等不同的大型场所举行。

在移动互联网迅速发展的今天，文化产品产生新的营销渠道，现在最通俗的叫法是"种草"。通过分享推荐某一商品的优秀品质，以激发他人的购买欲望，或者是自己根据明星代言、网红推荐、综艺节目、影视剧，对某事物产生体验或拥有的欲望的过程等。个人体验和口碑的传播，对文化产品的销售产生了重大影响，这也是文化企业重视收视数据和豆瓣、猫眼等评分，重视淘宝买家评价，组织网络水军的根本原因。

三、文化产品的定价策略

（一）文化产品的成本结构特征与定价的关系

商品的价格首先取决于它的成本结构。文化产品的生产成本很高，但复制成本却很低，即经济学所说的高固定成本、低边际成本。例如，耗资上亿美元的好莱坞巨片，复制成本却很低，复制到光盘上的成本更低，从网上下载几乎是零成本。精神内容生产的固定成本的绝大部分是沉没成本，即如果停止生产就无法挽回的成本。文化产品的低可变成本为营销提供了巨大的机会，因为消费者通常是按照其愿意为文化产品所提供的使用价值而付费，而如果文化产品的复制成本较低，那么就可以具有较大的边际收益，从而为产品定价提供更大的灵活性和操作空间。

（二）定价的基本方法

1. 撇脂定价策略

其名称来自从鲜奶中撇取乳脂，含有提取精华之意，也称市场撇脂定价法。市场撇脂定价法是指许多发明新产品的企业最初设定高价，从市场中一层一层地撇取收益。英特尔公司是市场撇脂定价法的最初使用者，苹果系列产品也习惯使用这种定价方式，将其与"饥饿营销"相结合，吊足消费者胃口，在短期内实现高额利润。对于时装、时尚工艺品的定价，由于该类产品的生命周期短、时效性强，通常在快速成长阶段采取撇脂定价法，获取高额利润。

2. 渗透定价策略

产品一投入市场以低于预期的价格销售，争取获得最高的销售量和最大的市场占有率。文化产业产品复制成本比较低，因此在良好的版权保护条件下，内容复制产品如光碟、网络下载付费、手机铃声、微信表情、游戏中角色服装、QQ 表情等，可以通过极低的定价，快速地获得大规模的销售，实现规模效益。

3. 差别定价策略

一种常用的差别定价策略是群体定价，即对不同特征的消费者群体设置不同的价格。例如，剧院的差别定价可以对不同位置的座位或包间制定不同的价格，对不同的时间段、节假日制定不同的价格；还有一种差别定价的常用方法是划分产品系列，或者可以称为版本划分，版本划分是指生产商以不同的版本为不同的市场部分提供文化产品，根据不同的顾客需求提供不同的版本。完整的产品系列会使提供的信息总价值最大化。设计产品系列的基本思想是找出自己产品中有哪些特征对某些用户有极高的价值，而对其他用户没什么重要性，然后依据这个来设计版本。这个策略最常见的例子就是对书籍分平装本和精装本；

软件一般都分为标准版和专业版。

4. 动态定价策略

（1）时基定价策略。时基定价策略的关键在于把握顾客不同时间对价格承受的心理差异。例如，超前型购买者对新款时装、电脑、创新电子产品以及新版精装图书趋之若鹜，他们愿意为此支付较多的价钱。再如，机票和旅馆的价格可能每天都不一样。

（2）市场细分与限量配给策略。这一策略的基本原理是利用在不同渠道、不同时间、不同花销情况下，顾客表现出来的差异性价格承受心理。为此，企业必须开发专门的产品服务组合，根据不同的产品配置、渠道、客户类型和时间，进行区别定价。

（3）动态推销策略。动态推销策略利用互联网赋予的强大优势，根据供应情况和库存水平的变化，迅速实施价格调整。例如，在亚马逊网上书店，每当回头客户登录网站，书店都会根据他的消费记录，给予个性化的购书建议。

5. 衍生产品的组合定价

文化产业之间的关联性，以及文化产业与其他产业的关联性，使文化产品可以通过与其他产品的组合形成衍生性产品组合，制定不同的定价策略，实现价值的最大化。例如，日本卡通动画片为了打开中国市场，将动画片免费提供给电视台播放，其真正的盈利点在图书以及动画卡通形象许可后的各种玩具、文具、日用品等衍生产品的收入。再如，在网络游戏产业，网络游戏的客户端软件通常是可以免费下载提供的，企业通过游戏代理收取代理费用，游戏玩家想要玩的话，必须购买游戏公司的游戏点卡。

6. 拍卖估价

对艺术品和各类文化用品的拍卖，已经成为艺术市场最常见的一种销售方式。通常拍卖品都有一个估价或拍卖的底价，估价仅仅只是给买家一个参考。如果买家在拍品的估价之内收购，他所付出的价格应该是合理的。当然，拍卖行在制定估价时，有时会采取一定的策略，如有的拍卖行为了吸引买家踊跃竞投，会压低拍品估价。除了估价，还有咨询价（估价待询）、参考价、无底价等。

四、文化企业体验营销

文化营销的促销策略是围绕文化产品开展的促销、推广和公共关系工作。文化产品的消费是对精神内容的体验消费过程，如影视广告、新闻专题等，除了运用传统的促销推广措施外，还需要注意运用各种媒介和现场活动进行体验营销。

体验营销是指文化企业以消费者为中心，通过对事件、情景的安排以及特定体验过程的设计，让消费者在体验中产生美妙而深刻的印象，并获得最大程度上的精神满足的过程。例如，迪士尼乐园可以说是最早的体验营销的经典之作，其成功是因为依据其目标顾客的欲望将其规划为"富有想象力的家庭娱乐"。

体验是顾客对一定的刺激物所产生的个人心理感受，但我们必须认识到，体验并不是自发的,而是诱发的,如果缺乏体验的筹划者,消费者的体验便无从产生。要让消费者对企业提供的商品和服务产生美妙的体验,作为体验提供者必须深入分析和把握能激发顾客美妙感受的体验提供物。

体验出自消费者的精神和心理感受,这种心理感受是因人而异的,因个人所受教育、文化及亲身经历、爱好的不同,企业必须根据不同消费群体的个性心理特点,仔细研究目标消费者体验需求的差异性,针对消费者的特性将精神产品中的内容加以选择、提取,为特定消费者提供体验的促销品。

例如,一部还没有上市的电影和电视剧、体育现场比赛等,如果将其内容在购买行为发生之前全部传播给消费者,将会大大降低产品的价值,所以需要从精神内容中提取相关的要素,根据消费者的心理,将这些要素有机地组合起来提供给消费者进行体验,如片花、海报等,让观众对其有了少许接触和体验后,产生消费冲动。再如,音乐会、体育现场比赛会运用对明星的宣传和包装、歌手与歌迷的互动活动,以及精彩片断、以往比赛集锦等提供体验的内容,以激发消费者的欲望,让消费者忘情地掏出自己的钱包。

案例/专栏 9-4

字节跳动与《囧妈》的合作

由于文化新业态层出不穷,如何对新的企业平台进行营销,成为文化企业面临的新问题。2020 年,突如其来的新冠肺炎疫情破坏了原有的生产生活秩序,文化娱乐业遭受重创,与此同时,一些移动新媒体行业却发现了新的商机。快手用近 40 亿的代价,在 2020 年春晚豪撒 10 亿现金红包,引起行业震动。而字节跳动却通过《囧妈》转网,仅花了 6.3 亿,便制造了几乎同等量级的话题影响力。

受疫情影响,2020 年春节档七部影片全部撤档,徐峥执导的《囧妈》在经历了提档、撤档等一系列操作后,宣布于大年初一在抖音、今日头条、西瓜视频、抖音火山版等在线平台免费播放。

2018 年年中,西瓜视频投入 40 亿打造移动原生综艺 IP,这也被看作字节跳动正式进军长视频的标志,然而这次昂贵的冒险并没有使西瓜视频在"爱优腾三座大山"(背后站着 BAT)的垄断下寻找到属于自己的位置,没有自制综艺基因的字节跳动并没有撼动"三座大山",之后在影视方面的布局也未泛起大的水花。在引入《囧妈》播放后,西瓜视频在 APP Store 的排名一度跃升免费榜第一名。《囧妈》在字节跳动四大平台(抖音、西瓜视频、今日头条、抖音火山版)以及西瓜视频官方 TV 版(智能电视"鲜时光")上线 3 天,总播放量超 6 亿次,总观看人次 1.8 亿。

疫情逼迫出了徐峥、欢喜传媒与字节跳动的合作创新,这似乎是在特殊情况下产生的非常举动,但它的意义将覆盖今后的电影行业以及市场。可以说,《囧妈》在字节跳动流媒体上播放正是互联网的魅力,互联网的特质就是颠覆一切传统行业,去掉一切中间商。任何一个行业都存在变革和被颠覆的可能性。字节跳动的入局,使得流媒体、网络发行渠道更深刻地参与到了大众讨论的话题中,至于能否像外界所说的"颠覆院线",则是仁者见仁。

本文改编自:字节跳动借《囧妈》在下一盘大棋. 虎嗅app,2020-02-12.

【思考】
1. 请分析网络视频的兴起对传统电影院线的影响。
2. 为什么说内容+流量+终端是流媒体公司的梦想?

第六节 文化企业的财务管理

文化企业中精神产品的投资生产的差异性,以及文化项目的投资运营都有自身的特点,造成文化企业财务管理需要合理地利用财务技巧处理文化产业经营中的问题。文化企业的财务管理技术性比较强,这里只介绍一些文化企业财务管理实践中经常会遇到的一些特殊问题。

一、文化企业财务管理的特点

古玩行有句老话:"三年不开张,开张吃三年。"这形象地反映了文化企业在经营中的不均衡性,这种不均衡性也会直接反映到企业的财务管理中。文化企业财务管理的基本内容与一般企业管理的内容大致相同,包含财务计划、资产管理、损益核算、财务评价等内容。虽然不同行业的企业在会计科目上分类各具特色,但是基本上能够用上述体系进行计量和管理。文化企业因为其自身的投入资源、产品、资产、生产组织体系等方面特性的差别,使文化企业的财务管理呈现不同的特征和侧重点。

(一)文化企业的业务过程和业务事件的发生重点与顺序不同

很多文化企业业务过程是以一个个项目的方式展开的,业务过程以项目起始与终止的期间为循环周期,如电影、演出、设计项目、体育赛事、会展项目等。而且在一个项目周期中,业务活动所表现的价值的变化与项目资金运动和项目的运作模式有密切关系,在整个周期内,价值变动呈现不均衡的现象。例如,一般的工业企业可以用半成品和存货价值来计算投入产出的转化关系。而在影视片拍摄中,先期的大量投资被当作费用和成本成为沉没成本,其产出则是胶片或磁盘上的内容,胶片或磁盘只是内容的载体。如果只是计算胶片或磁盘的物质成本,传统的会计体系所采用的汇总方法将无法对资产的价值做出准确计量。例如,在成本核算中,影视剧生产企业与一般生产性企业不同,人员劳务成本、制作费用等占了相当大的比重,在电影的拍摄中有大量布景,耗资很大,而一个场景用了几天拍完后,就全部撤除更换了。这样短的时间内,这些投入转化成电影内容价值显然要远远超过胶片或磁盘本身的价格,而这些都很难在传统会计体系中得到准确核算。

有的文化项目可能在一个会计期间发生大量的成本而没有产生相应的收入,而在下个会计期间却产生大量的销售收入;有的可能却相反,产品还没有生产,就已经有大量版权预售收入。这种不均衡性,如果不能准确核算和充分反映,企业就难以实现对其业务过程的及时监督、管理和控制。

(二)文化企业的关键资源是无形资产

文化企业的主要产品为精神内容,对于可复制性较强的文化产品,如光碟、电影拷贝,它的成本集中在内容的创造,而不在内容复制。精神内容的复制成本较它的生产成本低得多。而对于难以复制的文化产品,如歌舞、戏剧等,这类产品一般没有存货。所以通常正常运营的文化企业存货数量相对较少,存货占用的资金量较小。文化企业主要资产是无形资产,对于无形资产的管理是文化企业财务管理的核心内容。企业的竞争力来自于其所拥有的关键资源。文化企业的核心资源是专业文化人才(如演员、导演、画家)、管理人员和专业技术人员的人力资本、企业拥有的独特的精神内容版权等。

二、文化企业资产管理

(一)应收账款

文化企业的应收账款随着产品形态和销售形式的不同而互不相同。对于可以大量复制的具有物质载体的文化产品,而且产品的销售是以对物质载体产权的转移而实现的,如光碟、音像磁带、图书、报纸、单机的游戏光盘等,这类产品的应收账款类似于一般企业的产品销售的回款,通过对物质载体数量和价格的确认来确定应收账款的数额,通过对账龄的管理来加快企业资金的周转。

有的文化产品虽然有物质载体,但是通过内容的传播来实现销售的,消费者直接享受和购买内容,在销售过程中内容和物质载体分离,如电影院线播放电影、电视节目、网络游戏等,需要购买入场券、游戏点卡等才能获得内容消费的权利。这类产品的销售有的可以通过票房的收入来确定应收取的分账收入,有的可以通过代理方式获取游戏销售收入。但是,有的时候企业难以对销售渠道的收入情况做出准确的监控和统计,可以通过合同方式来确认收入的额度和时间。此时,应收账款的管理主要是以合同管理方式实现对销售款的管理。

对于文化产品,还存在衍生品的收入问题。通过版权和形象的许可,文化企业可以在产品的寿命周期内定期获得许可收入。许可收入可以用合同方式明确规定,以在许可期内固定年金方式,或者按照可统计的销售数量提成的方式获得。在此类许可收入中,应收账款的收入管理重点在于收入的可实现性和收入数额的确定性。

(二)无形资产的控制与管理

对于文化企业来说,最难的莫过于对企业无形资产的内部控制与管理。文化企业无形资产管理主要是针对内部的价值管理,是文化企业所面临的一个新课题,它包括对无形资产的分类、确认、计量、投资和会计处理等。这里的无形资产已经不只是传统会计学上定义的版权、专利等,而且包括公司的品牌、声誉、产品形象、设计、公司的人力资源、社会关系网络等。例如,演艺单位最重要的资产可能是经典的剧目、大腕艺人和歌手等无形资产。对于俱乐部,球星和教练是俱乐部最宝贵的资产。

对于上述无形资产,通常在传统的会计体系中无法准确反映,对公司在无形资产方面的投资,应根据该类资产在企业中的重要性,采用递延方法,将其与产品的价值形成联系起来。例如,对于明星和球星签约期间的各项人力方面的投资,包括球星和歌手在形象包装、培训、健康营养等方面的投资,在一般企业通常被当作一次性摊销的成本费用,而对于文化企业来说,实际上是一种递延资产,应当根据其在服务期间对企业的价值贡献进行合理的分摊,并且将其与公司财务评价系统相联系,以此来评价企业对无形资产的投资管理效率。

此外,还要对各种外部因素和偶然因素对这些无形资产造成的损害加以评估。例如,公司的签约红歌手和大牌影星,由于绯闻和丑闻事件造成身价大跌,从而对公司造成的不良影响、投资损失和正在制作的产品价值贬值等。文化企业应对艺人此类事项通过合同约定等方式加强管理以避免发生,或通过预案积极应对,将影响降至最低。

(三)存货管理

由于文化产品存在原创作品和复制再生品的区别,文化产品的存货主要是以原创内容为存在形态的。文化企业的产品具有很强的创新性,每一件文化产品都不相同,这种内容产品在销售前为企业的存货,这种存货的销售是通过对内容复制后销售出去的,而像光碟、磁带等内容产品的复制成本低,所以内容的存货不能简单地用普通物质产品的标准来衡量。例如,一部电影,其存货就是这部电影的母带,如果以物质材料来计量,无非就是母带和复制的物质价值,但是我们不能就此将复制的胶片当作产品的存货或者产品本身来计算,那样实际上以物质形态载体替代了真正的内容产品,大大扭曲了文化企业资产的价值。同样,对于演艺企业所拥有的剧目,广电所拥有的电视和音乐节目资源等,都是企业的存货。它们都具有一定的生命周期,需要对这些存货资产进行价值评估,并在其可以销售的周期内确定适合的递延方法,并确定最终的残值。

三、文化企业损益管理

成本有不同的分类方法,制造业通常将企业的成本分为生产成本、销售成本和管理成本。按照成本的形态,又可以分为固定成本和变动成本。文化企业的产品制造、销售过程具有交叉并行的特征,像电影、体育赛事、会展、演出等营销过程和生产组织过程同步发生,生产、销售和管理成本同时发生,这就增加了成本控制的复杂性和难度。文化企业的产品生产和销售过程伴随着不可预计的成本发生。例如,天气等不可抗因素引起的演出推迟和拍摄计划的延期，以及增加演职员违约风险、临时增加拍摄片段、返工等方面的成本；网络游戏软件开发测试失败，重新设计；动漫和卡通形象重新设计；建筑设计项目的返工和中途修改等。因此，文化企业损益管理中需要注意成本的分析与控制。

（一）成本分析

文化企业的固定成本包括设备、保险费、财产税、管理人员的薪金等，固定成本在总成本中的比例决定了企业的经营杠杆。经营杠杆越大，固定成本比例越高，企业的经营风险也就越大。文化企业的变动成本是指随着文化产品规模扩大而发生变动的成本，如直接的材料消耗、直接的人员费用、每个文化项目中的广告宣传和营销费用等。

在文化产业中，很多文化企业属于轻资产的企业，也就是这类企业的固定资产较少，企业的生产主要以无形资产为主，如体育经纪企业、文化经纪、咨询服务、设计、演出剧团等，这些企业的产品是一个个具体的文化项目，如体育赛事、咨询项目、演出、设计项目等，每个项目都有其独特性，企业成本控制的对象主要是每个文化项目的变动成本，这些变动成本包括宣传营销费用、项目的管理费用、项目的材料和人员费用等。而这类成本的发生与规模、周期有密切关系。此时，成本的控制与项目的生产周期、项目的规模、项目的宣传与推广相联系。对于轻资产运营企业，还有一种降低企业经营风险的方式，是通过关系型的合作网络，建立紧密的合作分工关系，将一些业务外包。例如，会展经营，一次大型的展会实际上是由会展组织与营销、场地、会展工程、会展物流、保安、餐饮、交通旅游等不同的企业和机构分工合作共同完成的。

对于有的文化企业，固定资产比例很大，如传媒产业网络经营部门存在极高的一次性固定成本，而这些固定成本中的绝大部分是沉没成本，如报纸开始运作前购置的印刷机、购买或租用的办公场所和聘用采编骨干、经营人员预先支付的费用等。由于这些投入在一定水平内并不随着精神产品生产、传播数量的增加而增加，也不随着精神产品生产、传播数量的减少而减少，无论媒介是否进行生产、传播精神内容产品都需要相同数量的投入，这部分成本即为媒介运行的固定成本。对于这类文化企业，固定成本无法无限降低，则企业的生产规模扩张以及对变动成本的控制成为企业成本控制的关键。

（二）成本控制

有的文化产品具有行业的通行标准或者历史经验数据，可以通过标准化的成本来进行控制，如一段游戏脚本软件的编辑、一个固定格式外景的拍摄费用、一部古装喜剧类型的电视剧的每集拍摄成本、一个同等规模的展会的宣传成本等。但是，大多数文化产品由于其独特性和原创性，难以用标准化的成本进行控制。例如，设计一座美术馆、大型的体育赛事、一部大片的拍摄等，这些需要通过制定成本控制目标和成本预算进行控制。

对成本控制较可行的办法是预算管理。将成本预算和成本管理进行有机结合，将预算控制纳入成本管理当中，准确地进行成本核算。

预算是在对运营过程分解细化，并对每个环节进行成本的细化分析的基础上制定的。

文化企业的预算成本管理根据其产品的特征，需要对每个以文化项目方式运行的产品进行单独的成本预算，并将这个预算纳入企业的全面预算体系中，如每部电影的制作，需要根据影片的销售目标和拍摄计划制定预算控制，其中包括以下内容。

直接材料：如各种物料和器材的消耗。

直接人工：如编剧、导演、制片人、演职员的酬金、劳务报酬等。

制作费用：如置景、服装、化妆、道具、场地租金、后期编辑费用等。

营销费用：广告宣传、保险费、折旧、发行推广成本等。

管理费用：各类交通、住宿和日用餐费等。

在预算管理中，首先要明确成本责任，如影片的制片人和监制，实际上就是一部电影的项目经理，要对影片的制作成本全面负责，并将相关的管理责任落实到每个环节和剧组的相关管理人员。

对于具体成本项目，因为文化产品的特性不同，可以采用不同的控制方法。对于材料消耗可以根据生产制作量确定材料定额消耗量，或者按照预算中的标准成本进行控制。影视制作公司应根据生产经验和行业特性，制定切实有效的成本核算体系。对于人工成本，可以计件或者计时，如影视片拍摄中临时演员和剧务勤杂人员可以按天计酬，而演员按照每集提取片酬。

四、文化企业税收规划

税收规划直接关系到文化企业的经营。税收规划的目标就是要在合法的前提下，利用税务处理技巧使文化企业的税负最小。

（一）筹资中的税收规划

筹资规划是指利用一定的筹资技巧使企业达到获利水平最大和税负最小的方法。筹资问题不但关系到文化企业的资金获取，同时关系到不同筹资渠道所引起的税负变化。例如，债务融资有一定的税负优势，由于文化企业以无形资产为主，因此较难从银行获取抵押形式的贷款，通常筹资活动由文化企业集团来筹资要比子公司筹资有优势，集团多种经营可以有效地分配资本的成本，为那些难以从银行获得贷款的子公司减轻税负。再如，涉及摄影、后期特效、大型器械的大额购置资金筹集，文化企业通常采取融资租赁方式，因为手续费和利息可直接从应税所得中扣除。

（二）收入确认的税收筹划

收入确认的税收筹划就是通过对取得收入的方式和时间、计算方法的选择、控制，以达到节税目的的策略。

（1）销售收入确认方式的选择。企业销售有多种结算方式，不同的结算方式其收入的确认时间有不同的标准。通过销售结算方式的选择，控制收入确认的时间，可以合理归属所得年度，以达到减税或延缓纳税的目的。

（2）销售收入确认时点的选择。每种销售结算方式都有其收入确认的标准条件，企业通过对收入确认条件的控制，可以控制收入确认的时间。在收入的确认方面，文化产品涉及大量的版权交易，这些交易致使资金支付与产品的生产和交付在时间上分离，如影视片的销售，可能预先通过合同出售相关版权，所以收入采取版权销售时确认，也可能在实际收入发生时确认，时间节点的不同对企业的税负有不同的影响。

（三）成本费用的税务筹划

基于税法对成本、费用的确认和计算的不同规定，根据企业情况选择成本处理和记账方法有利于减轻企业税负水平。

（1）存货计价方法的选择。文化企业通常不像制造业那样有大量存货，但是对于一些进行文化产品销售的企业，如图书、光碟、时装和时尚奢侈品的销售企业，会涉及存货价值处理的问题，图书光碟存货数量多价值大，奢侈品和时装销售企业等产品单件价格较高、品种较多，存货处理非常重要。存货计价方法不同，企业存货营业成本就不同，从而影响应税利润，进而影响所得税。依现行税法，存货计价可以采用先进先出法、后进先出法、加权平均法、移动加权平均法等，不同的存货计价方法对企业纳税的影响是不同的。采取何种方法为佳，则应具体情况具体分析。

（2）折旧和摊销方法的选择。所谓折旧，是将企业的房屋建筑、机器设备等固定资产，在财务账面上通过每年提取一定比例的账面价值作为损耗计入成本。由于折旧要计入产品成本或期间费用，直接关系到企业当期成本、费用的大小以及利润的高低，进而影响应纳所得税的多少，因此折旧方法的选择、折旧的计算成为十分重要的问题。文化企业的特殊性表现为拥有很多无形资产，通常无形资产在财务上会被算作费用摊销，但是有的无形资产达到固定资产的要求，可以参照折旧处理，摊销方法选择就十分重要。例如，软件、专利等超过一定价值可按无形资产处理，但软件和专利可能更新周期非常快，摊销年限的选择直接影响每年计提的额度大小，进而影响税负水平。

（3）成本、费用的确认与列支。利用费用分摊法来影响企业纳税水平，涉及的问题是如何在企业正常生产经营活动过程中选择最小的费用支付额，同时能够将费用最大化地摊入账面成本以减小企业税负，即实现生产经营效益与费用支付的最佳组合。例如，一个影视剧项目从策划算起，到最后发行后收入回款，可能经过好几年的时间。这中间投入的资金是十分巨大的，如何进行成本费用的确认来规划税负，实现最佳的税负和支付费用的组合就显得非常重要。成本费用的确认一般有三种方法：① 直接作为当期费用确认；② 按其与营业收入的关系加以确认；③ 按一定的方法计算，如完工百分比法予以确认。文化企业的很多业务是以项目方式开展的，项目周期可能跨越年度，如何将成本费用在各年度间进行合理确认摊销，不仅是一个财务真实性问题，也是一个与企业税负直接相关的问题。

（4）代扣代缴个人所得税。对于文化企业来说，还有一个值得关注的问题。由于文化创意主要依赖"知识型员工"，其特点之一是薪酬较高，如何合理处理个人所得税，既考验财务人员的法制意识,又考验其对企业的尽职意识。许多明星大腕在签约时就明确是税后收入,将个人所得税的负担扔给公司,许多小型文化企业因此铤而走险,偷税漏税,最终招致不必要的麻烦。

五、文化企业财务评价

文化企业财务评价的方法,通常采用财务评价的规范指标。在文化企业经营中,还需要注意以下两点。

(1) 不同的文化企业和产品评价的标准不同。不同的文化企业,其生产经营的文化产品的性质不同,就会有不同的资源配置结构,财务评价的指标也不尽相同。例如,传媒、出版和互联网门户网站等,这些企业的先期投入非常大,固定资产比例较高,而咨询公司、设计公司固定资产和实物资产很少,这两类企业的资产负债率、投资回收期和资本报酬率必然大不相同,不能以相同的指标来考核。文化企业集团子公司经营产品和涉足领域不同,财务评价指标和评价的重点内容也不应该完全一样。

(2) 产品生命周期的不同阶段,评价的标准不同。文化产品生命周期的不同阶段,有不同的市场竞争结构、成本结构和市场增长规律,不同时期,财务考核指标也不尽相同。例如,对于时尚品,产品从投放到占有市场的成长期间较短,而在这一时期产品利润率较高,企业应加大投入,扩大市场占有率;随着产品进入成熟期,市场竞争激烈,利润率下降,市场份额趋于稳定,企业的策略应转为控制成本,减少投入,提高利润率;进入衰退期后,企业则采取收割战略,不进行投入,尽快收回投资,开发推广新产品。

 本章小结

- 文化企业是通过提供精神文化产品和服务,以文化、创意和人力资本等无形资源为投入要素,获取商业利益的组织。
- 文化企业的计划管理是有层次性的,包括宗旨或使命,目标,战略,"政策"、程序和规划,预算等。
- 公司治理是要保证公司的出资人可以获得他们投资所带来的收益,防止内部人控制问题,并在企业内部形成相互制约、管控有力的决策制度。文化企业的公司治理要比一般企业困难。由于文化企业的关键资源为创意、人力资本、知识产权等无形资源,这些无形资产与拥有它们的个人和团队紧密相关,难以用书面的文字表现记录,难以加以监控,因此文化企业的信息不对称性更高。
- 文化企业的组织呈现扁平化、虚拟化、模块化的特点,因此文化企业组织设计需要根据企业生产经营活动的特点采取适当的模式,以最大化地整合企业内外的资源。
- 文化企业集团是从事多个文化产品投资与生产的大型文化企业,可以有 U 型组织、H 型组织和 M 型组织等组织结构形式，通常采取产品事业部结构、多事业部结构或者矩阵式结构。

▶ 文化企业领导职能的主要职责在于建立共同远景目标，打造团队、设计组织，沟通教育、权变领导。

▶ 文化战略管理建立在对环境的分析基础上，环境分析包括宏观环境、产业竞争环境和企业自身内部环境分析。在此基础上，文化企业战略管理将确定业务范畴和独有优势，进行资源配置和战略协同，并通过必要的战略联盟方式构建企业的竞争优势。在制定战略时，要兼顾战略不同层次的衔接，包括总体公司层战略、事业层战略和职能层战略。

▶ 文化企业人力资源管理除了具有一般企业人力资源管理的特点外，由于文化企业主要人才为稀缺型的创意型人才，因此人力资源管理具有其特殊性。人力资本是文化企业最重要的生产投入资源。文化产业在人才结构方面，应该包含文化管理人才、文化专业人才、技术人才三大类。

▶ 在文化企业中，投资决策需要有相应的组织模式，通常设置项目部或投资部。投资可以有短期投资、长期投资等多种方式。

▶ 文化市场营销的产品策略、渠道策略、定价策略、促销策略都与普通商品有差异。文化产品是精神内容产品，因此体验营销成为文化产品促销的重要方式。

▶ 文化企业的财务管理尤具特殊性，体现在财务的成本分析与控制、资产管理、文化企业损益管理、文化企业税收规划、文化企业财务评价等方面。

综合练习

一、本章基本概念

文化企业、宗旨、使命、预算、目标、战略、扁平化组织、公司治理、虚拟组织、网络组织、U 型组织、H 型组织、M 型组织、模块化、事业部、矩阵式结构、宏观环境、产业竞争环境、企业内部环境、独有优势、协同、公司层战略、事业部层战略、职能战略、战略联盟、合资、研究开发协议、特许经营、定牌生产、撇脂定价、渗透定价、差别定价、无形资产证券化、体验营销。

二、本章基本思考题

1. 什么是公司治理？文化企业公司治理有什么难点？应该如何解决？
2. 文化企业集团有几种组织设计模式？它们有什么差别？在什么情况下适用？
3. 文化企业的领导职能主要有哪些？
4. 简述文化企业宏观环境、产业竞争环境和企业内部环境分析的基本内容。
5. 简述战略联盟的主要形式。

6. 简述文化企业的战略层次的含义。
7. 简述文化企业的人才结构和类型。
8. 简述文化企业的投资分类。
9. 简述文化企业营销管理的产品策略、定价策略、渠道策略和促销策略的特点。
10. 简述文化企业财务管理在成本分析与控制方面的基本要点。
11. 简述文化企业财务管理在资产管理方面的特点。
12. 简述文化企业财务管理在税务筹划方面的基本要点。

第十章

文化项目管理

 学习目标

通过对本章的学习，学生应了解或掌握如下内容：
1. 了解项目管理的一般原理；
2. 了解文化项目经理的职责；
3. 了解文化项目团队管理的内容；
4. 了解文化项目筹资及风险控制的基本内容；
5. 了解文化项目成本控制的基本方法；
6. 了解文化项目进度控制的基本方法。

 导言

文化产业的很多产品和投资活动是以项目方式进行的。项目管理成为文化企业重要的管理活动，也是文化产业人才必须掌握的基本技能。文化项目管理具有一般项目管理基本的规范，需要进行进度、成本、质量、项目团队的管理。同时，文化项目管理由于精神内容的研发、生产、销售的特点，也存在一定的特殊性。

第一节 项目管理的一般理论

文化产业要通过实施文化项目，"推出更多增强人民精神力量的优秀作品"。项目与日常经营不同，项目的独特性、一次性和时间要求，使其具有较大的时间压力、成本压力和利润目标的压力。因此，项目管理要采取与一般的日常管理和生产管理不同的方法。

一、项目管理的定义

项目就是为了达到特定目标而进行的一次性努力。项目具有明确的开始和结束时间，

是一次性的，在特定的工作范围、预算和特定性能水平要求下开展和完成。这里面有两个含义：① 项目要达到特定目标，这个目标有可能是一个或多个具体的目标；② 项目是一次性的，有多个任务的工作。

一个项目就是一个计划要解决的问题，每个项目都是独特的问题。任何纯粹重复的工作，都不能称为项目。例如，奥运会和世博会都是大型的综合项目。由谁主办，什么时候开始，什么时候结束，哪些人参加都有明确具体的任务。但是国际奥委会和世博会国际官方委员会不是一个项目，它是一个组织，执行很多的日常事务。再如，无论是个人演唱会，还是群星荟萃的演唱会，举办一场体育比赛，或者拍摄一部电影，它们都是一个项目，具有明确的目标和起始结束时间，是一次性的任务。项目和企业是不一样的，企业管理和项目管理最大的区别是：项目管理是一次性的，企业管理是周而复始的。每个项目都有确定的开始和结束时间，什么时候开始和结束，是项目管理的一个特点。项目在有些方面与常规作业相似，但项目与常规作业的不同之处在于，常规作业是进行中的重复性工作，而项目是临时性和独特的工作。

二、项目管理的发展

从20世纪60年代起，国际上有许多人对项目管理产生了浓厚的兴趣。目前项目管理有两大研究体系，即以欧洲为首的体系——国际项目管理协会（IPMA），以及以美国为首的体系——美国项目管理协会（PMI）。IPMA（international project management association）为非营利性的组织，于1965年在瑞士注册，其成员以代表各个国家的项目管理研究组织为主，宗旨是促进全球项目管理的发展。根据1996年的资料，IPMA中作为正式会员的国家组织有26个，作为非正式会员的组织（观察员）有25个，正式会员组织中的个人成员可自动成为该协会的个人成员。PMI（project management institute）将项目管理的基本内容划分为九个领域，即范围管理、时间管理、成本管理、质量管理、人力资源管理、沟通管理、采购管理、风险管理和综合管理。

三、文化项目的特点

文化项目和一般的工程项目、工业项目、农业项目不一样，呈现出精神产品研发、生产和销售的特殊性。

（一）文化项目的创新性

文化项目最大的特点是它的创新性。文化项目开发与生产的是以精神内容要素为核心的文化产品，每个文化项目都需要进行内容和形式上的创新。文化项目的投入资源，除了资金和实物资本之外，更重要的是大量的创意、版权和人力资本等无形的要素。创意资本转化为版权，成为文化项目最重要的资源，可以创造出巨大的财富。

例如，浙江卫视的综艺节目《中国好声音》，其实源于《荷兰好声音》，很多国家同时也购买了它的版权，像俄罗斯和南美各国，做出了各种各样的"好声音"，但其实它整个的模式是完全一样的。为什么我们要买这个项目？其实买的就是一种综艺活动的版权，在制作过程中，原来的《荷兰好声音》的公司卖的不仅仅是这个项目，同时连四位导师的椅子都一起卖了，确保了它的标准化和可复制性。《中国好声音》里最大的卖点不是椅子，而是游戏规则，简单来说，就是通过海选征招歌手，在四位导师选择之下组建团队进行PK的一种方法。除此以外，现在国内经常仿效的一些综艺节目竞争非常激烈，很多竞争的东西并不在于物质上的东西，而在于创意。例如，像江苏卫视的《非诚勿扰》和《最强大脑》，由于有了新的创意，道具和展现的方式都和过去完全不一样，效果确实非常壮观。从这些方面来讲，它在物质上和设备上的更新，是跟着创意走的，最主要是它的创意。所以创新性是文化项目的一个重要特点，做一个文化项目不可能复制别人的东西，要么买别人的版权，要么就必须创新。这与建大桥、建房子是不一样的，同样的工程项目根据类似图纸可以盖出很多来，而文化项目不一样。文化项目的生产必须具有相当的创新度，精神内容要素的雷同无法吸引消费者的兴趣，也不能在市场中立足。

（二）文化项目的高风险性

创新性的要求也造成了文化项目面临高风险的特点。由于要创新，导致项目往往有较高的风险性。例如，我国目前发展迅速的影视产业，它的投资风险在迅速积累，原因是大家都在探索新的东西，可以说电视剧的每一个故事都是新的，每一个故事的拍摄都是有风险的，都有很多的不确定因素。所以如何对一个项目进行评估，控制风险，或者说把风险压缩到一个可以控制的范围之内，是对项目进行策划和评估的一个很重要的方面。

首先，这些风险的形成不完全是一般的市场风险，很大程度上是由精神产品或者文化产品自身的创新性要求所决定的。有的人做成功了，有的人就去模仿，有的模仿以后没有成功。举例来说，大家都认为电视剧《亮剑》是不可多得的一个精品，但实际上这部电视剧当时拍摄得十分粗糙，里面的服装、灯光包括镜头运用等都有很多问题，为了降低成本，有些镜头被剪辑在一起。后来又拍了一部新《亮剑》，新《亮剑》制作精良，但播出效果却并不理想。失败的原因在于原版的主演演得十分好，并且观众已经接受了原版的风格，包括它的不足与错误，观众认为这是原汁原味的《亮剑》。新版《亮剑》"油头粉面"，大家反而不喜欢了。有的时候，一部网剧热播，随之而来的是很多类似题材的剧集，当中大部分的剧集是"凶多吉少"。所以好的项目一定是能够在影视行业里"打得响，叫得响"的，这些好的项目往往是跟它的创新联系在一起的。

其次，文化项目的参与者来自五湖四海；其关系常常是临时的或者松散的，如剧组、演出项目小组、为周期性赛事组建的临时组委会等。不仅如此，对于一种体验型的产品，还需要客户、供应商、广告公司和市场咨询机构等多方面的参与，进行项目的策划、设计和包装，这些个人、群体和机构之间的关系是松散的。而创新的文化项目总是伴随着高风险，文化项目往往是投资大、风险高，存在较多的不确定因素。因此，要求项目经理和成员一方面具备较强的创新能力，另一方面要具有较好的市场预测和风险控制能力。

再次，文化项目中精神内容价值转化过程的复杂性。精神内容生产存在内容的创新，以及从创新到产品化生产两个过程。前者是对项目产品中所包含的精神内容的创作、策划与组合，后者是将相应的精神内容要素固化到相应的物质载体中去，成为产品形态。所以，文化项目管理不但要对项目运行过程中的资金、成本、进度和风险进行管理，同时还要建立起完善的内容信息管理、版权管理与开发系统。这个过程比一般的过程复杂得多，既有精神内容上的创新，同时又有实际的项目运行的管理。例如，电影需要导演、编剧、演员、摄影指导、美术指导等创意人员的劳动，这些一般在好莱坞称为线上部分；而电影创意要转化为产品，必须通过电影的摄影、道具、场务、化妆、后期制作等多个部门协同，这些部门被称为线下部门，同时还要通过和法律、金融、保险等环节的合作获得项目的资金。通过发行环节进行电影营销，同时大量的知识产权要进行管理，包括对特许经营权和衍生产品的使用等。

最后，文化产业项目管理目标的多元性。文化项目和文化产业一样具有双重属性，文化产品具有意识形态和商品的双重属性，存在社会效益和经济效益两个方面的目标，项目管理必须将二者结合起来。例如，电视剧和电影的制作需要考虑对色情与暴力内容的限制，考虑到政府相关管理规定对一些敏感题材的限制，如涉案反腐剧、重大革命历史题材的改编等。另外，由于文化项目的参与者是多元的，其关系很多时候是松散的，由此造成文化项目的目标多元化以及不同的利益相关者之间可能存在的利益冲突。

第二节　文化项目的计划管理

文化项目计划管理过程包括项目选择和目标确立、项目工作目标了解、项目计划编制等，其中项目选择和目标确立是基础环节。

一、项目选择和目标确立

（一）项目选择

项目策划与选择，就是决定做什么的问题，是确定具有良好潜力的投资对象的过程，投资者和企业可能面临多个项目的选择，需要对项目进行分析和评价，确定最佳的投资对象，在这个过程中一些小的公司看到现成的项目可能会把它接手过来，而大的公司往往会策划一些项目，文化项目策划与选择对创新的程度要求比较高。

例如，电影制片人会大量阅读剧本，最后选择拍摄的只有一个。有的编剧可能写了无数的剧本，却一部都没有拍摄出来。在好莱坞，一个制片人会见一个编剧，听他的一些想法，可能见面的时间很短，如15分钟，需要编剧把故事讲清楚，如果在这个时候故事能够打动他，那么很可能要编剧写详细的大纲和进一步的剧本。所以在项目选择的过程中，需要大量的可选择项目用以筛选，以确保它的质量。出版商对畅销书的选择也是这样，通过足够多的选择来提高畅销的成功率。

项目经理在决定了项目以后，必须通过项目投入产出分析，写出详细的项目可行性报告，比如说制片人认为这个项目可以实行了，或者演唱会可以实行，那么必须做出投入产出分析和可行性分析，说明做这个项目要投入多少资金，能够实现多少利润。除此之外，项目可行性报告还要分析项目所面临的环境，各种有利和不利的因素，其实就是可能存在的风险。特别要分析如果某些要素不能及时到位，项目开发的内容与团队如何处理，如果项目拖延时间过长，是否对公司的效益产生影响。文化项目的产出具有长期性，就像有些图书会反复印刷销售，每印一次销售出去，出版社都会有一笔收益，给版权所有人或作者一定的报酬。所以在选择项目时，应该考虑项目的长期效益。

此外，文化项目的社会效益必须被放到重要的位置。就像 2008 年北京举办奥运会，曾经有各种不同的声音，争论的焦点在于花几百亿元做这么一次大活动有什么意义。其实，我们不仅仅要通过奥运会的场馆出租或者门票收入核算其经济效益，而且还要考虑奥运会对整个北京市城市建设的推动，以及对中国国家形象的提升所起的作用。不仅如此，文化项目还应当承担"推出更多增强人民精神力量的优秀作品"的任务。项目负责人应当努力提高自己的政治站位和艺术修养，关注主题创作，策划项目，找准创作立意和角度，创新艺术表现手法。可以说，好的选题是成功的一半。

（二）项目目标确立

对于一名项目经理来说，接手一个项目首先必须考虑该项目的目标是否明确，资源是否充分，能否顺利完成。项目管理的宗旨就是在规定的时间和资源内，实现合理的项目目标。项目目标包括财务目标和非财务目标。财务目标无疑是关键的评价指标和选择项目的基本依据。但是，人们往往过于注重财务目标，而忽视了长期的、非财务的目标。文化项目管理中，尤其要关注关系到企业无形资产使用状况的非财务目标。例如，很多电视节目除了广告收入之外，尤其重视收视率，这也是今后广告收入的基础，此外，还会关注节目的品牌和主持人知名度的提高。再如，很多门户网站初期建设的评估指标除了成本和收入方面，最重要的就是点击率和用户人数。而对于网络游戏等，则是游戏的玩家人数和游戏的稳定性。

明确的项目目标是具体和可度量的，应避免使用不明确的目标。项目目标包括以下内容。

1. 项目可交付结果的列表

可交付结果是为完成项目或项目的一部分而必须生成的切实可度量结果、成果。通常情况下，项目工作组和项目风险承担者要在项目开始之前先就项目可交付结果达成一致意见。可交付结果必须满足具体质量标准和成本限制，如影视公司在和编剧签订创作合同时，会明确要求何时交故事梗概，何时交分集大纲，何时交前十集，何时全面完成，并且将这些重要的时间节点及其字数与稿酬的支付周期相挂钩。很显然，对剧本创作的要求是与整个项目的节点必须吻合。

2. 项目最终完成及中间里程碑

这是指项目中的主要事件,也是用于监视项目进度的参考点。任何工期为零的任务都自动显示为里程碑,也可以将具有任意工期的其他任务标记为里程碑,如影视剧组中,建组、开机、杀青、送审、排片等都是重要的具有里程碑意义的时间节点,也是对项目进行阶段性考核和检验的标志。但是,无论是演唱会还是影片、游乐园,最大的目标都是开幕或者面世,并在此基础上对目标进行分解。

二、项目工作目标分解

文化项目的工作目标分解,是运用项目管理工作分解的方法工具,对文化项目的目标进行分解,成为具体的工作任务包。

工作分解的思路就是把一个项目按照要交付的目标,以一定的原则进行分解,项目分解成任务,任务再分解成一项项工作和具体的活动。按照可交付成果为导向对项目要素进行的分组,可以归纳和定义项目的整个工作范围。工作分解处于计划过程的中心,是制订进度计划、资源需求、成本预算的重要基础,也是控制项目变更的重要基础。

文化项目通常没有一个有形的产品,但其目的是向个人或团体提供某一文化精神内容的服务。项目工作分解结构通常是基于一种对相似和相关的工作元素、职能或技术进行逻辑分组的方法。例如,在一个目的是组织去欧洲度假旅行的项目中,所有与住宿有关的工作都可以放在"住宿"元素下,该元素可以进一步分解到要投宿的那个城市,活动可能包括预订、确认、交押金、拿到地图或详细说明等。通常如婚礼、聚餐、会议等项目都有一个主要事件或目标。这种类型项目的工作分解结构(Work Breakdown Structure,WBS)通常都是自下而上开发的,以一系列的活动作为开始,并把这些活动按逻辑范畴或职能分组。每一个二级元素都表示任务的一个逻辑分组,可以分开描述,进一步,每一级的每一个元素都可以被分配到单独的人员或企业中,在元素描述的工作群中实施或协调工作。

案例/专栏 10-1

大型演出项目的工作分解

大型演出项目按照活动的总目标要求,依据项目业务过程一般可以分解为调研阶段、筹备阶段、彩排阶段、演出阶段以及结束阶段。我们可以用简单的第一级工作分解的流程图进行说明(见图10-1)。在这五项任务之下,又可以进一步细化分解。例如,在项目调研阶段可以进一步分解为市场调研、投资调研、可行性研究三个具体工作;筹备阶段可以细分为赞助计划、演出预算、节目策划编排、广告宣传、演出工程等;在彩排阶段,可分为节目彩排、节目审查、演出准备、票务、公共关系等;在演出阶段可分为现场布置、后台工作、检票和前台接待、演出监督和清场工作等;在结束阶段包括财务结算、审计总结等。

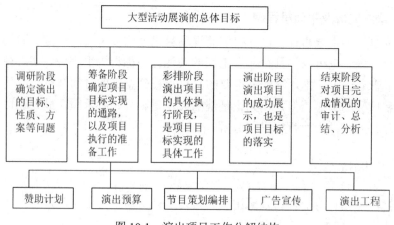

图 10-1 演出项目工作分解结构

通过对演出项目的工作分解,我们也完成了各个阶段活动的分组,将这些活动整合为各自独立的工作包,就可以在此基础上进行部门工作分配、预算编制、资源计划等工作。

资料来源:作者整理撰写。

【思考】

1. 在大型演出项目中为什么要对工作进行分解?如何分解?

2. 试以一个演出项目或者大型活动项目为例,运用工作分解原理,分析其内部工作分解和职能部门之间的关系。

三、项目计划编制

文化项目经理接受项目后,最首要的工作就是编制计划。项目经理在上述工作分解结构基础上,分析文化项目的每个步骤和环节所需的资源、相关的人员配备和分工等。不同的任务和工作包会有不同的绩效目标和能力需求,如上述演出活动、大型晚会、小型节庆活动、企业年会和体育运动会开幕式,不同的文化活动对演出内容、形式、人员配备和资源配置都会有不同的要求,对分解后的工作包所要完成的成本与进度等绩效目标、能力要求都会不同,在人员配备和资源分配上也会有不同的政策。通过对每个任务和工作包进行合理的资源配置,可以核算与编制出项目的预算。

文化项目的预算编制是项目最重要的计划工作。预算是对项目进行控制和监督的基础,没有良好而准确的预算,文化项目实施和资金控制就失去了参考的标准。在文化项目中,由于创意人员、版权等资产是最重要的投入资源,因此创意人员的劳务费用、版权费用、技术服务费用往往占了很高的比例。

文化项目计划的第二个重要步骤是在项目预算的基础上进行进度计划的安排。进度计划首先是对上述工作分解的活动的完成时间进行估计,即对每一项活动的开始和结束时间进行估计,估算出每项活动完成需耗费的时间。据此,一是可以测算出每项工作的时间,二是测算出不同工作活动的前后次序关系,估算每项工作开始和结束的时间。在此基础上,就可以全面地把握一个项目总体要耗费的时间,以及每项工作的进度。

最后,根据这些任务和目标的分解和项目时间进度的安排,可以形成预算在不同期间的分配,从而在工作分解的结构上,将每项活动的预算和进度结合起来,就形成了整个项目的计划。这种任务和进度方面的计划,为项目执行与控制奠定了基础。

需要强调的是,计划是在行动之前进行的"沙盘推演",在项目实施过程中,由于种种客观条件的制约,常常会出现一些偏差甚至挫折,如何对计划进行及时的补救和调整,往往考验项目经理的能力和智慧。例如,在某个影视项目中,原先确定的主要演员由于某种原因不能出演,这时如果轻率调换他人,很可能导致整个影片的气质和市场与计划大相径庭。切忌为了完成任务,放纵这种变化,最终导致项目的全面失败。

第三节 项目团队

一、项目经理

文化项目管理过程中,项目经理或负责人起着核心作用。例如,影视剧生产中,这个管理责任人就是制片人,而不是导演或明星。制片人一般指电影公司(或者电视栏目)的老板或资方代理人,负责统筹指挥影片的筹备和投产,有权改动剧本情节,决定导演和主要演员的人选等。制片人必须了解国家的意识形态,懂得电影艺术创作,了解观众心理和市场信息,善于筹集资金,熟悉经营管理。

案例/专栏 10-2

制片人的职责

制片人中心制的祖师爷艾尔文·萨尔伯格(Irving Grant Thalberg,1899—1936),是曾经执掌环球、米高梅的一位片厂经理人,正是这个小个子的男孩打下了好莱坞制片人中心制的基石。《埃及艳后》的导演鲁宾·马莫利安说,那个在环球的小家伙做了一个非常有种的决定,宣告了制片厂至高无上并凌驾于导演的地位,这永远地改变了电影工业的权力平衡。在萨尔伯格去世后,奥斯卡专门设立了以他名字命名的荣誉奖项,以表彰那些持续制作出高质量电影的创意制片人。迪士尼、希区柯克、斯皮尔伯格、科波拉均获得过此殊荣。

18岁那年,萨尔伯格进入环球影业的纽约办公室,不久便晋升到了环球影业的创始人兼总裁卡尔·拉姆勒(Carl Laemmle)的私人秘书的位置,周薪是25美元。一次偶然的机会,萨尔伯格考察了洛杉矶的片厂后,给了拉姆勒一系列的管理建议,其中最重要也是最惊人的一条便是:"你现在应该做的第一件事就是设置一个新职位,相当于片厂的经理人,来督导这里的日常运转。"

于是,刚满20岁的萨尔伯格成了一个掌管片厂运作的经理人,当时环球有9个正在进行的电影项目和大约30个正在开发的剧本项目。不久,他遇到了第一个重要对手,好莱坞知名导演埃里克·冯·施特罗海姆(Erich von Stroheim),正在导演他的长片《愚蠢的妻子们》。当时施特罗海姆在制作上已经远远超支了。萨尔伯格把施特罗海姆叫到了他的办公室,对他说:"我要你立即、现在就停止拍摄。你已经把我们公司能够负担起的钱都花完了,我不能再让你这么花下去了。"施特罗海姆当场就怒了。萨尔伯格仍然很平静,他说出了一句可以说是定义了制片人中心制核心理念的一句话——"导演是在制片人底下工作的,控制预算是制片人的责任。"双方剑拔弩张,最终结果就是萨尔伯格把拍摄机器从施特罗海姆的影棚移走并接管了后期剪辑工作。那些未剪辑的影片从五个半小时被削减到了三个小时。施特罗海姆不以为然,继续超支。最终萨尔伯格强硬地决定辞退施特罗海姆,告诉这位大导演,超支超期是完全不可原谅的,更何况这还是再犯。

萨尔伯格的胜利奠定了自己在环球的权威,也奠定了环球以及好莱坞的制片人中心制,自此之后,环球的影片质量也有了明显的改善。萨尔伯格开始在拍摄之前就严格控制生产的许多重要方面,而不是之前的在生产过程中发现问题、解决问题。萨尔伯格的一位助手这么描述他的制片管理方法:"萨尔伯格是在纸上导演电影,然后导演才在片场导演电影。"

在环球的三年里,萨尔伯格监制了一百多部电影,再造了片厂的管理系统,赋予了经理人更多更大的权力。为了不让环球的签约明星跳槽去其他片厂,他大幅提高了明星们更好也更优的合约。然而几年后,他自己却跳槽去了米高梅,监制了四百多部影片。由于萨尔伯格卓越的管理才能,即使在美国的大萧条时期,米高梅也始终是唯一盈利的电影公司。

资料来源:作者整理撰写。

【思考】
1. 影视项目中的项目经理是谁?承担什么责任?
2. 能否举例说明文化项目中项目经理的核心作用?

那么文化项目的责任人或者项目经理需要具备什么条件呢?以动画电影的制片人为例,我们可以分析出以下几条。

(1) 对本行业的艺术生产有基本的了解和修养,动画电影制片人应该深入了解动画电影的特性及相关知识,具备这门艺术中各方面的造诣,并了解它的制作流程。他必须是一个内行、一个专家,并具备艺术的综合素质。

(2) 对本行业的市场形势和竞争态势有深入的研究。熟悉意识形态工作,了解市场,深入研究观众需求,并能高瞻远瞩,准确地选择剧本、创意、导演、设计和组建团队,这样才有可能进入良性的资金运作,引领市场导向。

(3) 把握全局,以最经济的方法实现资源的最优配置。现在中国已经不像过去那样动画人才匮乏，也不缺少投入动画研究的创作者，事实证明中国人并不缺乏想象力和创造性，不缺有导演天赋的人。能力是从实践中来的，而美术绘画造型更曾是我们的强项，表演及动作设计也有成功的经验，特别是计算机技术的发展，青年一代的纷纷崛起，制作技术也在不断提高，我们还缺什么呢？缺的就是整合资源，缺的是有效系统的专业管理，这一切我们都曾有成功的经验。目前全国各地都有不少承接国外影片加工的动画公司，但由于没有原创、没有市场运作，终究无法成为独立的营利组织。

（4）较强的管理能力和市场运作能力。没有票房也就没有后期产品的开发；没有艺术质量的成功也就没有真正商业的成功；没有良好的市场开拓，也就没有充足的制作资金和良性的资金运转；动画电影没有市场运作、没有资金运转，所有的一切都会落空。项目经理必须具备较强的风险控制、团队管理、项目计划进程控制和市场营销的能力。

二、项目团队组建方式

在负责一个项目后，项目经理必须组建相应的项目团队。组建项目团队的方式有很多种，有的是从公司各部门抽调相关的人员在短期内组成一个团队完成项目；有的是通过临时招聘，聚集一些相应的专业人员来完成项目的开发；当然有时正巧自身就有已经磨合过一段时间的项目团队。以剧组组建与管理为例，项目团队组成就有好几种方法，一种就是专门的影视公司，可以从各部门抽出相关人员，短期内组成一个团队来完成项目，在影视产业中的电影制片厂都是这么做的，会根据不同的项目组建一个基本团队；另一种是通过临时招聘聚集专业的人来完成项目开发和生产，此时一名影视制片人需要根据策划方案，决定由谁来完成故事的改编和编剧，由谁来执导，剧中重要角色由什么样的影星或者新人来出演等，再加上摄影、剧务、场记、服装、道具等各类专业人员，来自不同专业的人员担任不同的工作任务，并组建成剧组的制作团队。

因为在文化产业项目中，人力成本常常是最重要的成本。一般情况下，项目团队必须是在既定投资总额的基础上确定，寻找一个最佳的组合，而不可能不着边际地追求全部一流人才。一部投资 1000 万元人民币的小成本电影，不可能用太多的名角和身价过高的国际大牌导演，而是要通过较合理的人员组合，促成投入产出效益的最大化，如可以包装一些新的演员，强调以题材和故事情节来吸引人，以及安排较好的档期等。早期的贺岁片就是这样的例子，投资不大、定位准确、效益不错，两三个名角和导演之间的固定组合，配一些明星客串，而且还捧红了一些新人。

团队的另一个重要的问题就是相互的沟通与合作，应当尽可能缩短磨合期，以共同的目标激励大家，分工协作，合作共赢。项目团队与企业团队最大的差异在于，企业团队成员之间的关系是稳定的，沟通是通畅的，也是有较大约束力的，而项目团队则相反。在项目进行过程中的临时性合作，可能会出现许多问题，如剧组中经常出现投资方、制片方和创作人员之间的相互猜忌，工作方式的不适应，甚至生活习惯的不同，也会引发矛盾。因此，项目经理不仅要会做事，更要会做人，善于协调。为了便于管理、明确职责，项目经理必须对团队实行内部分工和目标考核，及时掌握各小组或团队成员的项目进展和问题，并及时加以处理和解决。因此，在团队中，必须明确团队中成员的具体分工和责任，建立起信息沟通的规则和渠道，建立相应的工作程序、激励与考核制度。

另外，在文化项目的团队组合中，还有一个值得注意的问题，即对艺人个人道德操守和生活习惯的关注。这些年来，国内外一些明星的吸毒嫖娼等丑闻被曝光，由于其触犯社会法律和道德底线，会受到法律的制裁以及大众和媒体的唾弃。他们所参与的文化项目往往会因此受到连累，从而为项目投资方带来意想不到的损失。

第四节 项目资金筹措与成本控制

项目资金是项目的基础。如何筹措资金并确保资金按计划供应，是项目实施的前提。任何项目都离不开预算编制和财务分析，这是投资人最关心的事情。项目经理必须落实资金的来源渠道，说服投资者及时拨付资金，确保项目生产顺利完成。同时，项目经理还要对到账资金进行有效的监管，确保有效使用，防止浪费和不当超支。

一、项目资金筹措

在前面的章节中，我们介绍了文化产业宏观和中观层次的投融资问题，以及企业的筹资问题，这里介绍文化项目的融资。

（一）项目融资渠道

项目资金的筹措是根据项目预算投资额度为项目进行融资的过程。文化项目筹资的主要渠道可以分为企业自有资金和外部筹措资金两个来源。项目经理应当尽力争取多种渠道资金来源，除了银行借贷和股权投资之外，还包括争取政府的各种扶持资金和社会赞助资金。特别是在文化项目融资中，由于文化项目在社会文化建设和意识形态方面的影响，通常可以获得政府和社会多方面的资金来源，如博物馆美术馆展览、文化演出项目等会用企业赞助的形式获取资金，各级政府部门也会设立文化基金，并对文化产业提供相应的专项补贴和贷款贴息等资金扶持。

项目经理应当分析不同资金来源造成资金成本和资金投入规模方面的差异，银行的信贷通常需要支付一定的贷款利息，并且有到期偿还本金的资金压力；股权投入可以分担一部分投资资金压力，但是需要将一定的投资收益分配权作为交换条件，股权投入方作为股东之一享有按照投资比例进行分成的权利。此外，在文化项目中，创意资源是最重要的核心资源，一些核心创意人员可以以创意劳动和知识产权入股的方式，将原本需要兑现的报酬转化为股权投资，这一方面降低了项目投资支出的资金压力，但是另一方面也需要出让一定的投资收益分配权利。

从文化项目运行的特点来看，文化项目销售方式的不同也会影响项目资金筹措。一些文化项目可以通过预售的方式在项目启动时或者结束前获得预售的资金收入，如电影可以通过预售版权获得先期的定金收入，会展可以以展位租借费用预售获得先期资金。因此，很多电视剧和电影可以在预算资金没有全部到位的情况下开机。

（二）项目融资风险控制

不同的资金来源结构对项目风险承担能力也会造成影响。例如，一个文化项目如果总投资是1亿元，其中自有投资资金为6000万元，银行贷款4000万元，那么这个项目的企业自己投入的资金规模就是1亿元，承担的投资风险是1亿元的总投资加上应当归还银行的4000万元贷款本金的利息；如果同样的项目，企业自己投资6000万元，另外其他股东投资4000万元，那么企业自己承担的投资资金风险是6000万元。

通常项目融资风险会涉及以下几个方面，需要引起项目经理的注意。

1. 信用风险

一个投资较大的文化项目通常是由多方投资的，作为项目发起人或者项目经理要关注项目有关参与方不能履行协定责任和义务而出现的风险。项目发起人须关注各参与方的可靠性、专业能力和信用。文化项目通常专业性强、风险高，在确定投资立项前，需要对发起人和主要投资参与者的专业资质和信用情况进行调查，特别是对于一些大型的文化项目，通常需要联合投资，项目投资大、运行期间紧，需要资金能够及时支付。例如，投资较大的电影，通常都有几家电影公司联合投资，并且需要开拍前资金到位，从项目拍摄到后期发行环环相扣，一旦其中一方资金不到位，整个项目资金断裂，全部投资都会付诸东流。

2. 完工风险

完工风险是指项目无法完工、延期完工或者完工后无法达到预期运行标准而带来的风险。完工风险对项目公司而言意味着利息支出的增加、贷款偿还期限的延长和市场机会的错过。对于文化项目来说，项目每延迟一天，就会带来大量的人员成本、设备成本，并且会丧失市场机会。因此，为了控制完工风险，通常在文化项目中设置了相应的担保机制，如在电影产业，项目是按天计算成本费用的，每延迟一天，剧组所有设备和人员的费用都会超支，都可能产生巨大的演员费用、设备租赁以及其他相关的剧组运营成本，国际上通行的是采取电影完片担保的方式，由担保公司为影片提供担保，银行才能贷款，从而保证影片能够如期完工。

3. 市场风险

市场风险是市场需求量与市场价格波动所带来的风险。例如，在演唱会项目中，明星的出场价格可能会随行就市上涨；在影视片拍摄中，主演的片酬在项目成本中占较大的比例。这些价格的波动会对项目造成直接、重大的影响。再如，文化市场需求变化较快，并且受相关政策影响较大。当一部以穿越时空题材的科幻电影还在制作中时，可能会遇到突然出台的政策限制，也可能会遇到同类题材一哄而上的竞争，这些都是项目的市场风险来源。

4. 金融风险

项目的金融风险主要表现在项目融资中利率风险和汇率风险两个方面，如汇率波动、利率上涨、通货膨胀、国际贸易政策的趋向等，这些因素会引发项目的金融风险。金融风险已经成为跨国合作的文化项目所必须考虑的重要因素，对此，项目经理通常需要采取一些金融工具来对冲金融风险。例如，在电影的国际发行和国外实施的展览项目中，涉及汇率问题时，都会规定使用的货币种类、款项收付的指定银行，如果是长期的项目，还会考虑用外汇的期货协议来对冲汇率变动的风险。

5. 政治风险

项目的政治风险可以分为两大类：一类是国家风险，如借款人所在国现存政治体制的崩溃，对项目产品实行禁运、联合抵制、终止债务的偿还等；另一类是国家政治、经济政策稳定性风险，如税收制度的变更、关税及非关税贸易壁垒的调整、外汇管理法规的变化等。在任何国际融资中，借款人和贷款人都承担政治风险，项目的政治风险可以涉及项目的各个方面和各个阶段。对于文化项目来说，由于文化意识形态属性不同，还要注意文化项目受到所在国和地区的意识形态管理和限制所发生的政治风险。例如，在电影、艺术展览、文学出版方面，都可能因为受到当地文化审查的因素而被禁止和限制，或者无法立项，或者无法发行，不允许销售。这是在策划项目的内容时，就应当考虑的风险问题。

6. 环境保护风险

环境保护风险是指由于满足环保法规要求而增加的新资产投入或迫使项目停产等风险。世界各国都越来越关注环境保护和可持续发展问题。2008年世界金融危机爆发后，"不丹模式"更让西方注目。所谓"不丹模式"，就是注重物质和精神之间的平衡发展，将环境保护和传统文化的保护置于经济发展之上。对于我们来说，不能简单地以为文化产业是无烟工业就不会对环境产生破坏。例如，当进行大型主题公园、娱乐项目建设时，通常都需要征用较大面积的土地资源，并有可能对土地、水和植被等自然资源造成损害，需要通过环境评估；在对像黄山、泰山、丹霞地貌、古运河等大型的自然与人文景观进行文化旅游开发时，更要注意文化项目是否会破坏原本的自然和人文环境。

二、项目成本控制

项目成本控制是项目管理中的重要工作。成本发生与项目的具体活动相对应，因此对成本的控制，实际上是对项目活动的监测与控制，是为了保证项目能够在既定的预算水平下按计划完工。

（一）成本控制的主要内容和方法

项目成本控制的基础是项目计划和项目预算，项目计划和项目预算估计了项目每项工作和活动可能发生的费用，以及这些费用在项目执行进程中所发生的时间。因此，通过对预算执行情况的控制，可以对项目的各项成本支出进行监控。所以，项目成本控制实际上是从项目预算开始，以严格的项目预算控制为基础的。

基于预算的成本控制与项目进度是分不开的。因为任何项目进度的变化都与项目具体活动和任务的进程相联系，这些活动和任务又直接导致费用发生，影响项目成本的额度和发生的时间。进度的落后，必然会造成赶工的成本增加或者工期延误带来的成本增加。例如，在电影拍摄与制作中，工期延误会带来演员费用、器材租赁费用、服装道具租赁费用等的增加。

综上所述，对项目成本的控制，是对项目进度和预算两个方面的控制。通常，在项目控制方面，可以通过项目步骤预算来综合衡量项目成本控制的绩效。具体的做法如下。

第一，通过实际完成工作的成本与这些已经完成的工作的预算成本的偏差测算成本是否超支，作为项目成本超支情况的监督。例如，在影视剧拍摄中的任意时刻，可以根据实际完成的拍摄工作量所花费的成本与在监测时点上按照计划应该完成拍摄量的计划成本费用的比较，二者的差值可以衡量拍摄成本超支的情况。

第二，比较项目计划进度与实际进度差异，并将这一进度换算成项目计划完工对应的费用支出和实际完成的工作发生的成本的差异，衡量进度的偏差，此时，进度的偏差也被转化为成本差异。例如，上述影视剧拍摄过程中，通过在监测时间点上计算按照拍摄计划应该完成的拍摄量所对应的计划成本费用，与实际已经完成的拍摄工作量的成本费用之间的差异，作为衡量影视剧拍摄项目进度的绩效指标。

此外，文化项目以创意活动为特点，虽然项目预算对创意活动和生产的费用做了估算，但是创意活动和创意生产存在较大的不确定性，实际情况的变化可能造成项目各项活动的成本上升。因此，文化项目的成本控制除了按照预算严格控制外，还要根据实际执行情况，进行实时监控和调整。文化项目成本控制的关键是项目不确定性成本的控制。项目不确定性成本控制的根本任务是识别和消除不确定性事件，从而避免不确定性成本发生。例如，在文化创意阶段，无论是电视剧剧本创作，还是音乐晚会节目策划，都是精神内容的研发过程，其间，剧本可能需要反复修改而延长时间，甚至更换编剧，节目可能因为表演、舞台技术等多方面原因而修改方案，失败和返工是难免的，这些都是为了在艺术创新和内容质量上有所提升和保证，因而会在项目成本上造成压力。因此，文化项目的成本控制要求项目经理能够在多种可行方案中选择最佳方案，这个最佳方案能够在成本控制和艺术质量方面达到平衡。

（二）文化项目成本控制的主要问题

第一，传统会计核算方法与项目运行特征之间的不适应性，造成项目的收入和成本之间往往不能匹配。在传统的会计系统中，收入是在项目完成的时候才记账的，这对于那些跨财务周期的项目来说，会产生严重的问题。因为每个报告期内这类项目都会累计上报，但看不到任何收益，在项目最后的报告中一次性上报，但是与之相关的费用却很少同时显示出来或者根本没有显示。项目在早期的各个报告期内显示的信息为亏损状态，而在收入最终集中上报的时候却记录了超常的收益。因此，项目的收入和成本应当在会计期间合理地加以分配。

第二，项目工作必须得到严格控制，职能部门不能为了那些遥不可及的潜在风险而干扰项目工作。一旦职能性工作达到项目经理的要求，满足了该项任务的目标，就需要砍掉多余的费用，以防止名目繁多的费用堆积成山。例如，电影的拍摄需要严格的进度和成本控制，不能为了一个场景拍摄或者剧本某个情节的修改而耗费大量的时间和费用支出。此外，项目经理通常对项目应急预算有责任，这部分预算资金是准备在项目开始显露出无法实现既定目标的时候使用的。因而，这些资金必须得到认真的控制，以避免随意挥霍。

第三，文化项目如果需要采购设备，或者将一部分服务分包出去，必须界定出特定的需要，并且还要找到最低的价格和最具竞争力的供应商。在项目进度中应该为"货比三家"留出足够的时间。应该对分包项目准备完整的说明资料，如果有关协议和合同是建立在不完整的信息基础上，而供货商随后又要求改变标的最初的范围，那么整个项目就会失去控制，而被供货商操纵。例如，会展项目中酒店、餐饮、运输服务、展会工程等服务都会分包给专业的酒店、旅行公司、工程公司等，此时就要对分包的服务范围、质量要求、工作内容做出明确的界定，并对成本费用仔细核算，货比三家；在影视剧制作中，拍摄器材、道具服装都会采取租赁方式，后期制作、宣传发行也会承租或者分包给某个专业后期制作和宣传发行公司，这些都要在具体的合同中对相关工作内容、成本、责任做出明确的界定。对于国有文化企业来说，项目负责人还要考虑国有资产管理的相关规定，对重要采购履行合法的招标和报批程序。

第四，项目经理需要合理地安排各项成本费用支出的承诺时间，即订单确立和付出款项的时间，将项目的财务成本（利息费用）减至最低。可以使用进度冗余时间来拖延下达订单和付款的时间点，这样可以使材料到货和现金流出的时间都不会过早。当然，这是在不影响项目总体进度的情况下。项目经理通常可以通过下达包含延迟支付的订单，利用供货商和服务提供商来为项目融资。项目经理还可以考虑供货商和服务提供商的定价结构，通过分期付款的方式降低总体价格，并为项目带来净利润。正确安排分期付款的期限，可以将项目的现金流入期限结构同现金流出期限结构对应起来，从而在整个项目周期内，将现金余额保持为零，这可以将项目的财务成本最小化。实际上，有利的付款期限结构可以为项目保持一个正的现金头寸，这会为项目创造利息收入，而不必承担现金短缺所造成的利息支出。此外，立即付款可能会得到较好的折扣，在折扣额超过延迟付款的利息节省额的情况下，可以采取这样的做法。例如，将导演、演员的部分超集费用约定在电影上映和电视剧播出之后支付，常常是制片人节省财务成本的方式。

第五，对于那些内部融资的项目，即不从外部融资，只是企业从提供资金来源的项目收入中提取，管理层所希望的是在最短的合理时间内回收投资，因而造成项目成本与时间的压力。还有一些文化项目，其时间和周期的要求非常高，如演唱会、定期的体育赛事、确定时间的会展项目等。在这种情况下，项目不必要的拖延都会造成风险的增加和进度的拖延。此时，项目的进度控制和投资回收就是最重要的目标。而对于内部融资项目来说，越早完工，投资回收的过程开始得也就越早。

第五节　项目进度控制

一、进度管理的概念

项目进度管理，也称项目时间管理，是指在项目的进展过程中，为了确保项目能够在规定的时间内实现项目的目标，对项目活动进度及日程安排所进行的管理过程。

任何项目都有一定的时效。例如，一部影片可能要选择最佳的档期，或者按照国外邀请函出国进行商业性演出，都无不要求项目在规定时间内完成。这就要求项目团队按照序时进度，倒排工期，克服一切困难，创造性地解决问题，按时保质地完成项目。

如同项目成本控制是建立在项目预算的计划基础上一样，项目进度管理是建立在项目时间进度计划基础上的。良好的项目进度控制，必须先在文化项目的工作分解结构上，对每一项工作内容进行时间估计，根据工作内容的先后次序，测算出每项工作开始和结束的时间，并估算出项目的总进度时间。项目进度控制，就是对每项工作的进度计划进行监督，找出进度偏差发生的原因，消除引起进度偏差的因素，并对产生的进度偏差采取相应的补救措施。

二、项目进度计划与控制方法

安排进度计划的目的是控制时间和节约时间，而项目的主要特点之一是有严格的时间期限要求，由此决定了进度计划在项目管理中的重要性。基本进度计划要说明哪些工作必须于何时完成和完成每一任务所需要的时间，但最好同时也能表示出每项活动所需要的人数。例如，国外电影制片商在电影拍摄过程中都会根据场景的要求确定每个场景的加工周期、需要的道具、演职员的人数等。常用的制定进度计划的方法有以下几种。

（一）关键日期表

这是最简单的一种进度计划表，它只列出一些关键活动和进行的日期。不同的文化项目会根据项目进度和业务流程的特点设置不同的关键时间点。例如，影视剧拍摄通常可以分为四个大的阶段：筹备期、拍摄期、后期制作、宣传发行，影视项目都常会根据这四个时期设置关键日期表，如立项日期、剧本完成日期、剧组组建日期、开机、关机、送审、媒体见面和新闻发布会、首映式等。再如，艺术品拍卖会项目可以根据业务流程设置作品征集、图录制作完成、招商完成、预展、拍卖、结算交付等关键时间点。

（二）甘特图

甘特图也叫线条图或横道图，如图10-2所示，它以横线来表示每项活动的起止时间和进度情况。甘特图的优点是简单、明了、直观，易于编制，因此到目前为止仍然是小型项目中常用的工具。即使在大型工程项目中，它也是高级管理层了解全局、基层安排进度时有用的工具。例如，艺术拍卖会项目根据工作目标分解和业务流程，可以分为作品征集、图录制作、招商、预展、拍卖、计算交付等过程，这些过程耗费的时间可以通过甘特图的形式，实时标注在表格上，对照项目花费时间和成本之间的关系，通过与原计划时间的成本、计划任务的对比，就能实时跟踪项目的进度情况。

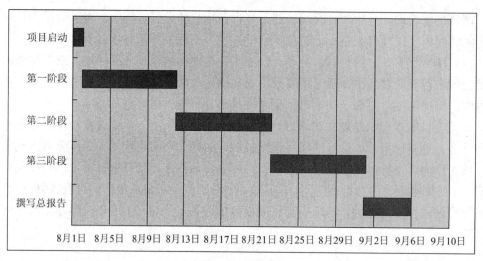

图10-2 甘特图

在甘特图上，可以看出各项活动的开始和结束时间。在绘制各项活动的起止时间时，也要考虑它们的先后顺序。但各项活动时间的关系却没有表示出来，同时也没有指出影响项目寿命周期的关键所在。因此，对于复杂的项目来说，甘特图就显得不足以适应。

（三）关键路线法和计划评审技术

关键路线法（Critical Path Method，CPM）和计划评审技术（Program Evaluation and Review Technique，PERT）是20世纪50年代后期几乎同时出现的两种计划方法。随着科学技术和生产的迅速发展，出现了许多庞大而复杂的科研和工程项目，它们工序繁多，协作面广，常常需要动用大量人力、物力、财力。因此，如何合理而有效地把它们组织起来，使之相互协调，在有限的资源下，以最短的时间和最低的费用最好地完成整个项目，就成为一个突出的重要问题。CPM和PERT就是在这种背景下出现的。

这两种计划方法是分别独立发展起来的，但其基本原理是一致的，即用网络图来表达项目中各项活动的进度和它们之间的相互关系，并在此基础上，进行网络分析，计算网络中各项时间点数，确定关键活动与关键路线，利用时差不断地调整与优化网络，以求得最短周期。然后，这种进度控制方法还可将成本与资源问题考虑进去，以求得综合优化的项目计划方案。因这两种方法都是通过网络图和相应的计算来反映整个项目的全貌，所以又叫作网络计划技术。通常，在大型的文化项目中，如世博会、奥运会，以及博物馆、展览馆等大型文化工程项目中，项目参与单位多、准备周期长、工作内容复杂、时间压力大，需要采取这种精密的控制方法以确保项目的进度、成本和质量。

（四）采取不同进度控制方法要考虑的因素

很显然，采用以上几种不同的进度计划方法所适用的具体情况并不相同。关键日期表编制时间最短，费用最低。甘特图所需时间要长一些，费用也高一些。CPM要把每个活动都加以分析，如活动数目较多，还需用计算机求出总工期和关键路线，因此花费的时间和费用将更多。PERT法可以说是制订项目进度计划方法中最复杂的一种，所以花费时间和费用也最多。应该采用哪一种进度计划方法，主要应考虑下列因素。

（1）项目的规模大小。很显然，小项目应采用简单的进度计划方法，大项目为了保证按期按质达到项目目标，就须考虑用较复杂的进度计划方法。

（2）项目的复杂程度。这里应该注意到项目的规模并不一定总是与项目的复杂程度成正比。例如电影大片拍摄，规模虽然不小，但相对具备较完备的操作规范，可以用较简单的进度计划方法。而奥运会的管理，要很复杂的步骤和很多专业知识，可能就需要较复杂的进度计划方法。

（3）项目的紧急性。在项目急需进行，特别是在开始阶段，需要对各项工作发布指示，以便尽早开始工作，此时，如果用很长时间去编制进度计划，就会延误时间。

（4）对项目细节掌握的程度。如果在开始阶段项目的细节无法解明，CPM法和PERT法就无法应用。

（5）总进度是否由一两项关键事项所决定。如果项目进行过程中有一两项活动需要花费很长时间，而这期间可把其他准备工作都安排好，那么对其他工作就不必编制详细复杂的进度计划了。

（6）有无相应的技术力量和设备。例如，没有合适的软件和专业人员，CPM和PERT进度计划方法有时就难以应用。未经专门培训的人员，也无法胜任用复杂的方法编制进度计划。

本章小结

> 项目就是为了达到特定目标而进行的一次性努力。项目具有明确的开始和结束时间，是一次性的，在特定的工作范围、预算和特定性能水平要求下开展和完成。这里面有两个含义：第一，项目要达到特定目标，这个目标有可能是一个或多个具体的目标；第二，项目是一次性的，有多个任务的工作。

> 文化项目与一般的工程项目不同，创新性是文化项目的首要特征，创新性带来文

化项目投资和运行上的高风险特点。
- 文化项目计划管理过程包括项目选择和目标确立、项目工作目标分解、项目计划编制等过程。在进行文化项目选择与计划中,要特别注意经济效益与社会效益的结合,考虑到项目长期对社会和经济的影响。
- 文化项目中项目经理是核心人物。项目经理需要具备一定的文化素养,更要对所从事的相关行业具有深入的了解,具有较好的战略眼光和管理技能,以把握全局、优化配置资源,完成项目的市场运作。
- 项目经理的重要职责是组建项目团队,组建项目团队有多种方式,可以是通过招聘的方式组建,也可以从组织各部门中抽调人员以组成项目团队。在团队中,必须明确团队中成员的具体分工和责任,建立起信息沟通的规则和渠道,建立相应的工作程序、激励和考核制度。
- 文化项目运行高风险性,使得项目经理必须考虑项目执行中的风险规避,项目的风险包括信用风险、完工风险、市场风险、金融风险、政治风险和环境保护风险。
- 项目成本控制是项目管理中的重要工作。成本发生与项目的具体活动相对应,因此对成本的控制,实际上是对项目活动的监测与控制,是为了保证项目能够在既定的预算水平下按计划完工。项目成本控制的基础是项目预算和计划,可通过比较成本差异和进度差异两个指标来衡量项目的超支与进度情况。
- 项目进度管理是指在项目的进展过程中,为了确保项目能够在规定的时间内实现项目的目标,对项目活动进度及日程安排所进行的管理过程。文化项目的进度控制可以根据文化项目的具体情况,采取关键日期表、甘特图、关键路线法(CPM)和计划评审技术(PERT)等相适应的方法。

综合练习

一、本章基本概念

项目、工作目标分解、项目经理、项目团队、信用风险、完工风险、市场风险、项目金融风险、项目政治风险、成本差异、进度差异、进度管理。

二、本章基本思考题

1. 简述文化项目管理的基本内容。
2. 简述文化项目经理的基本职责。
3. 简述文化项目计划管理的基本内容。
4. 简述文化项目筹资的融资风险,应当如何控制项目的融资风险。
5. 简述文化项目成本控制的基本特点以及文化项目成本控制的方法。
6. 简述文化项目进度控制的概念和基本方法,以及选择这些方法的依据。

参 考 文 献

[1] 李向民．精神经济[M]．北京：新华出版社，1999．

[2] 李向民，王晨，成乔明．文化产业管理概论[M]．太原：书海出版社，2006．

[3] 赫斯蒙德夫．文化产业[M]．张菲娜，译．北京：中国人民大学出版社，2007．

[4] 陈少峰，张立波．文化产业商业模式[M]．北京：北京大学出版社，2011．

[5] 胡惠林．国家文化治理：中国文化产业发展战略论[M]．上海：上海人民出版社，2012．

[6] 张晓明，王家新，章建刚．文化蓝皮书：中国文化产业发展报告（2012—2013）[M]．北京：社会科学文献出版社，2013．

[7] 叶朗．中国文化产业年度发展报告（2013）[M]．北京：北京大学出版社，2013．

[8] 李怀亮，刘悦笛．文化巨无霸：当代美国文化产业研究[M]．广州：广东人民出版社，2005．

[9] 胡惠林．文化政策学（第 1 版）[M]．太原：书海出版社，2006．

[10] 李向民．中国文化产业史[M]．长沙：湖南文艺出版社，2006．

[11] 李向民．中国美术经济史[M]．北京：人民出版社，2013．

[12] 李炎，王佳．空间、布局与特色：云南文化产业现状与对策[M]．昆明：云南大学出版社，2011．

[13] 李向民，王晨．文化产业：变革中的文化[M]．北京：经济科学出版社，2005．

[14] 高波．文化成本与地点竞争优势——对世界制造中心转移的文化经济学分析[J]．南京社会科学，2005（11）：5-12．

[15] 齐骥．城市文化产业发展空间的组织类型及规划思路[J]．城市观察，2013（5）：113-121．

[16] 韩顺法．从文化产权交易到精神经济发展[J]．中国文化产业评论，2012，15（1）：217-231．

[17] 李向民．文化经济学[M]．北京：清华大学出版社．

[18] 陈占彪．关于我国发展区域文化产业的要素分析与空间布局[J]．中国文化产业评论，2006（4）：270-283．

[19] 郭全中．国有文化资产管理：模式、问题与对策：以报业为例的探讨[J]．新闻记者，2013（8）：60-65．

[20] 邵培仁，廖卫民．横店：中国影视文化产业集群发展的一个样本——基于共享性资源观理论的案例分析[J]．浙江师范大学学报（社会科学版），2009，5（34）：20-30．

[21] 崔晶泉．基于产业集群理论的文化产业园规划布局研究[D]．合肥：安徽建筑工

业学院，2012．

[22] 印凡成，王玉良，黄健元．基于投入产出就业贡献模型的就业拉动效应探究[J]．统计与决策，2010（4）：108-110．

[23] 白晔．浅析服务业就业效应的研究综述：基于理论方法的探讨[J]．商场现代化，2012（32）：55-56．

[24] 王勇桂，夏禹．全球化背景下西方国家掌控意识形态的途径及启示[J]．当代世界与社会主义，2008（6）：72-75．

[25] 刘二妹．日韩文化产业投融资体系和启示[J]．市场周刊（理论研究），2011（11）：36-37，113．

[26] 周俭，张恺．在城市上建造城市：法国城市历史遗产保护实践[M]．北京：中国建筑工业出版社，2003．

[27] 詹真荣，刘阳．世界典型国家互联网监管实践及其启示[J]．中共杭州市委党校学报，2011，（2）：46-51．

[28] 辛阳，梁琳．拓宽我国文化产业融资渠道的对策[J]．经济纵横，2013（4）：107-110．

[29] 李娅，刘宁．网络监管的国外经验及对中国的启示[J]．理论学习，2010（11）：61-64．

[30] 江哲丰．文化产权交易市场当如何监管[J]．文化月刊（下旬刊），2013（3）：84-87．

[31] 王伟年，刘志勇．文化产业对城市形象构建的影响探析[J]．江西社会科学，2006（7）：187-190．

[32] 高凌霁．文化产业投融资模式研究[D]．长沙：中南大学，2010．

[33] 韩佳琦．文化产业与文化事业关系探讨[J]．经营管理者，2008（13）：41．

[34] 孔建华．我国国有文化资产管理体制的历史回顾与战略思考[J]．中国文化产业评论，2010（1）：177-193．

[35] 张伟，周鲁柱．我国文化产业投融资存在的问题及基本对策[J]．现代传播（中国传媒大学学报），2006（4）：106-112．

[36] 张凤华，傅才武．我国文化产业投融资及财政政策的成效与优化策略[J]．学习与实践，2013（8）：115-122．

[37] 黄亮．我国文化产业投资基金研究[D]．北京：中国艺术研究院，2013．

[38] 张伟．西方城市更新推动下的文化产业发展研究[D]．济南：山东大学，2013．

[39] 钱紫华，闫小培．西方地理学界关于文化产业研究述评[J]．人文地理杂志，2010（2）：13-19．

[40] 孟迎辉，邓泉国．西方国家对意识形态的管制措施及启示[J]．党政干部学刊，2009（8）：46-47．

[41] 顾江，昝胜锋．亚洲国家文化产业集群发展模式比较研究[J]．南京社会科学，2009（6）：38-41．

[42] 李书藏．英国BBC与政府冲突的背后——解读英国政府与BBC反商业化传统的对峙[J]．新闻与传播评论，2003（10）：159-169，247，255．

[43] 张媚,郭复初. 优化非经营性国有资产管理机制的几点设想[A]. 中国会计学会财务管理专业委员会 2012 年学术年会暨第十八届中国财务学年会论文集,2012.

[44] 陈清华. 中国文化产业投资机制创新研究[D]. 南京:南京航空航天大学,2009.

[45] 黄俶成. 从扬州盐商文化看文化经济学理论的本土化建设途径[J]. 扬州大学学报(人文社会科学版),2004,8(5):81-85.

[46] Anne-Kathrin Last,Heike Wetzel,马绯璠. 德国公共剧院的效率:随机前沿分析法[J]. 文化艺术研究,2010,3(4):237-252.

[47] 刘丽伟. 发达国家创意农业发展内在机理研究——以荷兰、日本、德国、英国为例[J]. 世界农业,2010(6):20-24.

[48] 弗雷,张斌. 文化经济学:个人的视角[J]. 国外理论动态,2007(3):50-52.

[49] 梁碧波. 文化经济学:两种不同的演进路径[J]. 学术交流,2010(6):74-78.

[50] 陈庆德. 文化经济学的基点与内涵[J]. 湖南师范大学社会科学学报,2006,35(2):83-88,124.

[51] 张来春,许明. 文化经济学论纲[J]. 学术界,2007(6):18-23.

[52] 罗浩,季任钧. 文化与经济增长:一个初步框架[A]. 中国制度经济学年会论文集,2006.

[53] 陶斯,苏锑平. 音乐产业经济学[J]. 艺术百家,2012(2):47-57,122.

[54] 王永亮,刘衍华.《赫顿报告》英国政府重拳打击BBC[J]. 今媒体,2004,12(2):16-17.

[55] 卓海旋. 城市和城市街区设计漫谈:以巴黎左岸玛森纳(Masséna)街区设计为例[J]. 厦门广播电视大学学报,2009(3):92-96.

[56] 张雍雍,朱静怡,徐溯源. 文化产业空间布局与区域城镇发展互动机制初探:以浙江文化城·暨海宁文化产业集聚区规划为例[A]. 多元与包容——2012 中国城市规划年会论文集(城市化与区域规划研究),2012.

[57] 黄亮. 我国文化产业投资基金研究[D]. 北京:中国艺术研究院,2013.

[58] 王伟年. 城市文化产业区位因素及地域组织研究[D]. 长春:东北师范大学,2007.

[59] 戴钰. 文化产业空间集聚研究:以湖南地区为例[D]. 武汉:武汉理工大学,2012.

[60] 潘龙梅. 中国文化产业空间集聚水平测度及影响因素研究:基于省际面板数据的分析[D]. 西安:陕西师范大学,2012.

[61] 蒋慧. 城市创意产业发展及其空间特征研究:以西安为例[D]. 西安:西北大学,2009.

[62] 刘光柱. 区域创意城市空间动力机理研究:以广西北部湾经济区为例[D]. 南宁:广西大学,2013.

[63] 孟召宜. 文化经济协同演化研究:以江苏为例[D]. 开封:河南大学,2009.

[64] 贾辉. 我国生产性服务业就业与影响因素研究[D]. 北京:首都经济贸易大学,2013.

[65] 张赟. 文化创意产业集群组织模式及价值增值机制研究[D]. 哈尔滨:哈尔滨工程大学,2012.

[66] 周国梁. 美国文化产业集群发展研究[D]. 长春：吉林大学，2010.

[67] 黄亮. 我国文化产业投资基金研究[D]. 北京：中国艺术研究院，2013.

[68] 王哲平，王子轩. 从理论视角看电视人离职潮[J]. 视听界，2015（2）：28-31.

[69] 韩顺法，李向民. 基于产业整合的产业类型演变及划分研究[J]. 中国工业经济，2009（12）：66-75.

[70] 韩顺法，李向民. 精神资本、经济增长与意识形态重建[J]. 社会科学战线，2009（4）：95-100.

[71] 韩顺法，李向民. 经济增长的新范式：精神资本的视角[J]. 南京社会科学，2009（3）：29-35.

[72] 王萌，李向民. 虚拟世界的经济学研究综述[J]. 南京航空航天大学学报（社会科学版），2009（1）：53-58.

[73] 李向民. 忘年神交如切如磋：钱学森指导我研究文化产业[J]. 南京艺术学院学报（美术与设计版），2009（1）：1-4.

[74] 韩顺法，李向民. 精神生产视域下我国产业结构的内在演变[J]. 科学学研究，2010（7）：975-980.

[75] 韩顺法，李向民. 创意产业影响经济增长的测度研究[J]. 统计研究，2010（1）：110-112.

[76] 李向民，韩顺法. 我国深化文化体制改革的理论探析及政策选择[J]. 东岳论丛，2010，31（4）：155-159.

[77] 李向民，韩顺法. 文化产业与精神经济时代[J]. 思想战线，2010（3）：48-53.

[78] 李向民，韩顺法. "文化强省"建设目标体系与战略措施研究[J]. 南京艺术学院学报（美术与设计版），2011（2）：50-53.

[79] 李向民，姚峰. 精神经济背景下的文化产业生产机制研究[J]. 中国文化产业评论，2012，15（5）.

[80] 王晨，李向民. 转企改制后国有文艺院团深化改革的动因和对策研究[J]. 广西经济管理干部学院学报，2013，25（1）：50-56.

[81] 陈燕，李向民. 以我国闲置空间资源特性为导向的文化创意产业集聚——以精神经济学分析为基础[J]. 广西经济管理干部学院学报，2013，25（4）：26-32.

[82] 韩顺法，李向民. 创新与文化双重决定的创意产业价值分析[J]. 科学学研究，2008（A2）：555-560.

[83] 李向民，杨昆. 新中国文化产业70年史纲[J]. 福建论坛（人文社会科学版），2019（10）：59-72.

[84] 李向民. 新时代：加速崛起的精神经济时代[J]. 山东大学学报（哲学社会科学版），2020（1）：40-46.

[85] 李向民，杨昆. 新时代的文化生态与文化业态[J]. 深圳大学学报（人文社会科学版），2021，38（2）：39-48.

第1版后记

文化产业管理作为一门学科，起步虽晚，但已经名列二级学科目录。根据教育部颁布的学科目录，文化产业管理既可以列在管理学门类，也可以列在艺术学门类。这种学科归属上的双重性，生动地体现了这门学科的交叉性。

2003年开始，在大学开设文化产业管理课程，我和胡惠林、施惟达一起编写了"文化产业管理"第一部分教学大纲和本科教材。我和王晨、陈乔明编撰的《文化产业管理概论》一书也在多所大学使用，并且多次再版。但是，这些教材带有很强的探索性和试用性。近十年来，随着文化产业实践的不断深化和文化产业理论的不断发展，文化与科技、金融的相互融合日新月异，文化产业管理的理论体系也逐步建立。在这种情况下，有必要也有条件对这门课程，或者说这个学科进行较系统的反思和再认识。

在最近十几年中，因为我担任江苏省文化产业集团的董事长，亲身经历了大型国有文化企业的管理和项目运作，对文化产业管理有了更多的切身体会和认识，这为我重新思考文化产业管理提供了经验基础。同时，作为用人单位，更加清楚这个行业需要什么样的人才，需要毕业生掌握哪些基本知识，他们在就业后会面临哪些考验和挑战。这些想法，我尽可能地糅进这部教材中，希望能够对该专业的学生有一些切实的帮助。

目前呈现在大家面前的这部教材，是反思和再认识的一个成果，也是江苏省高校哲学社会科学重点研究基地重大项目"文化经济学研究"（2010JDXM030）系列研究成果之一。教材由我和王晨教授共同商定体例和结构，再分工写作初稿。有些章节是以我们给研究生上课时的讲义为基础改写的。南京艺术学院文化产业学院的部分博士和硕士研究生也参与了部分内容的讨论和整理。最终由我负责统稿。

由于多方面原因，这部教材仍然不能尽如人意，还有许多方面有待深化。但是，学问无涯，也无法做到尽善尽美，何况丛书还有一个时间表，这部教材便不得不以现在的样子呈现在大家面前。唯望广大同行老师和同学们多提宝贵意见，以便下次再版时完善提高。

要感谢的方面很多，恕不一一罗列。感谢编委会的信任，感谢清华大学出版社为本书的编辑出版所做的细致工作，尤其在教材中吸收参考了许多同行的研究成果，这里必须感谢。

李向民
2015年5月3日